의미란 무엇인가:
의미론 지침서

MEANING

© Paul Elbourne 2011

MEANING was originally published in English in 2011. This translation is published by arrangement with Oxford University Press. HANKOOKMUNHWASA is solely responsible for this translation from the original work and Oxford University Press shall have no liability for any errors, omissions or inaccuracies or ambiguities in such translation or for any losses caused by reliance thereon.

Korean translation copyright © 2020 by HANKOOKMUNHWASA
korean translation rights arranged with Oxford University Press
through EYA(Eric Yang Agency)

이 책의 한국어판 저작권은 EYA(에릭양 에이전시)를 통해 Oxford University Press사와 독점계약한 한국문화사에 있습니다.
저작권법에 의하여 한국 내에서 보호를 받는 저작물이므로 무단전재 및 복제를 금합니다.

의미란 무엇인가:
의미론 지침서

Paul Elbourne 지음

권연진·임동휘 옮김

한국문화사

■ 역자 서문

『의미란 무엇인가: 의미론 지침서』는 이 책의 제목이 말해 주는 바와 같이 '의미란 무엇인가?'라는 질문에 흥미를 느끼거나 적지 않은 관심을 가지고 있는 모든 독자들을 위해 마련한 기초 단계의 지침서로서, 폴 엘번(Paul Elbourne) 교수의 *Meaning: A Slim Guide to Semantics*를 번역한 것이다.

본 저서인 *Meaning: A Slim Guide to Semantics*(이하 *Meaning*)의 경우, 한국에서는 많이 알려져 있지 않지만 영어권을 포함한 세계 학계에서 의미와 의미론에 대한 필수 지침서로 추천하는 도서 중에 'a perfect guide'(완벽한 가이드북)(Kratzer 2011)라는 평을 얻은 몇 안 되는 책들 중 하나이다. *Meaning* 자체는 옥스퍼드대학교 출판부의 옥스퍼드 언어학 시리즈 중의 한 예로 소개되어 있고, 또한, 의미론이라는 하위 분야에 속하는 것으로 분류되어 있기 때문에 마치 언어학 및/또는 의미론을 전공하거나 연구하는 일부 독자들을 겨냥한 학술서적으로 해석하기 쉽지만, 실제로 폴 엘번 교수가 집필할 당시에 마음에 둔 독자층은 언어학, 의미론, 언어철학 등에 대한 사전 지식이 전혀 없는 독자층이었다. 언어학 전공서적에 속하는 의미론 관련 도서들이 손으로 꼽기 불가능할 정도로 많다는 점을 감안하면 모든 이들을 위한 의미론 관련 지침서라는 소개 문구에 의아해 할 독자들도 있겠지만, *Meaning*의 저자 폴 엘번 교수의 학문적 배경에 대해 잠시 읽어 본다면 누구든 쉽게 '의미'에 대한 그의 스토리텔링에 호기심과 흥미를 가지게 될 것이다.

폴 엘번 교수는 영국 옥스퍼드 대학교에서 일반언어학과 비교문헌학(General Linguistics and Comparative Philology) 석사과정을 마치고 미국 MIT 대학교에서 (언어학과 철학의 학제 간 연구 프로그램의 일환으로) 의미론 박사 학위를 취득하였으며, 현재 옥스퍼드 대학교 모들린 칼리지(Magdalene College)에서 언어철학과 자연언어 의미에 대해 가르치고 있다. 엘번 교수는 자신이 의미에 대해 공부하면서 스스로 질문하고 탐구한 경험을 토양으로 삼고, 그와 동시에, 학자이자 교육자로서 '의미'의 '의미'에 대해 강의하고 토론한 경험을 씨앗으로 삼아 *Meaning*을 저술하였다.

    이 책의 구조와 내용은 누구든지 산책과 사색을 즐기는 사람이라면 집근처 공원에서 한 번쯤은 바라보았을 법한 아름드리 나무의 가지와 열매에 비유될 수 있을 것이다. 이러한 맥락에서 볼 때, 이 번역서가 의미론의 주요 학술 용어 및 지식 나열에 급급하지 않고 '단어/문장의 의미는 무엇일까?', '정의(definition)는 무엇일까?', '의미 속성(semantic properties)이란 무엇일까?'와 같은 아주 기본적이면서도 심오한 질문들을 먼저 던지고 그러한 질문들을 과제 삼아 탐색의 산책길을 그와 함께 걷는 듯한 가상현실을 제공한다는 것은 그다지 놀라운 일이 아닐 것이다. 언어와 의미에 대해 이야기하거나 논증을 시작할 때에 일반적으로 사전 속의 정의를 떠올리거나 머릿속의 개념에 전적으로 의존하거나 절대 불변의 진리 명제를 전제하는 독자라면, 그와의 산책길에서 좀 더 흥미진진한 몰입감과 함께 자신만의 생각과 실례/반례들이 롤러코스터에서의 함성처럼 실시간으로 솟구쳐 오르는 경험을 할 수 있을 것이다.

    이 책에서 의미는 자연언어, 개별언어(특히 영어) 문장, 단어 등의 조건 내부에서만 다루어지는 것이 아니라 자연과학, 철학, 논리학, 언어학, 수학, 심리학, 뇌 과학, 인지과학, 형식 의미론, 생성 통사론, 화용론, 인류학 등과 같은 다양한 학술 분야들을 아울러서 고찰되고 질문되기 때문에, 일부 독자들은 더욱 더 흥미를 느끼면서 다음 장으로 책장을 넘길 수도 있다. 특히 갑작스레 '어떤 당나귀'가 등장하거나 '대법원 판결문' 또는 '대선 후보 연설문'이 나오거나 '습득 언어가 없는 농인의 외국어로서의 수어(sign language) 학습 사례', '아마존 오지 부족의 기본 산수능력 결핍' 등에 대해 이야기하는 대목에서는 과연 자신이 '의미의 의미'란 무엇인지에 대해 제대로 학습하고 있는 것인지 궁금해질 것이다.

그럼에도 불구하고, 이 번역서의 원본인 *Meaning*과 목표 텍스트의 여러 버전을 미리 읽어본 독자로서 번역자가 새로운 독자 여러분에게 엘번 교수와의 '의미'있는 산책길을 이 책의 마지막 장까지 함께 걸어 보실 것을 추천하는 이유는 오늘날 '의미'의 '의미' 자체에 대해 고민해보는 것이 왜 '의미'있는 일인지를 함께 알아보는 것 자체가 모두에게 '의미'있다고 믿기 때문이다. 이 책을 읽을 때에는 제 1장부터 정독을 하는 것도 좋지만 목차에서 독자의 시선을 끄는 주제어를 먼저 선택해서 해당되는 장을 우선적으로 읽어보는 방법도 흥미진진할 것이다. 또는 언어철학과 의미론 이론을 공부해 본 적이 있거나 계획하고 있는 독자라면 '정보원천 및 추가 참고자료'를 먼저 훑어보는 방법을 통해 오늘날 '의미'에 대해 연구하는 여러 분야들에서 중요하게 생각하는 논저, 저자, 실례, 용어, 개념, 주제, 쟁점 등에 대해 보다 거시적/미시적인 밑그림 정보를 얻고 그 다음에 본문 내용에서는 독자의 관점에서 보다 적극적이고 상호작용적으로 실질적인 읽기 경험을 발전시켜 보는 것도 재미있는 접근방법이 될 수 있으리라고 본다. 다만 엘번 교수의 원본을 한국어로 옮기는 과정에서 역자의 번역이 미흡하거나 더 적절한 표현으로 실현시키지 못한 부분에 대해서는 비판을 아끼지 않되 독서의 흐름을 늦추지 않기 위해서는 *Meaning*의 내용 중에서 엘번 교수의 용어 정의 및 설명 부분을 직접 읽어보고 여러분만의 해석과 번역을 시도해

볼 것을 감히 부탁드리는 바이다.

    이번 번역에서 주로 사용된 번역 방법이나 전략에 대해 간략히 정리하여 기술하면 다음과 같다. (a) 전통적 번역 개념에 등장하는 직역 대 의역이라는 이분법을 탈피하고자 노력하였다; (b) 용어는 최대한 기존 학술용어의 통일된 예들을 일관적으로 따르되, 대응 표현의 부재 또는 동음이의어의 발생이 발견되는 경우에는 가급적 적절한 신규 용어를 제공하고자 노력하였다. (c) 동일한 용어에 대해서는 통일된 1안을 일관성 있게 사용하도록 최대한 노력하되, 동음동형이의어의 예로서 2개 이상의 의미 및 용법을 가지고 실현되는 일부 변별적 용어들은 목표 텍스트가 되는 한국어 대응표현을 동일한 수만큼 제공하고자 노력하였다 (예. entity: 항목/ 개체; entry: (사전) 표제어/ (어휘) 내항; individual: 각각의/ 개별요소; object: 대상/ 목적어; reference: 지시/ 지칭; sense: 의의/ 뜻/ 감각); (d) 한국어 목표 텍스트에서 동음동형동의어로 나타나는 경우에는 괄호 내에 영문 용어를 포함시켜 두는 방법을 사용해서 불필요한 어휘적 중의성을 최소화시키고자 노력하였다(예. 속성(property) vs. 속성(nature)); (e) 알파벳에 기반한 상징기호 표기의 한글 번역이 기술적으로 불가능한 경우에는 자의적인 방식으로 대안적 표기를 사용함으로써 의미를 실현시키고자 노력하였다(예. TREE concept → [나무] 개념); (f) 가주 극소수이지만 저본 자체에 오류가 있거나 모호성 또는 중의성이 의심되는 경우에는 인터넷 검색을 통하여 정보의 구체성과 명확성을 확보한 다음에 실제적인 정보를 바탕으로 번역하였다; (g) 종고적 또는 정치적 주제가 담긴 내용은 최대한 객관적으로 다루되 필요한 경우에는 역자 주를 제공하고자 노력하였다. 물론 목표 텍스트의 최종 인쇄본에서 나타나는 번역상의 실수는 역자 역량과 기술의 부족함에 기인한 것이며, 이 부분에 대해서는 독자 여러분의 조언과 배려를 항상 부탁드려야 할 듯하다.

이 지면을 빌어 『의미란 무엇인가: 의미론 지침서』가 한국어로 옮겨질 수 있도록 허락해준 폴 엘번 교수에게 감사의 뜻을 표하며, 번역이 성사될 수 있도록 협력과 조언을 아끼지 않은 옥스퍼드 대학교 출판부 관계자들께도 감사의 마음을 전하는 바이다. 무엇보다도 짧지 않은 기간 동안 우여곡절이 있었음에도 불구하고 번역이 계속 진행되고 향상될 수 있도록 물심양면으로 도와주신 한국출판사 김진수 사장님과 김형원 과장님, 그리고 편집팀께 진심으로 큰 감사의 뜻을 표한다. 끝으로 본 번역은 부산대학교 기본연구지원사업(2년)에 의하여 연구되었음을 밝히는 바이다.

모쪼록 본 저서가 언어학을 공부하는 많은 분들에게 큰 도움이 되기를 바라마지 않는다.

새벽벌에서
권연진, 임동휘

■ 저자 서문

오늘날 우리가 실행하는 바와 같이, 이례적으로 동부한 방식으로 서로 언어적으로 소통하는 능력은 인간이라는 생물 종이 가지는 독특한 자질이다. 언어적으로 소통한다는 것은 의미를 전달한다는 것이다. 이 책은 의미론에 대한 일종의 개론을 제공하고자 한다. 여기서 의미론이란 의미를 분석하는 분과 학문분야를 가리킨다. 의미론 분야에서는 다음과 같은 질문을 던진다.

'의미란 무엇인가?',

'단어의 의미는 우리에게 문장의 의미를 제공하기 위해서 어떠한 방식으로 서로 결합하는가?',

'우리의 다양한 언어들에 들어있는 단어의 의미는 발상 가능한 인간의 사고 중에 어떠한 생각들에 영향을 주는가?',

이러한 질문들이 이 책에서 모두 다루어질 것이다.

정확히 말하자면, 이 책은 자연언어(natural language)의 의미론에 대한 것이다. 다시 말해서, 영어, 일본어 등과 같은 자연언어의 예들에 존재하는 단어와 문장의 의미 자체의 분석에 관한 내용이다. 컴퓨터 프로그래밍 언어들과 그 외 다른 인공언어(artificial language)들의 의미론은 (그 주제가 중요하기는 하지만) 이 책에서 따로 언급하지 않을 것이다. 그리고 삶의 의미도 주장하건대 주제로서의 중요성이 존재하지만, 안타깝게도 이 책에서는 관련 내용을 다루지 않기로 한다. 자연언어 의미론은 규모가 의미론보다 더 큰 과목 세 개의 공동 비호 하에 수행된다는 점에서 특이한 분과학문 분야이다. 이 세 개의 과목은 언어학, 심리학, 철학이다. 이 책에서는 여러 이론들을 이 세 분야 모두에서 가져와서 살펴 볼 것이다. 의미론은 또한 의미와 연관된 논쟁들의 양적 규모로 인해 주목할 만하다. 그리고 논쟁의 대상은 작은 세부사항들에서부터 의미론 분야의 가장 기초적인 토대들에 이르기까지 모든 것을 망라한다. 몇몇 다른 개론서 교재들과는 다르게, 이 책은 의견이 상충되는 주제들과 연구상의 어려운 점들을 파헤치는 일도 꺼리지 않고 시도할 계획이다.

이 지면을 빌어 여러 분들에게 깊은 감사의 뜻을 표한다. 그 이름은 다음과 같다.

많은 독려와 조언을 주었던 옥스퍼드 대학교 출판부의 존 데이비(John Davey), 자신의 실험연구 내용들과 관련하여 여러 자세한 사항들을 확인해준 레라 보로디츠키(Lera Boroditsky), 원고의 다양한 초안들을 읽고 부분 별로 이해 가능성 유무를 본 저자에게 말해준 조앤 딕슨(Joanne Dixon), 리 잭슨(Lee Jackson), 시오프라 피어스(Síofra Pierse)에게 감사를 표한다.

■ 목차

| 역자 서문 |　iv
| 저자 서문 |　ix

1 다양한 정의들 1

2 단어 의미란 무엇인가? 25

3 단어의 의미 속성 59

4 문장 의미란 무엇인가? 79

5 문장의 의미 속성 119

6 의미와 문법 183

7 의미와 맥락 205

8 의미와 사고 263

9 결론 295

정보 원천 및 추가 참고자료 298

찾아보기 328

1
다양한 정의들

단어(word)는 전통적으로 의미를 가진다고 가정되어 왔다. 실제로, 각 단어에 대해 그 의미를 '정의하다'(define)라는 것이 가능한 일이라고 널리 가정되어 있다. 예를 들어, 사전이라고 부르는 도서류 전체는 수많은 단어의 정의들을 목록화하는 작업에 전념하도록 짜여있다. 그리고 소크라테스(Socrates)(기원전 469-399)와 플라톤(Plato)(기원전 429-347)의 계에서부터 오늘날에 이르기까지 철학자들은 집착스럽다 할 정도의 주의력을 '지식'(knowledge), '진리'(truth), '정의'(justice), 그리고, 진짜로, '의미'(meaning)와 같이 철학적으로 흥미로운 단어들의 제 의미를 정확하게 포착하는 일에 쏟아부어왔다. 그러나 의미론의 연구에 착수하고 있는 사람이라면 누구나 깨달아야 하는 것이 있는데, 그것은 한 단어의 제 의미를 정의하는 일이 거의 상상하기 불가능한 정도의 복잡성을 띠고 있는 사업이라는 점이다. 2,400년 정도의 시간동안 시도해왔음에도 불구하고, 어떤 단어이든, 심지어 가장 단순한 단어일지라도, 적절한 정의 하나라도 누군가가 마련해본 적이 있는지는 확실치 않다. 명확하게도, 사전에 들어있는 정의는 가장 미약한 실마리일 뿐이며, 그런데다가 때때론 완전히 틀리기까지 한다.

여러 시도되었던 정의들 중에 몇몇 실례들을 보기 전에, 우리가 그 예들을 유효적절하게 평가 및 판단하는 과정에 사용해볼 수도 있는 기준(standard) 하나를 설정하는 것이 유용할 것이다. 예를 들어, 내가 '의자'(chair)를 '가구의 한 항목'(item)으로 정의한다고 가정해보라. 내 생각에, 나의 정의는 오류가 있다는 점이 명백하다. 왜 그럴까? 그 이유는 테이블(table), 책상(desk), 발의자(footstool) 등과 같이 의자가 아니면서 가구 항목에 속하는 것들이 아주 많기 때문이다. 내가 내린 정의는 그것이 너무 많은 것들을 포함시켜버린다는 점에서 너무 느슨하다. 다른 한편으로, 내가 'chair'를 '왕좌'(throne)로 정의한다고 가정해보자. 또 한 번 나의 정의는 오류가 있는 상태에 봉착한다. 모든 왕좌들은 타당하게도 의자의 한 예지만, 왕좌가 아니면서 동시에 의자인 예들이 수많이 존재하고 있는 것이다. 지금 이 정의가 너무 많은 것들을 제외시켜버린다는 점에서, 나의 정의는 이제 너무 엄격한 상태이다. 지금 보기에 단어 'chair'에 대한 정의의 좋은 예는 너무 엄격하지도 않고 너무 느슨하지도 않아야 할 듯하다. 다시 말해서, 좋은 정의의 예는 의자인 것들 모두를 그리고 단지 그것들만을 선별해내야 한다. 그리고 여타 단어들의 정의들에서도, 유사한 방식으로, 이러한 선별력이 요구된다.

이러한 까다로운 기준을 두고 볼 때, 'chair'에 대한 사전상의 정의들은 얼마나 좋은 점수가 나올까? 몇몇 예들을 살펴보고 그 결과를 알아보도록 하자. 여느 사전보다 훨씬 큰 인정과 인지도를 확보하고 있는 영어소사전 중 하나인 『콜린스 포켓 영어사전』(Collins Pocket English Dictionary)은 2008년판에서 'chair'를 'a seat with a back and four legs, for one person to sit on'(한 개의 등받침과 네 개의 다리를 가진 좌석으로, 한 사람이 그 위에 앉기 위한 용도임)으로 정의하였다. 이 정의를 따를 때, 의자인 모든 것들 그리고 단지 의자인 것들만을 선별해

녈까? 놀랍게도, 그렇지 않다. (이 정의는 그러한 선별력 수행을 하지 않는다.) 만약 이러한 선별력의 부재가 당신에게 즉각적으로 명백히 보이지 않는다면, 다음과 같은 장면을 떠올려 보라. 예를 들어, 의자 중에서도 오늘날 사무직 종사자분들이 책상에 앉아있을 때 볼 수 있는 바로 그 의자들을 생각해보라. 물론, 어떤 사람들은 이러한 용도를 위해 한 개의 등받침과 네 개의 다리를 가진 좌석을 사용하기도 한다. 하지만 실제로 많은 사람들의 경우, 지면 근처에서 다섯 내지 여섯 개의 바퀴 달린 발들로 퍼져나가는 구조를 가진 수직의 중심기둥 한 개 위에 고정되어있는 좌석에 앉아 주위를 선회하고 있는 모습을 보게 될 것이다. 당신이 어떻게 셈을 하든지 간에, 다리 네 개라는 특징을 이 복잡한 장치에 타당성 있게 귀속시키는 것은 불가능한 일이다. 그리고, 그럼에도, 이 장치의 예들은 의심할 여지없이 의자들이다. 따라서 상기한 이 정의는 너무 엄격하다. 그것이 '의자성'(chairhood)의 특성을 누릴 만한 수많은 것들에 의자성을 부여하는 것을 불공평한 방식으로 거부한다는 점에서 말이다.

흥미롭게도, 이 정의는 또한 너무 느슨한 것으로 보이기도 한다. 셜록 홈즈의 이야기 중에서 디오게네스 클럽 부분을 되짚어 생각해보라. 이 클럽에서는 회원들 각자가 그 어떤 회원에게도 전혀 아는 체를 하지 못하도록 되어있다. 이 클럽에 일반적인 정원 벤치들로 꾸며져 있는 정원이 하나 있다고 상상해보라. 여기서 두 명 내지 세 명의 사람들은 각 벤치에 어렵지않게 착석할 수 있을 것이다. 하지만 우리가 쉽게 상상해 볼 수 있듯이, 이 클럽의 규칙에 따르면, 그 어떤 사람도 다른 사람이 이미 차지한 벤치에는 앉지 못하도록 금지되어있다. 이 정원 벤치들은, 그렇다면, 등받이 한 개와 다리 네 개를 가졌으며 한 사람이 앉는 용도인 좌석들이 된다. 그러나 이 벤치들은 확실히 의자는 아니다. (만약 관련성 있다면, 우리는 다음과 같은 상황도 떠올려 볼 수 있다. 즉, 예를 들어, 이 벤치들의 디자이너들과 제작자들은 이 물건들이 어떤 용도로 쓰이게 되는지를 알았을 것이고, 그러므로 이것들이 어떤 시점에서든지 두 명 이상의 사람들에 의해 차지되는 상황에 놓일 것을 염두에 둔 사람은 아무도 없었을 것이다.) 그래서, 『콜린스 포켓 영어사전』에 등재된 'chair'의 정의는 동시에 너무 엄격하고 또한 너무 느슨하다.

아마 당신은 '포켓사전' 하나를 콕 집어 말하는 것이 공정하지 않다고 생각하고 있을 수도 있다. 이러한 종류의 사전들은 만약 실제로 사람들의 주머니 속에 들어가게 될 가능성이 있다면 의자 다리의 개수와 착석인 수에 대한 모든 상세 정보들을 포함할 수 있는 충분한 지면이 없을 것이다. (물론 훨씬 큰 사전이라면 그럴만한 지면이 있을지도 모르지만 말이다.) 그러면, 이 반대의 극단적 상황으로 옮겨 가보자. 『옥스퍼드 영어사전』(*Oxford English Dictionary*)은 1989년에 출판된 제 2판의 경우 총 20권으로 구성되어 있고 이는 총 21,728페이지를 이루는데, 한 질이 서고 공간에서 수 미터를 차지한다. 이 사전에서는 의자라는 주제에 대해 어떠한 내용이 기술되어있는지 알아보자.

> A seat for one person (always implying more or less of comfort and ease); now the common name for the movable four-legged seat with a rest for the back, which constitutes, in many forms of rudeness or elegance, an ordinary article of household furniture, and is also used in gardens or wherever it is usual to sit.

> 한 사람을 위한 좌석(항상 어느 정도의 안락함과 용이성을 암시함); 오늘날, 이동 가능하며 네 개의 다리로 이루어져 있고 등을 위한 지지대를 갖춘 좌석을 나타내기 위한 일반적 명칭. 이것은 조악하거나 우아한 성격의 다양한 형태들로 되어 있으며, 집안 가구류의 일상 집

기 중 하나를 구성한다. 그리고 이것은 정원이나 그 외 일상적으로 앉는 장소에서는 어디든지 사용되기도 한다.

이 사전 표제어(entry)의 구성방식(format)은 약간 복잡성을 띤다. 그리고 그것은 이 사전 표제어가 대안적인 성격을 지닌 정의 두 개를 제공하고 있는 것 같다는 점에서 그러하다. 여기서 두 개의 정의란 세미콜론 부호의 앞과 뒤에 각각 주어진 문구들을 가리킨다. [후자의 경우에서] '오늘날'(now)이라는 이 표현은 아마도 이 단어의 의미가 지니고 있는 어떠한 역사적 발달과정을 암시하는 것으로 간주되어야 할 것이다. 그러므로 우리는 두 번째로 나오는 (좀 더 최신의 정보를 담고 있는) 정의, 즉, '이동 가능하며 네 개의 다리로 이루어져 있고 등을 위한 지지대를 갖춘 좌석 [중략] 한다' 부분에 집중해보자. 이 정의는, 모든 의자들을 그리고 단지 의자들만을 선별하는 일을 성공적으로 수행하는가? 그렇지 않다. 이 정의에 담겨있는 모든 조어(phrasing)상의 섬세함(elegance)과 세부사항(detail) 차원의 풍부함(luxuriance)에 비해서, 이 정의 자체는 『콜린스 포켓 영어사전』이 행했던 것과 마찬가지로, '다리 네 개인 상태'에 대해서는 동일한 실수를 범하고 있을 뿐이다.

만약 이러한 정의들이 상이한 수의 다리들을 허용하는 것으로 우리가 수정을 해버린다면 어떨까? 우리가 어떠한 방법으로 그렇게 할 것인지는 당장으로서는 명확하지 않다. 당신이 이것에 대해 생각해볼 때, 의자들은 상이한 개수로 구성된 모든 다양한 종류의 다리들로 장식된 상태로 제작되어 나올 수 있다는 것이 명확해진다. 아방가르드 스타일의 디자이너라면 다리가 세 개인 의자이든, 다섯 개인 의자이든, 또는 백 개인 의자이든 손쉽게 홍보할 수 있을 것이다. (후자의 경우를 위해서는, 아주 가느다란 두께의 다리들, 아마도 가로 세로 열 개로 된 격자틀(grid) 배열 구조의 다리들을 상상해보라.) 그러면, 내가 방금 기술했던 선회하는 방식의 사무실 의자(swivelling office chair)를 다시 생각해보자. 이런 종류의 의자가 정녕 다리들을 가지고 있다고 기술하는 것이 정확한가? 나라면 그러한 기술 내용이 정확하다는 데에 내 돈을 걸지 않을 것이다. 그리고 만약 당신이 어떤 추가적인 확증이 필요하다면, 지면에 놓였을 때 의자 좌석의 통상적인 높이에 이르는 단단한 육면체 목재 조각을 상상해보라. 그리고 그 나무조각이 의자처럼 등받이가 있다고 생각해보라. 그와 같은 대상(object)은 실제로 의자가 될 수도 있겠지만, 확연코 다리를 가지고 있지는 않을 것이다.

그래서 아마도 다리들에 대한 주장들은 우리가 너그럽게 지나쳐야 할 것 같다. 『옥스퍼드 영어사전』 정의에서 그 외 다른 구성성분(component)들은 어떠한가? 도입부분에서부터 출발해보자면, 의자가 한 사람을 위한 한 개의 좌석이라는 그 주장에서 우리는 이미 여러 어려운 점들이 있음을 발견하였다. 그러한 주장은 디오게네스 클럽에 있는 정원 벤치를 의자로 간주하도록 허용하기 때문에 의자의 정의 내부에 부적절한 정도의 느슨함을 도입시켜 버린다. 이러한 일인용 좌석이라는 조건이 너무 엄격한 것이기도 하다는 점에 대해서는 우리가 아직 관찰한 바가 없다. 내가 확언컨대, 당신은 완벽하게 평범한 의자의 예시들에서 각각의 의자 위에 두 사람이 앉아 있는 것을 실제로 본 적이 있을 것이다. 예를 들어, 한 사람이 다른 한 사람의 무릎 위에 앉아 있는 모습으로 말이다. 이 경우, 의자는 한 사람을 위한 좌석이라는 기존 아이디어에 어떤 어려움을 야기하지 않는가? 글쎄, 이 점에 대해서는 단어 'for'(~을 위한)에 대한 모종의 설명을 제공하는 방법으로 그러한 사전적 정의들의 입장을 변호할 수도 있을 것이다. 아마도 'for'는 이 경우에, '~을 위해 디자인된'(designed for)과 같은 무언가를 뜻한다. 다시 말해서, 비록 어떤 사람들은 방금 기술한 것과 같은 독특하게도 불필요한 방식으로 의자들을 실제 사용하겠지만, 여기서 사전의 저자들이 진정으로 말하고자 하는 바는 그 의자들의 담당 디자이너가 가진 의도와 같은 무엇이라고 우리가 주장할 수도 있는 것이다. 즉, 대책 없는 행동을 불사하는 다양한 유형의 사람들이 그러한 의도를 존중하지 않는다고 할지라도, 의자들은 한 사람을 위해 디자인되었을 것이라고 우리가 주장하는 것은 가능하다. 하지만 방종 또는 절약이 이유가 되었든지 그렇지 않든지의 여부에 상관없이, 모든 의자들이 (아마 약간의 강화작업을 마친 상태로) 두 사람을 지탱하도록 디자인되며 사실상 이 방식으로 두루 사용되는 사회가 있다고 상상해보라. 이러한 가구 항목들은 여전히 의자들이라고 할까? 물론이다. 두 사람을 지탱하기 위해 고안된 의자들에 대한 내용이 있어 어떠한 대립적 모순도 야기하지 않은 상태로 내가 이렇게 집필을 할 수 있다는 이 사실 바로 그 자체가 그러한 가능성을 보여준다. 두 사람을 지탱하기 위해 디자인된 의자가 있다는 아이디어 그 자체에는 내부적으로 어떠한 대립적 모순도 존재하지 않는 것이다. 예를 들어, 일륜 자전거(unicycle)에 바퀴가 두 개 달린 경우라는 생각을 비교해보라. 후자의 예는 진짜 자기모순적 대립의 경우인 것으로 보인다. 이러한 고순의 경우는, 어떤 관련 대상의 '하나'(one)인 상태와 연관되어있다는 생각이 단어 'unicycle'이 가지는 의미의 일부를 실제로 형성한다는 점에 대한 근거로 사용된다. 반면에, 그 동일한 생각이 단어 'chair'의 의미 일부를 형성하지는 않는다.

한 명을 위한 좌석들이 의자라고 보는 경우에 반론하기 위해서 내가 방금 사용한 이 방법(technique)은 보기에는 별것 아닌 것 같아도 실제로는 보다 면밀한 수준의 검사를 견뎌낸 것이다. 그 이유는 여기에 숨겨진 도덕적 교훈이 있기 때문이다. 우리는 한 단어의 의미를, 그 단어가 지시하는 것들이 사실상 어떻게 생산 및 사용이 되는지에 대한 방법상의 세부사항들과 혼동해서는 안 된다. 우리는 이러한 것을 구별할 수 있으며, 그 이유는 우리가 가지고 있는 일반적인 일상의 어휘들을 가장 기이하고 반사실적인 상황들이 가지는 여러 구성성분들에 대해 기술하기 위한 목적으로도 사용할 수 있기 때문이다. 의미론자들은 'chair'와 같은 어떤 용어의 '외연'(extension)과 '내포'(intension)를 상호구별시킨다. 즉, 대략적으로 말하면, 'chair'의 외연은 모든 실제적인 의자들의 집합이고 그 반면에 내포는 (기이한 공상과학작품 시나리오들의 경우 그에 대한 모든 가능한 상황들까지도 허용하는) 구상 가능한 의자들로 이루어진 집합이다. 그 실체가 무엇이든지 간에, 'chair'의 의미는 실제로 존재하는 의자들에 대해서뿐만 아니라 단순히 가능성만이 있는 의자들에 대해서도 우리가 이야기할 수 있도록 허용한다.

 『옥스퍼드 영어사전』의 정의에 따르면, 의자는 이동 가능하다고 기술하고 있다. 이러한 내용은 나로 하여금 일반화의 한 좋은 예라고 생각하게 만들지만 확실히 이 경우 또한 예외가 전혀 없는 것은 아니며, 따라서 거의 확실히 'chair'라는 단어의 의미의 일부분이 아니다. 한 배짱 있는 건축가가 있어서, 그가 주방이나 만찬실의 바닥재로 사용된 암석을 그대로 조각하여 그 방을 위한 의자들을 만들어 두는 방식으로 새로운 주방이나 만찬실을 한 개 만들 것을 제안한다고 생각해보라. 이 개념에서는 자기모순적이어서 내부적으로 대립되는 부분이 없다. 만약 우리가 『옥스퍼드 영어사전』에서 언급한 안락함, 용이함, 조악함, 세련됨, 정원들과 같은 내용에서 벗어나 추상화시켜본다면 두 개의 생각이 남게 된다. 참고로, 이 사전에서 언급된 내용은 이 단어 항목이 가지고 있는 바로크식 화려함이라는 속성의 일부분을 형성하지만 의자들에 대한 우리의 이해도를 증가시키지는 않는다. 여기서, 남게 되는 기본 생각은 좌석(seat)이라는 생각, 그리고 등을 위한 받침대(a rest)라는 생각 두 개뿐이다. 'seat'이라고 할 때, 『옥스퍼드 영어사전』의 저자들이 뜻한 바는 무엇인가? 다행히도, 우리는 그 단어를 『옥스퍼드 영어사전』에서 찾아보고 읽어볼 수 있다. 'seat'에 대한 관련 글에서 가장 관련성이 있는 뜻(sense)으로 보이는 것은 '그 위에 앉기 위한 용도로 개조되거나 사용되는 어떤 것'(Something adapted or used for sitting upon)이라는 내용이다. 이제, 의자들은 그 위에 앉기 위한 용도로 개조되거나 사용되는 것들이라고 말하는 것이 논란의 여지가 없는 것처럼 보일 수도 있다. 하지만, 이것조차도 의구심이 드는데, 최소한, 만약 이 정의가 모든 의자들이 이러한 속성(property)을 가지고 있다고 주장하는 것으로 받아들여진다면 말이다. 예를 들어, 일반 대중에게 공개된 거대한 개방용 대저택(stately home) 하나가 영국의 어느 지방에 있다고 상상해보라. 원래 있던 가구들의 대부분이 여전히 거기에 있지만, 몇몇 의자들은 없어진 상태이다. 그 소유주들은 몇몇 의자들의 재건을 의뢰하기로 결정한다. 한 훌륭한 만찬용 테이블 주위에 있는 몇 개의 빈 공간을 대신 채울 목적으로, 오래된 기물들의 복사본을 주문하려는 것이다. 그렇지만, 그 의뢰인들은 사람들이 그 의자들 위에 앉을 것이라고 의도하지는 않는다. 사실, 그 가구세트 한 벌 모두가 벨벳으로 감싼 가로막이 로프 뒤에 차단되어 배치될 계획이며, 논의의 대상이 되고 있는 그 의자들의 경우, 그 누구에게도 만지는 것이 허용되지 않을 것이다. 문제의 중요성이 대두될 경우를 대비해, 우리는 의자 디자이너들 및 제작자들이 이러한 사실을 알고 있다고 추가적으로 가정해둘 수 있다. 그렇다면, 이 의자들은 그 위에 앉기 위한 용도로 개조 또는 사용되는 것이 아니다. 그렇지만, 그것들은 의심의 여지없이 의자들이다.

다양한 정의들 | 9

이로써 '등을 위한 지지대'라는 생각이 우리에게 남게 된다. 만약 이 아이디어가 실제 인간의 등부분이 의자에 접촉해야 한다는 조건을 암시하는 것으로 간주되는 상태라면, 이러한 내용은 아까 그 영주 저택에 있는 복제품 의자들에 대한 시나리오를 제시함으로써 오류화(falsified)의 상태에 봉착하는 듯하다. 그리고 그 제작자들 또는 디자이너들이 아마도 이러한 접촉관련 내용을 의도하고 있음이 틀림없다는 부분만을 암시하기 위한 목적으로, 만약 '등을 위한 지지대'라는 이 생각이 좀 더 약한 형식으로 이해된다면, 그 경우에도 유사한 방식으로 (즉, 복제품 시나리오에 의해) 오류화의 상태에 빠지는 것처럼 보인다. 이 구절이 이 외의 어떤 다른 방식으로 받아들여질 수 있는지는 불명확하다.

전반적으로 볼 때, 『옥스퍼드 영어사전』에 있는 'chair'의 정의에 의해 실제 의자들에 부여된 특정 속성들 중에서, 실제 의자들은 그 어떠한 속성도 가지고 있어야 할 필요가 없다는 것을 우리는 지금까지 알게 되었다. 만약 이 정의를 모든 그리고 단지 '가능한 의자들'만을 선별해 내기 위한 하나의 시도로서 두고 우리가 평가해본다면, 이 정의는 실패한 것이다. 그 외의 다른 사전들도 딱히 더 나은 수행능력을 가지진 않는다.

짐작컨대 심지어 『옥스퍼드 영어사전』조차도 좋은 정의가 되기 위해서 요구되는 모든 필요한 세부사항들에 대해 상세 기술을 할 수 있을 정도로 지면 상의 공간이 넉넉하지는 않을 것이다. 혹은, 아마도 이 사전의 편집위원들에게는 'chair'가 의미하는 바를 찾아낼 만큼의 충분한 시간이 없었을 수도 있다. 이 사전의 최초 편찬을 위해 착수한 작업은 고작 1879년에 이르러서야 비로소 시작되었으며 그것은 어쨌든 학술연구의 역사 그 자체의 측면에서는 상당히 최근의 일인 것이다. 철학은 어떠한가? 내가 앞서 언급한 바와 같이, 철학자들은 약 2,400년 정도의 긴 세월동안 철학적으로 흥미로운 단어들이 가지는 각각의 정의를 구성해내는 일에 지금껏 전념해왔다. 그래서 그들은 단지 그러한 성격의 단어 한 개에 수많은 책들의 지면 전체를 할애할 수 있고, 또한 빈번히 그렇게 한다. 그 모든 시간을 보낸 후에 철학자들은 단어 한 개의 정의를 기술하는 과정에 성공한 적이 있을까? 그리 명백하게는 성공한 적이 없다. 아마도 어떤 단어는 어딘가 어느 철학 원고 속에 숨어있는 정확한 정의 하나가 있을지도 모른다. 하지만 그러한 정의가 과연 무엇인지는 알기 어려운데, 그 이유는 이와 같은 경우 중 어느 예에 있어서도 철학자들 사이에 공통된 의견 일치를 본 바가 없기 때문이다. 내가 앞서 언급했던 모든 사례들, 예컨대, '지식', '진리', '정의', '의미' 등에 대해서, 그리고 그 외 더 많은 것들에 대해서도, 여전히 여러 논쟁이 존재하고 있다.

단어를 정의한다는 이 어려운 사업(enterprise)이 철학 분야에서는 어떠한 것인지 조금이나마 알아보기 위해 'knowledge'의 정의를 고려해보도록 하자. (안타깝게도, 단어 'chair'는 단지 제한된 철학적 분석만을 할 목적으로 즉시 소개되었다.) 그리고, (나중에 좀 더 다룰) 중의성(ambiguity)에 얽혀버리는 것을 피하기 위해서 '명제적 지식'(propositional knowledge)이라고 불리는 것에 집중해보도록 하자. '명제적 지식'은 '무엇인가'가 '그러한 경우'(the case)라는 지식(예를 들어, '눈은 희다'라는 것)으로서, 어떤 장소 또는 어떤 인물을 안다는 것(또는 일면식이 있다는 것)과 대비된다. 제법 긴 시간 동안 '지식'은 '정당화된 참인 믿음'(justified true belief)으로서 정의될 수 있다고 생각되어졌다. 이러한 종류의 최초의 분석은, 사실은, 플라톤의 『메논』(*Meno*)(기원전 4세기)으로 거슬러 올라간다. '지식'에 대해 왜 이렇게 생각해야 하는 것일까? 예를 들어, 당신이 '눈이 희다'라는 것을 알기 위해서

다양한 정의들 | 11

는, 최소한, 당신이 그것을 믿어야 한다는 점이 직관적으로 타당해 보인다. 아마 그 외 다른 조건들이 더 관여될 것이지만, 안다는 것은 일종의 믿는 것이다. 더 나아가, 만약 당신이 어떤 명제(proposition)를 안다면, 그러면 그 명제는 참(true)이어야 한다. 천공술(trepanning)이 사람들에게서 귀신들림(demonic possession)을 치료해준다는 것을 당신이 안다는 것은 불가능한데, 왜냐하면 천공술이 귀신들림을 치료한다는 것이 참이 아니기 때문이다. ('포스트모더니즘'(postmodernism)이라고 알려진 지적인 현학주의(charlatanry)에 예속된 사람들은 '그 어느 것도 참인 것은 없다'라고 당신을 설득시키려고 애쓸 수도 있을 것이다. 그렇지만, 대부분의 경우들에서는, "그러면 '그 어느 것도 참이 아니다'는 과연 '참'인가?"라는 질문을 하는 것만으로도 그 현학주의 학자들을 당황하게 만들기에는 충분하다.) 그럼 왜 여기에서 논의를 중지하고는 지식은 '참인 믿음'이라고 그냥 말해버리지 않는 걸까? 그 이유는, 여러 가지의 참인 믿음들을, 말하자면, '우연히' 습득하는 것은 가능하지만, 그러한 믿음들을 '지식'으로서 지정하는 것에 대해서는 우리가 꺼림칙하게 느끼기 때문이다. 예를 들어, 끊임없이 주절거리고 있는 중인 한 광인(madman)이 실질적이고 흥미로운 성격을 띠는 특정한 참 명제들을 진심을 담아서 외칠 수도 있겠지만, 그러한 참 명제들은 실상 자신이 나폴레옹이라는 그 광인 스스로의 믿음과 별반 다르지 않은 수준의 근거만을 가지고 정당화되어 있을 것이다. 현재 논의의 대상인 믿음이라는 것이 어떠한 방법으로든 정당화되어야 한다는 이 필수요건은, 다시 말해, 이러한 종류의 예들에 지식으로서의 자격을 부여하는 것을 미연에 막아 선별적으로 제외시켜야 한다는 것을 뜻한다.

이런 고로, 극도로 간결한 스타일로 알려져 있는 에드먼드 게티어(Edmund Gettier)라는 인물이 과거에 없었더라면, 여러 문제들은 여전히 그대로 내버려져 있었을지도 모른다. (나는 역사의 이 부분을 다소 단순화시키고 있는 중이다.) 게티어는 현존하는 가장 우수한 철학자들 중 한 명이다. 그런데, 다소 인상적이게도, 그가 출판한 인생의 대표적 '작품'(oeuvre)은 전부 콩틀어서 세 페이지짜리 논문 단 한 편뿐인데, 1963년에 나온 이 논문은 'Is Justified True Belief Knowledge?'(정당화된 상태의 참인 믿음은 지식인가?)라는 제목을 가지고 있다. 이러한 질문에 대한 답은 '아니오'이다. 게티어는 다음과 같이 말한다. 스미스와 존스가 동일한 회사에 채용 응시를 했다고 가정해보라. 응시 결과가 발표되기 전에 두 가지 일이 발생한다. 즉, 스미스는 존스의 주머니에 있는 동전들을 세고 그 수가 10을 이룬다는 것을 발견한다. 그리고 그 회사의 회장은 존스가 이번 구직 기회에 채용될 것이라는 점을 스미스에게 주지시킨다. (우리는 이러한 일들이 왜 일어나는지에 대해 의아해하지 말아야 한다. 이것은 철학적 성격의 예시이며, 심리 소설 이야기가 아니다.) 스미스는, 따라서, 정당화될 수 있는 방식으로 다음 두 가지를 믿고 있다. 첫 번째로 존스가 이번에 직장을 구하게 되는 바로 그 사람이라는 점, 그리고 두 번째로 존스가 그의 주머니 속에 동전 10개를 가지고 있다는 점이다. 흠잡을 데가 없는 논리학자인 스미스는 이 일자리를 얻게 될 그 사람이 그 자신의 주머니 속에 동전 10개를 가지고 있다고 연역적으로 추론한다. 이제, 그는 이러한 후자의 경제를 믿는 데에 있어서 확연코 정당화된 상태이다. 그가 믿음에 있어서만큼은 벌써 완전히 정당화된 상태인 바로 그 두 가지 일로부터 도출된 빈 틈이 없는 추론인 것이다. 하지만, 실제 일이 일어나기로는, 존스가 아니라 스미스가 그 일자리를 차지하게 된다. 그리고 스미스 스스로에게는 알려지지 않았으나, 스미스가 존스의 동전을 세어서 상황에 대한 자신의 여러 가지 믿음들을 형성하고 있던 그 시점에 스미스 자신의 주머니에도 동전

10개가 있었다. 그래서 드러난 실상으로는, 그 일자리를 차지하게 될 사람이 자신의 주머니 안에 동전 10개를 가지고 있다는 스미스의 믿음은 참이었다. 그리고 그러한 그의 믿음은 또한 정당화되었다. 하지만 그 일자리를 얻게 될 사람은 자신의 주머니 안에 동전 10개를 가지고 있다는 것을 스미스가 알고 있었다고 말하는 것은 극도로 당황스러운 일이다. 그러므로 참이면서 정당화된 상태인 믿음의 경우, 그 모든 예가 다 지식인 것은 아니다. 1963년 이래로, 인식론(epistemology)의 역사 중 큰 일부분은 이러한 '게티어 문제'(the Gettier Problem)를 해결하려는 노력들로 이루어져왔다. 그리고 그 과정에서, 'knowledge'는 '정당화된 상태에 있는 참인 믿음'이라는 그 정의에 (믿음, 참, 정당화라는 세 가지 속성 외에) 제 4의 애매모호한 속성을 추가시키려는 여러 시도들이 종종 연관되어 나타났다. 그리고, 때로는 그 외의 여러 다른 방향으로 흘러가기도 하였다. 하지만 여러 노력에도 불구하고 이 분야에서는 이 문제에 대한 일치된 의견이 존재하지 않는다.

아마도 당신은 이제 내가 위에 언급된 여러 부족한 사항들을 해결해 줄 수 있는 'chair'와 'knowledge'에 대한 멋진 정의들을 내놓을 것이라고 기대하고 있을 것이다. 안타깝게도 그러한 기대에 대해 나는 실망시키게 될 것 같다. 지금껏 시도한 이러한 연습의 실제 목표는 각각의 단어들에 대해 충족성을 가지는 정의를 제공하는 것이 지극히 어려운 일이라는 사실을 여러분에게 각인시켜 주는 것이었다. 심지어 확연히 평범한 단어의 예들조차도 정의내리기 어려운 것은 마찬가지이다. 이러한 종류의 연습에서 발생하게 되는 수많은 어려움에 대해 당신이 추가적인 경험을 해볼 수 있도록—노엄 촘스키(Noam Chomsky)가 지적해 온—단어 의미에 대한 몇 가지 놀라운 사실들을 검토해보도록 하자. 노엄 촘스키는 생성언어학(generative linguistics)의 창시자이며 1950년

대와 1960년대의 '인지적 혁명'(cognitive revolution)에서 중요한 주도적 역할을 한 인물들 중 한 명이다. 당시의 인지적 혁명은 현대 인지심리학(modern cognitive psychology)과 인공지능의 토대를 보여주었다. 앞서 'chair'에 대해 논의하였을 때, 처음에는 확실한 물리적 대상 하나를 나타내기 위한 한 개의 단어인 것처럼 보이는 그 무언가를 정의 내리는 과정에서 당신은 인간의 다양한 의도(intention)가 수행하는 중요한 역할에 대해 논평했을지도 모른다. 촘스키의 관찰에 따르면, 이러한 (내적 의도성의 역할 관련) 현상은 당신의 입장에서 고려해보았을 가능성보다 훨씬 더 널리 펴져있다고 한다. 그리고 이러한 현상은 심지어 인간이 제작한 여러 가공물을 외연적으로 나타내는 기능을 수행하지 않는 단어들의 경우에서도 마찬가지로 나타난다. 만약 적법한 당국 관계자들이 당신의 거주 지역에 있는 수도용수 보관용 저수지에 신종 수질 정화제로 찻잎들을 넣어 두었다면, 당신의 집에 있는 수도꼭지에서 나오게 될 내용물은 여전히 '물'(water)이라고 지칭될 것이다. (이 상황을 바라보는 한 방식에 대해 말하자면) 만약 수도꼭지에서 실제 배출된 것이 극도로 연한 차(tea)일지라도 말이다. 하지만 만약 어떤 사람이 자신의 차가 아주 연한 것을 좋아해서 순수한 H_2O 상태의 물질을 담은 컵에 티백 한 개를 1초가 채 되지 않는 짧은 시간 동안 담근다면, 그 결과물인 액체는 (차라고 하지) 물이라고 말하지 않는다. 비록 방금 그 수도꼭지에서 나온 내용물과 화학적으로 동일할지라도 말이다. 그러면 'thing'이라는 단어—영어사용자가 가지고 있는, 어느 면에서는, 가장 기본적인 개념인 것으로 보이는 그 무언가를 표현하고 있는 바로 그 단어—를 예로 들어보자. 촘스키가 지적한 바에 따르면, 여러 개의 막대기들이 땅바닥에 늘여있는 경우, 만약 어떤 한 사람이 일종의 신호(signal)로서 거기에 두었던 것이라면 그것들은 하나의 특정 '사물'(thing)을 구성한다고 한다. 하지만, 만약 어느 산불에 의해 무작위적으로 거기에 놓이게 되었다면 그 막대기들은 특정 사물의 한 예가 아니다. 이와 같은 미묘한 성격의 예들은 넘쳐난다.

혹시라도 어떤 단어들은 우리가 지금까지 보았던 그러한 종류의 복합적인 문제 상황을 비켜갈 수 있는 면역력이 있을까? 우리가 종종 생각하기로는, 과학이나 수학과 같은 전문적인 분야에서 유래한 여러 단어들을 위해서는 아마 우리가 정밀한 정의들을 제공할 수도 있다고 본다. 하지만, 심지어 여기에도 사안들은 우리가 반길 수 있을만한 정도보다도 훨씬 더 복잡한 성격을 띤다. 'metal'이라는 단어를 예로 들어보자. 다음은 저명한 금속공학자(metallurgist) 로버트 폰드(Robert Pond)의 금속에 대한 강의 내용 중 일부를 발췌한 것이다. 폰드 교수는 자신의 청중들에게 '금속'(metal)에 대한 하나의 정의를 마련해보라고 요청하면서 자신의 강의를 시작한다. 청중들의 여러 노력에도 불구하고 그 일은 성공적이지 않다.

> Well, I'll tell you something. You really don't know what a metal is. And there's a big group of people that don't know what a metal is. Do you know what we call them? Metallurgists! ... Here's why metallurgists don't know what metal is. We know that a metal is an element that has metallic properties. So we start to enumerate all these properties: electrical conductivity, thermal conductivity, ductility, malleability, strength, high density. Then you say, how many of these properties does an element have to have to classify as a metal? And do you know what? We can't get metallurgists to agree. Some say three properties; some say five properties, six properties. We really don't know. So we just proceed along presuming that we are all talking about the same thing.

그러면, 제가 여러분에게 한 가지 알려드리겠습니다. 여러분은 금속이란 것이 무엇인지 제대로 알지 못하고 있습니다. 그런데 금속이란 것이 무엇인지 알지 못하는 많은 수의 사람들이 있습니다. 여러분, 우리가 그 사람들을 뭐라고 부르는지 아세요? 금속학자입니다! ... 금속학자들이 왜 금속이 무엇인지를 모르는지 그 이유를 여기 말씀드리죠. 우리는 한 가지 금속이 금속의 속성들을 가지고 있는 한 원소(element)라고 알고 있습니다. 그래서 우리는 이러한 속성들 모두를 하나하나 열거하기 시작합니다. 예를 들어, 전기 전도성(electrical conductivity), 온도 전도성(thermal conductivity), 연성(ductility), 순응성(malleability), 강도(strength), 고밀도(high density)와 같이 말이죠. 그러면 여러분들이 질문을 하겠죠. 한 원소는 이러한 속성들 중 몇 개를 가져야만 금속으로 분류될 수 있나요? 그런데 말입니다. 여러분 이거 아세요? 우리는 금속학자들이 이 부분에 대해 동의하도록 만들 수가 없습니다. 혹자는 그러한 속성이 3개라고 말합니다. 혹자는 5개 또는 6개의 속성이라고 합니다. 우리는 정말 알지 못합니다. 그래서 우리는 그냥 우리가 모두 동일한 '사물'에 대해서 이야기하고 있다고 미리 가정하고 그대로 진행할 뿐입니다.

그런즉 금속학자들조차도 단어 'metal'에 대한 정의 한 개에 동의하지 못하고 있는 상태이다.

아마도 '금속'은 어떤 면에서 너무 광범위한 용어일 수도 있다. 'gold'는 어떨까? 'gold'는 주기표(periodic table)의 한 원소이고, 말하자면, 어느 정도의 "정확성"을 가지고 꼭 집어서 기술하는 것이 가능하다. 예를 들면 다음과 같다. 금은 원자번호 79번을 가진 바로 그 원소이다. 만약 우리가 'gold'를 '원자번호 79번을 가진 원소'로 정의내리면 어떨까? 글쎄, 그러한 제안사항을 취했을 때 나타나는 문제점 하나는 'gold'라는 단어를 아는 대부분의 사람들이 금의 원자번호가 79라는 것을 모른다는 점이다. 현재의 제안사항은 언어 능력을 갖춘 대부분의 영어 화자들이 'gold'라는 단어의 의미를 알지 못한다는 점을 시사하게 될 것이다. 그리고 그것은 다소 자기모순적인 사태가 될 것이다. 우리는 다음과 같이 질문을 던질지도 모른다. 그처럼 단어 의미를 모르는 사람들이 그 단어를 적절하게 사용하도록 허용해주는 그 무언가는 도대체 무엇일까? 만약 그 사람들이 그 단어의 의미를 알지 못한다면, 금에 대해 이야기하기 위해서 그 단어를 아주 성공적인 방식으로 사용하는 것은 도대체 어떻게 된 일인가? 위와 같은 제안사항을 택할 때 나타나는 추가적인 문제 하나는 환상에 근거한 또 다른 시나리오가 있을 때에 야기될 수 있다. 한 사악한 악마가 금을 연구해본 적이 있는 모든 과학자들을 체계적으로 기만해왔다고 상상해보라. 이 악마가 과학자들로 하여금 금의 원자번호가 79라고 생각하도록 지금까지 조작해왔다고 말이다. 그런데 실제로 그것은 완전히 다른 것이라고 되어있는 상황인 것이다. 이 시나리오에서는 사실상 원자번호 79를 가진 어떠한 원소도 존재하지 않는다는 것이 드러난다. 이제, 이러한 놀라운 사태가 발견되었다고 가정해보라. 만약 단어 'gold'가 그 무엇도 아닌 단지 '원자번호 79를 가진 원소'만을 의미한다면, 그리고 만약 원자번호 79를 가진 원소가 그 어떤 것도 존재하지 않는다면, 과학자들이 '금이라고 하는 그와 같은 사물은 어떠한 것도 존재하지 않는다'고 발표할 때 그들의 입장은 상당히 정당화되는 것으로 보일 것이다. (여기서 '원자번호 79를 가진 원소라고 하는 그와 같은 사물은 어떠한 것도 존재하지 않는다'라는 문장을 비교해보라. 주어진 정황들에서 후자의 문장은 아주 '참'인 상태가 될 것이다.) 하지만, 물론, 사실상 '금이라고 하는 그와 같은 사물은 어떠한 것도 존재하지 않는다'라고 공표할 때 이 과학자들의 입장은 정당화되지 않을 것이다. 이와 같은 시나리오 속에서 그들이 실제로 하게 될 말은 '금은 원자번호 79번을 가지지 않는다(하지만 그것은 실제로 존재한다)'와 같은 류의 무언가가 될 것이다.

우리는 원자번호들을 이용해서 'gold'를 정의하고자 하는 이러한 시도를 폐기할 수도 있을 것이다. 그리고 그 대신에―반짝거리는 노란 색상, 연성 등과 같이―평범한 사람들도 감정할 수 있는 금의 가시적인 특징들에 집중할 수도 있을 것이다. 하지만 이것은 지금, 'chair'를 다리 개수, 앉기 위한 용도, 등등의 방법으로 정의하려고 했던 사전편찬학적 시도들과 무서울 정도로 유사해 보인다. 그리고 우리는 유사한 난점들이 발생하는 것을 발견하더라도 그리 놀라지 않을 것이다. 가시적 특징들에 집중하는 방안을 선택한 경우에는, 가짜 금(fool's gold: 속칭 iron pyrites 황철석)이 존재한다는 것만으로도, 너무 과다한 내용을 포함하도록 만들지 않으면서 이러한 종류의 정의 하나를 마련하는 일 자체가 유난히 어려운 작업이 되어 버릴 것이다. 물론 우리에게 필요한 것은 금과 가짜 금을 구별할 수 있는 어떠한 도구나 방법일 것이다. 우리는 통상 어떠한 방법으로 그 일을 수행하는가? 이런..! 우리는, 원자번호들과 같이, 각각의 화학적 구성(make-up)에 대한 여러 사실들에 의존하여 설득한다. 하지만, 그럼 우리는 앞서 시작했었던 그 자리로 되돌아온 상태가 된다.

    여기서 혹자는 'metal'과 'gold'의 특이성에 의한 이유로 반대할 수도 있다. 다시 말해, 그것들이 과학에 의해 공동 선택된 일상언어(ordinary language) 속의 단어들이고, 그래서 그 단어들을 정의를 내리는 데 있어서 우리가 가지는 어려움은 이러한 독특한 어휘적 지위를 반영하는 것이라는 이유에 따라 반대 의견을 내놓을 수도 있다. 그렇다면, 외현적으로 명확하게 이론적 추측을 하는 과정에서 신조어로서 만들어진 용어들은 어떨까? 이와 같은 방식으로 만들어진 단어들을 성공적으로 정의내리는 작업에 대한 전망들이 'gold'를 정의내리는 일에 대한 전망들보다 딱히 더 밝은 편은 아니라는 것이 현재 내가 가지고 있는 우려 섞인 생각이다. 그리고 이는 앞서 언급한 바들과 아주 유사한 이유들에 근거한 것이다. '원자'(atom)를 예로 들어보자. 원자에 대한 현 시대의 생각을 요약해주는 어떤 정의를 우리가 지금 제공하기 위해 애쓰고 있다고 가정해보라. 예를 들어, '전자운—즉, 전자(electron)들로 형성된 구름—에 둘러싸인 한 개 또는 그 이상의 양성자(proton)들을 (그리고 선택적으로 한 개 또는 그 이상의 중성자(neutron)들을) 포함하고 있는 한 개의 핵(nucleus)으로 구성되어있는 물질(matter)의 단위'와 같은 정의를 고안 중이라고 가정하자. 더 나아가, 사람들이 그 단어의 사용에는 능숙하지만 이러한 세부사항들은 알지 못하는 상황에 대해 가질 수 있는 여러 걱정거리들을 우리가 전부 무시해도 된다고 가정해보라. 즉, 'atom' 단어가 충분히 난해하여서, 그 단어를 쓸 정도로 언어 능력을 갖춘 이는 누구든 원자들에 대해 최소한 그 정도는 알고 있다고 우리가 가정할 수 있는 것이다. 그래도 여전히, 어떤 과학적인 발견이 원자들에 대한 우리의 관념을 극단적으로 변화시키게 될 가능성은 존재한다. 그리고 이 경우는 앞서 언급된 그 정의가 동시대 내에서 구해지는 원자들에 대한 최적의 이해 정도가 어떤지를 더 이상 반영하지 않는다는 것을 의미하게 된다. 그런데 그래도 우리는 여전히, 거의 확실하게도, 이 단어를 계속 가지고 있을 것이고 '원자는, 결국, 전자운—즉, 전자들로 형성된 구름—에 둘러싸인 한 개 또는 그 이상의 양성자들을 (그리고 선택적으로 한 개 또는 그 이상의 중성자들을) 포함하고 있는 한 개의 핵으로 구성되어있는 물질의 단위가 아니다'와 같은 말을 할 것이다. 이것은 'atom'이라는 단어의 의미가 방금 제공되었던 바로 그 정의가 아니며 또는 그와 유사한 종류의 내용을 따르는 어떠한 것도 아니라는 근거가 된다. 그리고 이것은, 말하자면, '정의에 따르면, 원자는 우리가 지금껏 기술해온 그러한 종류의 물질 단위라고 그냥 가정되기 때문에, 그리고 그런 물질 단위들은 존재하지 않는다는 것을 우리가 방금 발견했기 때문에, 우리는 원자가 존재하지 않는다고 연역적으로 추론할 수 있다'

고 말하는 것이 더 답이 될 것이기 때문이다.

단어 'atom'의 경우에, 이러한 종류의 총체적, 전방위적 재검토(revision)는 그저 가설상의 시나리오가 아니다. 이 영어 단어는 고대 그리스어 단어인 'atomos'에서 유래하는데, 그것은 '자를 수 없는' 또는 '나눌 수 없는'이라는 뜻을 가지고 있었다. 기원전 5세기의 레우키푸스(Leucippus)와 데모크리투스(Democritus)에서부터 19세기의 수많은 과학자들에 이르기까지, 원자론자들은 궁극적이며 더 나눌 수 없는 물질 단위가 존재하며 이러한 최소단위로부터 그 외의 모든 것들이 구성되어진다고 믿었다. 19세기의 후반부에는, 'atom'이라고 불리는 모종의 특정 물질 단위가 이러한 궁극적이고 분할 불가능한 물질 단위인 것으로 잠정적으로 인정되기에 이르렀다. 그리고 나서 1897년에 영국의 물리학자 조셉 J. 톰슨(Joseph J. Thomson)(1856-1940)에 의해 그 유명한 시연이 이루어졌는데, 톰슨은 물질 단위로 간주되었던 이 특이한 사물이 사실로는 전자(electron)라고 불리는 보다 작은 입자(particle)를 포함하고 있다는 것을 보여주었다. 무슨 일이 일어났냐고? 과학자들은 '이것들은 결국 원자들이 아니다. 그리고 그 이유는 이것들이 분할 불가능하지 않기 때문이다'라고 일반적으로 결론 내리지 않았다. 실질적으로 그들은, '원자들은 그 자체가 결국에는 분할 불가능하지 않다'고 말했다. 그래서 단어 'atom'은 '궁극적이며, 분할 불가능한 물질 단위'를 뜻하지 않았다.

내가 아는 바에 따르면 여러 단어들에 대해 우리가 좋은 정의들을 가지고 있을 가능성이 있는 것처럼 보이는 단 하나의 분야가 있다. 그것은 바로 수학 분야이다. 예를 들어, '소수'(prime)란 '1보다 큰 정수(integer)로, 자신과 1을 제외하고는 어떠한 인수(factor)도 가지지 않는 정수'를 뜻한다'라는 서술문에서 나는 어떠한 잘못된 점도 찾을 수 없다. 수많은 정의를 둘러싸고 있는 일반적인 혼란상태에 대해 왜 수학용어들은 면역력을 가지고 있는지에 대한 질문은 일종의 지적인 관심 차원의 문제이다. 하지만 저자인 나로서는 이 질문을 이 지면에서 언급하여 다루어 볼 의사가 없다.

 이 시점에서는, 한 걸음 뒤로 물러나 이러한 실례들이 우리에게 보여주고 있는 것에 대해 반추해보는 것이 적절할 것이다. 지금까지 내가 시연해보이려고 한 것은 여러 단어들에 대해 각각의 정의를 제공하는 일이 머리에 쥐가 날 정도로 복잡한 성격의 과제라는 점 바로 그것이 전부다. 부연하면, 인식론, 금속공학 등과 같은 분야들에서 나타난 최신 상황에 대한 정보를 내가 독자들에게 보고함으로써, 나는 한 단어에 대한 충족성(adequacy) 있는 정의를 단 한 개라도 제공한 적이 있는 사람이, 우리가 아는 한, 그 누구도 없다는 점을 (결정적으로 시연하려고 한 것이 아니라) 제시하고자 노력해보았다. (여기서 아마도 수학적 용어들은 예외로 두어야 하겠지만 말이다.) 그리고 몇 개의 사전 항목들에 대해 논의함으로써, 사전 항목들은 일반적으로 각 단어의 제 의미를 제공하지 않는다는 사실을 여러분에게 충분히 확신시켰으리라고 기대해본다. 이러한 결론들 중 몇몇은 독자의 입장에서 놀랍게 느껴질 수도 있다. 만약 당신이 의미론을 이전에 공부해본 적이 전혀 없다면 말이다. 하지만, 그러한 결론들 또한 다소 제한되어 있다는 점을 깨닫는 것이 중요하다.

 우선, 각 단어의 정의를 제공하는 일이 경악할 정도로 어렵다는 사실은 그러한 작업이 불가능하다는 것을 보여주지는 않는다. 심지어 (내가 다음의 결론을 확립할 수 있다는 가정 하에서), 지금까지 그 누구도 한 단어에 대해 충족성이 있는 정의를 단 한 개라도 제공한 적이 전혀 없었다는 그 결론조차 그러한 점을 보여주지는 않을 것이다. 아마도 우리는 그저 더 열심히 노력해야 하고, 그러다보면 언젠가는 어떤 좋은 정의들을 발견하게 될지도 모른다. 또는 아마도 단어의 정의는, 원리상에서 볼 때, 주어질 수도 있을 것이다. 예를 들어, 고도의 지적 능력을 소유한 한 외계 종족이 무언가 전해줄 수도 있지 않은가. 하지만 인간들이 그 일을 해내기에는 그저 그 정도로 똑똑하지 않은 것일 수도 있다. 마지막에 언급한 이 가능성은 비록, 다시 한 번, 몇몇 독자들을 크게 놀라게 할 수도 있겠지만 실제로 아주 극단적인 것은 아니다. 예를 들어, 데모크리투스의 원자론(atomism) 또는 조셉 톰슨의 음극선(cathode ray) 실험들에 대해 어느 소에게 설명하려고 시도한다고 상상해보라. 당신이 원자론에 대해 얼마나 많이 설명하든지 간에, 그 소는 그냥 그 내용을 알아듣지 못할 것이다. 다양한 사상가들이 지금껏 지적하기를, 원자론과 음극선 실험들이 소에게 형성되는 그 관계처럼, 어떤 주제들은 우리 자신에게 그러한 관계 선상에 위치해 있다고 한다. 다시 말해서, 우리가 그런 것들을 깨닫고 파악하기에는 그냥 너무 심각하게 멍청하다는 것이다. 아마 각 단어의 정확한 정의는 이와 같은 주제들 중 하나를 이루고 있는지도 모른다.

 우리가 각 단어의 정의를 제공할 수 있는지의 여부에 대한 질문은 이제 여기까지 하자. 하지만, 우리는 '각 단어의 정의는 실제로 무엇인가'라는 (또는─우리가 제공할 수 있다면─'각 정의는 무엇일까'라는) 질문을 언급하기도 해야 할 것이다. 특히, 만약 어느 단어에 대한 완전히 성공적인 정의 한 개를 우리가 가지고 있다면, 그것은 그 단어의 의미가 될까? 우리를 궁극적인 방식으로 만족시킬 그런 차원의 의미에서는 아닐 것이다. 문제는, 우리가 무언가에 대한 과학적인 또는 철학적인 견해를 제공할 때, 우리는 탐구의 대상인 그 사물을 여러 다른 종류의 사물들의 측면에서 설명하고자 하는 이상적인 바람을 가진다는 점이다. 여기서, 그런 여타의 사물들은 우리가, 어떤 방식으로든, 보다 더 기본적이라고 간주하는 것들이다. 화학자는 물을 수소와 산소의 합성물(compound)로서 설명한다. 물리학자는 원자를 양성자, 중성자, 전자를 연관시키는 일종의 구조로서 설명한다. 철학자들은 지식을 '특정한 종류의' 참(true)인 상태에 있는 정당화된 믿음으로서 설명한다. (여기서, 어떤 '특정한 종류'(a certain kind)에 속하는 믿음을 가리킨다는 부분, 즉, 작은 따옴표가 붙은 몇몇 단어들을 말하는 동안 우리는 강조의 뜻으로 손을 좌우로 약간 흔들 것이다.) 하지만, 하나의 정의는 단지 한 줄의 단어들일 뿐이다. 그러므로 '한 단어의 의미는 하나의 정의이다'라고 말하는 것은 불만족스러운데, 그 이유는, 그것이 '한 단어의 의미는 그저 더 많은 수의 단어들이다'라고 말하는 것과 마찬가지이기 때문이다. 이러한 점은, 우리가 설명적인 차원에서 보다 심층의 단계로 진보하지 않고 있는 것으로 비추어질 수도 있다. 그렇지만, 이것은 정의의 예들을 구성하는 작업에 쏟아 부은 노력이 그저 낭비되었다고 말하는 것은 아니다. 우리가 지금까지 보아온 것처럼, 이러한 종류의 노력은 의미 자체에 대한 복잡 미묘하고 때로는 놀라운 사실들을 발견할 수 있다. 그리고 각 의미의 예가 무엇인지를 우리에게 말해준다고 주장했던 어떠한 의미 이론도 궁극적으로는 이러한 사실들에 대해 설명해야 할 것이다.

    그래서 질문을 던진다. 각 단어의 의미는 도대체 어떠한 것들이 될 수 있는 걸까? 나는 다음 장에서 이 주제에 집중하겠다.

2
단어 의미란 무엇인가?

단어의 의미는 과연 어떠한 것들이 될 수 있을까? 이 장은 이러한 주제의 역사 중 일부를 다룰 목적으로 마련된 곳이 아니다. 그런고로 나는 이 장의 주요 목적들을 위해서 두 가지 생각에 집중하도록 하겠다. 이 생각들은 지난 수십 년 동안 관련된 전문 분야의 문헌상에서 우서하였던 것으로, 그 각각의 명칭은 지시적 의미 이론(referential theory of meaning)과 내재주의 의미 이론(internalist theory of meaning)이다.

   이 두 이론은 종종 비직관적인 성격을 띠는 몇몇 개념들을 활용하고 있다. 그리고 이 개념들은 동시대의 철학, 언어학, 심리학 분야에서 유래한 것들이다. 기타 여러 아이디어들 중에서도, 이 장에서 우리가 읽게 될 예들을 들자면 다음과 같다. 몇몇 언어학자들은 영어, 스페인어와 같은 언어들이 존재하지 않는다고 생각한다고 한다. 그리고 몇몇 철학자들은 산타클로스가 정말 존재한다고 생각한다고 한다. 그래서 여기에서는 우선 그 전체 지형을 확립하기 위한 간단한 개요를 제시할 것이다.

   많은 이론가들이 설명해야만 하는 언어에 대한 주요 사실들 중의 하나는 사람들이 세계에 대해서 이야기하기 위해서 언어를 사용할 수 있다는 점이다. 비록 우리가 (넌센스로 된 운문(verse)을 쓰는 예와 같이) 언어를 가지고 다른 여러 가지 일들을 할 수 있지만, 우리가 언어를 가지고 하는 많은 것들은, 그리고 그 유용성의 큰 부분이, 우리 주위를 둘러싸고 있는 모든 사물들과 가지는 이 명백한 연결 관계 속에서 구성된다. 우리는 세계에 대해 기술할 수 있고, 그것이 어떠한 것인지에 대해 질문할 수 있으며, 심지어는 우리의 의지에 따르기 위해서 세계의 일부들(보다 선호하기로는, 지각이 있는 것들)에 순서나 질서를 부여할 수도 있다. 이 장에서 다룰 논쟁에서는 이러한 '단어-대-세계' 관계의 속성(nature)에 집중할 것이다.

이 논쟁의 양쪽 측면 모두가 당연하게 여기는 것이 있는데, 그것은 단어들이 가지는 제 각각의 의미가 각 단어들을 세계와 연결시켜 줄 수 있는 (바로 그) 장본인이라는 생각이다. (예를 들어, 단어의 발음은 이러한 관계에 대해 책임을 지지 않는다.) '지시적 의미 이론'은 여기서 가장 직접적인 메커니즘을 주장한다. 다시 말해, 단어들이 가지는 각각의 의미는 단순히 이 세계에 있는 사물들이라고 주장한다. 그래서, 예를 들어, 'Iceland'라는 단어는 북대서양에 있는 바위와 얼음으로 된 커다란 땅덩어리인 바로 그 섬을 자신의 의미로서 가진다는 식이다. 따라서 단어 'Iceland'의 그러한 의미를 당신이 일단 파악하게 되면, 당신은 그 단어가 세상 속에서 어떤 것을 선별적으로 골라내는지를 자동적으로 알게 되는 것이다. 그리고 이러한 주장의 이유는, 그 단어의 의미가 그 단어가 세상 속에서 골라내는 것 바로 그것이기 때문이다. 현재로서는 이러한 주장이 'Iceland'와 같은 고유명사(proper name)의 한 예를 가지고 논하는데 있어서는 모두 양호할 수도 있다. 하지만, 단어들 중에서 다른 유형들에 속하는 경우들은 어떨까? 예를 들어, 단어 'icy'는 무엇을 골라내는가? 또는, 단어 'the'는 어떠한가? 지시적 이론을 취할 때에 대면하게 되는 주요 문제는, 우리가 곧 보게 되는 바와 같이, 이러한 모든 단어들이 선별하여 골라낼 각각의 사물들을 제공하기 위해서는, 세상 속에 (상기한 예보다) 점점 더 기이한 개체들이 존재한다고 이론가들이 가정해야 한다는 것이다. 이러한 기이한 것들 중에는 내가 앞서 언급한 산타클로스뿐만 아니라, 이전에 이미 진지한 반추를 통해서 우화적 지위를 (즉, 가공의 인물이라는 위상을) 할당시켜놓은 그 외의 수많은 인물들이 포함된다.

이 논지에서 또 다른 측의 입장에서는, '내재주의 의미 이론'의 옹호자들을 만나게 된다. 이들은 단어 의미를 우리의 머릿속에 있는 생각(idea)들이나 개념(concept)들로 간주하는 것이 가장 유익한 방식이라고 제안한다. 개념을 예로 들어보자. 예를 들어, 내가 Iceland에 대해 가지고 있는 개념과 같은 것 말이다. 이것은 특정한 심리적 개체(psychological entity)이다. 궁극적으로, 만약 우리가 뇌를 이용해서 사고 작용을 하는 것이라는 우리의 가정이 맞다면, 내가 가지고 있는 이 개념은 짐작컨대 내 머릿속의 세포들로부터 구성되어있는 하나의 구조일 것이다. (물론, 이 모든 것들이 어떻게 세부적으로 작동하는지는 가장 심오한 미스터리다.) Iceland라는 섬이 내가 가지고 있는 그것에 대한 개념과 닮거나 또는 그 개념에 '맞아떨어지기'(fall under) 때문에, 나는 이 개념을 Iceland에 대해 생각하기 위해서 사용한다. 그리고 이 개념은 또한 한 단어의 부분을 형성하기 때문에 (즉, 이것이 한 단어의 의미이기 때문에), 나는 그 단어 'Iceland'를 Iceland에 대해 이야기하기 위해서 사용한다. 당신의 머릿속에, 짐작컨대, 당신은 어느 아주 유사한 단어의 부분을 형성하는 아주 유사한 개념 한 개를 가지고 있을 것이다. 그리하여, 내가 'Iceland'라고 말하는 것을 들을 때에 Iceland에 대한 당신 자신만의 개념이 활성화될 것이다. 당신이 눈치챘었을 수도 있듯이, 사물들을 바라보는 이러한 내재주의 방식은 우리 개개인이 각자 자신만의 고유한 단어 'Iceland'를 가지고 있음을 암시하며, 그리고 이 방식은 그 단어에 의해 연상되는 개념들이 상당히 다를 수 있다는 가능성을 배제시키지 못한다. 모든 사람들이 이 점에 대해 흡족해하는 것은 아니다. 그 이유는 이러한 한계점이 마치 소통상의 극단적 실패 상황들을 허용하는 것처럼 보이기 때문이다.

지금까지 의미에 대한 논쟁을 간단히 정리해보았다. 앞으로 전개될 자세한 내용들은 이러한 요약에 살을 붙이는 과정이자 결과물로서 이해하는 것이 적절한 생각일 것이다.

그럼 지시적 의미 이론으로 되돌아 가보자. 그 이론에 따르면 다양한 단어들이 가지는 각각의 의미는 세상 속에 있는 사물들 그 자체이며, 그 중 대부분은 우리의 머릿속에 존재하는 것이 아니다. 이러한 관점에 따르면, 의미들은 각각의 '지시물'(referent)이며, 또는 (다시 말해) 집어내거나 지칭하게 되는 사물들이다. 이러한 생각을 묘사하는 데에는 고유명사를 예로 드는 것이 아마 가장 쉬운 방법일 것이다. '엘리자베스 2세'(Elizabeth II)와 같은 고유명사를 고려해보자. 지시적 의미 이론에 따르면, 고유명사인 '엘리자베스 2세'의 의미가 엘리자베스 2세라고 말한다. 즉, 소위 신앙의 수호자이자 그레이트 브리튼(Great Britain)과 북아일랜드 그리고 해외 영국 지배령(British Dominions beyond the Seas)의 여왕이라고 칭해지는 바로 그 인물이라고 말이다. 이 말에 깔려 있는 생각은, 당신이 'Elizabeth II is wise'(엘리자베스 2세는 지혜롭다)와 같은 어떤 예문을 발화할 때에 'Elizabeth II'라는 명칭이 바로 그 여성을 당신의 현재 발화(내용)에 기여하도록 만든다는 것이다. 그리고 나서야, 그 여성에 대해 당신이 말하기를 그녀가 지혜롭다고 하는 것이다. 하지만 'is wise'라는 구와 ('icy'와 같은) 그 외의 술어(predicate)들의 경우는 어떻게 해야 할까? 이러한 경우들은 해당 지시물들을 찾을 수 있는 어떤 방법이 있을까? 이런, 놀랍게도 그 답은 '그렇다'이다. 여기서 핵심 생각은, 'wise'라는 단어가 지혜로움(being wise)이라는 '속성'(property)을 지칭한다는 점이다.

어떤 층위에서는, 속성이라는 개념이 충분히 익숙하고 편하다. 속성은 어떤 특정 사물이 지니고 있는 한 양상 또는 특징이다. 한 예로, 어떤 사과는 '(색이) 빨강임'(being red)이라는 속성을 가진다. 그리고 또 다른 사과는 '(색이) 초록임'이라는 속성을 가진다. 그리고 이 두 개 모두 '(일종의) 사과임'이라는 속성을 가진다. 하지만, 이 정도까지 말하는데 우리는 벌써 논쟁이 되는 철학적 영역으로 들어가고 있다. 어떤 철학자들은 주장하기를, 만약 내가 예로 든 바로 그 빨간 사과와 초록 사과가 모두 '(일종의) 사과임'이라는 속성을 가진다면, 이것은 '사과임'이라는 그 속성이 따로 개별적인 것으로서 존재한다는 것을 암시한다. (그리고 이 속성은 내가 말한 사과들이 모두 가지고 있는 속성이다). 철학적 종류에 속하는 하나의 속성은 상업적 종류에 속하는 하나의 속성(cf. property, 재산권)과 다소 유사할 것이다. 여기서 유사함은 이 두 종류 모두가 공동 소유될 수 있다는 점에서 말하는 것이다. 이렇듯 오늘날까지 수많은 철학자들이 속성에 대해 숙고해왔다. 이는 플라톤을 필두로 하는데, 그의 '형태'(Forms) 개념은 상기한 의미에서의 '속성'들에 대한 전임자 역할을 한 것으로 종종 간주된다. 플라톤은 아마 나의 빨간 사과와 나의 초록 사과가 대표가 되는 《사과(The Apple)》의 대표적 형태(Form)를 각각 따로 예시화(instantiate)한다고 말했을 것이다. ([역자 주] the Apple의 대문자 용법을 《 》로 대신 나타냄.) 여기서 대표 《사과》의 대표 형태는 세상의 모든 사과들을 위한 일종의 청사진과 같은 특정한 것으로서, 하나의 영속적이고 불변하는 비물리적 개체(entity)를 뜻한다. 단지 대표 《《사과》》의 대표 형태를 예시화함으로써, 그 방법으로만, 어떤 대상(object)은 하나의 사과가 될 수 있다. 플라톤 이후로 수많은 철학자들이 고대, 중세, 근대 시대에 유사한 관점들을 주장해왔다. 즉, '(일종의) 사과임'이라는 한 속성이 존재하며, 모든 실제적인 사과들은 이 속성을 예시화한다.

이러한 사고방식에 따르면, 속성이라는 것은 수많은 상이한 대상들 내부에 동시 발생적으로 현존한다는 점에서 일종의 '보편소'(universal)이다. 보편소의 반대 개념은 '특수소'(particular)이다. 특수소는 단지 하나의 평범한 대상이며, 여러 상이한 곳들에 같은 시각에 현존하지 않는다. 하지만, 지금 우리가 다루고 있는 경우와 관련이 있는 이론에 따르면 속성들은 보편소들이라고 주장된다.

이러한 주요 노선들을 따라 여러 이론들이 다양한 현상들을 설명하기 위한 목적으로 적용되어왔다. 그 중에 한 실례는 유사성의 본성(nature)이다. 두 개의 어떤 것들이 유사하다는 것은 무엇을 뜻하는 걸까? 앞서 언급한 이 관점에 따르면, 그것들이 적어도 하나의 공통된 속성을 예시화해야 한다는 것이다. 그 무엇보다도 특히 우리가 지금 필요한 용도를 위해서 첨언하자면, 이러한 종류의 이론은 '일반 용어'(general term)라고 불리는 것들의 의미를 설명하기 위한 목적으로 플라톤과 많은 계승자들에 의해 호소력과 설득력을 확보하고자 이용되어 왔다. 일반 용어란 'apple', 'runs', 'wise', 'icy', 그리고 그 외의 명사, 동사, 형용사처럼 두 개 이상의 것들에 적용 가능한 단어이다. 여기서 그 핵심 생각은 일반용어가 속성을 '표상'(stand for)한다는 점이다.

속성은 흔히 '관계'(relation)와 짝이 맺어진다. 관련 이론들에 따르면, 관계 또한 일종의 보편소이다. 하지만 단지 한 개의 대상에 의해 예시화되는 대신에, 어떠한 곳에 현존하든지 간에 관계는 두 개 또는 그 이상의 대상들 간에 유지되는 것으로 가정된다. 예를 들어, '보는 것'(seeing)은 하나의 관계일 수 있다. 다시 말해, 보는 이와 보이는 것 사이에 그 관계가 유지되며, 지시적 의미 이론에 따르면, '보는 것'은 동사 '보다'(see)의 지시물이 될 것이다. 우리는 이러한 생각 방식에 대해 제6장에서 상세히 설명되는 것을 보게 될 것이다.

의미에 대한 상기의 생각들을 요약해주는 여러 방법들 중에서 깔끔한 형식적 방법이 하나 있는데, 철학관련 문헌상에서 꽤 인기가 있다. 그 방법은 '러셀식 명제'((Russellian proposition)이다. 이 방법은 분석적 철학의 창시자 중 한 명인 버트런드 러셀(Bertrand Russell)(1872~1970)이라는 철학자에 의해 20세기 초에 고안되었다. '명제'란 평서문(declarative sentence)의 의미이다. 러셀이라면, 'Elizabeth II is wise'라는 단순 평서문의 의미는 〈Elizabeth II, wisdom〉이라는 순서쌍(ordered pair)이라고 주장했을 것이다. '화살 괄호'(〈...〉: angle bracket)로 표시되는 '순서쌍'이라는 개념은 집합이론(set theory)에서 유래된 것이다. 순서쌍은 두 개의 개체로 이루어진 집합이며, 하나의 첫 번째 원소와 하나의 두 번째 원소를 가진다. 위의 실례에서 첫 번째 원소는 (이름이 아니라 군주(monarch)인) 'Elizabeth II'이고, 두 번째 원소는 '지혜'(wisdom), 즉, '지혜로움'(being wise)이라는 속성이다. 그 의미가 이러한 예와 같이 단순한 러셀식 명제인 문장은 그 명제의 첫 번째 원소가 그 두 번째 원소를 소유하거나 예시화한다면 그리고 단지 그렇게 한다면 참이 된다.

이 책에서는 집합이론이 여러 차례 제기될 것이므로, 이 주제에 대한 학창시절 기억이 가물가물한 이들을 위해 여기 간단한 소개를 다시 하겠다. 그렇지 않은 이들은 이 단락 분량 동안 주의가 제 맘대로 흐트러

단어 의미란 무엇인가? | 31

지는 것을 허용해도 된다. '집합'(set)은 대상들의 한 묶음(collection)이다. 집합은 통상 중괄호({ }: curly bracket))를 사용해서 표시된다. 자신의 원소가 숫자 1과 2 두 개 뿐인 집합은 {1, 2} 또는 {2, 1}이라고 표시할 것이다. 이와 같은 일반 집합(ordinary set)의 원소들에게는 부과된 순서가 없다. 따라서 금방 표기하였던 이 두 표현 방식들은 동일한 집합을 표상한다. 하지만, 순서쌍들의 경우에는 이와 다른 점들이 있다. 여기서 순서쌍이란 바로 앞서 기술한 특수한 종류의 집합들을 말한다. 예를 들어, ⟨1, 2⟩는 ⟨2, 1⟩과 동일한 집합이 아닌데, 이는 그 원소들이 나타나는 순서가 중요하기 때문이다. 현재로서는 집합이론에 대한 내용은 이 정도로 충분하다. 더 많은 내용이 차후에 글의 흐름을 따라서 소개될 것이다.

지시(reference)는 (일상에서의 대상이든지 속성이든지 간에) 대상이 러셀식 명제에 기여하는 바라고 생산적인 방식으로 생각해볼 수 있다. (그나저나, 내가 '대상'(object)이라는 단어를 엘리자베스 2세에게 적용가능하게 되도록 허용한 부분에 있어서, 그 누구도 나를 불경죄(lèse-majesté)로 의심하지 않도록 해두기 바란다. 이 부분에서 나는 철학적인 의미 내에서 그 단어를 사용하고 있을 뿐이며, 그 의미에 따르면 사람들 또한 대상이다.) 지시적 의미 이론은, 주장컨대, 정의들에 의해 의미를 포착하고자 하는 그 시도에 비해 한 가지 이점을 가지고 있다. 우리가 앞서 다루었던 실례로 돌아가서, 내가 'Albert'라고 부르는 좋아하는 의자가 하나 있다고 가정해보자. 그러면 'Albert is a chair'이라는 문장은 러셀식 명제 ⟨Albert, 의자성(chairhood)⟩과 연관된 상태가 될 것이다. 여기에서 '의자성'은 '(일종의) 의자임'이라는 속성이다. (여러 가지 일들을 단순화시키기 위해서, 나는 '-이다'(is)와 '하나'(a)에 의해 성립되어질 수도 있는 어떠한 기여되는 바도 추출 및 삭제하고 있다.) 만약 '(일종의) 의자임'이라는 속성이란 것이 정녕 실존한다면, 우리가 단어 'chair'의 의미를 기존 단어 그 자체에서 바로 찾아내는 일이 가능했었을 수도 있는 듯하다. 그리고 이것은 우리가 앞서 했던 논의 내용의 주요 특징을 이루는—의자 다리 개수 및 그와 유사한 사안들에 대한—여러 복잡한 추측 중에서는 그 어떤 부분도 사용하지 않은 상태에서 말하는 것이다.

여러분은 이것이 너무 쉬운 것처럼 들린다고 지금 생각하고 있을 수도 있다. 우리는 정말로 세계의 궁극적인 구성요소들(constituents) 중 하나가 '의자성'(chairhood)이라는 속성이라고 결정 내리고, 더 이상의 수고나 불필요한 지연 없이, 그와 같은 새롭고 이색적인 개체를 'chair'라는 단어의 의미로 지정할 수 있을까? 그러고 보니, 실제로, 속성들과 관련해서 그리고 일반적으로 보편소들과 관련해서 비단주의 성격의 유구하고 존경할만한 철학적 전통이 하나 존재한다. 보편소들과 관련하여 '실재주의자'(realist)는 보편소들의 존재를 받아들이는 사람을 가리키며, 플라톤을 필두로 해서 수많은 저명한 철학자들이 실재주의자들이었다. 하지만 이 학파에 반대되는 입장이 있는데, 그들은 '명목주의자'(nominalist)로서, 보편소와 같은 그러한 것들은 실제로 존재하지 않는다고 믿는다. 이 전통은 중세시대에 착수된 것으로 보이는데, 오컴의 윌리엄(William of Ockham)(약 1287-1347)과 같은 특출한 주창자들이 있었다. 그리고 이 전통은 오늘날까지 계속되고 있다. 오컴의 윌리엄은 (여기서 한 번 상기해보는 것이 좋은데) 자신의 이름을 '오컴의 면도칼'(Ockham's Razor)이라는 표현에 부여했던 바로 그 주인공이다. 여기서 오컴의 면도칼은 특수격률이며 이론을 정립하고자 하는 모든 분야의 이론가들에게 절대적으로 필요한 것 외에는 더 많은 수의 개체들을 자신의 이론 내로 수용하지 말 것을 명령한다. 존재론(ontological theory)적 성격을 띠는 우리의 이론이—수많은 상이한 장소에서 동시 다발적으로 존재 가능하다는—이러한 상당히 기이한 개체들을 수용하도록 만들어져야 할 필요성이 실제로 존재할까? 속성들의 필요에 대한 질문 그 자체는 아주 매력적인 논쟁이지만, 지금 이 문제를 조사하는 작업은 우리를 본궤도에서 너무 벗어나게 할 것이다. 그러므로 현재로서는, 우리가 지금까지 논해왔던 그러한 종류의 속성들이 정말로 존재하는지의 여부에 대해서는 그 어떤 합의된 바도 없다고 말하는 것으로 충분하다. 그런즉, 속성과 같은 보편소는 명백하게도 일반 용어들의 의미론을 위한 견고한 기반을 제공하지 않는다.

고유명사를 관련시켜 볼 때에도 유사한 요지를 이끌어 낼 수 있다. 여기서 고유명사는 지시적 의미이론이 우수한 실행능력을 보이는 한 분야를 구성하는 것으로 보였을 수도 있는 예에 속한다. '셜록 홈즈'와 '산타클로스'처럼 실제로 존재하는 어떤 것을 명명하는 것이 전혀 아닌 고유명사들이 수없이 많다. 하지만 만약 산타클로스가 존재하지 않는다면, '산타클로스'라는 명칭은 그 어떠한 것도 지칭할 수 없다. 그렇지만 '산타클로스'는 완벽하게 유의미하며, '산타클로스는 존재하지 않는다'와 같이 철저히 무해한(또는 재미없는) 수많은 문장들 속에 사용될 수 있다. 이러한 고로 지시적 의미 이론은 또 다른 문제에 봉착한 것으로 보인다.

이 문제에 대응하는 단계에서 지시적 이론의 특정 옹호론자들은 산타클로스가 실제로 존재한다고 심각한 어조로 주장해왔다. 나는 여러분에게 강력히 확언하건데, 내가 이러한 말을 지어내고 있는 것이 아니다. 이러한 유형의 이론가들에게 공정한 태도를 지키기 위해 말하자면, 크리스마스 시즌에, 순록을 타고 온 빨간 옷차림의 한 남자를 우리들의 집 굴뚝마다 기어서 내려가도록 우리가 만들어 버리는 경향이 있다고 이 이론가들이 주장하고 있는 것은 아니다. 그들은 산타클로스가 '추상적 대상'(abstract object)이라는 주장을 고수한다. 이러한 주장을 평가하기 위해서, 우리는 당연히 추상적 대상이란 어떠한 것들이어야만 하는지를 알고 싶어 할 것이다. 하지만 여기에서, 아마도 예상 가능하다시피, 우리는 훨씬 더 복잡한 문제들에 직면하게 된다.

추상적 대상과 '구체적 대상'(concrete object) 사이의 차이점은 근본적 성격의 철학적인 중요성을 가지는 것으로 널리 인식되고 있다. 모든 대상은, 때때로, 이 두 범주들 중 하나에 속하는 것이라고 주장된다. 구체적 대상의 몇몇 전형적 예들은 당신, 나, 내 컴퓨터, 내가 지금 앉아있는 책상, 내가 지금 가지고 있는 P. G. 우드하우스(Wodehouse)의 『지브스와 봉건정신』(Jeeves and the Feudal Spirit)의 단행본 등이다. 추상적 대상의 몇몇 전형적 예들은 각각의 숫자, 여러 가지 기하학적 형상, P. G. 우드하우스의 『지브스와 봉건정신』 작품 등이 있다. (여기서 내가 이야기하는 기하학적 형상의 예들은 수학자들이 연구하는 완벽한 삼각형들, 완벽한 원형들 등이다. 그리고 지브스 소설의 예를 가지고 내가 구별하고자 하는 것은—수많은 개별 단행본들의 내용물 속에서 시연될 수 있는 어떤—책의 내용(content)과 실제 출판된 개별 단행본들 사이에 존재하는 변별성이다.) 추상적 대상에 대한 표준적인 관념(conception)에 따르면, 구체적 대상과는 대조구별(contradistinction)이 되는 상태에서, 추상적 대상은 공간 또는 시간의 차원 속에 놓이지 않으며, 또한, 인과성을 띠는 관계들에 관여하지 않는다. 내가 방금 언급한 실례들에 견주어서 이것들을 평가해볼 때, 이러한 관념은 어느 정도 말이 된다. 당신과 내 책상 등과 같은 구체적인 대상은 공간상에서 특정 장소를 차지하며, 전형적으로 존재의 상태로서 발생하고 존재의 상태에서 소멸된다. (만약 당신이 영원한 사후세계가 있다고 생각한다면, 그래서 당신은 절대로 존재의 상태에서 소멸되지 않을 것이라고 생각한다면, 그러한 생각에도 불구하고, 당신은 스스로가 존재의 상태로서 발생했다는 것을 아마 믿고 있을 것이다.) 그러나 숫자 2와 정확히 2센티미터 지름을 가진 완벽한 원의 실례는 절대 당신이 지도에서 손으로 가리키는 것들 또는 도로에서 발에 차이는 것들과 같은 종류의 사물이 아니다. (당신은 완벽한 원들이라고 할 정도로 근접한 것들을 볼 수도 있겠지만, 그런 경우에서도, 지상세계에서 절대적으로 완벽한 원의 실례를 찾게 될 가능성은 지극히 희박하다. 다시 말해, 한 가지 정보를 주자면, 완벽한 원의 원주(circumference)는 폭(width)이 없다.) 그리고 비록 이러한 사안들에 대한 특정 지식이 획득하기 어려울 수 있겠지만, 숫자 2가 시간상의 한 특정 순간에 존재의 상태로서 발생했다거나 또는 존재하기를 중단하게 되는 일은 있음직하지 않다. 주장컨대, 숫자나 기하학적 형태의 예들은 어떤 것들이 발생하는 결과를 초래시키는 능력을 가지고 있지도 않다.

　아마도, 허구적 속성의 제작물들이 어떠한 방식에서는 추상적인 대상에 대한 이러한 표준적 성격의 관념에서 일탈 또는 이탈한다는 점이 벌써 명확할 것이다. 특히, 이러한 허구적 제작물들은 특정한 시대상의 지점들에서 존재의 상태로서 발생하게 되는 것으로 보인다. 즉, 그것들은 각각의 저자에 의해 창작된다. (이에 대한 대안적인 답은, 『지브스와 봉건정신』 작품이 항상 존재해왔으며, 이는 최소한 시간의 시작점―만약 시간에 어떤 시작점이 있다면 그 시작점―이래로 계속 되어왔다고 하는 것이다.) 동일한 사항이 아마도 허구적 인물들과 설화 속의 인물들에 적용될 것이다. 즉, 만약 지브스와 셜록 홈즈, 그리고 산타클로스가 추상적 대상이라면, 그들은 특정한 시간 지점들에 존재의 상태로서 발생하게 되었으며 특정 사람들에 의해 창조되었다는 점에서, 아마 짐작컨대, 다소 특이한 성격의 추상적 대상일 것이다. 하지만, 산타클로스가 존재하며 그는 하나의 추상적 대상이라는 입장을 옹호하는 사람들이 추상적 대상은 상이한 유형들이 존재한다고 말하는 것을 막을 수 있는 것은 아무 것도 없다. 즉 숫자들과 기하학적 형상들과 같이 어떤 것들은 특정한 시점에 존재 상태로서 발생하지 않았으나, 그 반면에 산타클로스와 같은 그 외 다른 것들은 특정 시점에 존재의 상태로서 발생하였다고 말할 수 있는 것이다. 그리고, 추측컨대, 이 모든 예들은 공간상에 위치되는 것이 아니며 바위들과 책상들이 존재 및 작용하는 것과 동일한 방식으로 인과성을 띠는 관계들에 참여하는 것도 아니다.

추상적 대상으로서의 허구적 인물에 대한 이 이론은 지시적 의미 이론에 있어서 중요한 부분의 대략적 내용일 것이다. 이것의 지위는 어떠한가? 밝혀진 바로는, 그것은 지시적 이론이 속성들을 사용하는 방식과 다소 유사하다. 비록 많은 철학자들이 추상적 대상의 존재를 믿는 입장을 취함에도 불구하고, 그것을 믿지 않는 철학자들이 다수 존재하고 있다. 추상적 대상은 존재하지 않는다고 보는 관점은, 다소 혼란스럽게도, '명목주의'(nominalism)라고 칭해진다. 우리는 앞에서 보았던 보편소들에 대한 명목주의와 추상적 대상에 대한 명목주의 사이를 잘 구별해야 한다. 이 둘은 명확히 개념적으로 변별적이어서, 각 관점은 그 나머지가 없어도 일관성 있게 유지될 수 있다. 한편, 추상적 대상이 사실 존재한다고 보는 관점은, 더 또한 다소 혼란스럽게도, '플라톤주의'(Platonism)라고 칭해진다. 이 용어는 다소 혼동을 일으키는데, 그 이유는 플라톤 자신이 이 의미상에서 '플라톤주의'의 옹호자였는지가 의문스럽기 때문이다. 비록 그가 말한 '형태'(Form)들이 영구적이고 (가정해보건대) 공간상에 위치되어지지 않음에도 불구하고, 그 형태들은 강력한 인과적 성격의 힘을 가진다. 하지만 이와 같은 용어적 문제들을 제쳐두더라도,

도대체 어떤 이유로 누군가는 플라톤주의자가 될 수 있는 걸까? 플라톤주의자라면 아마 숫자를 생각해보라고 답할 것이다. 2+3=5가 만약 참이라면 (그리고 그 누군가는 그것을 부정하는데 애를 먹고 있는 상황이라면), 그런 경우에 숫자는 존재해야만 한다. 왜냐하면, 만약 이 숫자들이 존재조차 하지 않는다면, 2, 3, 5라는 숫자들에 대한 이러한 서술문이 어떻게 참이 될 수 있겠는가? 하지만, 만약 숫자들이 존재한다면, 그러면 우리는 추상적 대상을 가지고 있는 것이다. 왜냐하면, (명백하게도) 내가 앞서 말했듯이, 우리는 숫자 2의 위치를 공간 또는 시간 속에서 집어내지 않을 것이며, 또한, 그 숫자가 인과관계들에 참여한다고 생각할 어떠한 이유도 없기 때문이다. 추상적 대상에 대해 혹자는 대안적인 방식으로 명목주의자가 될 수 있는 건 왜 그럴까? 명목주의자는 다음과 같이 역설할 것이다. '오컴의 면도칼' 원리가 지시한 명령에 따르면, 만약 우리가 이러한 과도하게 희한한 개체들 없이도 작업할 수 있다면, 그러면 우리는 그렇게 해야 한다고 말이다. 또한 명목주의자는 다음과 같이 지적할 것이다. 그리고 그 외에도, 만약 추상적 대상이 시공간적으로 위치되어지지 않으며 인과적 관계들에 참여하지 않는 것이라면, 누구든 다양한 추상적 대상의 예들에 대한 지식을 습득할 수 있다는 가정을 플라톤주의자들은 도대체 어떤 방법으로 세운다는 것인가? 무언가에 대해 우리가 지식을 습득하게 되는 것은 하나의 '사건'(event)이고, 정의에 따르면, 추상적 대상은 사건들을 초래하는 일에 참여하지 않기 때문에 이 질문은 불가피하다. 그래서 추상적 대상에 대해 우리가 가지고 있다고 생각하는 어떠한 지식도 순수한 혼동이거나, 잘해봐야, 다른 종류의 대상에 대한 어렴풋하고 헷갈린 이해일 뿐이다. '반(反)-플라톤주의식 인식론적 논증'(epistemological argument against Platonism)이라고 종종 칭해지는 이 반대 입장은 고집스러운 성격의 불복이다. 다시 말하지만, 보편소에 대한 명목주의의 경우에서와 같이, 철학자들이 주로 노니는 곳에서 발견하게 되는 모든 논증의 예들을 상세하게 조사하는 것은 비실용적인 일일 것이다. 그러므로 다음과 같이 말하는 것이 충분할 것이다. 즉 추상적 대상과 같은 것들이 어떤 것이라도 존재한다는 것은 결코 명확하지 않다. 혹은, 만약에라도 그런 것들이 존재한다면, 그 경우에도 우리가 그들에 대해 알 수 있을 것이라는 것은 절대 확실하지 않다. 그러면, 지시적 의미 이론에 대해 방어하는 입장에서 추상적 대상에 호소하는 방법이 적합한지의 여부는 명확하지 않다.

    이와 관련된 한 가지 우려사항은 다음과 같다. 지시적 의미 이론은 산타클로스가 존재하며 이는 추상적 대상이라고 말한다. 그리고 더 나아가 이 이론적 신조(doctrine)에 의해 '산타클로스'라는 이 고유명사는 하나의 지시물을 제공받게 된다. (또한 이것이 바로 이러한 형이상학적 여담의 주요 요지였다.) 만약 지시적 의미 이론이 참이 되는 것이라면 지시물은 고유명사가 반드시 가지고 있어야 하는 것이다. 그런즉 '산타클로스'는 특정한, 존재 상태에 있는 추상적 대상을 지칭한다. 하지만 그렇다면 '산타클로스는 존재하지 않는다'라는 문장은, 존재 상태에 있는 한 특정한 추상적 대상에 대해서는, 그러한 대상이 존재하지 않는다고 말할 것으로 예측된다. 물론 비존재에 대한 이 내용은 거짓(false)이어야 한다. 하지만 직관적으로는 '산타클로스는 존재하지 않는다'가 참이다. 그리고 이 문장은, 직관적으로, (하나의) 추상적 대상의 존재를 부정하고 있는 것 같지는 않다. 그리고 이것은 가정된(putative) 하나의 구체적 대상의 존재를 부정하고 있는 것 같다. 그러니까—크리스마스 시즌에 우리들의 지붕 굴뚝들을 타고 내려 갈 것 같은—쾌활하고 빨간 옷차림을 한 남자의 존재에 대한 부정인 것으로 보인다. 비록 우리가 지시적 의미론 이론가들에게 산타클로스의 존재를 승인해준다고 할지라도 (그리고 확실히 이것은 누군가가 해줄 수 있는 가장 관대한 지적 양보일 텐데도), 여기에는 여러 문제들이 여전히 넘쳐난다. 그리고 산타클로스의 비-존재 상태가 당신의 이론에 문제점을 가져오게 될 때, 이제 이 시점은 새로운 이론을 찾아볼 때인 것이다.

    그러면 이제 다음 단계로 넘어가서 내재주의 이론을 검토해보자. 이 이론이 기술하는 바에 따르면, 단어 의미는 내면의 정신적인 구조이다. 그 기본 생각은 또한 다음과 같이 말하는 것으로도 표현 가능하다: 의미는 생각(idea) 혹은 개념(concept)이다. 또는, 의미는 머릿속에 있다. 이 이론의 여러 버전(version) 중 어떤 것은 최소한 아리스토텔레스(Aristotle)(기원전 384-322)의 이론의 예로 거슬러 올라간다. 그가 쓴 『해석론』(On Interpretation)이라는 논저에 따르면, '발화된 단어는 정신적 경험의 상징물(symbol)이다'라고 기술된다. 이 이론은 중세시대에 특히 우세하였다. 예를 들어, 14세기 프랑스 철학자 장 뷔리당(John Buridan)은 그의 저서 『변증법 개론』(Summulae de Dialectica: Compendium of Dialectic)에서, '우리가 가지고 있는 개념들을 다른 사람들에게 표상/기호화(signify)할 수 있도록 하기 위해서 말하기의 능력이 우리에게 부여되었고, 또한, 화자들이 가지고 있는 개념들이 우리에게 표상/기호화될 수 있도록 하기 위해서 듣기의 능력이 우리에게 부여되었다'고 주장한다. 초기 근대시기에 이러한 관점에 대한 저명한 주창자 중 한 명은 영국의 철학자 존 로크(John Locke)(1632-1704)였다. 『인간 지성론: 인간의 이해에 관한 소고』(An Essay Concerning Human Understanding)(1690)라는 저서에서, 로크는 '주된 혹은 즉각적인 기호/의미작용(signification)에서, 단어는 그 다른 무엇도 아닌 그 단어를 사용하는 사람의 마음(mind) 속에 있는 바로 그 생각(idea)을 표상한다'라고 기술하였다. 그리고 현대에 들어 이 관점은 노엄 촘스키 및 그 외 여러 언어학자들에 의해 주장되고 있으며 심리학 분야에서는 표준이 되고 있다.

내재주의 이론에 대한 촘스키식 버전의 한 예는 다음과 같다. 촘스키의 입장에서는, (일반적인 의미에서) 언어란 기본적으로 심리적(psychological) 현상 중 하나이다. 인간은 '정신적 어휘부'(mental lexicon), '통사적 모듈'(syntactic module)과 같은 어떤 특화된 정신적 장치(mental apparatus)를 갖추고 있다. 여기서 정신적 어휘부는 우리가 아는 모든 단어를 포함하며, 통사적 모듈은 문법적 문장들 내에서 단어들을 배열하는 방법을 우리에게 말해준다. 한 개인이 가지고 있는 언어특수적인(language-specific) 정신적 장치의 전체적인 총체는 그 사람의 '언어 능력'(language faculty)이라고 칭해진다. 촘스키에 따르면, 단어는 다음 세 개의 부분들로 이루어진 정신적 개체들이다. 첫 번째는 음운(론)적 정보(phonological information)로서, 이것은 단어들을 어떻게 발음하는지를 우리들에게 말해준다. 두 번째는 통사(론)적 정보(syntactic information)로서, 이것은 단어들이 어떠한 품사(part of speech)인지를 우리들에게 말해주고 이 단어들이 (동사의 경우) 직접목적어를 필수적으로 취하는지의 여부와 같은 것들을 알려준다. 세 번째는 의미(론)적 정보(semantic information), 또는 의미이다. (문식력(literacy)을 가지고 있는 사람들의 경우에는, 우리는 이 목록에 정서법 정보(orthographical information)를 추가시킬 수 있다.) 의미론적 정보는 상당히 복잡 미묘한 것이 틀림없는데, 그 이유는, 각 단어의 정의를 제공하려고 시도할 때에 의미론적 정보는 우리가 앞에서 언급했던 모든 현상들을 초래시키는 것이 틀림없기 때문이다. 하지만 의미론적 정보는 거의 모든 부분이 의식상에서 접속 불가능하여서 그 세부사항들은 아주 힘든 노력을 기울여야지만 재구성될 수 있다. 그리고 이러한 점은 우리가 지금까지 살펴 본 바에서도 드러난다. 이 의미론적 정보가 취하고 있는 정밀한 '형태'에 관해서는, 촘스키 입장에서 해줄 수 있는 말이(즉, 할 말이) 별로 없다. 그리고 의미론적 정보의 '형태'는 심오할 정도로 불가사의한 것이다. (조금 있다가 우리는 동시대 심리학자들이 이 그림에 좀 더 살을 붙여서 구체화시키려고 계속 시도해왔음을 알게 될 것이다.)

여기서 우리가 논의를 계속 이어나가기 전에, 이러한 관점이 가져온 인과적 결과들을 짚어보는 것이 가치가 있을 것이다. 그 중 하나는 '영어 단어 chair'와 같은 것들에 대한 우리의 논의가 잘못된 이해를 초래한다는 점이다. 엄밀하게 말하자면, 내재주의 관점에 따르면, '하나의 단어 'chair'가 존재한다'는 것은 실제 경우가 아니다. 우리는 오히려 다음과 같이 말해야 한다. 당신의 정신적 어휘부 속에 특정 다수의 음운적, 통사적, 의미적 자질(feature)들을 갖춘 'chair'라는 한 단어가 존재하며, 나의 정신적 어휘부 속에 유사하지만 아마도 약간 다른 자질들을 가지고 있는 또 다른 단어 'chair'가 존재하고 있다고 말이다. 이 부분에 대해 명확하게 하기 위해서 우리는 '차이성'(difference)에 대한 어떤 철학적 용어를 소개해야 한다. '수적인 차이성'(numerical difference)의 경우에는, 여러 다른 장소에 현존하는 두 개의 구별되는 대상이 존재한다. '수적인 동일성'(numerical identity)의 경우에는 우리가 관심을 가지고 주목하는 것은 정확히 단 한 개의 대상이다. 예를 들어, 우리는 수퍼맨과 클락 켄트가 (수적으로) 동일하다고 말할 수 있을 것이다. 그리고 이 내용은 '수퍼맨'(Superman)과 '클락 켄트'(Clark Kent)가 동일한 사람을 위한 두 개의 상이한 이름이라는 점으로 요약된다. '수적인 차이성'(또는 수적인 동일성)은 '질적인 차이성'(qualitative difference)(또는 질적인 동일성 또는 유사성(qualitative identity or similarity)이라는 개념들과 대조상태에 있도록 되어있다. 두 개의 사물들은 수적으로는 변별적이나 질적으르는 아주 유사할 수도 있다. 예를 들어, 같은 제조 형태(make)와 색상을 지닌 두 개의 신형 자동차는 질적으로 아주 유사하겠지만 수적으로는 변별적일 것이다. 단어 'chair'의 경우, 당신의 머릿속에 있는 그 단어와 내 머릿속에 있는 그 단어를 동시에 다루는 경우에, 이것은 명확하게도 수적인 차이성의 한 예이며, 그 예 속에서는 두 개의 별개인 대상이 관련된 상태라는 점에서 그러하다. 그리고 이것은 확연코 질적인 차이성을 다루는 경우의 한 예일 수도 있는데, 그것은 우리가 각자의 머릿속에 있는 단어들을 정확하게 똑같이 발음할 가능성은 그다지 높지 않다는 점에서 주장 가능하다. (숙련된 음성학자는 거의 확실하게 어떤 미묘한 차이점들을 발견할 수 있을 것이다.) 그리고 밝혀진 바에 따르면, 당신이 가지고 있는 단어 'chair'와 내가 가지고 있는 단어 'chair'가 의미적 자질에 있어 아주 근소하게 차이성을 가질 가능성이 충분히 있다고 한다. 이 정보는 우리가 나중에 보게 될 자료에서 나타나는 결과와도 같다. 개별적인 단어의 경우로부터 추정하는 과정에서 촘스키는, 엄밀히 말하자면, 영어라는 것, 또는 프랑스어라는 것, 또는 일본거라는 것이 존재하지 않으며, 또는 그 외의 어떠한 (다른) 자연언어(natural language)의 개별적인 예도 존재하지 않는다고 주장한다. 만약 언어가 순수하게 심리적인 것이어서, 개개인의 화자들이 가지고 있는 각각의 '언어 능력'(language faculty)만이 언어적인 성격을 띠는 사물의 유일한 현존하는 예들이라면, 따로 구분되는 어떤 한 대상으로서의 '영어'(English)를 위한 자리는 존재하지 않는다. 그냥 의사소통이 발생할 수 있도록 충분히 상세하게 서로 서로 닮은 언어 능력의 예들을 가진 수많은 인간으로 이루어진 다수의 집단들이 존재할 뿐이다. 그리고 이러한 집단들 중 한 개를 우리는 비공식적으로 '영어 화자들'이라고 칭하고 또 다른 집단 하나를 '프랑스어 화자들' 등으로 칭하는 것이다.

그래서 촘스키에게는, 단어 의미는 단어의 부분이고 모두 머릿속에 있는 것이다. 이제 이러한 종류의 관점에 마치 명백하고 중대한 문제가 하나 존재하는 것처럼 보일 수도 있다. 그리고 이것은 영국의 철학자 존 스튜어트 밀(John Stuart Mill)(1806-1873)이 그의 저서 『논리의 체계』(System of Logic)(1843)에서 지적하였던 문제이다. 밀은 다음과 같이 말하고 있다: '내가 "태양은 낮의 요인(cause of day)이다"라고 말할 때, 태양에 대한 나의 생각이 내 속에서 낮이라는 생각을 초래 또는 유발시킨다고 내가 뜻한 것은 아니다. 또는, 다시 말해서, 태양을 생각하는 것이 나에게 낮을 생각하도록 만든 것이라고 내가 의미하는 것은 아니다.' 여기서 난점은 다음과 같다. 만약 단어 의미가 단지 우리들의 머릿속에 들어있는 생각일 뿐이라면, 우리 머릿속 생각 외의 기타 다른 사물들에 대해 이야기하고자 하는 목적에 따를 때에는 우리는 도대체 어떤 방법으로 단어들을 사용할 수 있게 되는 것인지가 명확하지 않다. 우리는 어떻게 외부의 세계에 대해 이야기하는 것일까? (지시적 의미 이론은, 이론상의 결함들이 무엇이든지 간에, 이 문제를 아주 즉각적인 방식으로 해결한다는 점에 주목하라. 왜냐하면 단어 의미의 예들은, 이 이론에 따르면, 실제로 세상 속에 존재하는 구체적인 사물의 예들이기 때문이다.) 촘스키에 따르면, 여기서 나타나는 논증상의 결정적인 개념은 '사용'(use)이다. 즉, [사용의 관점에서는] 사람들이 세상 속에 존재하는 사물의 예들에 대해 이야기하기 위해서 또는 세계의 특정한 양상들에 주의를 집중시키기 위해서 각각의 단어를 마치 도구들처럼 사용한다고 보는 것이다. 촘스키와의 논증에서, 화자들, 단어들, 그리고 세상 속에 있는 사물들 사이에 모종의 관계가 존재한다고 주장한 대표적인 학자는 미국의 철학자 힐러리 퍼트넘(Hilary Putnam)이다. (촘스키의 '머릿속 개념' 입장과 달리) '세상 속 사물과의 관계'를 주장하고 있던 퍼트넘에게 답변하는 형식으로 쓴 글에서, 촘스키는 다음과 같이 기술하였다. '[퍼트넘이 지적한 타에 있어서는] 그런즉 때때로 [모종의 관계가] 존재합니다... 예를 들어, 사람들, 손들, 바위들을 대상으로 하나의 관계가 작용한다는 다소 그런 의미에서 말이죠. 그리고 그러한 의미 상황 내에서, 나는 어떤 바위 한 개를 집어 올리기 위해서 내 손을 사용할 수 있겠죠.'라고 말이다. ([역자 주] 이 문장의 인용 출처에서는 뒤이어 반론이 이어짐.) 이러한 방식에 따른 단어에 대한 우리의 용법과 이해는 자연발생적이고 비사유적이다. 그러면, 아마도 사회적이라기보다는 생물학적인 조건에 의해 유발된 어떤 뿌리 깊은 관례적 원리나 방식이 존재함이 틀림없다. 그리고 그것은, (단어의 의미가 하나의 특정한 내면적인 개념인 상태에서) 한 단어를 사람들이 발화했을 때, 그들이 하고 있는 것이—단어의 개념 그 자체에 주의를 집중시키기 위해서 노력하고 있는 것이 아니라—그 개념에 '맞아떨어지는'(fall under) 사물의 예들에 주의를 집중시키기 위해서 노력을 기울이고 있는 것이라는 특정 효과 또는 취지에 따라 형성된 관례적 원리/방식일 것이다.

 지금쯤이면 이미 명백해졌을 내재주의 이론의 이점 하나는 이 이론이 '산타클로스'와 같은 성격을 지닌 여러 용어를 지시적 의미 이론보다는 훨씬 만족스러운 방식으로 처리한다는 점이다. 산타클로스에 대해 들어본 적이 있는 모든 사람들은, 아마 추측컨대, 어떤 하나의 산타클로스 개념을 각자 그들의 머릿속에 가지고 있다. 그리고 그들은 사실 그 어떠한 사물도 이러한 개념에 맞아떨어지는 것은 아니라는 점을 알고 있다. 하지만 그것은 그리 중요하지 않다. '산타클로스'라는 고유명사가 어떤 의미를 가지기 위해서, 우리에게 필요한 모든 것은 단지 그 개념이 전부인 것이다.

    내재주의 이론은 또한 의미에 대한 또 다른 흥미로운 사실을 대할 때 지시주의 이론보다 훨씬 수월하게 그것을 처리한다. 다양한 논저들에서, 촘스키는 '『지브스와 봉건정신』은 베스트셀러 작품이고 12온스의 무게가 나간다'(Jeeves and the Feudal Spirit is a best-seller and weighs 12 ounces)와 같은 문장에 주의를 집중시켜왔다. 하나의 베스트셀러 작품이고 12온스의 무게가 나가는 것은 정확히 무엇인가? 나의 입장에서는, 이 책의 단행본 중 내가 소유하고 있는 사본을 보란 듯이 과시하고 '이것이(바로 그것이)다'라고 말하고 싶은 마음이 들 수도 있다. 내가 가지고 있는 특정한 사본이, 확연하게도, 12온스의 무게가 나갈 수도 있다. 하지만, 내가 가지고 있는 특정 사본이 순수하게 그 자체만으로 베스트셀러감이 될 수는 없다. 다시 말해, 어떤 책이 베스트셀러가 되기 위해서는 그 책의 수많은 그리고 각기 다른 단행본 사본들이 팔려야 한다. 그러면, 어떠한 종류의 사물이 베스트셀러감이 될 수 있는가? 우리의 이전 논의의 관점에서는, 이에 대한 명백한 후보는 추상적 대상의 예이다. 즉, 책 한 권의 내용(content)은—말하자면, 수많은 구체적인 사본들이라는 형태 속에서 실현될지도 모르는—한 추상적 대상이라고 어떤 철학자들이 주장했다는 점을 상기해보라. 그런즉, 만약 우리가 이 철학자들을 추종한다는 조건에서라면, 하나의 추상적 대상의 예는 어쩌면 베스트셀러감일지도 모른다. 하지만, 추상적 대상의 한 예가 12온스의 무게가 나가는 것은 불가능하다. 다시 말해, 추상적 대상의 예들은 공간상에 위치되어 있는 것이 아니기 때문에, 중력에 의해 영향을 받을 수 없다. 어떠한 무게라도 가지기 위해서는 중력의 영향이 필요한 것이다. 그렇다면, 냉철한 고찰을 해보는 순간, 어떠한 실제적인 대상도 하나의 베스트셀러가 되는 것과 12온스 무게가 나가는 것이라는 두 조건 모두에 해당되는 것은 불가능한 것처럼 보인다. 촘스키는 다음과 같이 말하는 방법으로 이 난제를 요약한다. 자연언어의 예들에서 각 단어가 가지는 의미는, 명백하게도, '추상적임'과 '구체적임'이라는 상태를 동시에 지니는 여러 대상의 존재를 전제로 하고 있으며, 이것은 어떠한 실제적인 대상의 경우에 있어서도 하나의 불가능한 상태이다. 그런데 상기한 문장에서 사용되었던 바와 같이, 고유명사인 『지브스와 봉건정신』을 의한 한 개의 지시물을 찾는 작업에 있어서, 이러한 '불가능'의 부분은 지시적 의미 이론에 심각한 어려움을 부과한다. 즉, 상기한 것과 같이, 추상성과 구체성을 동시에 지니는 대상은 그 어느 것도 존재할 수 없는 것처럼 보인다. 그렇지만 지시적 이론은 각 단어가 가지는 의미가 하나의 대상이라고 주장하고 있다. 그 반면에, 내재주의 이론은 이 상황에서 당면한 문젯거리가 훨씬 작다. 다시 말해서, 이 이론은 그저 모든 사람들이 벌써 너무나도 잘 알고 있는 내용을 지적하기만 하면 된다. 단언하자면, 생각은 자기모순적일 수 있다는 점을 지적하여야 하는 당위성만 있을 뿐이다.

이러한 발언이 지금 여기서 내재주의 의미 이론은 문제가 전혀 없다고 말하려는 것은 아니다. 우리는 위에 주어진 예처럼 겉보기에 분명히 명쾌하고 참이 되는 무언가를 말할 수 있는데, 그것이 자기모순적인 개념의 예들을 사용하는 방법만으로 이루어지는 것이 도대체 어떻게 성립되는지에 대해서는 우리가 설명해야 하는 과제로 여전히 남아있다. 내가 인식하고 있는 범위 내에서는 이러한 과제에 대한 어떠한 연구도 현재까지 이루어진 바가 없다.

이제 넘어가서, 동시대 심리학 분야에서 제공하고 있는 '단어 의미'에 대한 설명을 검토하도록 하자. 일반적으로 인간들은 다양한 '개념'(concept)의 예들을 갖추고 있다는 점은 의심의 여지가 없는 것으로 보인다. 일련의 개념들은 우리가 우연히 대면하게 되는 여러 사물들에 대한 분류와 그러한 것들에 대한 기억정보로의 접속이 가능해지도록 허용하는 기능을 가지고 있는 각각의 정신적 표상(mental representation)의 예들을 가리킨다. 그러한 분류와 접속 허용의 결과로 우리는 다양한 사물들에 대해서 적절하게 행동하는 방법을 알게 된다. 만약 내 앞에 있는 이 대상이, 예를 들어, 내가 가지고 있는 [의자](CHAIR)라는 개념에 맞아떨어진다면, 나는 내가 그 위에 앉을 수 있다는 것을 안다. (만약 그 대상이 내가 가지고 있는 [장난감](TOY) 개념 또는 [전시용 예술품](ART EXHIBIT) 개념에도 맞아떨어지는 것이 아니라면 말이다.) 하지만, 만약 그것이 내가 가지고 있는 [호랑이](TIGER) 개념에 맞아떨어진다면, 나는 그 위에 앉으려고 시도하지 않을 것이다. 내가 아주 특출한 기술들을 가지고 있는 것이 아니라면 말이다. ([역자 주] 특정 개념을 영어 알파벳의 대문자로 표상하는 방법은 한국어 및 한글 정서법에 적용시킬 수 없음. 본문에서는 잠정적으로 대괄호를 사용하기로 함.) 개념에 대한 여러 실험에서 도출된 몇몇 인상적인 근거가 존재하는데, 이 근거들에 따르면, 각 단어가 가지는 의미는 (또는 적어도 명사와 동사의 의미는) 개념이라고 시사하는 것처럼 보인다. 예를 들어, 개념은 다양한 변별적인 속성(distinctive property)을 드러내어 보이는데, 그 중의 하나는 '전형성 효과'(typicality effect)이다. 즉, 어느 주어진 하나의 개념에 맞아떨어지는 여러 가지 사물들의 집합에는, 그 집합에 적합한(good) 원소들과 덜 적합한 원소들이 존재하는 것으로 보인다는 것이다. 그리고 이것은 실험의 피험자들, 즉, 실험대상자들이 해당 사물들을 분류하는 과제를 얼마나 용이하게 실행할 수 있는지를 기준으로 해서 진단된 바를 따른 것이다. 그래서 만약 실험의 피험자들에게 다양한 대상이 들어있는 여러 사진들을 한 번에 한 개씩 노출시키는 상태에서, 만약 그 대상이 한 마리의 새일 경우에는 하나의 버튼을 누르고 그 대상이 새가 아니라면 다른 하나의 버튼을 누르도록 지시를 주었다면, 그리고 각 피험자들의 반응결과가 시간 측정이 되고 있는 실험조건이라면, '참새'(sparrow) 또는 '굴뚝새'(wren)가 하나의 새라는 것을 확증하는 과제보다 '에뮤'(emu) 또는 '펭귄'(penguin)이 하나의 새라는 것을 확증하는 과제에 각 피험자는 더 많은 시간을 소요할 것이다. 그 기본 생각인즉, 비록 에뮤와 펭귄이 실제로 [새](BIRD)라는 이 개념에 맞아떨어짐에도 불구하고, 참새와 굴뚝새가 모종의 방식에서 에뮤나 펭귄보다 [새](BIRD) 개념에 훨씬 가깝게 대응된다는 것이다. 지금, 핵심요점은, 실험에 사용된 자극들이 사진이건 단어이건 그 여부에 상관없이, 이러한 종류의 실험에서 정확하게 동일한 결과들이 획득되었다는 점이다. 그래서 실험용 화면에 사진이 아닌 단어들이 나타난다는 예외적 조건 속에서 만약 이전에 실행된 그 실험이 정확하게 동일한 방식으로 반복된다면, 피험자들은 '참새' 또는 '굴뚝새'라는 단어가 새들을 명명한다는 것을 확증하는 과제보다 '에뮤' 또는 '펭귄'이라는 단어가 새들을 명명한다는 것을 확증하는 과제에서 더 많은 시간을 소요할 것이다. 이에 대한 논리적인 결론을 내리면 다음과 같다. 실험에서 매회마다 피험자는 어떤 동일한 정보에 의존하고 있는 상태이다. 다시 말하면, 예를 들어서 우리에게 새 한 마리가 있는 사진 한 장을 보여주는 것인지 아니면 일종의 새를 나타내기 위한 그 해당 단어를 보여주는 것인지의 여부에 상관없이, 우리가 접속하게 되는 하나의 개념인 [새](BIRD)가 존재하는 것으로 보인다. [새](BIRD)라는 개념은 당연히 새들에 대한 수많은 정보를 포함하고 있기 때문에, 그 개념은 단어 '새'(bird)의 의미가 되기 위한 좋은 후보인 것으로 보일 것이다. 따라서 [새](BIRD)라는 개념 그리고 하나의 따로 구분되는 단어-의미, 이 두 개 모두를 상정하는 어떠한 이론도 심각하게 비경제적인 것이 될 것이다. 그러므로 심리학자들은 다음과 같이 가정한다. 단어의 의미는 개념이고, 그래서 복잡한 구나 문장의 의미도—각각의 구성요소(constituent)의 개념들을 결합하는 방식에 따라 도출된—개념들이라고 말이다.

    심리학자들은 개념들이 가지고 있는 구조에 대해서 어떤 이론들을 주장할까? 현 학계에서 제공하고 있는 몇 개의 참고 가능한 이론들이 있다. 지금으로서는 다루고 있는 논의의 목적을 위해서, 가장 잘 알려진 이론인 '원형이론'(prototype theory)을 검토하는 것으로도 충분할 것이다. 원형이론은 미국의 심리학자 일리노어 로쉬(Eleanor Rosch)에 의해 1970년대에 주장되었다. 어떤 한 개념과 그 개념에 맞아떨어지는 어떤 특정 사물들을 상상해보라. 예를 들어, [새] 개념과 여러 다양한 새들의 경우와 같이 말이다. 원형이론에 따르면, 개념은 현재 논의가 되는 사물들이 가질 수 있는 자질들에 대한 하나의 요약적 표상(summary representation)이라고 한다. 이러한 표상에는, 이 개념에 맞아떨어지기 위해서는 그러한 여러 자질들을 가지고 있는 것이 얼마나 중요한지를 시사하는 가중치(weightings)가 함께 동반된다. 예를 들어, 개념 [새]의 경우, 고도의 가중치가 주어질 하나의 자질로 '깃털이 있음'(feathered)이란 것이 존재할지도 모른다. 왜냐하면 새는 상당히 일반적으로 깃털을 가지고 있기 때문이다. (털이 뽑힌 새의 경우는 그렇지 않지만 말이다.) '알을 낳음'(egg-laying), '날개가 있음'(winged), '날 수 있음'(capable of flying) 등과 같은 자질들의 경우에서도 유사한 방식으로 생각해볼 수 있다. 하지만 '갈색'(brown) 자질 등과 같은 이 외의 자질들은 보다 적은 가중치를 지닐 것이다. 사실, 새들은 모든 종류의 상이한 색상들을 가지고 있을 수 있기 때문에, 수많은 대조적인 색상 자질들이 목록화될 것이고, 각각의 색상 자질은 상당히 낮은 수준의 가중치를 가지게 될 것이다. 그렇다면 우리에게 어떤 대상이 주어지고 만약 그것이 한 마리의 새인지의 여부를 묻는 질문을 우리가 받게 된다면 무슨 일이 일어날까? 기본적으로, 우리는 [새] 개념 속에 있는 자질들을 하나하나 살펴보고 그 대상이 가지고 있는 자질들의 가중치들을 모두 더한다. 그리고 이 [새] 개념 속에 있는 자질들 중에서, 최소한, 그 대상이 가지고 있지 않는 특정 자질들의 가중치들을 뺄 수도 있을 것이다. 만약 그 최종 합산치가 어떤 특정한 한계치(threshold), 즉, 그 '범주화 기준'(categorization criterion)을 초과한다면, 우리는 그 대상이 그 개념에 맞아떨어진다고 판단하게 된다. 다시 말해, 예를 들자면, 우리는 트위티(Tweety)가 한 마리의 새라고 판단하게 된다. 만약 그렇지 않으면, 우리는 그 대상이 그 개념에 맞아떨어지지 않는다고 판단한다. 여기서, 이 원형이론이 우리가 방금 언급한 전형성 효과를 어떤 방식으로 설명하고 있는지를 보여줄 수 있다. 참새 또는 굴뚝새가 한 마리 있는 경우에는, ('깃털이 있음', '날개가 있음', '부리를 가짐'(beaked) 등과 같은) 가중치가 아주 많이 주어진 자질들이 모두 현존하며, 따라서 그 자질들은 그 범주화 기준을 초과하기 위해서 쉽게 결합되어진다. 하지만, 펭귄이 한 마리 있는 경우에는, 이러한 가중치 정도가 높은 자질들 중 많은 예들이 현존하지 않거나, 또는 명확하게 나타나지 않는다. (펭귄이 깃털을 가지고 있을까? 사실로 판명되기로는 펭귄이 깃털을 가지고 있다고 밝혀졌지만, 먼 거리에서 볼 때, 펭귄은 오히려 털(fur)을 가지고 있는 것처럼 보인다. 그리고 펭귄이 가지고 있는 작은 앞발인 플리퍼(flippers)는 날개로 인정될 수 있을까? 확연코 플리퍼가 있다고 해서 그 소유주들이 비행능력을 가지게 만들지는 못한다.) 그런즉 이러한 범주화 체계는 뭐라도 건질 요량으로 허우적거리는 상태가 되어버린다. 즉,

그 한계치를 초월하기 위해서, 말하자면, 가중치가 덜 높은 자질들을 사용해서라도, 또는, 가중치가 높지만 시간상 좀 더 뒤늦게서야 적용 가능한 것으로 인식되어진 자질들을 사용해서라도 한계치를 넘으려고 발버둥치는 상태가 된다.

원형이론이 전형성 효과를 처리하는 방식은 칭찬을 받을 만한 반면에, 그 외 다른 분야들에서는 원형이론의 성공 가능성이 좀 더 저조하다. 한 중요한 예는 '합성성'(compositionality)과 연관된다. 합성성 원리(principle of compositionality)에 따르면, 한 복합구(complex phrase)가 가지는 의미는 그 구의 부분들이 가지는 각각의 의미 그리고 그 부분들이 취하는 통사적 배열 이 두 가지에 의해서 단독적으로 결정된다. 언어가 가지는 '생산성'(productivity) 때문에, 이러한 종류의 모종의 원리가 필요한 것으로 보인다. 즉, 우리는—우리가 가지고 있는 정신적 어휘부 내부에 (각각의 구별로) 개별적으로 목록화될 수 없을 정도로 수많은 의미들을 지닌—무한하게 많은 수의 독특한 구들을 생성하고 이해할 수 있는 것이다. 그래서, 예를 들어, 만약 내가 '날개가 있는 치와와 한 마리'(a winged chihuahua), '할리 데이비슨 오토바이에 탄 산타클로스'(Santa Claus on a Harley Davidson), '전화번호부의 극적인 읽기'(a dramatic reading of the telephone directory) 등에 대해 쓴다면, 비록 (실제 그러한 일이 발생할 개연성이 존재하듯이) 당신이 이러한 구들을 이전에 들어 보거나 읽어 본 적이 한 번도 없을지라도 당신은 내 글을 이해하게 된다. 우리는 제시된 예들에서 개별 구라는 한 표현 전체가 가지는 그 의미에 도달하기 위해서, (이러한 특이한 구가 구성되는 과정에서 그 유래가 되는) 각각의 단어를 취하고, 어떤 모종의 방식으로 그 단어들이 가지는 의미들을 결합시킬 수 있을 것이다. 미국의 철학자 제리 포더(Jerry Fodor)는 원형이론이 일련의 기본적인 경우들에 있어서 합성성을 설명하는 데 실패하게 된다는 주장을 제기해왔다. 한 예로 '애완용 물고기'(pet fish)라는 구를 보도록 하자. 원형이론에 따르면, 이 구의 의미는 앞서 기술한 종류의 어떤 하나의 개념이어야 한다. 그래서 그것이 '화려한 색을 띰'(brightly colored), '크기가 작음'(small), '어항 또는 작은 수조 안에서 지냄'(lives in bowls or small tanks) 등과 같이 애완용 물고기들이 일반적으로 가지고 있는 여러 자질들에 높은 가중치를 주어야 한다. 하지만, 이러한 자질들을 지닌 어느 한 개념이 어떻게 '애완동물(용의)'(pet)이라는 단어와 '물고기'(fish)라는 단어에 각각 부착되어있는 개념(들)을 결합한 결과물이 될 수 있는지를 이해하기는 어렵다. 부연하자면, 일반적으로 애완동물도 그리고 일반적으로 물고기도 색상이 화려하거나, 크기가 작거나, 또는 어항이나 수조 속에 거주하거나 하는 존재가 아니다. 그래서 원형이론이 '애완용 물고기'에게 주게 될 의미는 이 이론이 '애완동물'과 '물고기'에게 부여할 각각의 의미들로부터 체계적인 방식으로 도출되는 것이 불가능하다. 이것은 통상 나쁜 것으로 간주된다.

 심리학 분야에서는 개념들에 대한 다른 이론들이 존재하지만, 그 이론들은 또 다른 문제들에 봉착되기 쉬운 상태에 있다. 이 부분은 절망에 찬 체념을 권고하려는 것이 아니다. 1970년대 이후로 개념들과 관련된 심리학 분야에서 엄청난 수준의 진보가 이루어져 왔다. 예를 들어서, 전형성 효과를 발견한 것은 하나의 획기적인 사건이다. 그리고 이 분야에서는 그 어떠한 이론을 사용하든지 간에 이 효과에 대해 설명을 할 수 있어야만 한다. 그리고 우리가 현재 진행하고 있는 논의의 용도를 위해서는, 단어의 의미가 개념이라는 관점을 주장하기 위한 목적으로 개념에 대한 어떠한 특정 이론에 그에 대한 충성을 공언할 필요가 없다. 만약 그 관점을 통해서 우리가 뜻하는 바가 단지 '단어의 의미는 내면의 정신적인 구조(internal mental structure)이다'라고 되어버린다면 말이다.

단어 의미에 대한 다양한 내재주의 이론 모두를 위협하고 있는 듯하게 보이는 한 반대 의견은 적확한(accurate) 소통에 대한 명백한 가능성에 집중한다. 이 반대 의견은, 적어도, 위대한 독일 철학자이며 현대 논리학과 분석 철학(analytic philosophy)의 창시자인 고틀로프 프레게(Gottlob Frege)(1848-1925)의 경우에까지 소급된다. 만약 단어의 의미가 내면의 정신적인 구조라면, 그 경우, 우리가 일상적으로 동일한 단어라고 간주하는 것에 우리 각자가 상이한 의미들을 부착시키는 것은 전적으로 발생 가능성이 있는 일이다. 전통적인 정의가 'meagre'(빈약한), 'unsatisfying'(불만족스러운)과 같은 어떤 것으로 알려진 단어 'jejune'(진부하고 미숙한/ 형편없는/ 별로인)을 한 예로 취해보라. 어떤 의미에서는, 물론, 우리 각자가 'jejune'에 귀속시키는 여러 의미들이 상이하다고 내재주의 이론은 그 입장을 확실히 밝히고 있다. 즉, 해당 의미의 예들은 그 각각이 수적으로 변별적인 대상이라는 입장을 취한다. 여기서, 프레게와 프레게 이후의 많은 철학자들은 어느 하나의 단어가 수적으로 변별적인 아주 많은 의미들을 가지고 있다는 생각, 즉, 그 단어를 아는 모든 사람들이 자신들의 머릿속에 상이한 의미 한 개씩을 가지고 있다는 이 생각 속에 여러 가지 불길한 성격의 함축된 점들이 있음을 보게 되었다. 왜냐하면, 이러한 수적으로 변별적인 의미들이 질적으로 동일할 것이라고 그 무엇이 보장할 수 있단 말인가? 그리고 만약 수적으로 변별적인 그 의미들이 질적으로 동일하지 않다면, 그러면, 소통상의 심각한 결렬현상들이 뒤따를 수 있는 것으로 보인다. 'jejune'을 사용함으로써, 당신은 어떠한 것을 뜻할 것이고 나는 상당히 상이한 무언가를 의미할 것이다. 우리는 서로를 지나쳐간 상태로 말을 하게 될 것이다.

어떠한 주어진 단어에 더해 사람들이 가정하는 것으로 보이는 의미들 사이에 인상적인 수준의 질적인 유사성이 존재한다는 것은 확연코 참이다. 그리고 언어적 소통이 종종 상당히 잘 진행된다는 것도 참이다. 하지만 이러한 점을 보증하기 위해서 우리가 지시적 의미 이론쪽으로 다시 몰려갈 필요가 있는지는 전혀 확실하지 않다. 여기서 애로사항은, 비록 지시적 이론이 각각의 의미 그 자체가 세상 속에 존재하는 여러 사물들이라고 말하고 있음에도 불구하고, 이 지시적 이론은 사람들이 어떻게 이러한 사물들에 대해 알게 되는지에 대한 어떤 설명을 제공해야만 한다는 점이다. 왜냐하면, 비록 단어의 의미가 정신적 표상물이 아니라고 할지라도, 언어(학)적으로 기능하기 위해서 사람들은 각각의 단어 의미에 대한 정신적 표상물을 가지고 있어야 하기 때문이다. 지시적 이론에 따르면 단어 '형편없는'(jejune)이 가지는 의미는 무엇이 될까? 가정해보건대, 그것은 형편없음(jejuneness)이라는 속성일 것이다. 이제, 사람들이 그 속성에 대한 어떤 명확한 생각을 취할 수 있게 될 가능성은 얼마일까? 그리고 모든 사람들이 정확하게 동일한 생각으로 각자의 의견을 하나로 수렴시킬 개연성은 얼마나 되는가? 우리가 앞서 시도하였던 여러 논의가 여기서 다시 작동하게 된다. 우선, 어떤 철학자들은 속성이 추상적 대상이라고 믿는다. 하지만, 우리가 지금까지 보아온 것처럼, 속성들에 대한 지식 획득의 수단을 우리가 가지고 있을 수도 있지만 어떤 수단들이든 그 속성들이 우리의 수단에 대항하는 면역력을 가지도록 만드는 위험을 '속성은 추상적 대상'이라는 믿음 자체가 수반한다. 그 외 나머지 선택사항은 어떠한가? 즉, '형편없음'(jejune)이 하나의 보편소이고 하나의 구체적 대상이라고 말하는 안은 어떨까? 그러면, 그것은 형편없는 모든 것들 속에서 공간적으로 상호 단절된 상태로 현존하는, 그래서 극단적으로 요상한 구체적 대상이 되어야만 한다. '형편 없음'이라는 그 보편소만큼이나 복잡한 어떤 특정 사물에 대한 한 개의 적합한 생각을 사람들이 모두 획득하게 될 개연성은 어느 정도일까? 그리고 어떠한 여러 감각(sense) 또는 정신적 능력(mental faculty)을 사용해서 사람들은 그렇게 한단 말인가? 이러한 단일한 '보편소-구체적 대상'이라는 선택이 어떠한 방식으로 작동하도록 되어있는지에 대해서는 전적으로 불확실하다. 그러면, 지시적 의미 이론에 호소하는 것이 이 시점에서 우리들을 어떻게 도울 수 있을지는 다소 불가사의하다.

더구나, (지시적 관점이 보장하기로 되어있는 그리고 내재주의 관점이 위태롭게 만들도록 되어있는) 소위 '의미의 인간 상호간의 동일성'(interpersonal identity of meaning)을 우리가 조사해볼 때에, 상기한 선택안은 키메라처럼 수많은 얼굴을 가진 요상한 괴물인 것으로 드러난다. '형편없는'(jejune)을 가지고 먼저 시작해보자면, 이 단어를 아는 많은 사람들이 '유치한'(puerile) 등과 같은 어떤 의미에 이 단어를 연관시킨다. 마치 이것이 프랑스어의 '어린/젊은'(jeune)이라는 단어와 관련이라도 있는 양 말이다. 그리고 이 단어는 심지어 때때로 'jejeune'으로 표기되기도 한다. 내가 앞서 언급했던 바와 같이, 다른 사람들은 이 단어를 '빈약한'(meagre), '불만족스러운'(unsatisfying)과 같은 어떤 의미에 연관시킨다. 여기서 이러한 의미는 이 단어의 조상격인 라틴어 어휘 'jejunus'('fasting': 굶고 있는)의 의미에서 유래된 것이다. 그리고 단어 'jejune'의 이러한 의미를 사용하는 사람들은 '유치한'이라는 단어 의미를 '유사음 오용'(malapropism)의 한 예라고 책망할 가능성이 높다. 하지만, 내재주의적 의미에서는, '빈약한'과 '유치한'이라는 두 개의 의미가 모두 존재한다는 것을 부인할 수 없다. 그래서 의미의 인간 상호간의 동일성이 결핍되는 첫 번째 예가 여기에 나타난다. 그리고 이러한 요지를 명확하게 하기 위해서 'jejune'과 같은 상대적으로 희귀한 단어를 우리가 일일이 찾아내야 할 필요는 없다. 심리학 문헌에 따르면, 일반적인 단어의 경우에서조차 상당한 화자별 변이성이 존재한다는 것이 밝혀졌다. 1978년에 출판이 되어 지금은 고전이 될 한 논문에서, 프린스턴 대학교의 심리학자 마이클 맥클로스키(Michael McCloskey)와 샘 글럭스버그(Sam Glucksberg)는 30명의 프린스턴대학교 학부생들을 대상으로 한 달의 간격을 두고 두 번에 걸쳐 조사를 하였다. 그 조사 내용은, 주어진 단어들이 지명하는 특정 항목(item)들이 추가로 주어진 단어들이 나타내는 범주들의 일원(member)들이라고 각 학생들이 생각하는지 그 여부를 알아보는 것이었다. 피험자들에게, 예를 들어, '손수건-의류'(handkerchief-clothing)와 같이 한 쌍으로 이루어진 단어들을 보여주고, 첫 번째 단어에 의해 기술될 수 있는 사물들이 두 번째 단어에 의해서도 기술될 수 있는지 아니면 그렇지 않은지의 여부를 나타내어 줄 것을 요청하였다. 그 결과에 따르면, 피험자들의 응답들 중에서 45퍼센트가 손수건은 의류의 한 항목이라는 의견을 나타내었고 그 반면에 나머지 55퍼센트는 그렇지 않다는 의견을 나타내었음이 발견되었다. 이것은 '의류', '손수건' 또는 이 두 가지 모두의 경우에 있어서 그 각각의 의미에 대해 아주 상당한 수준의 의견 불일치가 있음을 시사한다. 이 외의 다른 조사 결과들에서는, 산출된 응답들 중에서 30퍼센트가 커튼이 가구류(furniture)라는 의견을 나타내었고, 그 반면에 나머지 70퍼센트는 그렇지 않다는 의견을 나타내었다. 그리고 응답의 47퍼센트가 바닷가재(lobster)는 어류(fish)라고 주장하였고, 그 반면에 나머지 53퍼센트는 그렇지 않다는 의견을 나타내었다. 그리고 다소 놀랍게도, 그 실험 횟수의 35퍼센트에서만 시인들은 동물들이 아니라는 주장이 나왔다. 그 실험 횟수의 단 3퍼센트에서만 여자들은 동물 왕국의 범위 밖에 존재한다는 주장이 나왔다는 사실은 독자들의 입장에서 다소 안심이 되는 소식일지도 모른다. ([역자 주] 이러한 해석은 실험과 무관하며 저자의 개인적 추측임.) 마치 이러한 정보가 의미의 인간 상호간의 동일성이라는 강령(doctrine)을 전복시키기에 충분하지 않기라도 하듯이, 그 심리학자들은 피험자들의 상당수가 위와 같이 진행된 두 검사 시간 사이에 자신들의 대답 결과들을 실제로는 변경하였다는 것을 발견하였다. 예를 들어, 커튼이 가구류인지 아닌지에 대해서는 실험을 시행한 달(month)의 시간 경로에 따라 열 명의 대학생 피험자들이 자신들의 의견을 바꾸었다. 그리고 두 명의 대학생 피험자들은 여자들이 동물인지 아닌지의 여부를 묻는 그 질문에 대해 기존과는 다른 새로운 의견을 가지게 되었다. (프린스턴대학교 생활의 어떠한 측면이 이 학생들로 하여금 재고를 하도록 촉발하였는지는 불행하게도 기록된 바가 없다.) 우리들은 주장이 제기되었던 의미의 인간 상호간 동일성에서 너무나도 동떨어져 있어서, 이제는 심지어 의미의 인간 내부적 동일성(intrapersonal identity)이 실패 또는 결렬로 귀결되는 사례들을 처리해야 하는 상황에까지 이르렀다.

    단어 의미의 지시적 이론과 내재주의 이론에 대한 이와 같은 논의를, 최소한 일시적으로나마, 끝내야 할 시간이다. 독자들은 이 글의 저자인 내가 내재주의 학파에 대한 동조와 공감의 뜻을 개인적으로 가지고 있음을 의심할 여지 없이 주목하게 될 것이다. 하지만, 이러한 개론 성격의 처리과정에서 나는 단지 이 논쟁이 가지는 맛, 즉, 그 대략적 특징을 조금 보여주려 했을 뿐이라는 점을 몇 번이고 강조해도 모자란다. 나는 이 화제에 대해 구체화되어온 모든 논쟁의 예들을 다루려고 시도하지는 않았다. 그리고 첨언하자면, 나보다 훨씬 더 덕망 있고 박식한 수많은 철학자들과 언어학자들이 지시주의적 결론에 확신감을 가지고 있는 상태이다.

3
단어의 의미 속성

이 장에서 나는 전통적으로 단어가 가지고 있다고 가정되는 몇 가지 의미 속성(semantic property)에 대해 논의할 것이다. 나는 여기서 동의성(synonymy) 중의성(ambiguity), 그리고 모호성(vagueness)을 집중적으로 다루도록 하겠다.

우리가 동일한 단어라고 느슨한 방식으로 일컫는 것에 수많은 상이한 사람들이 귀속시키는 의미들을 살펴볼 때에 그 의미들에 나타나는 모든 미세한 변이 양상을 고려하면, 당신은 두 개의 서로 다른 단어가 동일한 의미를 정녕 가지기라도 하는지 그 여부에 대해 의문이 들 수도 있을 것이다. 다시 말해서 '동의성'의 지위에 대해 궁금해 할 수 있을 것이다. 두 개의 단어가 동의성을 가진다는 것은, 전통적인 방식으로 말하자면, 두 단어가 같은 의미를 가진다는 뜻이다. 내재주의식 용어로 풀어 쓰면, 우리가 이러한 상황이 발생 가능한 두 가지 방식을 인식하게 될 것이라는 뜻이다. 다시 말해서, 그 두 단어들이 가지고 있는 의미들이 수적으로 동일할 수 있는 가능성이 있는 경우이거나 또는 그 의미들이 그저 질적으로 동일할 수 있는 가능성이 있는 경우를 인식하게 된다. 첫 번째 가능성, 즉, 수적 동일성의 경우는 누군가의 머릿속에 있는 하나의 개념이 동시 발생적으로 두 개의 상이한 단어들의 일부라면 실현이 될 것이다. 두 번째 가능성, 즉, 질적 동일성의 경우는 한 개인의 머릿속이든 아니면 여러 사람들의 머릿속이든, 만약 두 개의 단어가 질적으로 동일한 의미들을 가진다면 실현이 될 것이다.

하지만 동의성을 가진 단어 쌍(synonymous pair)의 예들이 정말 존재하는가? 누구든 의미가 가지고 있는 수많은 미세한 음영을 자세히 들여다보기 시작하는 순간, 그러한 일은 회의적으로 보일지도 모른다. 예를 들어, 환자 한 명이 한 정신분석학자(psychoanalyst)의 상담용 긴 의자인 '카우치'(couch)에 완벽한 예의범절을 갖추고 누울 수 있을 것이다. 하지만 만약 이 두 사람이 혹시라도 동일한 정신분석학자의 '소파'(sofa)에 누우려고 한다면, 우리는 그들이 전문직 직업윤리(professional ethics)를 위반한 것으로 의심할 수도 있다. 그 이유는 후자의 가구의 예는 아마도 그 정신분석학자의 집 안에 놓여있을 가능성이 높기 때문이다. 유사한 이치로, '큰' 형(*big* brother)이 한 명 있다는 것은 (익히 발생 가능한 전체주의적 의미의 함축은 말할 필요도 없고) 시대상의 다양한 시사점(chronological implication)을 가지는데, 이와 같이 '큰' 형이 한 명 있다는 표현이 가지는 시대적 함의는 '덩치가 큰' 형(large brother)이 한 명 있다는 표현에서는 나타나지 않는다. 하지만 누군가는 동의성에 대한 회의적 입장을 너무 과하게 밀어붙일 수도 있다. 예를 들어, '냅킨'(napkin)과 '서비에트'(serviette)(또는 '푸딩'(pudding)과 '디저트'(dessert))와 같은 단어 쌍의 예들은 각각 서로 상이한 의미를 가지고 있다고 때때로 주장된다. 그리고 그러한 주장에 대한 단순한 이유는 그저 그렇게 짝을 이루는 단어 예들이 각각 상이한 사회계층에 의해 사용된다는 점일 뿐이다. 그리고 이것은 단순히 미트포드식(Mitfordesque)으로 'U형 어휘'(U vocabulary)와 '비U형 어휘'(non-U vocabulary)를 구별시킨 것이다. (영국의 소설가 낸시 미트포드의 상류계급("U"pper class)에 대한 소설처럼 말이다.) 하지만 여기서 나를 설득시키려면 한참 멀었다. 오히려 '이러한 어휘 쌍들로 된 집합의 해당 어휘 원소들이 하나의 동일한 의미를 가진다'고 말하고, 또한, '그 원소들이 가지는 사회적으로 함축된 의미들에 대한 지식은 또 다른 상이한 유형의 지식이다'라고 말하는 것이 훨씬 더 만족스러운 것처럼 보인다. (즉, 우리는 각각의 단어를 형성하는 음운론적, 통사론적, 의미론적 층위의 자질들과 정서법(orthography) 관련 자질들에 일련의 사회언어학적 자질들을 추가시켜두어야 할지도 모른다.) 나는 냅킨이 서비에트가 아니거나 또는 그 정반대의 경우로 서비에트가 냅킨이 아닌 것으로 되어있는 그 어떤 기묘한 공상과학 시나리오도 생각해낼 수 없다. 그런즉, 내가 구분할 수 있는 한, 이 두 단어가 가지는 내포(intension)의 예들은 모두 같다. 이것은 이 단어들이 가지는 의미의 예들도 같다는 것에 대한 강력한 근거이다. 그리고 마지막으로, 나는 의미상에서 'gorse'(가시금작화)와 'furze'(가시금작화) 사이에 그 어떤 차이점도 발견할 수 없다. 여기서 차이점의 결여는 특히 발생 가능성이 높은데, 왜냐하면 사람들은 종종 이러한 두 개의 단어 중에서 단지 한 개만을 알고 있는 상태에서 성장하게 되고 그 두 번째 단어는—그들이 이미 알고 있는 그 첫 번째 단어를 기반으로 하여—인성의 경로 후반에 학습하게 되기 때문이다. 그 학습과정은, 예를 들면, '아하! 'furze'는 확실히 'gorse'를 나타내기 위한 또 다른 단어구나.'와 같은 방식으로 나타난다. 그렇다면, 내 생각에는, 우리가 동의성을 우리들이 다루고 있는 일련의 의미론 이론 내부로 영입하는 것을 꺼려하지 말아야 한다.

그러면 그러한 선택에 따라 우리에게는 중의성과 모호성이 남는다. 이 두 속성은 통상 둘이 한 짝이 되어 다루어지는데, 그 이유는, 한 개의 단어가 중의적이거나 또는 모호하다는 것을 파악하는 것이 종종 가능한 반면에 둘 중에서 어느 경우인지를 구별하는 것은 때때로 어렵기 때문이다. 만약 한 개의 단어가 두 개 이상의 의미를 가지고 있다면 그것은 중의적(ambiguous)인 것이다. 만약 한 개의 단어가 한 개의 의미를 가지고 있으며 그 의미가 어떤 사물의 두 개 또는 그 이상의 다른 종류들 간에 구별을 해주지 않는다면 (현재 논의에 관련성이 있는 의미(sense)에서는) 그 단어는 모호한(vague) 것이다. 예를 들어, 'chair'라는 단어는 앉는 것과 연관이 있을 수도 있는 한 개의―정의내리기가 불가능한―장치(device), 어떤 위원회(committee)를 담당하고 있는 한 사람, 그리고 대학 기관의 일종의 교수직(professorship)이라는 (적어도) 세 가지의 다른 것들 사이에서 중의성을 띤다. 내가 앞서 'chair'에 대해 이야기하고 있었을 때, 나는 암묵적으로 그 때 언급하였던 것 외의 여러 다른 의미들을 모르는 체하고 있었다. 그래서 당신은 아마도 어떠한 염려나 거리낌 없이 그와 같은 단순화 방식을 따랐을 것이다. 다시 말해, 우리는 관련성이 없는 기타 여러 의미를 걸러 내는 일에 능숙한 것이다. 반면에, 'horse'라는 단어의 경우에서는 우리가 경주용 말(racehorse) 또는 수레용 말(carthorse) 또는 군사용 말(charger)에 대해 이야기하고 있는지의 여부를 그 단어 자체가 상세화해주지 않는다는 점에서 모호한 성격을 띤다. 또는 적어도 나는 그렇게 상정한다. 혹자는 아마도 'horse'가 이러한 다양한 의미들 사이에서 중의적인 성격을 띤다고 주장할 수도 있을 것이다. 하지만, 여기서, 우리가 이러한 모든 경우에서 하나의 공통된 요소인 '말스러움'(horsiness)을 (비록 기술할 수 있는 것은 아니지만) 지각(perceive)할 수 있을 정도의 용이함이 존재하기 때문에, 그 가설은 다소 억지스러운 것으로 보인다. 하지만, 그렇게 말해버리고 나면, 우리는 'horse'가 모호하면서 그와 동시에 중의적이라고 인정함으로써 여러 상황들을 복잡하게 만들게 될 것이다. 즉,

우리에게 친숙한 네발 동물(quadruped)뿐만 아니라, 단어 'horse'는 '헤로인'(heroin)을 나타낼 수도 있고 (그 외의 여러 사물들 중에서도) 대체적으로 상세 기능들을 이해하기가 불가능하다시피 한 다양하고 복잡한 범선(sailing ship)용 밧줄(rope)을 가리킬 수도 있다. 사실상, 많은 단어들의 경우에 두 개 이상의 의미를 가지고 있고 게다가 적어도 이러한 여러 의미들 중에서 최소한 한 개는 다양한 종류의 사물 또는 일에 균등한 수준으로 잘 적용된다는 점에서, 다수의 단어들은 중의성과 모호성을 모두 가지고 있다. 영어 단어 'blue'가 그와 같은 예들 중의 하나이다. 예를 들면, 어떤 대상이 우울하고(depressed), 감청색(navy blue)이면서 하늘색(sky blue)인 상태일 수도 있는 것이다. 비록 그 모든 것이 동시에 나타나지는 않겠지만 (그리고 그러길 바라지만) 말이다.

다소 좀 더 까다로운 경우의 예는 'column'과 같은 종류의 단어이다. 우리는 건축(물), 가십란(gossip column), 그리고 전투(battle) 지역으로 행군하는 군사의 종대(column of soldiers)의 경우에서 'column'에 대해 이야기한다. 여기에서는 더러 상이한 의미 예들을 중심으로 살펴보는 방식이 솔깃할 것이다. (예컨대 로마에 있는 승전 기념비인 트라야누스 원주(Trajan's Column)의 경우, 어떻게 그것이 어떤 신진 여배우(starlet)가 가장 최근에 행한 무절제한 행위에 대해 기술해놓은 기사와 동일한 종류의 것이 될 수 있을까?) 하지만 여러 의미 예들 중에서 중요성을 띠는 공통성이 있는지를 살펴보는 것도 솔깃한 일이다. 역사 관련 용어상에서는, 신문의 컬럼과 군대의 컬럼(즉, 종대) 이 두 명칭은 이오니아식 원주(Ionic column) 및 그 유사물들과 형상(shape)의 차원에서 공유되는 점이 있었기 때문에 그렇게 이름이 지어졌을 가능성이 크다. 그리고 이러한 관계는 오늘날의 영어 사용자들도 여전히 지각할 수 있다. 그런즉, 우리는 'column'의—형상과 관련된—하나의 기본적 의미를 가지고 있다고 말해야 하는 것일까? 그리고, 이러한 형태로 되어있는 다양한 사물들 사이에 모호성이 나타나듯이 'column'이 모호성을 띤다고 말해야 하는 것일까? 혹은, 그 기본 의미는 건축과 관련된 것이라고 말하고, 그 외의 다른 의미 예들은 공유된 형상에 기반한 은유적 확장(metaphorical extension)의 예들('그것들'이 무엇이든지 간에, 은유의 방식으로 확장된 예들)이라고 말해야 하는가? 또는, 대안적인 방식을 사용해서, 이러한 용법들 중에 최소한 몇몇 예들은 따로 구별되는 의미들로 결정화(crystallization)되는 과정을 거쳤고, 그 결과로 그 단어가 중의성을 띠도록 만들어진 것이라고 말해야 하는가? 이것은 그렇게 단순 명백한 사안이 아니다. 하지만, 우리는 약간 왜곡적인 반사실적 시나리오를 사용하는 방법을 통해서, 다시 한 번, 일종의 통찰력을 다소 획득할 수 있다. 우선 다음과 같이 상상해보라. 신문사들이 있는데 담당 컬럼니스트들이 분출해놓은 내용들을 완벽한 정사각형 구획 형태로 (혹은 심지어 원형 형태로) 틀을 짜서 인쇄하기 시작했다고 말이다. 이러한 기사들에 대해 기술하기 위한 목적으로 우리는 여전히 'column'이라는 단어를 사용하게 될까? 내 생각에는 그럴 것으로 예상된다. 그리고 이 질문에 대한 내 생각은 다음과 같다. 비록 어떤 사람들은 '신문 사각형'(newspaper square) 또는 '신문 원형'(newspaper circle)을 지칭하기 시작하리라는 것을 나 스스로 쉽게 상상할 수 있음에도 불구하고, 나는 이러한 새로운 지칭이 의미론상의 진지한 반대 입장의 예라기보다는 유머를 해보려는 형편없는 시도의 한 예가 될 것이라고 생각한다. 이것은 나의 정신적 어휘부 내에서 'column'이라는 단어에 대해 알아볼 때에, 최소한, 언론계 특유의 의미가 건축분야 특유의 의미와 변별이 되는 상태에 있다는 점을 시사한다.

나는 조만간 두 가지 종류의 중의성 사이에 구별이 가능한지를 알아볼 것이다. 하지만, 먼저 '모호한'이라는 용어에 대해 좀 더 언급해야 할 필요가 있다. 다시 말하면, '모호한'이라는 단어는 중의성을 띤다. 내가 방금 기술한 '모호함'의 용법은 언어학자들 사이에서는 통상적인 것이나 철학자들 사이에서는 그렇지 않다. 철학자들은 방금 개략적으로 기술하였던 이러한 종류의 모호성을 '일반성'(generality)이라고 지칭한다. 철학자들은 '모호한'(vague)이라는 용어를 경계선(borderline)적인 성격을 띠는 사례들을 초래시키는 것처럼 보이는 특정 단어들의 경우를 위해 따로 지정해둔다. 다시 말해서, 명백하게 하나의 특정 술어에 맞아떨어지지 않으며 동시에 그 술어에 명백하게 안 맞아떨어지지도 않는 그러한 성격을 지니는 대상의 예들을 야기시키는 어휘로 한정되어있다. 예를 들어, 어떤 사람이 완전히 대머리가 된 경우를 상정해보라. 한꺼번에 다 빠져서 대머리가 된 것이 아니라, 매번마다 머리카락 몇 가닥들이 빠지는 방식으로, 점진적이고 심신이 쇠약해지는 과정에 의해 대머리가 된 경우를 말이다. 이 과정의 시발점에는, 이 사람의 머리 전체에 머리카락이 있는 상태이고, 따라서 명백히 대머리가 아니다. 이 과정의 완료 지점에는, 이 사람의 머리에 어떠한 머리카락도 남아있지 않으며, 따라서 그는 명백히 대머리인 상태이다. 이러한 과정의 종료 지점 바로 그 전에, 이 사람의 머리에 단지 두 가닥 또는 세 가닥의 머리카락이 있을 때에는, 그는 아주 명백히 대머리인 상태이다. 또는, 적어도, 우리는 그렇다고 말하는 것에 대해 그 어떤 거리낌도 없을 것이다. 하지만, 머리에 골고루 분포된 상태의 머리카락 100가닥을 가지고 있는 사람의 경우, 우리는 어떻게 해야 할까? 또는 500개의 머리카락을 가지고 있는 사람의 경우는 어떠한가? 누군가가 '논의의 대상인 이 사람은 대머리인 상태이다'라거나, 또는 '그 사람은 대머리인 상태가 아니다'라고 말하는 것에 곤란함을 느끼게 될 때, 그 때에 중요한 순간이 나타난다. 논의의 대상인 그 사람은 경계선 사례(borderline case)의 한 예이고, 그의 예를 통해서 'bald' 즉, '대머리 상태의'라는 단어가 모호하다는 것이 시연되었다. '모호한'의 이러한 의미는 앞서 기술된 첫 번째 의미와 명확하게 변별이 된다. 특히, 다음에 명시된 속성들을 가지고 있는 한 단어 의미를 사람들이 상상할 수도 있다는 점에서 말이다. 그 속성들에 따르면, 여러 상이한 종류의 사물의 예들은 그 단어 의미에 맞아 떨어지는 (그래서 첫 번째 의미에 따라, 그 단어 의미가 모호해지도록 만드는) 경우이나, 그 단어 의미가 가지는 다양한 외부적 경계선들은 완전하게 날카로운 (그래서 두 번째 의미에 따라, 그 단어 의미가 모호하지 않도록 만드는) 경우가 되는 것이다. 하지만, 나는 어떠한 실제적인 단어 의미의 예들이 이와 같은지에 대해서는 확신이 없다. 예를 들어, 'blue'의 '색상' 차원의 의미는 확실히 그렇지 않다. 왜냐하면, 비록 그것이 '감청색'(navy blue)과 '하늘색'(sky blue) 두 가지 모두를 아우름에도 불구하고, 그것은 또한 색의 스펙트럼상에서 아주 점차적으로 보라색(purple)으로 변화해 들어가기 때문이다. 'horse'가 가지고 있는 '말의 특성을 가지고 있는 네발 동물'(equine quadruped)이라는 의미는 좀 더 나은 후보감이 된다. 하지만, 여기에서조차, 진화의 계보 선이 재구성(reconstruction)될 수 있는 한에서는, 현대의 말의 예들로 이어져 내려온 진화의 계보 선을 따라 거슬러 올라가는 방식으로 경계선 사례의 예들을 찾아내는 것이 가능하다는 것이 나의 생각이다. 상대적으로 최근에 존재했던 플레시푸스(Plesippus)는 말의 한 예였을까? 현대에 재구성시켜놓은 예들에서는 그것이 확실히 말의 한 예인 것으로 보인다. 만약 우리가 약 70센티미터 정도의 몸 길이를 가지고 있었으며 전혀 말처럼 생기지 않았던 히라코테리움(Hyracotherium)(또는 별칭인 에오히푸스(Eohippus))의 경우로까지 완전히 소급해 들어간다면 어떻게 될까? 그 계보 선상의 어느 한 지점에서는, 명백히 말의 예도 아니고 명백히 말의 예가 아닌 것도 아닌 어떤 동물을 우리가 발견하게 될 개연성이 존재한다. 앞서 다른 의미 차원에서 그랬던 바와 같이, 이러한 의미 차원에서 나타나는 모호성은 인간 자연언어에서 아주 어마어마한 분량의 단어 예들을 곤혹스럽게 만든다.

내가 앞에서 언급했던 두 종류의 중의성은 '다의성'(polysemy)과 '동음이의성'(homonymy)이다. 다의성은 하나의 단어가 다수의 의미를 가지고 있는 특정 '사태'(state of affairs)로서 존재한다. 그 특정 사태에 따르면, 앞에서 보여준 바와 같이, 하나의 단어는 여러 개의 음운적 자질, 통사적 자질, 그리고 의미적 자질 예들을 한데 묶은 하나의 집합체(collection)로서 해석이 되어야 한다. (하지만, 이러한 층위별 변별을 하기 위해서 촘스키식 내재주의를 무턱대고 믿을 필요성은 딱히 없다. 그리고 현재의 주제 논의를 위한 목적상에서는, 이러한 모든 집합체들과 자질들이 여러 추상적 대상일 수도 있고, 또는 실제로 어딘가에 있는 한 들판에 놓여져있는 여러 구체적 대상들일 수도 있다.) 여기서 요지가 되는 생각은, 이러한 종류의 집합체들이 다음과 같은 정보를 포함하고 있다는 점이다. 즉, 그것들은 여러 음운적 자질들로 구성된 한 개의 집합이 여러 통사적 자질들로 구성된 한 개의 집합과 연결되어있고, 그 통사적 자질들의 집합은 여러 의미적 자질들로 구성된 두 개 또는 두 개 이상의 집합들과 연결되어있는 상태의 정보를 담고 있다. 그 전체는 (또는 그 전체의 표상물은) 정신적 어휘부 내에서 단지 한 개의 내항(entry)을 형성한다. 이것을, 우리가 통상 일컫는 바와 같이, 하나의 '어휘 내항'(lexical entry)이라고 한다. 다의성을 띠는 한 단어가 가지는 여러 개의 상이한 의미 예들은 그 단어가 가지는 각각의 '뜻'(sense)이라고 부른다. 이와 같은 전체 구도는 동음이의성과 대조를 이루도록 되어있는데, 동음이의성은 한 개가 아니라 두 개의 (또는 그 이상의) 어휘 내항들을 연관시킨다. 그런즉, 동음이의성의 경우에는, 각각 상이한 의미들을 가지고 있는 상태에서 명확하게 변별이 되는 두 개의 단어가 존재하며, 그 발음이 우연히 동일한 경우이다. 때때로, 보다 협의의 동음이의성과 '동음성'(homophony) 사이를 구분하기도 하는데, 전자의 경우에는 두 개의 해당 단어가 동일한 발음뿐만 아니라 동일한 철자까지 가지고 있어야 한다는 조건이 요구되고 후자의 경우에는 단지 동일한 발음만이 필수적으로 요구된다. 하지만, 연구자들은 이러한 구분 방식에 대해 종종 신경을 쓰지 않는데, 그 이유는 인간의 언어 능력(linguistic ability)상에서 쓰기(writing) 및 문자가 너무나 확연하게도 보다 뒤늦게 그리고 부차적으로 추가되어진 것이고, 그에 따라 오늘날까지도 수많은 언어들이 어떠한 쓰기/ 문자 형식도 가지고 있지 않기 때문이다.

왜 이러한 변별 방식이 지금껏 상정되어 왔을까? 그러한 전통적인 정당화의 예는, 실제로, 어떤 관련성 있는 의미들이 그 외의 다른 의미들보다는 서로에게 더 밀접한 관계성을 띤다는 모종의 직관력의 예 그 이상도 그 이하도 아니었다. 동음이의성의 전형적인 실례는 'bank'와 'bank'인데, 여기에서 이러한 항목(item)들 중 하나는 강의 양쪽 측면, 즉, 강둑(sides)을 나타내는 하나의 기분 좋은 단어로 해석된다. 그리고 나머지 다른 하나는 서브프라임 대출(subprime loan)과 연관되어 있는 기분 좋지 않은 단어이다. 혹자는 거기에 그다지 큰 의미적 중첩(overlap)은 없다고 생각할 것이다. 반면에, 'column'의 건축 관련 의미, 언론 관련 의미, 그리고 군사 관련 의미 예들은 다의성을 가지는 한 단어에 속하는 여러 상이한 뜻들인 것으로 일반적으로 간주된다. 우리는 그것들의 명백한 의미적 관계성에 이미 주목한 바가 있다. 이러한 의미

판단의 예들은 여러 사전 속에 반영이 되어있다. 사전 속에는, 내가 아는 한 예외 없이, 'bank'와 'bank'를 위해서 상호 구별시켜놓은 내항 또는 표제어(headword) 2개가 들어 있다. 그리고 'column'을 위해서는, 수많은 하위분야(subdivision)의 예들을 가지고 있는 단지 1개의 내항만이 사전 속에 들어있다. 거기서 그 핵심 생각은 다음과 같다. 즉, 우리 각자가 가지고 있는 정신적 어휘부들은, 이와 같은 측면에서, 사전에 있는 지면 상의 어휘부들이 가지는 그러한 구조를 재현(cf. reproduce)한다는 점이다. 하지만, 이러한 변별 작업이 만들어졌던 그 기반들은 우리가 원했던 것보다 훨씬 덜 견고했다는 점을 시인해야만 한다. 즉, 단어의 뜻/ 의미에 대해 논할 때에 그것은 복잡한 내면의 정신적 구조(또는 인식적으로(epistemically) 접근 불가능한 여러 추상적 대상)에 대한 것이라고 우리 각자의 직관력이 주장하지만, 직관력의 이러한 예들이 왜 신뢰되어야만 하는지에 대해서는 아무런 명백한 이유도 존재하지 않는다. 확연코, 논의의 대상이 되고 있는 단어들의 역사를 살펴보는 것은 전혀 도움이 되지 않는다. 물론, 'column'의 다양한 뜻들이 역사적으로 관계성을 띠고 있다는 것은 맞다. 하지만, 불행하게도, 'bank'와 'bank'도 그러하다. 『옥스퍼드 영어사전』에서는, 금융(finance)과 관련된 단어 'bank'를 위한 내항 속에, 이 단어의 가장 초기 의미가 '금전 중개인의 탁자'(money-dealer's table)였다고 기록하고 있다. 그리고 이것은 프랑스어의 단어 'banque'에서 유래되었으며, 이 프랑스어 단어는, 순서에 따르면, 동일한 의미를 가지고 있었던 이탈리아어의 'banca'에 기반한 것이다. 그리고 이 이탈리아어 단어는 게르만어파(Germanic)의 개별 언어 중 하나에서 유래된 차용어(loanword)였다. 이 일련의 어휘 전체는 궁극적으로는 '둔치'(shelf), '강턱'(bench)이라는 의미를 지닌 게르만조어(Proto-Germanic)의 어근(root)인 '*bank-'에서 유래되었다. ('게르만 조어'는 영어, 독일어, 네덜란드어 등과 같이 후대에 계승된 모든 게르만어파의 개별언어들이 그 유래의 기원이라고 가설로 상정한 언어에 주어진 명칭이다. 그리고 단어 앞에 붙은 * 표시(cf. asterisk)의 경우, 역사언어학 분야에서는 해당 단어가 어느 원천 정보나 실례에서 직접적으로 입증된 것이 아니라 학자들에 의해서 재구되었음(resconstructed)을 뜻한다.) 또한 이 동일한 어근에서 지세학(topology)적 뜻을 가진 영어단어 'bank'가 나왔으며, 본디 그 단어는 땅의 '둔치'를 뜻하였다. 그렇다면, 다의성과 동음이의성 사이를 구분 짓는 전통적인 변별 방식에 대한 우리의 조사에서 추론해볼 때, 우리들이 진정 이 두 용어 모두를 상정해야 하는지의 여부는 불확실하다. 특히, 이에 대한 대안적 가설이 하나 존재하며, 그 가설에 따르면 (실제 근거는 부족하지만 주장하기로는) 다의성을 가진다고 하는 여러 단어들이 가지는 서로 구별되는 일련의 뜻들이 실제로는 그저 각각 별개의 단어들이며, 그러한 단어들은 정신적 어휘부 내부에 그 각각의 고유한 어휘 내항을 가지고 있다고 한다. 즉, 이 가설이 말하는 바는 다의성이 실제로는, 간단히 말해서, 동음이의성이라는 점이다.

다행히도, 이러한 문제적 사안은 뇌 영상작업(brain imaging)의 방법에 힘입어 최근에 새로운 조명을 받아오고 있다. 이 지면에 소개할 그 논증 내용은 다소 복잡한 성격을 띤다. 하지만, 논증의 최종 결과물은 소개할만한 가치가 있을 것이다. 2006년에 출판된 한 기발한 실험연구에서, 뉴욕대학교(New York University) 소속의 신경과학자인 리나 필캐넌(Liina Pylkkänen), 로돌포 이나스(Rodolfo Llinás), 그리고 그레고리 머피(Gregory Murphy) 이 세 명이 17명의 피험자들의 뇌 활동을 상세히 조사하기 위해서 뇌자기도 검사(magnetoencephalography, MEG) 방법을 사용하였다. 이 실험은 피실험자들이 동음이의성을 보이는 단어들과 다의성을 보이는 단어들이 관련되어 있는 일련의 구(phrase)들을 읽고 반응하는 동안 뇌자기도 검사를 사용해서 뇌 활동을 조사하는 것이었다. 뇌자기도 검사는 뇌 속에서 전류(electric current)에 의해 생성되는 자기장(magnetic field)을 측정하는 하나의 기술(technique)이다. 뇌 활동에서는 다수의 뉴런(neuron)들이 관련되는데, 뉴런은 시냅스(synapse)들을 통해 아주 미세한 전류를 여러 다른 세포들에게 전송(transmit)하는 신경세포를 가리킨다. 그래서 어떤 정신적 차원의 과제가 수행되는 동안 머리의 여러 부분에서 발생하는 자기장들의 상이한 강도와 위치를 측정함으로써, 연구자들은 다양한 정신적 차원의 사건(event)들이 언제 그리고 어디에서 일어나는지에 대한 다소 타당한 아이디어를 때때로 얻게 된다. 필캐넌과 동료들의 실험에서 결정적인 역할을 한 뇌자기도 검사 측정방법은 'M350 측정법'이라고 불린다. 부연하자면, 이것은 단어 한 개가 시각적으로 제시되고 나서 경과된 시간이 300~400밀리세컨드(msec) 사이일 때에 (오른손잡이 피험자의) 좌측 측두엽 피질(left temporal cortex)에서 발생하는 자기장 진폭(magnetic amplitude)의 급증상태를 가리킨다. (측두엽 피질은 귀 근처 뇌 부위의 바깥 부분을 가리킨다.) 내가 지금 그 내용을 요약해볼 계획은 없지만, 관련 선행 연구에서는 M350 측정 수치가 '어휘적 활성화'(lexical activation)를 나타내는 하나의 기호(sign)라는 점이 설득력 있는 방식으로 시연되었다. 환언하면, 이 특수한 측정방법은 피험자에게 제시된 단어가 그 사람의 정신적 어휘부 내부에서 어디에 위치하는지를 성공적으로 짚어낸다는 것을 선행연구에서 보여주었다. 한편, 주목해야 하는 중요한 사실은 M350 측정 수치가 어떠한 정해진 피험자에게도 정확하게 동일한 시각에 항상 발생하는 것은 아니라는 점이다. 그리고 이러한 타이밍 또는 '잠재기'(latency)는 여러 요인에 영향을 받으며 또한 조작될 수도 있다.

필캐넌과 그녀의 동료들은 다의성과 동음이의성에 대한 자신들의 연구 결과를 옹호하는 논증을 펼치기 위해서 변동이 있는 M350 잠재기들에 대해 발견된 세 가지 사실들을 사용하였다. 이 연구자들은 그들의 피험자들과 관련된 M350 잠재기들이 측정되는 동안, 즉, 피험자들이 그들의 정신적 어휘부들 속에서 각 단어들을 찾는데 시간이 얼마나 오래 걸리는지를 측정하는 동안, 그 피험자들이 화면에 나오는 단어들을 쳐다보도록 지시하였다. 자극의 한 유형은 전통적으로 동음이의어라고 분류되었던 단어들을 연관시켜놓았다. 예를 들어, 피험자들은 'river'와 'bank'라는 단어가 따로 따로 화면상에서 깜빡거리는 것을 쳐다보았다. 하지만 이 경우, 그 단어 사이에는 단지 300밀리세컨드의 시간 간격만이 주어졌다. 그런데 피험자들은 두 단어로 이루어진 하나의 구를 예상하고 있었고 이러한 방식으로 주어진 그 단어들은 해석하도록 지시를 받아둔 상태였다. 좀 더 긴 휴지(pause) 후에, 두 단어로 이루어진 또 다른 구가 동일한 방법에 따라 점멸하도록 되어있었다. 그 다음 구는 첫 번째 구에 나온 명사의 동음이의어를 명확하게 사용한 구의 한 예가 나오는데, 예를 들면, 'savings bank'(저축은행)가 나올 수도 있었다. 평균적으로, 피험자들은 이와 같은 시도들에서 자신들의 정신적 어휘부 내부에서 두 번째 동음이의어를 찾아내는데 355밀리세컨드가 걸렸다. (물론, 그냥 'bank'와 'bank'만 사용된 것이 아니라 동음이의어들로 된 수많은 상이한 단어 쌍들이 사용되었다.) 하지만 'savings bank'와 같이 동음이의어를 포함하고 있는 구들 중 한 예 앞에 'salty dish'(맛이 짠 음식)와 같이 통제(control) 역할을 하는 하나의 관계없는 구가 선행하게 되었을 때에는, 피험자들이 그 동음이의어를 정신적 어휘부에서 찾아내는데 평균적으로 334밀리세컨드만을 소요했다. 그런즉 만약 당신이 정신적 어휘부 내에서 한 단어를 찾아야 한다면, 그 단어의 동음이의어 한 개를 방금 보았다는 조건 하에서는 더 더디게 진행하게 된다는 것이다. 이것은 음운적으로 유사하지만 실제로는 찾고자 하는 그 단어가 아닌 무언가를 보게 됨으로써 신체의 여러 정보처리 능력(processing faculty)이 마치 혼동상태를 겪기라도 하듯이 반응한다는 것이다. 이것이 M350 잠재기들에 대한 첫 번째 발견 결과이다. 두 번째 유형의 자극은 의미적으르는 관계성이 있지만 음운적으로는 유사성이 없는 명사들을 사용하였다. 그래서 피험자들은 "줄이 그어져있는 종이"라는 뜻을 가진 'lined paper'(유선지)라는 구가 화면에서 깜빡이고 뒤이어서 'monthly magazine'(월간 잡지)이라는 구가 깜빡이는 것을 보게 될지도 모른다. 즉, 'paper'와 'magazine'은 'paper'의 의미 중 한 개와 'magazine'의 의미 중 한 개가 유사한 종류의 사물들에 적용이 된다는 점에서 의미적인 관계성을 가진다. 이러한 유형의 시도에서 두 번째 명사의 M350 잠재기들은 345밀리세컨드로 평균치가 나왔다. 이것은, 방금 언급한 두 번째 표현 'monthly magazine'과 같은 구들 앞에 'clock tick'처럼 관계성이 없는 통제 예들이 선행하는 조건에 있는 여러 시도들과 비교되어야 한다. 이러한 일련의 시도에서 M350 잠재기의 평균치는 상당히 더 높은 367밀리세컨드였다. 그런즉, 만약 당신이 자신의 정신적 어휘부 내에서 어떤 단어를 찾아야 한다는 조건일 경우에, 당신이 만약 의미적 관계성이 있는 (하지만 음운적 관계성은 없는) 단어를 방금 보았다면, 당신은 속도를 더 내게 된다. 이것이 다양한 M350 잠재기들에 대한 두 번째 발견 결과이다.

   음운적 유사성에 의해 초래된 보다 느린 정보 처리를 전문용어로는 '음운적 억제'(phonological inhibition)라고 부른다. 그리고 의미적 유사성에 의해 초래된 보다 빠른 정보 처리는 '의미적 적화'(semantic priming)라고 부른다. 우리는 이 연구의 처음 두 가지 발견사실을 '음운적 억제'와 '의미적 점화'로 요약할 수 있다.

이제 우리가 도입부에 가지고 나왔던 두 가지 가설, 즉, 다의성과 동음이의성이 전통적으로 상상되었던 것과 같은 방식으로 작용한다는 가설과 (별 근거 없이 주장되는) 다의성이 실제로는 동음이의성처럼 작용한다는 가설에 대해 약간의 이성적 추론을 해볼 수 있다. 이른바 다의적이라고 하는 단어 'paper'를 예로 들어보자. 이것은 목재 펄프로 만들어진 일종의 물리적 재료(physical material)를 가리키거나 또는 (내용, 정치적 편향, 그리고 관료주의적 구조를 포함하여) 일종의 신문(newspaper)을 지칭하는 데 사용될 수 있는 단어이다. (예를 들어, '그 지루한 진보주의 신문(that boring, liberal paper)이 금방 최고의 집필자들을 해고시켰다. 그 신문은 그것이 인쇄된 신문지(the paper)의 값어치도 안된다'라고 말하는 것이 가능할 것이다. 여기서 첫 번째 문장은 불가능한 대상의 존재를 전제하고 있는 자연언어상의 여러 의미에 대한 촘스키식 예들 중 하나인 것처럼 들린다.) 만약 '목재 펄프로 만들어진 재료'라는 뜻에서의 'paper'와 '신문'이라는 뜻에서의 'paper'가 (전통적인 다의성 가설과는 반대로) 사실은 두 개의 서로 다른 어휘 내항들이라면, 그것들은 한편으로는 통상적인 동음이의어들의 조합 중 한 예 같을 것이고, 다른 한 편으로는, 오히려 의미적인 관계성을 가지는 어휘들의 조합 중 한 예 같을 것이다. 그것들의 의미가 상이한 반면에 발음이 동일할 것이라는 점에서, 그 예들은 일반적인 동음이의어들 같을 것이다. 하지만, 그것들의 의미는 통상적인 동음이의어들에서 발견되지 않는 어떤 정도까지 의미적 관계성을 띨 것이고, 이러한 측면에서, 그것들은 앞에서 기술하였던 (두 번째 종류 자극에 사용된) 의미적 관계성을 띠는 명사 쌍들(예. 'paper'-'magazine') 같을 것이다. 그럼 만약 'lined paper'(유선지)에 'liberal paper'(진보주의 신문)를 뒤이어 나타나게 한다면, 그리고 거기에 'paper'의 그와 같은 2회의 등장 예들이 명백하게도 논의의 대상이 되는 2개의 상이한 해석들을 가지고 있는 상황이라면, 우리는 M350 잠재기들에 대해서 어떠한 결과적 효과를 예상하게 될까? 즉, 'lined paper'에서의 'paper' 앞에 관계성이 없는 통제 1개가 선행할 때에 'paper'가 가지게 되는 M350 잠재기와 비교해볼 때, 상이한 의미 조건하에서 2번째 등장한 'paper'의 M350 잠재기는 어떻게 나타날까? 거기에 대한 예상치는, 이러한 두 조건 내에서 잠재기들 사이에는 차이점이 거의 없거나 아예 없을 것으로 보인다. 이는 다음과 같이 상세화할 수 있다. 즉, 음은적 억제가 'lined paper'-'liberal paper' 쌍의 마지막 잠재기를 평상시보다 (약 20밀리세컨드 차이로) 더 길게 나타나도록 만드는 경향을 보일 것이다. 하지만, 의미적 점화는 이러한 조건에서 평상시보다 (약 20밀리세컨드 차이로) 마지막 잠재기가 더 짧게 나타나도록 만드는 경향을 보일 것이다. 그런즉, 그 두 결과적 효과들은 서로를 상쇄시키게 된다. 다른 한편으로, 전통적인 다의성 가설은 마지막 잠재기가 평상시보다 더 짧을 것이라고 예측한다. 다의성을 띠는 한 단어가 가지는 여러 개의 뜻 사이에서 의미적 점화가 발생할 것이라고 우리가 기대해야 하는지의 여부는 명확하지 않다. 그 이유는, 의미적 관계성은 있으나 뚜렷이 변별이 되는 단어들을 사용한 상태에서 의미적 점화 효과(semantic priming effect)가 확립되었기 때문이다. 하지만 '반복 점화'(repetition priming)라고 불리는 (이른적으로 잘 확립되어있는) 또 다른 심리학적 효과가 존재한다. 이 효과에 따르면, 하나의 단어가 마련되어 누군가가 짧은 시간 전에 그것과 정확히 동일한 단어에 방금 노출되었을 때, 그 단어를 처리하는 과정상의 잠재기 수치들은 감소할 것이라고 한다. 이 시점에서 다의성에 대한 이 두 가설들 사이에 존재하는 중요한 차이점은 다음과 같다. 하나는, 즉, 전통적인 가설은, 이러한 경우들에서 단지 한 단어만이 작용한다고 말하고, 반면에, 나머지 하나의 가설은 두 개 또는 그 이상의 각기 구분되는 단어들이 관련되어 있다고 말한다는 점이다. 그래서 단지 전통적인 가설의 경우에서만, (그 다른 무엇에 의한 것도 아니라면,) 반복 점화를 이유로 해서 더 짧은 잠재기들을 예상한다. (그러나 최근에 갑작스레 등장한 도전자인 후자의 가설은 그러한 예상을 하지 않는다.)

그럼, 필캐넌과 동료들이 자신들의 피실험자들을 'lined paper'-'liberal paper'와 같은 단어쌍 관련 시도에 수차례 노출시켰을 때에는 어떤 일이 일어났을까? 그 답에 따르면, 'paper'의 두 번째 등장에서의 M350 잠재기들은 337밀리세컨드라는 평균치를 산출하였다. 그러면 'liberal paper'를 관계성이 없는 통제 예가 선행하도록 실험을 구성하였을 때에는 결과가 어떠했을까? 평균 잠재기는 상당히 더 길게 나타난 361밀리세컨드였다. 그런즉, 전통적인 다의성 가설이 했던 예상은 다소 인상적인 방식으로 입증되었다.

사람들의 귀 근처 부위에서 미세한 자기장들을 측정함으로써, 명백하게도, 단어의 의미에 대한 질문 하나를 우리가 해결할 수 있다는 것을 고려해볼 때, 당신은 그것에 따라 의미의 내재주의적 관점이 한층 더 지지되고 지시주의적 관점은 무관한 것으로 넘겨진다고 추정하고 싶어질지도 모른다. 이러한 관점을 위해서 말해두어야 할 사항이 있다. 또한, 뇌 내부에서 일어나는 언어적 과정들의 위치와 타이밍에 대한 지식제반을 은유적으로 나타내자면, 방금 기술한 그 연구는 (만약 한 대양이 아니라면, 그러면 적어도 그럴듯한 크기의) 해양영역 내에 있는 그저 한 방울의 물방울일 뿐이라는 점을 추가시켜야 한다. 하지만, 일이라는 것이 그렇게 단순하지만은 않다. 의미의 지시주의적 관점을 주장하는 철학자들의 입장에서는, 다양한 단어의 의미가 되는 여러 대상들의 경우에 인간 뇌 속에 그 표상물들이 존재하고 있다는 것을, 추측해보건대, 부인하지는 않을 것이다. 그와 같은 존재 덕분에 우리는, 예를 들어, 형편없음(jejuneness)이라는 그 보편소에 대해 우리가 가지고 있는 정신적 표상물의 예와 같이, 여러 표상물들에 대해 알고 있는 것이다. 그런즉, 그 철학자들은, 짐작컨대, 방금 기술하였던 그와 같은 실험이 여러 단어 의미에 대한 우리의 정신적 표상물들이 가지는 그 구조에 대한 정보를 우리에게 제공하는 것으로 해석할 것이다. 그리고 이 관점에서, 그것은 각각의 단어 의미 그 자체에 대한 정보를 우리에게 주지는 않을 것이다. 이것은 모두 완벽하게 일관성이 있다. 하지만, 다시 한번, 오컴의 면도칼이 크게 아른거린다. 다시 말해, 지시주의자들은 내재주의자들이 상정한 언어(학)적으로 관련성이 있는 정신적 구조라는 것을 몽땅 상정해야 할 것으로 보인다. 그리고 그 다음에야, 그 상정한 내용 위에다가 제 각각 구분된 수많은 단어 의미로 구성된 모종의 총 집합을 상정해야 할 것이다. 그런즉, 그들이 상정하는 항목들의 총 수는 내재주의자들에 의해 상정되었던 수보다 상당한 정도로 훨씬 크다. 그래서 보다 더 인색한 성격의 내재주의 이론으로 아쉬운 대로 임시변통해야 한다는 압박감은 실로 어마어마하다.

4
문장 의미란 무엇인가?

이 장에서 우리의 관심을 문장의 예들로 돌릴 때에도, 비록 약간 수정된 형태이지만, 지시적 의미 이론과 내재주의 의미 이론 간의 논쟁은 계속된다.

내재주의 의미 이론의 주장에 따르면, 단어의 의미가 인간 내면의 정신적 구조인 것과 마찬가지로, 각 문장의 의미도 인간 내면에 있는 하나의 정신적 구조이다. 단, 차이점은 각각의 문장 의미가 가지는 이러한 여러 정신적 구조가 단어 의미의 경우보다 훨씬 복잡할 것이라는 점이다. 정말로 문장 의미의 예들은, 가정해보건대, 적어도 부분적으로는 여러 단어 의미의 예들로부터 합성되었을 것이다. 합성성(compositionality)에 대한 우리의 논의를 다시 상기해보라. 즉, 명백하게도 무한한 수의 구들을 우리가 생산하고 이해할 수 있다는 사실을 설명하기 위해서, 우리는 복합구(complex phrase)의 경우에 그 구를 구성하고 있는 각 단어들의 의미에 기반하는 방식으로 체계적으로 그 구의 의미에 도달하게 된다고 간주한다. 그리고 단어 의미 외에, 추가적으로는, 단어들의 통사적 배열(syntactic arrangement)에 기반한다고 우리는 생각한다. (우리가 왜 통사론(syntax)을 언급하냐고 혹자는 물을 것이다. 'Man bites dog'과 'Dog bites man'은 비록 동일한 단어 예들을 포함하고 있음에도 불구하고 의미상에서 서로 상이하다는 점을 생각해보자.) 이 합성성에 기반한 원리는, 익히 예상한 대로, 그 밖에 다른 종류의 구의 경우에서뿐만 아니라 문장의 경우에서도 적용된다. 그런즉, 내재주의 이론에 따르면, 한 문장의 의미는 인간 내면에 있는 하나의 정신적 구조이며, 그 문장 내부의 단어들이 가지는 의미들과 해당 단어들의 통사적 배열로부터 합성성의 방식으로 문장 의미에 도달하게 되는 것이다. 이 경우, 이러한 최소 수준의 그림이 가지는 범위 그 자체를 초월하여 알아보는 것은 어렵다. 개념의 원형이론과 애완용 물고기의 실례에서 우리가 보았듯이, 이러한 정신적 구조들의 본질(nature)에 대해 어떤 설명을 제공하는 것은 극단적으로 어렵고 힘든 일이다. 그렇지만 나는 몇몇 단순한 수학적 모형들에 대해 곧 언급할 것이다. 그리고 이 모형들은 일종의 통찰력을 제공해줄지도 모른다.

지시적 의미 이론에서는, 많은 단어들이 가지는 각각의 의미가—특정한 사람들, 의자들, 속성들 등과 같이—이 세상 속에 있는 각각의 대상이라는 주장을 고수하였다. 하지만 이 이론은 문장 의미의 경우에 그와 동일한 방식으로는 일 처리를 거의 할 수 없다시피 한다. 예를 들어, 언뜻 보기에는 'Elizabeth II'라는 단어의 단일한 의미적 기여물은 엘리자베스 2세(Elizabeth II)라는 것이 타당성이 있다. 하지만, 어떤 사람이 버킹엄 궁전으로 산책을 가서는 'Elizabeth II is wise'라는 문장의 의미가 거기에 있는 왕실 코기(corgi)견들과 놀고 있는 것을 발견한다는 것은 불가능한 일이다. 그럼 어떻게 해야 할까? 지시주의자들이 일반적으로 추정하는 바에 따르면, 문장 의미는 추상적 대상이라고 한다. 정말로, 우리는 제 2장에서 이것의 한 예를 보았다. 다시 말해서, 'Elizabeth II is wise'의 의미는 때때로 러셀식 명제인 ⟨Elizabeth II, wisdom⟩(또는 한국어로 ⟨엘리자베스 2세, 지혜⟩)라고 주장된다. 화살 괄호(angle bracket)들은 단지 하나의 순서쌍(즉, 일종의 집합)을 외연적으로 가리킨다(denote)는 점을 상기해보라. 비록 내가 이 점을 이전에 강조하지 않았음에도 불구하고, 이제 집합들은 추상적인 대상들이다. 비록 집합의 원소들이 시공간적으로 위치되어있다고 할지라도, 집합들에 대한 표준 관념(conception)에 따르면 집합들 자체는 그렇게 위치되지 않는다. 우리는, 조만간, 문장의 의미란 바로 그것이라고 주장되어왔던 또 다른 종류의 집합을 보게 될 것이다. 하지만 먼저 우리는 문장 의미가 추상적 대상이라고 하는 그 기본 주장을 촉발시킨 동기 제반에 대해 연구해야 한다.

많은 철학자들이 이러한 입장을 선호하는 이유 중 일부는 의사소통과 관련된 여러 주요 사안(concerns) 속에서 찾게 될 것이다. 만약 한 개의 대상이 존재하고 그 대상이 바로 한 개의 발화된 문장이 가지는 그 의미인 경우라면, 성공적인 소통을 목표로 할 때에, 내재주의적 대안이 상상하게 될 그 상황보다는 이러한 관점이 보다 나은 토대를 제공하는 것처럼 보인다. 여기서, 내재주의적 대안이 그림을 그려보게 될 상황은, 화자와 청자 각자의 머리 내부에 수적인 차이성이 있는 여러 의미 예들이 존재하는 경우를 말한다. 우리는 제 2장에서 이러한 논증을 살펴보았는데, 거기에서 우리는 '완벽하게 공유된 의미'라는 것이 이러한 부류의 철학자들이 그럴 것이라고 생각하고 싶어하는 정도보다는, 아마도, 훨씬 희소하다는 점에 주목하였다.

하지만, 특히 문장 의미는 추상적 대상이라는 입장을 지지하는 독립된 논증의 예들도 존재한다. 여기, 미국의 철학자 스티븐 쉬퍼(Stephen Schiffer)에 의해 제공된 한 실례가 있는데, 이 논증은 우리가 이미 대면을 한 적이 있는 몇몇 생각들과 여러 흥미로운 방식으로 상호작용하고 있다. 'Harold believes that there is life on Venus, and so does Fiona'(

해롤드는 금성에 생명이 존재한다고 믿고, 피오나도 그러하다)라는 문장을 고려해보라. 이 문장으로부터, 우리가 어떤 두 번째 문장의 진리(즉, 참의 여부)를 타당하게 추론(deduce)할 수 있다고 쉬퍼는 역설한다. 예를 들어, 두 번째 문장은 다음과 같다. 'There is something they both believe—to wit, that there is life on Venus'(그들 둘 모두가 믿고 있는 무언가가 존재한다—즉, 금성에 생명이 존재한다는 것이다). 여기서, '그들'은, 물론, 해롤드와 피오나를 지칭하고 있는 것으로 간주되어야 한다. 왜 첫 번째 문장의 진리(여부)로부터 두 번째 문장의 진리(여부)가 뒤따라 나오는 것일까? 쉬퍼는 이것을 설명하는 가장 단순명료한 방법은, 그의 표현에 따르면, 그 문장들을 액면가(face value)로 취급하는 것이라고 제안한다. 다시 말해서, 해당 문장들의 통사론 정보와 문장 해석을 위한 아주 간단한 (약간의) 의미론 정보라는 이 두가지 정보가 이끄는 대로 우리는 안내를 받아야 한다고 주장한다. 쉬퍼가 사용했던 생략(ellipsis)의 예(... 'and so does Fiona')(... 그리고 피오나도 그러하다)를 분석하는 과정에서, 우리는 다음과 같은 두 개의 문장을 가지고 시작하도록 한다. 즉, 'Harold believes that there is life on Venus'와 'Fiona believes that there is life on Venus'라는 문장이 그 예들이다. 이 두 문장은 각각의 주어를 제외하고는 확실히 동일한 상태이다. 그리고 두 문장은 모두 주어-동사-목적어 형식으로 되어있는 것으로 보이는데, 여기서는 복합적인 성격의 목적어로 간주되고 있는 'that' 절을 가지고 있다. 우리가 지금 본 이러한 종류의 문장들을 위한 하나의 의미론적 정보를 제공하는 과정에서, 쉬퍼는 이러한 문장들이 해롤드와 피오나라는 두 인물 각각에 대해 다음과 같은 내용을 서술하고 있다고 주장한다. 즉, 그들은 어떤 한 개의 특정 대상, 즉, '금성에 생명이 존재한다'라는 명제로서의 대상에게 하나의 특정한 관계(relation), 즉,

신념(belief) 관계의 상태도 정립되어있다고 서술된다는 것이다. 만약 그것이 실제로 그런 상태라면, 그러면 'There is something they both believe'(그들 둘 모두가 믿는 무언가가 존재한다)라는 문장이 이와 같은 몇 개의 서술문(statement)으로부터 뒤따라 나온다는 이러한 직관에 대해 우리는 하나의 아주 단순한 설명안을 가지고 있는 것이 된다. 이 상황은 '해롤드가 에스메렐다를 본다 그리고 피오나가 에스메렐다를 본다'라고 말하고, 그에 따라, 그 둘 모두가 보는 누군가가 존재한다고 결론내리는 것과 정확하게 평행 상태를 이룰 것이다. 만약 피오나와 해롤드가 모두 '금성에 생명이 존재한다'라는 명제로서의 대상에게 '신념관계' 상태로 정립되어 있다면, '금성에 생명이 존재한다'라는 그 명제는 도대체 어떠한 종류의 사물이 될 수 있는 걸까? 여기서 우리는 지금쯤이면 충분히 친숙해졌을 기존의 몇 단계들을 따른다. 만약 이러한 사람들 각각이 신념관계의 상태로 정립되어있는 한 개의 대상이 있다면, 그것은 숨겨진 상태에 있는 특정 사물이 될 수가 없다. 다시 말해, 그것이 그 사람들 중에서 한 명의 머릿속에만 있는 것은 불가능하다. 그것은 공개적으로 접근 가능한 것이어야 한다. 하지만, 그것이 하나의 구체적인 대상이 되는 것은 불가능하다. 금성에 생명이 존재한다는 그 명제는 확실히 공간상의 그 어떤 곳에도 위치해있지 않다. 그리고 심지어 금성 그 곳에도 위치해있지 않다. 그런즉, 그 명제는 하나의 추상적 대상임이 틀림없다.

따라서 이 논증을 요약하면 다음과 같다. 여기에 언어에 대한 한 가지 사실이 있다. 'There is something they both believe'(그들 둘 모두가 믿고 있는 무언가가 존재한다)는 'Harold believes that there is life on Venus and so does Fiona'(해롤드는 금성에 생명이 존재한다는 것을 믿고, 피오나도 그러하다)로부터 뒤따라 나온다는 것이다. 그리고 만약 이 'that' 절이 무언가를 즉, 금성에 생명이 존재한다는 그 명제를 지칭한다는 것을 우리가 용인한다면, 이러한 사실은 가장 단순명료한 설명안을 제공받게 된다. 그리고, 금성에 생명이 존재한다는 명제는 한 개의 구체적 대상이 된다는 것이 불가능하며 따라서 하나의 추상적 대상임이 틀림없다.

그렇지만, 내재주의자에게는 'There is something they both believe'가 중의적이라고 응답하는 방안이 개방되어있다. 이 문장에 대한 쉬퍼식의 독해 방식에서는, 해롤드와 피오나 두 사람 모두가 신념 관계의 상태로 정립되어 있는 하나의 대상이 존재한다는 것을 이 문장이 실제로 단언하고 있다. 내재주의자는 그와 같은 독해 방식에서, 그 문장은 단순히 거짓 상태에 있으며 'Harold believes that there is life on Venus and so does Fiona'(해롤드는 금성에 생명이 존재한다는 것을 믿고, 피오나도 그러하다)로부터 그 어떤 방법으로도 절대 뒤따라 나오지 않는다고 말할 것이다. 또 다른 독해 방식에서는, 그 문장은 그렇게까지 존재론(ontology)적으로 극단적인 그 어떤 것도 주장하지 않을 것이다. 그것은 아마도 해롤드의 신념과 피오나의 신념이 질적으로 동일하다는 것과 같이 훨씬 미온적인 무언가를 주장할 것이다. 우리는 'There is something they both own'(그들 둘 모두가 소유한 무언가가 존재한다)과 같은 종류의 예문을 비교할 수 있다. 이것은 해롤드와 피오나가 공동소유자들인 특정한 구체적 대상이 하나 존재한다는 것을 의미할 수도 있다. 하지만, 대안적으로, 이것은 어느 한 종류의 대상이 존재하며, 해롤드와 피오나 두 사람 모두 그와 같은 종류의 대상(들)을 각자 소유하는 방식으로 이루어진 상태에 있는 대상이라는 것을 의미할 수도 있다. 해롤드와 피오나가 가지고 있는 (여러) 소유물이 완전하게 서로 유사하지 않다는 하나의 단언문에, '그렇지 않다. 그들 둘 모두가 소유하고 있는 무언가가 존재한다. 그것은 바로 한 채의 주택(house)이다'라고 대답하는 것이 가능할 것이다. 이것은 그들이 동일한 주택 한 채를 소유한다는 것을 필연적으로 시사하지는 않을 것이다. 내재주의자는 그러면 다음의 방법으로 쉬퍼의 논증에 대해 응답할 수 있다. 즉, 'There is something they both believe'(그들 둘 도두가 믿고 있는 두언가가 존재한다)가 'Harold believes that there is life on Venus and so does Fiona'(해롤드는 금성에 생경이 존재한다는 것을 믿고, 피오나도 그러하다)로부터 뒤따라 나온다는 것은, 단지, 그 무해한 두 번째 독해의 방식에서만이라고 말함으로써 대응이 가능하다. 그리고 어떠한 광범위한 형이상학적 결론들도 이 사실에서는 이끌어 낼 수 없다.

물론, 문장 의미가 추상적 대상이라고 하는 이론 또한 우리가 앞 장에서 검토하였던 추상적 대상에 대한 인식론적 반대 입장 때문에 고통을 받는다(즉, 골치 아픈 상태에 빠진다). 추상적 대상들이 우리와 같은 여러 생명체들로부터 인과적으로 고립되어있는 상태라고 추정되기 때문에, 비록 그것들이 실제로 존재할지라도 그것들에 대해 우리가 알 수 있는 어떠한 명쾌한 방법도 존재하지 않는다.

비록 문장 의미가 추상적 대상이라는 그 이론이 여러 난점들에 봉착한 상태임에도 불구하고, 문장 의미에 대해 제기되어 왔던 추상적 대상이라는 주장과 관련하여 크게 두 종류의 추상적 대상에 대해 숙고해보는 것은 여전히 가치가 있는 일이다. 그 이유는 이러한 두 가지 종류의 추상적 대상이 수학적 대상이기 때문이며, 그런고로 이러한 종류의 여러 대상을 인간 내부의 정신적 구조에 대한 다양한 수학적 모형으로서 사용하는 것은 상당히 가능성이 있는 일일지도 모른다. 예를 들자면, 첫 번째 종류의 추상적 대상은 우리가 이미 보았던 것이다. 즉, 그것은 러셀식 명제(Russellian proposition)들이다. 내가 염두에 두고 있는 생각은 다음과 같다. 사람들이 〈엘리자베스 2세, 지혜〉와 같은 표기법의 구체적인 부분들을 가져다가 해석하는 것은, (그것들이 추상적 대상들을 외연적으로 가리키고 있다고 보는 것이 아니라) 그것들과 관련된 인간 내부의 정신적 구조들이 가지는 그 전체 구조에 대한 무언가를 그러한 표기 예들이 우리에게 보여주는 것으로서 간주할 수도 있다는 점에서 일 것이다. 이러한 경우에, 가정해보건대, 그 수학적 모형은 'Elizabeth II is wise'(엘리자베스 2세가 지혜롭다)의 의미가 그 문장의 화자가 가지고 있는 엘리자베스 2세에 대한 개념과 그 화자가 가지고 있는 지혜에 대한 개념이 하나의 짝을 이룬 것일 거라고 우리에게 말할 것이다. 비록 그 기본 생각이 그러한 표기법에 대한 하나의 중요한 재해석을 관여시키지만, 이 생각 자체가 아주 극단적이지는 않다. 우리는 물리학자 유진 위그너(Eugene Wigner)(1902-1995)가 '자연과학 분야에서의 수학의 비합리적 효율성'(unreasonable effectiveness of mathematics in the natural sciences)이라고 칭했던 것에 이미 친숙한 상태이다. 즉, 물리학, 화학, 생물학, 그리고 그 외 다른 여러 분야들의 많은 이론들에서는 구체적인 세계의 (전체) 구조를 보여주기 위한 목적으로 이미 수학을 아주 성공적인 방법으로 사용하고 있다. 그렇다면, 의미에 대한 내재주의식 경관(picture)에 동조하는 의미론자들이 그와 동일한 것을 시도해보면 안된다는 이유가 있는가? 어쨌거나 종국에는, 이러한 관점에서 여러 의미의 예들은 단지 우리 각자의 머릿속의 일부분일 뿐인 것이다.

문장 의미의 실체라고 주장되어온 추상적 대상에서 그 두 번째 종류는 여러 '가능 세계'(possible worlds) 집합들이다. 즉, 수많은 가능 세계들로 이루어진 집합들을 가리킨다. 우리는 이러한 관념에서 어떤 기대하지 않았던 실증적 보답(pay-off)을 최종적으로 발견하게 될 것이다. 하지만 우선 이 기이한 생각에 대한 배경의 일부를 검토해 보는 것이 현재로서는 적절하다.

한 개의 '가능 세계'(possible world)는 마치 하나의 대안적 우주와 같은 무엇이다. (하지만, 물론, 실제 우주 또한 가능한 무엇으로 간주된다.) 신비스러운 성격을 띠는 이러한 개체들은 '양상'(modality)이 가지고 있는 여러 개념들을 명료하게 설명하기 위한 목적으로 철학자들과 언어학자들이 자주 언급하고 적용하는 것들이다. 즉, 가능성(possibility), 필연성(necessity), 그리고 우발성(contingency) 등과 같은 것들에 대해 논할 때에 사용된다. 주장하건대, 이 독특한 생각은 속칭 'the Scot'(그 스코틀랜드인) 또는 'the Subtle Doctor'(그 영민한 박사)이라고 불리며, 가장 위대한 (그리고 가장 난해한) 중세 철학자 중의 한 사람으로 손꼽히는 존 던스 스코투스(John Duns Scotus)(1308년 사망)와 함께 시작된 것으로서, 특히 그의 '우발성'(contingency) 이론을 그 기원으로 드고 있다. 대략적으로 말해서, '우발적'(contingent) 사건은 발생 가능하거나 또는 그렇지 않은 것으로 가정된다. 이것은 '필연적'(necessary)인 성격의 사건 또는 사태(state of affairs)와는 구별된다. 여기서, 필연적 사건 또는 사태는 그 외의 방식으로 나타날 수도 있었다는 것이 불가능한 경우를 가리킨다. 나는 지금 앉아있다. 하지만 나는 서 있었을 수도 있었다. (또는 그럴 수 있었다고 나는 생각하고 싶다.) 그런즉 지금 나의 앉은 상태는 우발적이다. 하지만 2 더하기 3은 5와 동등해야만 한다. 즉, 수학적 진리들은 필연적이라고 널리 가정된다. 이제 스코투스는 질문한다. 우리가 상당히 진실하게 (또는 그렇게 한다고 우리가 생각하고 싶은 방식으로) 다음과 같이 말할 수 있기 위해서는 이 세계가 어떤 것과 같은 것이어야 하는가? 즉, 지금 내가 앉아 있는 시점 바로 이 순간에, 내가 서 있었을 수도 있었다고 말하기 위해서는 말이다. 스코투스의 이론에 따르면, '시간상의 순간'(moments of time)을 그가 '자연상의 순간'(moments of nature)이라고 명명한 것과 따로 구별시켜 둘 것을 제안한다. 여기서 후자는 가능성의 예들 (possibilities)과 같은 것들을 가리킨다. 부연하면, 시간상의 한 순간에 대응하는 것은 적어도 두 개의 자연상의 순간들이다. 그리고 그 자연상의 순간들 중 적어도 한 순간 속에서는 내가 지금 서 있는 것이다. 또는 공상과학소설 애호가들이 말하곤 하는 것처럼, 내가 바로 지금 그 속에서는 서 있는 상태인 하나의 대안적 우주가 존재한다. 또는, 철학자들이 말하곤 하는 것처럼, 내가 지금 그 속에서는 서 있는 상태인 하나의 가능 세계가 존재한다. 스코투스는 의지의 자유(freedom of the will)에 대해서 위안이 될 만한 다수의 결론을 이끌어내기 위해서 이러한 생각을 사용하였다. 내가 두 가지의 서로 다른 행동 경로 사이에 하나를 선택해야 하는 상황에 대면하게 된 듯한 상황에서, 스코투스에 따르면, 나에게는 정말로 하나의 선택권이 있다. 다시 말해, 내가 여러 다른 일들을 하는 다수의 상이한 자연상의 순간들이 존재한다. 내가 이미 정해진 하나의 경로를 따라 그저 진행하고 있는 것은 아닌 것이다.

하지만 아마도 가장 많이 알려진 방식은 위대한 철학자이자 수학자인 고트프리트 빌헬름 라이프니츠(Gottfried Wilhelm Leibniz)(1646-1716)가 고안한 여러 '가능 세계'의 사용일 것이다. 라이프니츠는 박식한 천재였으며, 다른 여러 업적 중에서도 (아이작 뉴턴과 함께) 미적분학(calculus)을 공동 발견한 것으로 유명하다. 하지만 가능 세계는 아주 다른 영역에서 그의 사상 내부로 들어간다. 그리고 주장하건대, 이것은 다소 덜 성공적인 영역이기도 한데, 바로 그것은 악의 문제에 대한 그의 대답이다. '악의 문제'(the problem of evil)는 (유대교, 그리스도교처럼) 신(God)은 전지(omniscient)하고, 전능(omnipotent)하며, 자비 (benevolent)하다고 믿는 모든 종교가 대면하고 있는 문제이다. 이 문제는 여러 인간 개개인에 의해서 초래되는 고통(suffering)뿐만이 아니라 지진, 기근, 질병과 같이 비개인적인 현상들에 의해서 야기되는 고통까지 포함하여, 세상에 존재하는 어마어마한 양의 고통 그 자체를 가리키고 있다. (물론 인간이 초래한 고통의 경우, 스스로 가지고 있는 자유 의지를 연습하는 것이 상쇄적 성격의 선(counterbalancing good)의 한 예라고 생각될 수도 있을 것이다.) 만약 신이 전지하여 모든 것을 다 안다면, 신은 이러한 모든 고통에 대해서도 알 것이다. 그리고 만약 신이 전능하여 모든 능력을 다 가지고 있다면, 신은 고통을 덤추게 할 수도 있을 것이다. 그리고 만약 신이 자비롭다면, 신은 고통을 멈추게 하고 싶어 할 것이다. 하지만, 고통은 존재한다. 그러므로 전지 전능하고 자비로운 신이 존재한다는 것은 있을 수 없는 일이다. 적어도, 악의 문제에 대한 옹호자들은 그렇게 말한다. 그의 응답에서, 라이프니츠는 실제 세계가 모든 가능 세계의 예들 중에서 최선의 것이라고 주장한다. 자비로운 성격의 신은 그 외의 다른 어떠한 세계도 창조하지 않았을 것이다. 라이프니츠가 생각한 바에 있어서, 도대체 정확하게 어떠한 제약들이 우리가 경험하고 있는 이 세계 외에는 더 좋은 어떤 세계도 존재할 수 없는 그러한 방식에 따라서 여러 가능 세계에 영향력을 행사했다는 것인지는 명확하지 않다. 하지만, 개별적으로는 가능성이 있는 것들이 아무리 해도 모두 다 함께 존재할 수 있는 것은 아니라고 라이프니츠는 지적한다. 그래서 모든 것들에 있어서 그렇게 궁극적인 완벽함은 아마 가능한 것이 아닐지도 모른다고 말한다. 즉, 모든 가능 세계 중에서 가장 최고의 것은, 그 가치나 영향력에서 선이 악보다 가장 확정적인 방식으로 더 큰 우세함을 가지는 상황에 있는 바로 그 가능 세계이다. 그리고 라이프니츠는 또한 다음과 같은 주의사항을 제시한다. 즉, 신이 숙고하였던 모든 가능 세계의 예들에서 그 선함(goodness)을 판단하는 과정에서 신이 사용하였던 판별 기준 중에 인간의 행복이 유일한 기준이 아니었을지도 모른다는 것이다. 그리 놀랍지 않게도, 라이프니츠의 이러한 대답은 여태까지 광범위한 수준의 찬성의견을 얻어낸 적이 한번도 없었다. 프랑스의 계몽주의 '철학자'(Enlightenment 'philosophe') 볼테르(Voltaire)(1694-1778)는 아마도 가장 명백한 방법으로, 즉, 풍자(satire)에 기대어 그러한 점(다시 말해, 라이프니츠의 관점)을 공격하였다. 부연하면, 그의 소설 『캉디드 혹은 낙관주의』(*Candide, ou l'Optimisme*)(1759)에서 작품 제목의 기원이 되는 이름을 가진 주인공은 자신의 가정교사 팡글로스(Pangloss)의 라이프니츠식 교리를 열정적으로 흡수하는 모습을 보여준다. 그리고 이 세계가 모든 가능 세계의 예들 중에서 최선의 것이라고 하는 관점에 대해 캉디드가 지지자가 되고 난 후에, 너무나 엄청나게 충격적인 일들이 연속적으로 그에게 발생하고, 그러한 일들에 대한 흥미진진한 서술이 이 책의 나머지 부분의 상당량을 차지하고 있다. 그런데, 제목상의 '낙관주의'(Optimism)는 라이프니츠의 신학적 체계의 명칭이다. 하지만, 여기서 '비관주의'(Pessimism)가 그 체계를 위한 보다 나은 단어가 되지는 못하는지의 여부는 명확하지 않다. 예를 들어, 1755년 리스본에서 지진이 한창 일어나고 있는 가운데, 종교재판(the Inquisition)에서 음악에 맞추어 볼기를 맞는 형벌을 받고 있는 동안 캉디드가 독백으로 말한 내용처럼, '만약 지금 이 세계가 모든 가능 세계의 예들 중에서 최선의 것이라면, 그 외의 다른 가능 세계들은 과연 어떠한 것들일까?'라는 질문을 하게 되는 것이다.

이제 정확히 가능 세계는 무엇이라고 추정되고 있는지에 대해 좀 더 이야기를 해 볼 때가 되었다. 그 다음에 우리는 의미론에서 여러 가능 세계가 어떻게 사용되는지를 평가하게 되는 입장에 서게 될 것이다. 가능 세계의 사용에 대한 관점은 다양한 예들이 지금까지 존재해왔다. 명백하게도 라이프니츠는 모든 가능 세계의 예들이 신의 마음속에 품고 있던 여러 가능성의 예들 그 이상도 그 이하도 아니라고 생각했다. 부연하자면, 1686년 7월 14일자로 신학자이자 철학자인 앙트완 아르노(Antoine Arnauld)(1612-1694)에게 쓴 한 편지에서, 라이프니츠는 다음과 같이 기술하였다. '신이 이해한 차원/내용 내부에서 순수하게 가능한 것들이 소유하고 있는 바로 그 실체/현실(reality) 외에는 그 어떤 다른 실체/현실도 순수하게 가능한 것들 속에는 존재하지 않는다'라고 말이다. 그 요지는, 신이 어떠한 가능 세계를 창조할까를 결정하기 전에, 모든 가능 세계의 예들에 대해 숙고해보았다는 것이다.

프린스턴대학교의 철학자 고(故) 데이빗 루이스(David Lewis)(1941-2001)에 의해 옹호된 한 우세한 현대적 대안은 '양상 실재론'(modal realism)이라고 부른다. 그 이론에 따르면, 여타 상이한 가능 세계들은 현재의 실제적인(actual) 세계가 존재하는 것과 정확하게 동일한 방식으로 존재한다. 루이스에 따르면, 하나의 세계는 '시공간적으로 상호관계성이 있는 것들의 부분전체론(mereology)적 최대 합의 한 예(a maximal mereological sum)'이다. 다시 말해서, 하나의 세계는 모종의 사물(something)이며, 그 사물의 부분들 제 각각이 시간과 공간상에서 그 사물의 여타 부분들(의) 전체와 관계를 맺고 있는 형상으로 이루어져 있다. 그리하여 그 존재 방식은 '세계라는 그것(it)' 자체를 하나의 부분으로서 취하는 시간적 또는 공간적으로 보다 확장적인 성격을 띠는 사물은 그 어떤 것도 존재하지 않는 양상으로 되어있다. 그렇다면, 여러 상이한 루이스식 세계들 사이에는 공간적 경로 또는 시간적 연쇄가 존재하지 않는다. 그리고 그러한 세계들의 각각의 예들은, 말하자면, 그것 외의 것들 전부로부터는 접속이 불가능한 하나의 섬이다. 우리가

'실제의' 세계(actual world)라고 부르는 것은 단지 우리가 (어쩌다 보니) 살게 된 그 세계일 뿐이다. 그리고 만약 그 외의 여타 다른 세계들에 마치 영어와 같은 한 개별언어를 구사하는 또 다른 사람들이 존재한다면, 동등한 정당화의 방법을 사용해서 그들은 그들의 고유한 세계에 대해 '실제의'(actual)라는 단어를 사용할 수 있다. 루이스의 관점에서, 단어 '실제의'는 하나의 '지표사'(indexical)이다. 다시 말해서, 'I'(나) 또는 'here'(여기)와 같이, 여러 상이한 장소들에서 여러 상이한 화자들에 의해 상이한 사물들을 지칭하기 위해서 사용되는 단어이다. 루이스의 이론은 그가 '회의적 시선'(incredulous stare)이라고 명명하였던 특정 반응을 촉발시키는 경향이 있다. 그의 이론에 대한 반응에서 이성적 사유에 기반한 반대 의견들보다는 '회의적 시선'의 예들이 수적으로 훨씬 더 많이 나타났다고 비록 루이스가 주장을 하긴 했지만 말이다. 그렇지만, 가능 세계를 전문적으로 다루는 모든 이들이 전부 그렇게 극단적이었던 것은 아니다. 루이스식 가능 세계의 이점들을 취하고 싶어하면서 동시에 그 존재론과 관련된 막대한 비용은 부담하지 않으려 하는 여러 철학자들에 의해서 제시된 다양한 "가능 세계 모방 개념"들도 존재해 왔다. 루이스는 그와 같은 유사 예들을 '대용 가능 세계'(ersatz possible world)라고 불렀다. 그리고 이러한 종류의 이론에서는, 여러 가능 세계의 예들이 일반적으로 다양한 종류의 집합이론적 구성물(set-theoretic constructions)이라고 주장된다. 예를 들어, '언어적 대용주의(또는 언어적 대용론)'(linguistic ersatzism)에서는, 여러 세계의 예들이 여러 개의 러셀식 명제들로 이루어진 다수의 집합의 예들이라고 주장된다. 엘리자베스 2세를 예로 들자면, 피와 살을 가지고 있는, 즉, 자신의 생물학적 실체를 가지고 있는 한 명의 엘리자베스 2세가 지혜로운 상태에 있는 루이스식 가능 세계의 한 예 대신에, 우리는 여러 러셀식 명제의 예들로 구성된 하나의 집합을 가지고 있는 셈이며, 그러한 경우의 한 예가 〈엘리자베스 2세, 지혜〉인 것이다.

현재 우리가 마음대로 할 수 있는 모종의 가능 세계 여러 개를 우리가 지금 가지고 있음을 고려할 때, 왜 여러 문장이 가지는 다수의 의미가 그러한 여러 가능 세계의 예들로 이루어진 다수의 집합이어야 하는 것일까? 여기에는 두 가지 종류의 이유가 있다. 우리는 그것들을 개념적인(conceptual) 이유와 실증적인(empirical) 이유라고 부를 수 있을 것이다. 나는 그 두 가지 이유를 차례대로 검토해 볼 것이다.

다양한 문장 의미를 여러 가능 세계의 예들로 이루어진 다수의 집합으로서 해석(construe)하는 방식에 대한 주된 개념적 이유는 의미와 진리(즉, 참인 상태) 간에 존재하는 그 긴밀한 연결관계와 큰 관련이 있다. 만약 한 평서문(declarative sentence)의 의미를 당신이 알고 있다면, '그러한 사실 그 자체에 의해'(ipso facto) 당신은 그 의미가 참(true)이 되기 위해서는 어떠한 조건들을 확보해야 할 것인지를 알고 있다. 전문용어(technical term)를 사용하자면, 당신은 이 문장의 여러 '진리조건'(truth condition)들을 알고 있는 것이다. 이와 정반대로, 만약 당신이 한 문장을 듣고 그것에 따라 그에 맞는 여러 진리조건들을 파악한다면, 당신은 그 문장을 이해했음이 틀림없는 것으로 보인다. 다시 말해서, 짐작컨대 당신은 그 문장의 의미를 파악했을 것이다. 문장 의미와 진리조건들 사이에 나타나는 이러한 상호근접한 대응관계는 미국의 철학자 도널드 데이비슨(Donald Davidson)(1917-2003)을 필두로, 많은 철학자들이 한 문장의 의미는 단지 그 문장이 가지는 여러 진리조건들이라고 주장하도록 이끌었다.

우리는 방금 한 문장이 가지는 여러 진리조건들은 그 문장이 참이 되게 하는 여러 조건들이라고 말했다. 하지만, 이 경우에, 어떠한 종류의 것들이 '조건들'인가? ([역자 주] '것'은 '사물'(thing)로도 해석 가능함.) 데이빗 루이스와 미국의 철학자 로버트 스털네이커(Robert Stalnaker)에 의해 여러 유사한 버전들이 제시되었던 다음과 같은 논증은 앞서 언급한 조건들을 여러 가능 세계의 예들과 동일시할 수 있는 좋은 이유를 우리에게 제공한다. 한 평서문의 의미는 무엇을 할 수 있어야 하는가? (또는, 우리는 평서문의 의미를 가지고 무엇을 할 수 있어야 하는가?) 글쎄, 만약 우리가 한 평서문의 의미를 안다면, 우리에게 제시된 한 개의 시나리오 속에 나타난 그 문장이 참인지 아니면 거짓인지의 여부를 우리는 구별할 수 있다. 우리가 충분한 양의 관련성 있는 세부사항들을 제공받는다는 가정 하에서 말이다. 그리고 이것은 상상력이 풍부한 반사실적(counterfactual) 시나리오들의 경우를 포함한다. 환언하자면, 한 문장의 의미는 우리로 하여금 그 문장이 실제 세계 속에서 혹은 단지 가능 세계(merely possible world)이기만 한 다양한 예들 속에서 참이 되는지 아닌지의 여부를 구별할 수 있도록 해주는 그 어떤 것을 가리킨다. 이러한 일을 해내기 위해서, 하나의 문장 의미가 되어야 할 최소한의 것은 무엇인가? 그것은 여러 가능 세계의 예들로 이루어진 하나의 집합이어야 할 것이다. 즉, 논의의 초점이 되고 있는 그 문장이 참이 되는 상태에 있는 그러한 종류의 여러 가능 세계의 예들로 이루어진 1개의 집합이 되어야 한다. 이와 같이 갖추어진 상태에서, 말하자면, 우리는 그 집합을 탐색(scan)할 수 있고, 그 집합 속에 우리가 고찰하고 있는 어떠한 가능 세계가 들어가 있는지의 여부를 구별할 수 있다. 그런 즉, 최소한도로, 한 문장의 의미는 그 문장이 참이 되는 상태에 있는 여러 가능 세계의 예들로 이루어진 하나의 집합이어야 한다. 그리고 여러 이론을 경제적으로 구축하고자 하는 입장에서, 우리는 그것이 한 문장의 의미가 될 수 있는 전부라고 가정할 것이다. 그와 다르게 추정해야 할 이유가 주어지기 전까지는 말이다.

그렇다면, 여러 문장 의미의 예들이 여러 가능 세계의 예들로 이루어진 다수의 집합들이라는 생각에 접근해 볼 때에는 어느 특정 수준의 개념적 타당성(conceptual plausibility)이 존재한다. 하지만, 지금 독자들이 들어도 놀라지 않을 정보가 있는데, 그것은 이 이론 또한 몇몇 결점들 때문에 고통을 겪고 있다는 점이다. 아마도, 가장 심각한 결점은 필연성(necessity)에 대한 처리방식일 것이다. 널리 추정되고 있는 바는, 특정 문장 예들은 '필연적으로 참'(necessarily true)이라는 것이다. 즉, 그 문장들은 참이 되는 작업을 실패하는 것이 불가능했을 것이며, 그런 즉, 철학자들 사이에서 널리 받아들여지는 환언(paraphrase) 표현에 따르면, 그러한 문장들은 모든 가능 세계에서 참이다. 이 이론의 옹호자라면 다음과 같이 역설할 것이다. 2 더하기 3이 5가 되는(즉, 2와 3의 합이 5와 동일한) 그러한 경우가 아닌 상태에 있는 어떤 가능 세계는 전혀 존재하지 않기 때문에, '2 더하기 3은 5이다'(two plus three equals five)는 모든 가능 세계에서 확실히 참이다. 그리고 이와 동일한 논리가 '3 더하기 4는 7이다'(three plus four equals seven)의 경우에 적용된다. 하지만, 만약 '2 더하기 3은 5이다'와 '3 더하기 4는 7이다'가 모든 가능 세계에서 모두 참이라면, 우리가 지금까지 살펴보았던 이 이론은 두 문장들 각각이 가지는 의미가 모든 가능 세계의 예들로 이루어진 하나의 집합이라고 말하도록 강요되는 입장에 처한다. 다시 말해서, 이 이론은 이러한 두 문장이 동일한 의미를 가지고 있다고 예측한다. 하지만, 이것은 우리 개개인의 직관력과 대면하는 순간, 의심의 여지없이 황급히 사라진다. (즉, 이 정보는 우리의 직관과 상충한다.) 그렇다고 이러한 일이 이 문제의 끝부분인 것도 아니다. '2 더하기 3은 6이다'(two plus three equals six)와 '3 더하기 4는 8이다'(three plus four equals eight)와 같은 '필연적으로 거짓'(necessarily false)인 문장의 예들을 이용해서 동일한 종류의 반대 논증에 착수할 수도 있다. 이러한 두 문장들 또한 동일한 의미를 가진다는 것이 예측되며, 여기서 그 의미는 공집합(empty set), 즉, 원소가 하나도 없는 독특한 집합이 된다. 이것은 거의 만족스럽지 않으며, 또한, 다시 등장하는 결과이다.

이러한 문제에 대한 한 대답은 미국의 철학자 존 바와이즈(Jon Barwise)와 존 페리(John Perry)에 의해 주창되었는데, 그 내용에 따르면 다양한 문장 의미들은 여러 가능 세계의 예들로 이루어진 집합들이 아니라 여러 가능 상황(possible situation)의 예들로 이루어진 집합들이라고 한다. 하나의 '상황'(situation)이라는 개념은 상이한 철학자들과 언어학자들에 의해 여러 다른 방식으로 설명된다. 상황에 대해 생각해볼 수 있는 가장 용이한 방법은 이 세계(또는 다양한 가능 세계의 예들)에 있는 시공간적으로(spatiotemporally) 제한되어진 부분들로 간주하는 것이다. 그래서 오늘 오후 6시와 오후 7시라는 시간 간격 사이의 내 사무실이라는 특정하게 한정된 범위의 예들은 하나의 상황이 될 것이다. 한 개의 상황은 시-공간(space-time)의 아주 작은 덩어리에서부터 실제 세계의 크기를 가지고 있는 한 개의 가능 세계 전체에 이르기까지 어떠한 것이든 될 수 있다. (이 관점에 따르면, 여러 가능 세계의 예들은 단지 대규모의 상황들, 다시 말해서, 정말로 '최대한의'(maximal) 상황의 예들이다.) 의미론의 여러 목적을 위해서 이 개념을 정의하는 또 다른 방법은 다음과 같다. 한 개의 상황은 한 개 또는 그 이상의 속성 예들을 예시화(하거나 또는 한 개 또는 그 이상의 관계 속에 정립)하고 있는 한 개 또는 그 이상의 '개별요소들'(individuals)로 구성되어있다고 말하는 것이다. 따라서 이 방법은 시간과 공간상의 어떠한 명시적인 언급도 피하며, 만약 여러 숫자들을 언급하는 문장 예들을 다루기 위해서 다양한 상황의 예들을 사용하고자 한다면 이 방법이 유용할지도 모른다. 어쨌든 무엇보다도, 만약 숫자가 존재한다면, 짐작하건대 공간을 차지하지는 않을 것이기 때문이다. 그럼에도 불구하고, '2 더하기 3은 5이다'라는 문장의 의미는 2 더하기 3이 5가 되는 상태에 있는 여러 상황 예들로 구성된 하나의 집합이라고 상황의미론자는 말할 것이다. 그리고 '3 더하기 4는 7이다'(three plus four equals seven)라는 문장의 의미는 3 더하기 4가 7이 되는 상태에 있는 여러 상황의 예들로 구성된 하나의 집합일 것이다. 이제 이와 같은 여러 상황의 예들로 이루어진 집합들은 짐작하건대 아주 큰 규모의 특정 상황의 예들을 (심지어 수많은 가능 세계의 예들 전체까지도) 포함할 것이다. 그래서 2 더하기 3이 5가 되는 상태에 있는 상황의 예들 중에 어떤 것들은 3 더하기 4가 7이 되는 상태에 있는 여러 상황의 예들이 되기도 할 것이다. 그런고로 이러한 두 개의 문장 의미의 예들을 상호 구별하기 위한 작업을 수행하는 데에는 이와 같은 특정 상황의 예들이 유용하지 않을 것이다. 하지만, 2 더하기 3이 5가 되는 상태에 있는 '최소한의'(minimal) 상황도 있을 것이다. 그것은 2, 3, 5라는 숫자들, 그리고, 처음 숫자 두 개와 세 번째 숫자 사이에 작용하는 어떤 복합적 관계―'합산하기'(adding up to)와 같은 특정한 것이라고 우리가 간주할 수 있는 모종의 관계―이러한 것들만을 포함하고 있는 한 개의 상황일 것이다. 일반적으로, 어떤 특정 조건이 유지되는 최소한의 상황의 예는 단지 그 조건이 유지되도록 만드는 데에 충분할 만큼의 개체(entity), 속성 그리고 관계의 예들만을 포함하고, 그 이상은 가지지 않는다. 이제 우리는 2 더하기 3이 5가 되는 상태에 있는 그 최소한의 상황이 3 더하기 4가 7이 되는 상태에 있는 그 최소한의 상황과는 변별된다는 점을 볼 수 있다. 한 가지 확실한 예로는 후자가 아니라 전자의 상황만이 숫자 2와 5를 포함할 것이라는 점이다. 그래서 2 더하기 3이 5가 되는 상태에 있는 여러 상황들로 구성된 한 개의 집합은 3 더하기 4가 7이 되는 여러 상황들로 이루어진 한 개의 집합과 변별되는데, 그 이유는 이러한 집합들 제 각각이 관련성을 가지는 최소한의 상황 그것을 포함해야만 하기 때문이다. 그래서 가능 세계의 예들로 이루어진 여러 집합들에서 가능 상황의 예들로 이루어진 여러 집합들로 후퇴함으로써, 과거 한 때에 가능 세계에 주력했던 이론가는 필연적인 참이 되는 여러 경우에 대한 그 문제를 해결하는 방법을 찾았는지도 모른다. 다시 말해, 여러 가능 세계의 예들로 된 그 동일한 집합 (즉, 모든 가능 세계 예들의 총합으로 이루어진 한 개의 집합) 내에서 참이었던 두 문장이 그러한 조건에도 불구하고 가능 상황의 예들로 이루어진 여러 상이한 집합들 속에서도 참이 된다는 점에 대해 하나의 해결책을 마련한 것일 수도 있다.

 그와 같은 입장의 의미론자가 여러 종류의 필연적 거짓(necessary falsehoood)에 대한 문제를 다루기 위해서는 어떤 것을 말할 수 있을까? 만약 'two plus three equals six'(2 더하기 3은 6이다)와 'three plus four equals eight'(3 더하기 4는 8이다)의 경우에서 그 각각의 의미는 이러한 문장들이 참이 되는 상태에 있는 여러 가능한 상황들로 이루어진 각각의 집합이라고 말한다면, 각 문장이 가지는 의미는, 또 다시, 공집합이 되어야 할 것으로 보인다. 어쨌든 간에, 2 더하기 3이 6이 되거나 또는 3 더하기 4가 8이 되는 상태에 있는 그런 가능한 상황들은 존재 자체가 불가능하다. 그래서 우리가 가능 세계의 예들을 밀거래하고 있었을 때에 도달했던 것과 동일한 결론, 즉, 타당성이 결여된 결론에 도달한 것처럼 보인다. 이제 어떻게 해야 할까? 만약 2 더하기 3이 6이 되는 상태에 있는 여러 가능한 상황들이 존재하지 않는다면, 우리는 불가능한 상황들을 조사하기 시작하는 것이 더 나을 것이다. 그러면, 상황들에 대한 우리의 논의에서 수식어(qualifier)인 '가능한'(possible)을 빼 버리고, 상황들로 이루어진 집합들에 대해서만 이야기해보자. 그러면, 이 이론에 근거해서 볼 때, '2 더하기 3은 6이다'(two plus three equals six)의 의미는 2 더하기 3이 6이 되는 상태에 있는 여러 상황의 예들로 이루어진 집합 그것일 것이다. 이것은 물론 최소한의 그와 같은 상황, 즉, 숫자 2, 3, 6, 그리고, 첫 번째 숫자 두 개와 세 번째 숫자 사이에 유지되는 합산(및 결과 산출)이라는 복합적 관계를 포함하고 있는 바로 그 상황을 포함할 것이다. 따라서 2 더하기 3이 6이 되는 상태에 있는 여러 상황들로 이루어진 그 집합은, 기대했던 대로, 3 더하기 4가 8이 되는 상태에 있는 여러 상황들로 이루어진 그 집합과는 변별이 된다.

만약 상황이 불가능한 것이 될 수 있다면, 우리는 상황이란 도대체 무엇인지를 묻는 그 질문 자체를 다시 논의하는 것이 더 나을 것이다. 상황들은 시공간의 여러 다양한 부분들(portions)이라고 우리가 말하는 것이 더 이상은 불가능하다는 것이 이제 그 어느 때보다 더 명확해 졌다. 그러므로 상황들은 속성들을 가지고 있거나 관계들 속에 정립되어 있는 여러 '개별요소들'로 구성된다고 말할 때에는 우리는 조심스럽게 신중을 기해야 할 것이다. 이런 표현을 사용한다고 해서, 상황들이 그러한 것들—즉, 실제적으로, 진짜로 가지고 있는 속성들 또는 진짜로 정립되어 있는 상태에 있는 관계들—을 갖추고 있는 여러 '개별요소들'로 구성되었음이 틀림없다는 의도를 담아서 우리가 의미를 규정하는 것은 불가능하다. 우리가 대면하게 되는 어떤 기이한 문장이든 그것을 처리하기 위해서는, 우리는 '개별요소들'과 속성들(또는 관계들)이 자의적인 방식으로(arbitrarily) 쌍을 이루도록 만들어 줄 수 있어야 한다. 개별요소들을 자의적으로 쌍으로 묶는 표준 방법은, 물론, 집합이론을 사용하는 것이다. 그러면 상황에 대한 표준적 관념의 한 예(예를 들어, 바와이즈와 페리가 옹호한 바로 그 관념)에 따라 상황들은 집합이론식 개체의 예들로서 간주된다. 예를 들어, 하나의 상황은 한 개의 개별요소와 한 개의 개별요소 속성으로 이루어진 한 개의 집합 또는 쌍일 수도 있다. 만약 이것이 의심스럽게도 러셀식 명제의 예처럼 들린다면, 당신의 생각이 옳다. 이것은 실제로 그러하다. 하지만 러셀식 이론과 상황이론적 이론(situation-theoretic theory)은 여전히 변별된다. '4는 짝수이다'(four is even)라는 문장을 예로 들어보자. 러셀식 이론에 따르면, 이 문장의 의미는 숫자 4와 짝수임이라는 속성으로 구성된 순서쌍이고, 따라서, 〈4, 짝수성(evenness)〉으로 표시된다고 말할 것이다. 우리가 지금 고찰해보고 있는 이러한 종류의 상황이론적 이론에 따르면, 이 문장의 의미는 4가 짝수가 되는 상태에 있는 여러 상황의 예들로 이루어진 바로 그 집합이며, 이제 여기서 상황은 여러 개별요소와 속성의 예들로 이루어진 집합이론식 짝짓기(matching)로 해석되어진다고 말할 것이다. 그래서 4가 짝수가 되는 상태에 있는 최소한의 상황은 확실히 그 집합의 한 원소이며, 우리가 순서쌍을 사용하기를 원하는지 아니면 일반 집합을 사용하기를 원하는지의 여부에 따라, 〈4, 짝수성〉 또는 {4, 짝수성} 둘 중에 하나가 최소한의 상황이 될 것이다. 하지만, '4는 짝수이다'의 의미는 4가 짝수가 되는 상태에 있는 그 외의 모든 상황 예들을 포함하기도 할 것이다. 예를 들어, 그 의미는 4가 짝수이고 5가 홀수라는 상태에 있는 그 최소한의 상황을 포함할 것이다. 그리고 (지금 우리가 불가능한 상황을 허용하고 있으므로) 4가 짝수이고 5가 짝수라는 상태에 있는 그 최소한의 상황을 포함할 것이다. 또한, 4가 짝수이고 5가 홀수이며, 달이 전부 초록색 치즈로 만들어져 있는 상태에 있는 그러한 최소한의 상황도 포함할 것이다. 그리고 실제의 우주 전체도 포함할 것이다. 이 외에도 최소상황의 다양한 예들에 대한 고려와 포함은 무한정의 방식으로 계속 될 것이다.

만약 이것이 이게 완전히 기이하게 들리기 시작한다면, 우리를 이 길로 데리고 왔던 단계들을 되짚어 보는 것이 도움이 될지도 모른다. 의미와 진리조건들 사이의 밀접한 연결 관계, 가능 세계의 측면에서 시도되었던 진리조건들의 설명, 그리고 (필연적으로 참 또는 거짓인 것으로 보이는 문장의 예들에 직면한 경우) 가능 세계에서 벗어나 집합이론적으로 해석된 상황의 경우로 후퇴한 것 등에 대한 내용을 상기해보라. 또한, 이 구체적인 세계를 도상하기 위해서 '수학의 비합리적 효율성'을 활용하는 방식으로, 이 모든 집합 관련 이야기를 어떤 특정한 종류에 속하는 여러 정신적 표상물의 예들이 가지는 본연의 속성(nature)에 대한 이야기로서 해석할 수 있다는 위안이 되는 시나리오의 가능성도 상기해 보라. 하지만, 이러한 종류의 이론이 행사하고 있는 영향력에 대해서 가장 적절하게 묘사할 수 있는 방법은 아마도 (자연언어의 한 예에 대한 몇몇 복잡한 사실들을 실제로 설명해줄 만한) 해당 개별언어의 구체적인 예시를 사용하는 방법을 통해서일 것이다. 이제 나는 이 부분으로 주제를 전환하겠다.

영어 문장에서 특정 단어와 구의 용인성(permissibility)은 부정(negative)의 형태라고 대략적으로 특징지을 수 있는 여타 다른 단어와 구가 존재하는지의 여부에 달려있는 것으로 보인다. 예를 들어, 다음의 문장들을 비교해보라. 지시 및 참조상의 용이성을 위해 각 문장에 번호를 매기도록 하겠다.

(1) a. Richard had not met any classicists.
    b. *Richard had met any classicists.

예문 (1a)는 완벽하게 자연스럽지만 (1b)는 비문법적이다. (우리는 이러한 비문법성을 문장 앞에 *표를 붙이는 방법으로 나타낸다.) 이 문장들은 단어 'not'의 삭제에 의해서만 차이를 가지기 때문에, 이 단어는 첫 번째 문장에서 어떠한 중요한 일을 하고 있음이 틀림없다. 어떠한 일을 말하는 것일까? 다음에 나오는 한 쌍의 문장들을 비교해보자.

(2) a. Richard had not met many classicists.
    b. Richard had met many classicists.

처음에 제시되었던 문장 쌍과는 달리, 이 두 문장은 완벽하게 양호하다. 특히, (2b)는 (1b)와 비교해 볼 때 글자 'm'을 추가했다는 점만이 문장의 차이점일 뿐임에도 불구하고, 완벽하게 양호하다. 즉, 'any' 대신에 'many'로 치환하는 방법을 사용한 것일 뿐임에도 말이다. 그래서 우리는 문장 (1b)에서 'any'가 문제의 장본인임을 연역적으로 추론할 수 있다. 만약 이 단어가 문장을 비문법적으로 만드는 것이 아니고, (1a) 문장 내부에서 어떤 특수 조건들이 단어 'not'의 존재에 의해 실현되었다면, 단어 'any'는 확연코 특정한 조건들 아래에 나타날 필요가 있다. 여기서는 'not'이 'any'의 존재를 허가(license)하는 것으로 보인다. 'any'는 문법적이 되기 위해서 부정형(negation)의 존재를 필수적으로 요구하기 때문에, 우리는 이것을 '부정극성어'(negative polarity item) 또는 NPI라고 부른다. 단어 'not'은 '부정극성어 허가자'(NPI-licensor)라고 부른다.

영어에는 부정극성어들이 많이 있다. 다음에 나오는 문장 쌍들은 몇몇 예들을 포함하고 있다. 각 문장 쌍에서 부정극성어 허가자 'not'은 (

볼드체로 표시하여) 첫 번째 원소인 예문 속에 위치시켰고 두 번째 원소인 예문에서는 삭제시켰다. 각각의 경우들에서, 주어진 문장 쌍의 첫 번째 원소 예문은 그렇지 않은 반면에 두 번째 원소 예문은 어떻게 비문법적이 되는지를 관찰해보라. 이러한 점은 타당성 있는 방식에 따라 (이탤릭체로 표시된) 하나의 부정극성어에서 기인된 것이다. 여기서 부정극성어는 첫 번째 원소인 예문들에서는 허가가 되었고 두 번째 원소인 예문들에서는 허가되지 않았다.

(3) a. Henry did **not** discuss the bacchanal *at all*.
　　b. *Henry discussed the bacchanal *at all*.

(4) a. Henry did **not** *ever* discuss the bacchanal.
　　b. *Henry *ever* discussed the bacchanal.

(5) a. Henry has **not** discussed the bacchanal *yet*.
　　b. *Henry has discussed the bacchanal *yet*.

(6) a. Henry did **not** *lift a finger* to prevent Cloke being incriminated.
　　b. *Henry *lifted a finger* to prevent Cloke being incriminated.

교대로 나열된 이러한 예들에서, 우리는 'at all', 'ever', 'yet', 그리고 'lift a finger'가 부정극성어라는 것을 연역적으로 추론할 수 있다.

　가능 세계 의미론이 가지는 이점들을 우리가 시연해보기 위해서는, 'not' 이외에도 어떤 표현들이 부정극성어 허가자의 예가 되는지에 대한 나름의 생각이 우리에게 있어야 할 것이다. 나는 여기서 두 가지 종류의 표현들에 집중하도록 하겠다. 한정사(determiner)(예. 'some', 'all'과 같은 단어) 그리고 시간부사(temporal adverb)들과 관련된 특정 구들 (예. 'It is never the case that'(~라는 것은 절대 사실이 아니다))이 그 표현들이다. 우선, 한정사들과 ('any'를 다시 고려하여) 부정극성어가 연관되어 있는 다음의 문장들을 검토해보도록 하자.

> (7) a. No gods show any mercy to mortals.
> b. *Some gods show any mercy to mortals.
> c. *All gods show any mercy to mortals.
> d. At most three gods show any mercy to mortals.

대부분의 영어화자들은 (7b)와 (7c)가 그 외의 다른 예들과 비교해 보았을 때에 극심하게 수준이 떨어지는(degraded) 예들이라고 판단한다. 이것은, 다시금, 비허가 상태에 있는 부정극성어의 한 예인 것처럼 보인다. 즉, 문장의 시작점에서 'no'와 'at most three'는 직접 목적어 자리에 있는 부정극성어를 허가하지만, 'some'과 'all'은 그렇게 하지 않는 것으로 보인다. 이제 시간부사가 있는 몇몇 문장들을 비교해보도록 하자.

> (8) a. It is never the case that a god shows any mercy to mortals.
> b. *It is sometimes the case that a god shows any mercy to mortals.
> c. *It is always the case that a god shows any mercy to mortals.

다소 충격적이게도, 'some'과 'all'을 포함하는 문장들과 마찬가지로, 'sometimes'와 'always'를 사용한 문장들은 부정극성어를 허가하지 않는 것으로 보인다. 반면에, ('no'와 마찬가지로) 'never'는 그 일을 잘

감당해내는 것처럼 보인다.

'부정'(negative)이라는 다소 모호한 용어에 의존하기보다는, 부정극성어 허가자로서 작용 가능한 단어 또는 구에 대해 우리가 일종의 정밀한 특징 부여를 할 수 있을까? 더군다나, 이 '부정'이라는 용어가 명백하게도 'at most three gods'와 같은 여러 다른 경우들에는 전혀 적용이 되지 않는 상황에서 말이다. 미국의 언어학자 윌리엄 라두소(William Ladusaw)의 주장에 따르면, 부정극성어 허가자는 의미가 '하향함의'(downward entailing)적인 성격을 띠는 모든 그리고 단지 그러한 종류의 구만이 될 수 있다고 한다. 하향적 함의를 하고 있다는 것이 무엇을 뜻하는지를 인식하기 위해서, 몇 가지의 개념적 도구를 사용할 필요성이 대두될 것이다. 첫째로, 외연(extension)의 측면에서 의미에 대해 생각해보기 시작할 필요가 있다. 제 1장의 내용에서 상기하게 되는 바와 같이, 어떤 용어의 외연은 그 용어에 맞아떨어지는 개별요소들로 이루어진 하나의 집합이다. 그래서 'chair'의 외연은 의자들로 이루어진 집합이다. 'red'의 외연은 빨강색으로 된 것들의 집합이다. 'walk'의 외연은 걷는 행동을 하는 것들의 집합이다. 그리고 이와 같은 방식으로 계속 된다. (물론, 제 1장에서 우리가 보았듯이, 이것은 의미에 더한 이야기의 전체가 아니다. 하지만, 최소한, 의미는 외연을 결정한다고 말할 수 있으며, 따라서 외연은 적절한 의미론적 개념이다.) 우리는 또한 '함의'(entailment)라는 개념도 필요하다. 대략적으로 말해서, 만약 어떤 하나의 문장이 또 다른 문장을 함의한다면, 그 첫 번째 문장이 참이 되고 두 번째 문장이 거짓이 되는 그런 가능 세계는 어떠한 것도 존재하지 않는다. 만약 첫 번째 문장이 참이면, 그 다음엔 자동적으로, 두 번째 문장도 참이다. 예를 들어, 'Esmerelda is a vixen'(에스메렐다는 암여우이다)이라는 문장은 'Esmerelda is a fox'(에스메렐다는 여우이다)라는 것을 함의한다. 하지만, 에스메렐다는 아마 엉뚱한 생각이 발동하여 그렇게 이름 지어진 운이 없는 수컷 여우일 수도 있기 때문에, 그 반대는 성립되지 않는다. 이와 같은 양상을 보이는 여러 경우들에서 매번 동일한 개별요소를 지칭하기 위해서 명칭/이름(name)이 사용되고 있는 것이라고 우리는 가정한다.

이와 같이 개념적인 부분을 갖추고 나면, 우리는 하향함의의 경우를 살펴볼 수 있다.

   (9) a. No gods worry.
      b. No gods worry about income tax.

예문 (9a)는 예문 (9b)를 함의한다. (9a)가 참이 되고 (9b)가 거짓이 되는 상태에 있는 가능 세계는 어떠한 것도 존재하지 않는다. 우리는 좀 더 나아가서 왜 이 함의가 유지가 되는지 그 이유에 대해서 무언가를 말할 수 있다. 다시 말해, 소득세에 대해 걱정하는 것은 걱정하는 행위 중에서도 단지 하나의 특수한 경우이다. 문장 (9a)에서 그 어떤 신들도 걱정은 일체 하지 않는다고 들었기 때문에, 우리는 한층 더 유력한 이유로 그 어떤 신들도 소득세에 대해서 걱정하지 않는다는 것을 안다. 집합이론의 용어에 의하면, (9a) 문장에서 어떠한 신도 걱정하는 자들의 집합 안에는 없다고 우리는 들었다. 여기서, 소득세에 대해서 걱정하는 자들의 집합은 걱정하는 자들의 집합이 가지고 있는 부분집합(subset)의 한 예이다. 즉, 그것은 그 집합 안에 전체적으로 포함되어있다. 따라서 어떠한 신들도 걱정하는 자들의 집합 안에는 없다는 것을 우리가 알기 때문에, 어떠한 신들도 소득세에 대해 걱정하는 자들의 집합 안에 없다는 것을 우리는 확신할 수 있다.

이 주제 외의 다른 것들에 대해서 염려하였던 이들을 위해서, 진행 중인 튜토리얼(tutorial)을 잠시 멈추고 집합 이론에 대한 아주 간단한 업데이트를 하도록 하자. 만약 집합 A의 원소가 아니면서도, 집합 B의 원소가 되는 그 어떠한 대상도 존재하지 않는다면, 그리고 단지 그러한 경우라면, 집합 B는 집합 A의 부분집합이다(기호로는 B ⊆ A로 표시). 그래서 {1, 2, 3}은 {1, 2, 3, 4}의 부분집합이다. {1, 2, 3, 4}는 {1, 2, 3, 4}의 부분집합이다. 그리고 일반적으로, 모든 집합은 그 자신의 부분집합이다. 그리고 자신의 원소가 하나도 없는 고유한 집합인 공집합(empty set)은 {1, 2, 3, 4}의 부분집합이다. 그리고 공집합은, 진짜로, 모든 집합의 부분집합이다. 공집합의 원소가 되는 대상은 어떤 것도 존재하지 않는다는 아주 좋은 이유로 인해, {1, 2, 3, 4}의 원소가 아니면서도, 공집합의 한 원소가 되는 어떠한 대상도 존재하지 않는다. 그러면 업데이트는 여기서 가치도록 하겠다.

이제, 우리가 하향함의의 정의를 평가해야 할 입장에 섰다. 그 개념은 다소 일반적이지만, 우리가 현재 당면한 여러 목적과 용도를 위해서, 우리는 문장 산출을 위해 하나의 다른 구와 결합된 구들의 경우를 고려해 볼 수 있다. (예를 들어, 'no gods'는 (9)에 있는 문장 예들을 산출하기 위해서 'worry' 또는 'worry about income tax'와 결합된다.) 이와 같은 구의 예들을 '1항 문장 함수자'(one-place sentence functor)라고 부르자. 하향함의를 전문용어로 간략하게 정의하면 다음과 같다. 모든 구 A와 B에 대하여, 만약 B의 의미가 A의 의미의 부분집합이라면, 그리고 O와 A로 구성된 문장이 O와 B로 구성된 문장을 함의한다면 그리고 단지 그럴 경우에만, 1항 문장 함수자 O는 하향함의하고 있는 상태이다. 만약 당신이 언어학, 철학, 또는 논리학 분야에서 전문용어로 풀어 쓴 정의를 읽고 해독하는

문장 의미란 무엇인가? | 107

것에 익숙하지 않다면, 바로 지금쯤의 순간에 당신의 뇌 위로 옅은 안개가 내려앉아 있는 것 같은 기분이 드는 것은 충분히 이해가 될 일이다. 이제 다시 내용으로 돌아가서 이 정의를 우리들이 가지고 있는 여러 예들에 적용해보자. 적용 결과는 다음과 같을 것이다. 'no god'(O)라는 1항 문장 함수자는 하향함의를 하고 있다. 그 이유는 우리가 'worries'(A)와 'worries about income tax'(B)와 같은 동사구 한 쌍을 가지고 있고 여기서 두 번째 동사구 (B)의 의미가 첫 번째 동사구 (A)가 가지고 있는 의미의 부분집합인 그러한 방식으로 나타날 때마다, 'no god'과 첫 번째 구를 결합할 때에 얻게 되는 문장(즉, 앞의 예문에서 (9a) 문장)은 'no god'과 두 번째 구를 결합할 때에 얻게 되는 문장(즉, 앞의 예문에서 (9b) 문장)을 함의하기 때문이다. 이제 당신의 머릿속에 안개가 낀 것 같던 기분이 한결 나아졌는가? 만약 우리가 '하향함의'라는 용어에 내재되어있는 시각적인 은유(metaphor)를 고려한다면 이해력을 높이는 데에 훨씬 도움이 될지도 모른다. 지금 단테(Dante)의 『신곡』에 등장하는 '지옥'(Inferno) 안을 위에서부터 아래로 내려다본다고 생각해보라. 그곳은 여러 개의 동심원(concentric circle)들로 이루어진 하향구조의 원뿔형 구조물이며 각 층마다 죄 지은 자들이 갇혀있다. 만약 당신이 주의 깊게 본다면, 저 아래 지옥의 지하 8층 원형 터 안에 성직매매자들이 있는 것을 알아차릴 수 있을지도 모른다. 만약 우리가 '어떤 성인도 지옥에 있는 사람은 아니다'(No saint is a person in Hell)와 같이 지옥에 있는 사람들에 대해 어떤 일반화를 시도한다면, 우리는 지옥 전체에서 지하 8층 원형 터가 있는 곳까지 아래로 내려다보고는 지옥에 있는 사람들로 이루어진 집합의 부분집합인 성직매매자들을 발견할 수 있으며, 그에 따라 '어떠한 성인도 지옥에 있는 성직매매자는 아니다'(No saint is a simoniac in

Hell)라는 결론을 내릴 수 있다. 그러므로 우리는, 'no god'처럼, 'no saint'도 하향함의하고 있다는 것을 보게 된다.

그런즉 'no god'은 하향함의를 한다. 그러면 우리가 앞서 보았던 그 외의 다른 한정사구들은 어떨까? 다음의 예문들을 검토해보는 것이 우리에게 도움이 될 수 있다. (우리가 방금 보았던 것을 반복해서 보도록 한다.)

(10) a. No gods worry. No gods worry about income tax.
　　b. Some gods worry. Some gods worry about income tax.
　　c. All gods worry. All gods worry about income tax.
　　d. At most three gods worry. At most three gods worry about income tax.

위에 주어진 이러한 여러 경우들에서 첫 번째 문장이 두 번째 문장을 함의하고 있는지의 여부를 확인해보도록 하자. 우리가 방금 보았던 것처럼, 문장 (10a)는 그러한 함의가 나타난 경우이다. (10b)에서 이것은 함의의 경우가 아닌데, 그 이유는 어떤 신들은 걱정이란 것을 하겠지만, 그 어떤 신도 특별히 소득세에 대해서 걱정하지는 않는다는 것이 가능한 일이기 때문이다. 다시 말해서, 걱정을 하는 신들이 가지고 있는 근심거리들은 그것 이외의 것들에 대한 것일지도 모른다. 이와 같은 논리가 (10c)의 경우에서도 유지된다. 즉, 모든 신들은 소득세 외의 여러 모든 것들에 대해 걱정하고 있는지도 모른다. 하지만, (10d)의 경우에, 우리는 다시금 하나의 함의 예를 가진다. 다시 말해서, 만약 최대 세 명의 수까지 신들이 걱정이란 것을 하고 있다면, 그 경우에는, 많아봐야 세 명의 신들이 소득세에 대해 걱정한다는 것을 (그리고 어쩌면 그 소득세

문장 의미란 무엇인가? 　109

는 하나도 없을 수도 있다는 것을) 우리는 확실히 안다. 그런즉, 현재 다룬 이러한 예문들에서는, 'no gods'와 'at most three gods'가 하향함의하고 있다. 그리고 이러한 것들은 정확하게 부정극성어 허가자가 되는 구들이다.

'It is never the case that'과 같이, 시간 부사의 예들과 함께 결합된 형식을 보이는 구들은 어떨까? 이 경우에, 여러 다양한 문장 의미를 여러 가능 세계의 예들로 이루어진 다수의 집합들로 간주하는 방법이 가지고 있는 이점이 명확히 드러나게 된다. 우리가 방금 보았던 예문들처럼, 이러한 종류의 구들도 다양한 문장을 생성하기 위해서 여러 다른 구들과 결합한다. 그리고 단지 차이점이 있다면 그것은 동사구들과 결합하기 보다는 전체 문장들(자세히 말하자면 종속절들)과 결합한다는 점이다. 그래서 이러한 구들 또한 1항 문장 함수자들이다. 그런즉, 내가 금방 제시하였던 하향함의성(downward entailingness)의 정의를 우리는 적용할 수 있을 것이다. 이와 관련하여 다음의 내용을 상기해보라. 모든 구 A와 B에 대하여, 만약 B의 의미가 A의 의미의 한 부분집합이라면, 그리고 O와 A로 구성된 그 문장이 O와 B로 구성된 그 문장을 함의한다면 그리고 단지 그럴 경우에만, 1항 문장 함수자 O는 하향함의하는 상태가 된다는 것을 말이다. 이 정의가 이러한 종류의 경우에서는 어떻게 적용되는지를 보기 위해서, 다음과 같은 예문을 조사해보도록 하자.

(11) a. It is never the case that Zeus eats meat.
　　　b. It is never the case that Zeus eats corned beef.

제우스신(Zeus)이 콘비프(corned beef), 즉, 염장가공 쇠고기를 먹는다는 것이 사실인 경우에 해당되는 여러 가능 세계의 예들로 이루어진 그 집합은 제우스신이 육류를 먹는다는 것이 사실인 경우인 여러 가능 세계의 예들로 이루어진 집합의 한 부분집합이다. 왜일까? 왜냐하면, 제우스신이 육류를 먹는 것이 사실인 경우인 여러 가능 세계의 예들로 이루어진 그 집합의 한 원소가 아니면서, 제우스신이 콘비프를 먹는 것이 사실인 여러 가능 세계의 예들로 이루어진 그 집합의 한 원소가 되는 것은 그 어떤 것도 존재하지 않기 때문이다. 그래서 가능 세계와 관련된 용어들을 사용해서 표현하면, 'Zeus eats corned beef'(제우스신이 콘비프를 먹는다)의 의미는 'Zeus eats meat'(제우스신이 육류를 먹는다)의 의미의 한 부분집합이다. 이제 하향함의성의 정의가 이 경우에 대해 어떻게 이야기하고 있는지 살펴보자. 그 정의에 따르면, 모든 구 A와 B에 대하여, 만약 B의 의미가 A의 의미의 한 부분집합이라면, 그리고 만약 'It is never the case that'과 A로 구성된 그 문장이 'It is never the case that'과 B로 구성된 문장을 함의한다면 그리고 단지 그럴 경우에만, 'It is never the case that'은 하향함의하는 상태에 있다고 말한다. 이제 이것은 다음의 예가 주어졌을 때에 확실히 그러한 경우가 된다. 즉, 'Zeus eats corned beef'의 의미가 'Zeus eats meat'의 의미가 가지는 한 부분집합이고, 그리고 'It is never the case that Zeus eats meat'(제우스신이 육류를 먹는다는 것은 절대 사실인 경우가 아니다)라는 문장이 'It is never the case that Zeus eats corned beef'(제우스신이 콘비프를 먹는다는 것은 절대 사실인 경우가 아니다)라는 문장을 정말로 함의한다. 물론, 이러한 정의는 '모든 구 A와 B'에 대해서 이야기하고 있다. 그래서 우리는 좀 더 많은 예들을 몇 개 더 확인해보는 것이 좋을 것이다. 예를 들어, 어떠한 포유류도 존재하지 않는 것이 사실인 경우에 해당되는 여러 세계들로 이루어진 그 집합은 어떠한 인간도 존재하지 않는 것이 사실인 경우에 해당되는 여러 세계들로 이루어진 집합의 한 부분집합이다. (어떠한 인간도 존재하지 않는 것이 사실인 경우에 해당되는 여러 세계들로 이루어진 그 집합의 한 원소가 아니면서, 어떠한 포유류도 존재하지 않는 것이 사실인 경우에 해당되는 여러 세계들로 이루어진 그 집합의 한 원소가 되는 것은 그 어떤 것도 존재하지 않는다.) 그래서 (12a)는 (12b)를 정말로 함의하고 있으며, 이는 'It is never the case that'은 하향함의하고 있는 상태라는 가설을 가지고 우리가 예측했던 바와 정확하게 상응한다.

(12) a. It is never the case that no humans exist.
b. It is never the case that no mammals exist.

그래서 여태껏 파악이 되지 않았던 어떤 반례를 누군가가 마련해낸 상황이 아니라면, 'It is never the case that'이 정말로 하향함의하고 있는 상태라고 우리는 가정할 수 있다.

이전의 경우에서처럼, 우리는 모든 관련성이 있는 예문들을 살펴보아야 한다.

(13) a. It is never the case that Zeus eats meat. It is never the case that Zeus eats corned beef.
b. It is sometimes the case that Zeus eats meat. It is sometimes the case that Zeus eats corned beef.
c. It is always the case that Zeus eats meat. It is always the case that Zeus eats corned beef.

(13a)의 경우에, 우리가 지금껏 보아온 것처럼, 첫 번째 문장이 두 번째

문장을 함의한다. 하지만, 그 외의 두 예문의 경우에서는, 당신이 지금 검증할 수 있듯이, 이것은 그러한 함의의 경우가 아니다. 그리고 놀랍게도 주목할 부분이 있는데, 우리는 앞서 'It is never the case that'이 부정극성어를 허가한다는 점을 관찰한 적이 있다. 그 외의 두 개의 구들은 부정극성어를 허가하지 않는 반면에 말이다. (10)과 (13)으로부터 도출된 결과들을 결합하고 그 다음에 그 결과들을 (7)과 (8)에 등장하는 여러 부정극성어 허가자의 예들에 대한 우리의 관찰 결과들과 비교하면서, 우리는 하향함의성과 부정극성어의 허가 사이에 어떤 완벽한 상관관계가 있음을 지금 포착해냈다. 이러한 상관관계는 전문 문헌상에서 우리가 지금까지 다루지 않은 다수의 실례들로까지 확장적으로 연구되어왔다.

그렇다면, 부정극성어 허가(NPI licensing)에 대한 라두소의 이론은 기분 좋게 깔끔하다. 이것은 수많은 방식에서 중요성을 띤다. 그 중 몇 가지를 나열하면 다음과 같다. 첫째, (7)과 (8)에 나오는 예들과 같은 문장들을 접하게 될 때에, 그것들 중에서 어떤 것들은 이상하고 다른 어떤 것들은 그저 양호하다고 느끼는 우리의 지각(sense)은 즉각적이고 비사고적(즉, 생각 없이 나오는 것)이라는 점에 주목하라. 그리고 그렇지만 만약 라두소의 이론이 옳다면, 그러한 방향으로 결정된 일련의 결론에 도달하기 위해서 우리 뇌의 특정 부분은 집합이론적인 계산과정을 수행하고 있는 것이다. 만약 당신이 이러한 부분에 대해 읽기 전에 라두소의 이론에 대해 들어본 적이 전혀 없었다면, 그리고 만약 당신이 신비스럽고 비밀스럽기까지 한 집합이론의 원리에 대해 생각해보는 것에 익숙하지 않다면, 당신의 입장에서는 이것을 이해하기 위해서 일정 수준의 정신적 노력이 소요되었을런지도 모른다. 하지만, 명백하게도, 당신 뇌의 어떤 일부분, 특히, 당신 자신의 의식이 실제 접속하는 것이 불가능한 한 부분은 그 내용에 대해 이미 알고 있었다. 이것은 노엄 촘스키와 제리 포더가 주창했던 입장 중의 하나인 '정신/마음의 모듈성'(modularity of mind)의 존재에 대한 좋은 근거가 된다. 그들의 주장에 따르면, 정신/마음이 (적어도 부분적으로는) 서로 상호작용상태에 있는 수많은 특수화된 모듈(module)들로 구성되어있다고 한다. 그리고, 여기서, 모듈들은 인간 정신/마음의 여러 내면적 작용의 예들을 가리킨다고 한다. 더불어 각각의 내부 작용은 서로 상호접속이 불가능하며 의식차원에도 접속이 불가능하다고 가정된다.

라두소의 이론이 중요하게 작용하는 두 번째 방식은 때때로 '언어(학) 이론의 건축구조'(architecture of linguistic theory)라고 불리는 것과 관련되어 있다. 부정 극성이라는 현상 전체가 표면상으로는 통사적인 현상이라는 점을 상기해보라. 즉, (예를 들어, 'any'를 포함한) 여러 단어의 다양한 특정 결합형들이 그냥 문법적인 영어 문장들만을 형성하는 것은 아닌 것이다. 그래서 만약 현재 다루고 있는 이 이론이 잘 진척되고 있다면, 우리가 지금 발견한 것은 영어 통사론이 의미(론)상의 여러 사실에 민감하다는 점이다. 다시 말해, 어떠한 종류의 다양한 단어 결합형들이 문법적인 영어 문장을 형성하는가는 그러한 여러 단어결합형들에 대한 일련의 의미적 사실에 달려있고, 그리고 거기에서도 다소 추상적인 집합이론적인 성격의 여러 사실에 의존하고 있다는 점을 우리가 발견하였다. 이것은 영어의 문법이 가지는 전체적인 형상에 대해 여러 가지 추정을 하고 있는 사람들에게 여러 흥미로운 시사점을 제공한다. 여기서 영어 문법의 전체 형상은, 당연히, 통사론, 의미론 등과 같이 그것이 가지고 있는 여러 상이한 부분들 사이에 존재하는 여러 상관관계들을 포함한다.

마지막 방식에 대해 말하자면, 주장하건대 우리는 또한 문장 의미에 대한 무언가를 발견해냈다. 라두소의 이론은 기분 좋게 깔끔하고 경제적인데, 그 이유는 이 이론이 하향함의성에 대한 정의를 하나 제공하였는데 그 정의가 두 개의 상당히 상이한 유형으로 된 것처럼 보였던 여러 경우들에 대해 설명을 제공해주었기 때문이다. 여기서 두 가지 유형의 경우는, 한정사와 명사가 동사구와 결합된 경우들 그리고 시간 부사가 있는 구가 종속문 전체와 결합된 경우들, 이 두 유형을 가리킨다. (그리고 내가 독자분들에게 보여주려고 시도하지는 않았지만, 이 외에도 여러 다른 유형에 속하는 다수의 경우들도 존재한다.) 하지만 이러한 기분 좋은 일원화는 문장 의미가 가능 세계의 집합이라고 하였던 그 이론에 결정적으로 의존하였다. 만약 그것이 없었더라면, 우리는 'Zeus eats meat'과 'Zeus eats corned beef' 사이에 존재하는 관계를 'worry'와 'worry about income tax' 사이에 존재하는 관계와 형식적으로 동일한 것으로 다룰 수 없었을 것이다. 그래서 현재 다루고 있는 이 이론을 지지해 주는 정도에까지, 문장 의미와 관련하여 가능 세계에 기반한 관점을 옹호해주는 근거를 우리는 가지고 있게 되었다.

그 즈음에서 끝마치는 것에 마음이 끌리겠지만, 몇 개의 추가적인 사항들이 순차적으로 정렬되어 있다. 앞서, 필연적으로 참 또는 거짓인 문장들이 주어졌을 때에 가능 세계에 기반한 이론이 극복 불가능한 여러 난점들과 맞닥뜨리는 것을 우리가 목격하였을 때에, 가능 세계 이론을 잘 조명하여 보여준 것은 전혀 쓸모가 없는 일이라고 당신이 생각하고 있는지도 모른다. 그렇지만 (우리가 거기서 후퇴한 뒤에 도피처로 삼았던) 문장 의미가 여러 상황으로 이루어진 집합이라는 그 이론에는 여전히 가능 세계를 위한 자리가 하나 있음을 상기해보라. 즉, 여러 다양한 가능 세계의 예들은 그저 하나의 특정 종류에 속하는 대규모 상황의 예들일 뿐인 것이다.

그리고 마지막으로, 부정극성어 허가에 대한 라두소의 이론이 자체적으로 문제가 없는 상태는 아니라는 점을 인정해야 한다. 이러한 근본적인 문제적 상태에 대해 인정해야 할 필요성은 의미론 분야의 모든 각각의 이론이 처한 현실과 별반 다르지 않다. 다음의 문장은 상당히 자연스러운 것처럼 들리며 'any'라는 부정극성어를 포함하고 있다.

> (14) (Bitterly) Exactly four people gave me any help!
> (비통하게/ 쓸쓸하게) 정확하게 네 명의 사람들이 나에게 어떠한 도움이라도 주었어!

하지만 다음 두 문장 예문의 경우와는 구별해서 이해할 수 있듯이, 'exactly four people'은 하향함의를 하고 있는 상태가 아니다.

> (15) Exactly four people worry. Exactly four people worry about income tax.

(15)의 첫 번째 문장은 확연코 그 두 번째 문장을 함의하지 않는다. 이와 같은 예문들에 대해서 어떠한 것들이 수행되어야 하는지는 불확실한 상태이다. (이 부분에 대해서는 더 많은 예들이 논의의 근거로서 제시될 수도 있을 것이다.) 아마도 관련성이 있을 수도 있는 관찰된 내용에 따르면, (14)는 괄호 속의 연극 연기용 지문에 표시되어 있듯이, 특정한 격분한 어조로 말할 때에만 그 내용이 그럴듯하게 들린다. 그것은, 그러한 특정 정황 속에서는 네 명의 사람들이 그다지 많은 수가 아니라고 그 문장의 화자가 생각한다는 것을 암시하는 것처럼 보인다. 그리고 만약 우리가 'not many people'의 하향함의성을 검토해볼 경우에는, 좀 더 고무적인 결과를 하나 발견하게 된다.

(16) Not many people worry. Not many people worry about income tax.

(16)의 첫 번째 문장은 그 두 번째 문장을 정말로 함의하고 있다. 그래서 아마도 라두소의 이론에 대한 하나의 약 변이형이게 고려의 가능성이 열려있다. 여기서, 약간의 변이를 거친 이론의 예는 (14)와 같은 성격의 여러 예문들을 성공적으로 다루면서 그와 동시에 라두소 이론의 본질적인 부분은 유지하려고 할 것이다. 하지만, 정확히 어떠한 것들이 수행되어야 하는지에 대해서는 이 학술분야 내에서 공통된 의견 일치점이 부재한 상태이다. 의미론 분야에서 흔히 수행되는 바와 같이, 우리의 결론은 수식 한정된(qualified) 것이어야 한다. 그 결론은 다음과 같다. 부정극성어 허가에 대한 라두소의 이론은 인상적일 정도로 정밀하고 경제적이다. 그래서 아주 광범위하게 다양한 예문들을 처리하기 위해서 계속 확장되어왔다. 하지만 정확히 모든 예문들을 다 처리하는 것은 아니다. 그 이론이 지지를 받는 정도까지만, 문장 의미에 대한 가능세계에 기반한 관념 또한 지지를 받게 된다. 하지만, 아직은 좀 더 가능성을 가지고 연구해볼 가치가 있는 것들이 많이 존재하고 있다.

5
문장의 의미 속성

이 장에서 나는 문장의 몇몇 의미 속성에 대해 기술할 것이다. 그중에서도 함의, 전제(presupposition), 중의성에 집중해서 논의를 전개하도록 하겠다.

우리는 앞 장에서 함의를 이미 접하였다. 거기에서 나는 만약 한 문장이 다른 한 문장을 함의한다면, 첫 번째 문장이 참이 되고 두 번째 문장이 거짓이 되는 상태에 있는 그러한 가능 세계는 어떠한 것도 존재하지 않는다고 말했다. 등가의 방식으로 다시 말하자면, 만약 첫 번째 문장이 참이라면, 그 다음에는 필연적으로 두 번째 문장도 참이 된다는 것이다. 나는 'Esmerelda is a vixen'(에스메렐다가 암여우이다)이라는 문장이 'Esmerelda is a fox'(에스메렐다가 여우이다)라는 문장을 함의하는 것을 그 예시로 제시하였고, 하지만 그 반대의 경우 (에스메렐다가 이름이 이상하게 지어진 수컷 여우일 수도 있기 때문에) 함의는 성립되지 않는다는 것을 보였다.

이러한 방식으로 함의를 처리하면서 내가 경험한 약간 불만족스러운 측면 하나는 '에스메렐다'(Esmerelda)라는 명칭이 매번 동일한 개별요소를 지칭하기 위해서 사용되고 있는 것이라고 내가 규정해야 했다는 점이었다. 명백하게도, 만약 내가 평소에 잘 아는 여우를 지칭하고 있는 상태에서 'Esmerelda is a vixen'이라고 말한다면, 이 문장은 그 외의 다른 경우에서 누군가가 어떤 상이한 개별요소를 지칭하면서 발화한 문장인 'Esmerelda is a fox'가 가지는 진리(truth) 정보를 전적으로 함의하지는 않을 것이다. (그 사람이 사실은 실수를 한 것이어서 여우가 아니라 황갈색의 털을 가진 어느 개 한 마리에 대해 이야기하고 있는 것일 수도 있다.) 이러한 현상은 대명사의 경우에서 발생하기도 한다. 예를 들어, 'He is walking fast'(그가 빨리 걷고 있다)라는 문장에서 만약 'he'가 매번 상이한 인물을 지칭하기 위해서 사용되고 있다면, 그 문장은 'He is walking'(그가 걷고 있다)이라는 문장을 함의하지 않는다. 하지만, 물론, 만약 'he'가 매번 동일한 인물을 지칭하는데 사용되고 있다면, 두 문장 간의 함의관계는 성립하게 된다.

우리가 논의를 진행해가면서 어떤 대명사 또는 명칭의 예들이 가지는 각각의 지시물을 상세화할 수 있도록 주의를 기울이는 상태에서, 어떤 문장이 또 다른 문장을 함의하는 것에 대해 그저 단순하게 이야기를 이어나갈 수도 있을 것이다. 그리고 이것은 현재 널리 퍼져있는 방침 중 하나이다. 하지만, 다소 깔끔하지 못한 이러한 처리방침을 탈피하기 위해서 일반적으로 사용하는 방법도 하나 있는데, 그것은 함의가 실제로는 문장들 간에 존재하는 어떤 관계가 아니며, 그것보다는 오히려 문장 의미 또는 명제의 예들 사이에 존재하는 어떤 관계라고 말하는 것이다. 제 2장에서 하나의 명제는 평서문이 가지는 의미라고 말한 것을 상기해보라. 아마도, 이러한 맥락 내에서 명제에 대해 생각하는 방식 중에 러셀식으로 접근하는 것이 가장 쉬울 것이다. 러셀식 명제 이론의 한 단순한 버전에 따르면, 어떠한 주어진 언어적 사용의 경우에서라도, 명칭과 대명사는 여러 개별요소들이 관련 명제들에 기여하도록 만든다고 말할 것이다. 여기서 관련 명제들은 그러한 개별요소들을 포함하고 있는 여러 문장의 예들에 의해 표현된 명제들을 가리킨다. 그래서 'Esmerelda is a vixen'이라는 문장을 발화한 실제 예는 한 특정 개별요소를 암여우성(vixenhood)이라는 속성과 짝을 지어 놓은 한 러셀식 명제를 그 의미로서 취할 것이다. 그 명제를 표시하면 〈에스메렐다, 암여우성〉으로 나타낼 수 있다. 여기서 이 명제는 명제 〈에스메렐다, 여우성〉을 함의한다고 말해질 것이며, 이 명제에서, 바로 그 동일한 개별요소가 여우성(foxhood)이라는 속성과 짝이 지어져 있다. 이 시점에서, 이 명제 정보를 적으면서 나는 바로 그 동일한 개별요소가 두 개의 명제 모두에 등장했다고 명시화(specify)해야 했음에도 불구하고, 이것은 그것을 보는 독자들에게 그저 하나의 보조적 도움이었을 뿐이다. 여기서 상황은 우리가 러셀식 명제에 대해 말하는 것이 아니라 문장에 대해 말하고 있을 때에 우리가 발견하게 되는 그 상황과는 아주 많이 다르다. 다시 말해서, 'Esmerelda is a vixen'이라는 문장의 첫 번째 위치에서, 우리가 가진 것이라곤 다해봤자 단어 한 개다. 즉, 동일한 명칭의 수많은 상이한 개별요소들을 지칭하기 위해서 타당성있는 방식으로 사용 가능한 한 개의 단어인 것이다. 그 반면에, 위의 러셀식 명제 〈에스메렐다, 암여우성〉의 첫 번째 위치에서는, 비록 내가 동일한 방식으로 그것을 써놓아야 하고 당신 앞에 펼쳐져 있는 바로 그 페이지 위에 실제로 살아있는 여우 한 마리를 마치 마법처럼 올려다 놓을 수 없음에도 불구하고, 우리가 가지고 있는 것은 한 개의 단어가 아니라 날카로운 이빨을 가지고 털로 뒤덮인 한 마리의 동물인 것이다. 그렇다면 우리가 러셀식 명제들을 조사할 때에는 일종의 확실한 직접성(directness)을 보유한 상태에서 우리가 누구에 대해 이야기하고 있는지를 우리 스스로 알고 있다. 그러한 직접성은 우리가 단지 문장의 예들에 대해 이야기할 때에는 확보되지 않는 것이다. 이런 고로, 단어가 동일한 대상을 지칭해야 할 필요가 있다는 명시화(specification)의 개별 예들은 원칙적으로는 불필요하다.

함의는 '전제'의 정의에서도 사용된다. 비공식적으로 말하자면, 하나의 문장이 어떤 하나의 명제를 전제하는 것은 그 문장이 어떤 특정한 방식에 따라 그 명제를 당연시하는 것이다. (그 문장을 사용하고 있는 사람들은 어떤 특정한 방식에 따라 그 명제를 당연시해야 한다고 말하는 것을 우리가 선호할지도 모른다. 하지만, 나는 현재 당면한 논의의 용도와 목적을 위해서, 이러한 변별 작업을 지금 하자고 주장하지는 않을 것이다.) 보다 형식적으로 말하자면, 자신의 의미가 어느 하나의 명제 p인 어느 한 문장은, 만약 p가 q를 함의하고 p의 부정형도 q를 함의한다면, 어느 하나의 명제 q를 전제한다. 예를 들어, 'John has stopped drinking'(존이 (술을) 마시는 것을 이제껏 중지해왔다) 이 예문은 존이 과거에 술을 마셨다(John drank)는 것을 함의한다. 애당초에, 존이 과거에 술을 마시고 있었다는 것이 사실이 아니라면, 존이 이제껏 마시는 것을 중지해왔다는 것은 불가능한 일이다. 그리고 앞 문장의 부정형인 'John has not stopped drinking'(존이 (술을) 마시는 것을 이제껏 중지하지 않았다) 이 예문 또한, 적어도 이 문장에 대한 가장 자연스러운 독해에 있어서만은, 존이 과거에 술을 마셨다는 것을 함의한다. (여기서, 어느 정도 현학적인 어조로 강조를 하면서 다음과 같이 말하는 것도 가능하다: 'John has not *stopped* drinking because he never *started* drinking'(존은 마시는 것을 과거에 결코 '시작'하지 않았기 때문에, 그는 마시는 것을 이제껏 '중지'하지 않았다). 하지만, 사람들에게 이러한 해석은—만약 약간이라도 일어난다면—좀 더 나중에라야만 발생한다.) 그래서, 최소한, 가장 자연스러운 독해에 있어서만큼은, 'John has stopped drinking'이라는 문장은 존이 과거에 술을 마셨다는 것을 전제한다.

(원래의 문장과 부정형 문장 모두가 그 전제된 명제를 함의한다는) 전제의 이러한 속성은 어떤 의미로는 전제란 것을 실제로 벗어나기 어려운 성격을 가진 것으로 만든다. 이러한 사실은 'Have you stopped beating your wife?'(당신은 당신의 아내를 때리는 것을 이제껏 중지해왔습니까?)라고 피고에게 질문하는 변호사에 대한 그 진부한 이야기(old chestnut)의 이면에도 내재해있다. 이 질문이 가지고 있는 이러한 형식은 '예' 또는 '아니오'라는 대답을 요구한다. 하지만, 피고가 어떤 대답을 선택하든지 간에, 그는 암묵적으로 자신의 아내를 이제껏 때려왔다는 것을 인정하게 되는 상태로 종결될 것이다. 왜 그럴까? 그 이유는, '예'라는 대답이 'Yes, I have stopped beating my wife'(예, 나는 내 아내를 때리는 것을 이제껏 중지해왔습니다)라는 답을 짧게 한 것이고, '아니오'라는 대답은 'No, I have not stopped beating my wife'(아니오, 나는 내 아내를 때리는 것을 이제껏 중지해오지 않았습니다)라는 답을 짧게 한 것이기 때문이다. 그리고 두 가지 대답 모두가 그가 자신의 아내를 지금까지 때려왔다는 것을 전제한다. 이러한 종류의 예는 실제 긴 역사를 가지고 있다. 기원전 3세기에 그리스 철학의 메가라 학파(Megarian school)는 'Have you stopped beating your father?'(당신은 당신의 아버지를 때리는 것을 이제껏 중지해왔습니까?)라는 버전을 선호하였다. 중세시대의 철학자들은 어조를 좀 더 누그러뜨려서 이 예를 '당신은 당신의 당나귀(donkey)를 때리는 것을 이제껏 중지해왔습니까?'로 바꾸어 제시하였다. 하지만, 뒤이어 근대시대에서는, 아내가 당나귀를 대체하였다. (오늘날에는, 성(gender) 평등에 찬성하는 입장에서, 사람들은 종종 '당신은 당신의 배우자(spouse)를 때리는 것을 이제껏 중지해왔습니까?'와 같이 인용한 예를 보게 된다.) 미국 언어학자 로렌스 혼(Laurence Horn)이 말한 바와 같이, 이 예문의 이러한 역사는

'사회적 감수성에 대한 23세기 동안의 진척 정도에 대한 낙담스러운 실상의 기록을 표상한다.'

전제의 원천은 그 수가 많고 유형이 다양하다. 'know', 'find out', 'regret'과 같은 '사실성 동사'(factive verb)는—제 1 장에서 'know'의 경우를 위해 이미 논의가 되었던 바와 같이—그러한 동사를 뒤따르는 문장이 참이라는 취지에서 일반적으로 하나의 전제를 도입시킨다. 'Richard found out that Henry was concealing things from him'(리차드는 헨리가 자신에게 (또는 이 문장을 사용하는 화자에게) 여러 가지 일들을 감추고 있었다는 것을 발견하였다)와 같은 문장은 헨리가 정말로 리차드에게 여러 가지 일들을 감추고 있었다는 것을 전제한다. 그리고 유사한 방식으로, 'Richard regrets that Henry is concealing things from him'(리차드는 헨리가 자신에게 여러 가지 일들을 감추고 있다는 것을 유감스럽게 생각한다)이라는 문장에서도 전제가 존재한다. 만약 내가 'It was in Vermont that our innate depravity revealed itself'(우리의 본유적인 타락성이 그 실체를 폭로한 것은 버몬트주에서였다)라고 말한다면, 우리의 본유적인 타락성이 그 실체를 지금껏 폭로해놓고 있다는 것을 내가 전제하고 있고, 더불어, 버몬트주가 그러한 사건이 일어난 장소였다고 내가 단언하고 있는 것이다. 이와 유사한 방식으로, 만약 내가 'It was our classics professor who tipped us over the edge'(우리를 절망에 빠뜨린 것은 우리의 고전학 교수님이었다)라고 말한다면, 우리가 지금껏 절망에 빠뜨려진 상태에 있었다는 것을 내가 전제하고 있고, 더불어, 그 사건에 대한 책임은 우리의 고전학 교수님에게 있었다고 내가 단언하고 있는 것이다. ('It was X that did Y'(Y를 하였던 것은 X였다) 또는 'It is X who does Y'(Y를 하는 사람은 X이다)와 같은) 이러한 형식의 문장을 '분열문'(cleft; cleft sentence)이라고 부른다. 그리고 이러한 문장들은 상당히 일반적으로 전제를 소개시키는 일을 한다. 다소 학구적인 느낌이 드는 이름이 붙여진 '의사분열문'(pseudo-cleft sentence)의 경우에서도 동일한 정보가 언급될 수 있다. 여기서, 'What ruined Henry was hubris'(헨리를 파멸시킨 것은 오만함이었다)의 예와 같이, 'What did Y was X'(Y를 하였던 것은 X였다) 또는 'What does Y is X'(Y를 하는 것은 X이다)라는 형식을 가진 문장을 의사분열문이라고 한다. 하지만, 이러한 문장유형의 예들에서 전제는, 말하자면, 문장의 첫 번째 부분 속에 존재한다. 그래서 마지막 예문의 경우, 헨리가 파멸의 상태에 빠졌다고 우리가 전제하고 있고, 또한, 그 요인은 오만함이었다고 우리는 단언하고 있다.

몇몇 특정한 경우에서는, 전제라는 것이 현존하는지의 여부에 대한 격렬한 논쟁이 존재한다. 가장 문제가 많은 경우 중의 하나는 명백하게도 사소한 단어인 'the'이다. 의견 일치가 나타난 몇 개의 영역에서 논의를 먼저 시작해보자면, 현대 연구의 거의 모든 분석 결과는 존재성(existence)과 고유성(uniqueness)이 그 단어의 의미를 이루는 필수적인 구성성분들이라는 점에 동의하고 있다. 만약 내가 1848년 이후의 어느 시점에 'The King of France is bald'(프랑스 국왕은 대머리이다)라고 말한다면, 내가 말한 것은 참이 아니다. 이것은 왜냐하면 (역사상) 그 시점에는 프랑스 국왕이 존재하지 않았기 때문이다. 유사한 방식으로, 만약 기원전 479년에 (실제로는 두 명이 있었지만) 스파르타의 국왕이 한 명 있었다고 내가 실수로 믿고 있고, 고대 역사에 대한 나의 빈약한 지식을 토대로 'The King of Sparta in 479 BC was worried about the Persians'(기원전 479년에 스파르타 국왕은 페르시아인들에 대해 우려하였다)라는 의견을 피력한다면, 그러면 나의 발화는 심각하게 결함이 있는 것이 된다. 이러한 '그 이러저러한 것이 그러저러하다'(The so-

and-so is such-and-such)의 형식을 가지고 있는 어떠한 종류의 발화이든, 그것이 참이고 적절하게(felicitously) 어울리는 문장이 되기 위해서는, 정확하게 하나의 이러저러한 것이 있어야 한다.

 우리가 논의를 더 이어나가기 전에 하나의 복잡한 요인을 언급할 필요가 있다. 만약 내가 정확하게 한 개의 테이블을 포함하고 있는 어떤 방 안에 있다면, 나는 그것을 향해 손짓을 하면서 상당히 참이 되고 적절하게 어울리는 방식으로 'The table is covered with books'(그 테이블이 여러 개의 책들로 뒤덮여 있다)라고 말할 수 있다. 비록 우리가 세계에는 한 개보다 더 많은 테이블의 예들이 존재함을 아주 잘 알고 있음에도 불구하고, 이 경우의 발화는 그러한 방식으로 나타난다. ([역자 주] the 단수명사 용법 참조) 도대체 무슨 일이 일어나고 있는 것일까? 밝혀진 바에 따르면 이것은 복잡하고 어려운 질문이다. (이 부분에 대해서는 제 7장에 따로 지면을 할애해두었다.) 하지만, 이 발화를 보면, 정확히 한 개의 테이블이 존재하는 상태인지의 여부를 우리가 판단할 때에 고려하게 되는 여러 가지 것들의 경우에 있어서 마치 우리가 그 범위를 어떤 방식으로든 축소, 한정시키기라도 한 듯하다. 그리고 우리는 그 문장을 이해하는 단계에서 마치 내가 'The table in this room is covered with books'(이 방 안에 있는 그 테이블이 여러 개의 책들로 뒤덮여 있다)라고 말이라도 한 것처럼 해석을 한다. 이와 유사한 현상은 한정사의 다른 예들을 다룰 때에도 발생한다. 만약 당신이 나에게 나의 저녁 파티가 어떻게 진행되었냐고 질문하고 내가 'Everyone had a good time'(모든 사람이 제각각 좋은 시간을 보냈어요)이라고 대답한다면, 당신은 우주 속에 존재하는 모든 사람이 제각각 좋은 시간을 보냈다는 것을 내가 의미한 것으로 이해하지는 않을 것이다. 이러한 일반적인 현상을 '양화사 영역 제약'(quantifier domain restriction)이라고 부른다.

단어 'the'의 이러한 특징들은 2010년에 있었던 미 상원의원 선거운동의 한 사례에서 효과적으로 사용되었는데, 그것은 펜실베이니아주의 장기 연임 상원의원 알렌 스펙터(Arlen Specter)가 공화당에서 민주당으로 당적을 옮겼을 때의 일이다. 『이코노미스트』(The Economist)지의 '렉싱턴' 컬럼니스트는 그의 당적 변경 후에 어떤 일이 일어났는지에 대해 다음과 같이 서술하였다.

> He lost a Democratic primary on May 18th to Joe Sestak, a veteran of three wars, but a relative newcomer to politics, having been elected to Congress in 2006. The ad that sank Mr Specter's campaign began, simply: 'I'm Joe Sestak, the Democrat.' Seldom has the definite article been so well-aimed.
>
> 그(알렌 스펙터)는 5월 18일에 한 민주당 경선에서 조 세스택에게 패하였다. 조 세스택은 세 번의 전쟁에 참전한 경험이 있는 퇴역군인이지만 2006년에 국회의원으로 당선되어 정치 분야에서는 상대적으로 신참이었다. 스펙터의 선거운동을 침몰시킨 그 광고는, 간단하게, 다음과 같이 시작되었다. '저는 조 세스택입니다. 바로 그 민주당원입니다.' 정관사가 그렇게 목표를 잘 겨냥한 경우는 여태껏 거의 전무후무하다.

우선, 이러한 주장을 당시의 민주당 경선에 나온 경쟁자들에게로 범위를 좁혀서 보기 위해서는 양화사 영역 제약이 필수적이라는 점에 주목하라. 다시 말해서, 짐작하건대, 세스택 의원은 자신이 세상에서 유일한 바로 그 민주당원이라고 주장하고 있었던 것은 아니다. 그리고 이러한 범위 한정이 확보되는 순간, 정관사가 가지는 고유성 함의가 작동하기 시작하여 스펙터 의원에게 손실을 가하는 상황으로 귀결된 것이다.

존재성과 고유성이 단어 'the'가 가지는 의미의 일부를 형성한다는 점을 고려할 때, 핵심 질문은 '그것들이 어떻게 연관되어있느냐'하는 것이다. 여기에는 두 개의 주요 입장들이 존재한다. 버트런드 러셀은 'The so-and-so is such-and-such'(그 이러저러한 것은 그러저러하다)라는 형식을 가진 어떤 한 문장은 'There is exactly one so-and-so, and it is such-and-such'(정확하게 하나의 이러저러한 것이 존재하며, 그리고 그것은 그러저러하다)라는 형식의 문장으로 환언할 수 있다고 주장하였다. 다시 말해, 이러한 종류의 어떤 한 문장을 사용하고 있는 한 화자는 정확하게 하나의 이러저러한 것이 존재한다고 '단언'(assert)하고 있을 것이다. 예를 들어, 'The King of France is bald'라는 문장은, 러셀에 따르면, '정확하게 한 명의 프랑스 국왕이 존재하고 그가 대머리이다'라는 것을 의미한다. 이러한 분석에 따른 내용에 주안점을 둔 상태에서, 만약 1848년 이후의 어떤 한 시점에 발화가 되었다면, 이 문장은 거짓이 될 것이다. 다시 말해서 여타의 여러 것들 중에서도, 정확하게 한 명의 프랑스 국왕이 존재한다고 이 문장은 주장하는 것이며, 그 시점에는 사실상 단 한 명의 왕도 없는 상황인 것이다. 이 이론에 반대되는 입장은 고틀로프 프레게와 영국 철학자 피터 스트로슨(Peter Strawson) (1919-2006)에 의해 취해졌다. 그들의 주장에 따르면, 'The so-and-so is such-and-such'(그 이러저러한 것은 그러저러하다)라고 말하는 이는 정확하게 하나의 이러저러한 것만이 존재한다고 (단언하는 것이 아니라) '전제(presuppose)'하고 있는 것이라고 한다. 이 이론이 이르기를, 만약 그 전제가 참이라면, 'the so-and-so'(그 이러저러한 것이)라는 한정적인 성격의 기술(definite description) 내용은 그 고유한 이러저러한 것을 지칭한다. 그러면 그 문장은 그러한 개별요소가 정말로 그러저러하다는 것을 단언하게 된다.

우리는 이러한 두 개의 이론을 어떻게 구별할 수 있을까? 적절하게 어울리고 참이 되는 문장의 예들에 집중하는 것은 그다지 큰 도움이 안 될 가능성이 크다. 예를 들어, 'The Pope is Catholic'(교황은 카톨릭 신자이다)이라는 문장을 예로 들어보자. 영어 화자들은, 예측 가능한 방식으로, 이 문장이 참이라고 확언할 것이다. 하지만, 이것은 이론가의 입장에서 아주 유용한 방법은 아니다. 이 문장이 'There is exactly one Pope and he is Catholic'(정확하게 한 명의 교황이 존재하고 그는 가톨릭 신자이다)이라는 것을 의미하기 때문에 이 문장이 참이 되는 것인지, 혹은, 다른 한편으로, 이 문장이 정확하게 한 명의 교황의 존재를 전제하고, 이 전제가 만족되었을 경우에, 이 문장이 '그 교황은 가톨릭 신자이다'라고 단언하기 때문에 이 문장이 참이 되는 것인지 우리는 알지 못한다. 두 분석 결과 모두가 우리는 참이 되는 문장 한 개를 가지게 될 것이라고 예측하고 있다.

그래서 일들이 잘못된 상황으로 전개되기 시작하고 있는 몇몇 경우들을 살펴보는 것은 좋은 생각일 것이다. 'The King of France'(프랑스 국왕)에게로 다시 돌아가 보자. 'The King of France is bald'(프랑스 국왕은 대머리이다)라는 문장은, 우리가 방금 보았던 것처럼, 러셀에 의해서는 거짓이라고 예측되었다. 프레게와 스트로슨은 어떠한 예측을 제시하는가? 그들에 따르면, 그 문장은 정확하게 한 명의 프랑스 국왕이 존재한다고 전제한다. 실제로 한 명의 국왕은 존재하지 않기 때문에, 그러한 전제는 거짓이다. 하지만, 그러한 전제는 그 전체 문장과는 동일하지 않다. 이것은 단지 그 전체 문장이 가지고 있는 의미의 한 측면일 뿐이다. 그래서 주어진 (거짓 전제) 예문들에서 무슨 일이 일어나는지를 알아보기 위해서는, 논란의 여지가 전혀 없는 방식으로 거짓인 전제의 예들을 가지고 있는 여러 문장 실례들을 살펴보아야 한다. 'John has stopped drinking'(존은 (술을) 마시는 것을 지금껏 중지하였다)이라는 문장을 고려해보라. 그리고 존은 결코 마시지 않았다고 가정해보라. (그러면, 우리는 그 문장이 'John has stopped drinking significant and possibly unhealthy amounts of alcohol'(존이 상당히 그리고 아마도 건강에 해로울 정도로 많은 양의 술을 마시는 것을 지금껏 중지하였다)과 같은 성격의 어떤 것을 의미하는 것이라고 이해하게 될 것이 틀림없다.) 만약 존이 결코 술을 마시지 않았다면, 'John has stopped drinking'(존이 술을 마시는 것을 지금껏 중지하였다)이라고 말하는 것은 참일까 거짓일까? 우리가 앞선 논의에서 보았듯이, 우리는 둘 중에 어느 것을 말하는 것에도 어느 정도의 불안을 느끼게 된다. 'John has indeed stopped drinking'(존이 정말로 마시는 것을 지금껏 중지하였다) 혹은 'John has not stopped drinking'(존이 마시는 것을 지금껏 중지하지 않았다) 둘 중에 어느 것을 말하는 것이든 존이 여태껏 마셔왔다는 것을 강하게 시사한다. 우리가 말하고자 하는 바는, 정말로, 'John has stopped drinking'(존이 마시는 것을 지금껏 중지하였다)은 이러한 정황 속에서는 참도 아니고 거짓도 아니라는 것이다. 그가 결코 시작한 적이 없기 때문에, 그가 중지하였음에 대한 그러한 질문은 그저 발생 자체를 하지 않는다. 그래서 최소한 이 예에 기대어 판단해보건대, 거짓 전제를 가지고 있는 문장은 참도 아니고 거짓도 아니라고 판단이 되는 것으로 보인다. 그래서 우리가 애초에 이어나가고 있었던 생각의 고리로 되돌아가면, 프레게와 스트로슨은 'The King of France is bald'(프랑스 국왕은 대머리이다)가 참도 아니고 거짓도 아니라고 예측한 것처럼 보인다.

    가정해보건대 지금쯤이면 어느 이론이 당신이 가지고 있는 직관(intuition)과 가장 잘 일치하는지에 대한 판단이 섰을 것이다. 하지만, 무거운 마음으로 내가 말을 해야 할 것이 있는데, 그것은 당신의 직관이 어떠하든지 간에 그것과 반대되는 입장의 직관을 가진 이들이 수없이 많을 것이라는 점이다. 내가 큰 강의실 여러 개를 채울 정도의 많은 사람들을 대상으로 이 질문에 대한 설문 조사를 비공식적으로 실행했을 때에(내가, 특히, 'the'라는 단어에 대한 강의 또는 특강을 하고 있을 때에) 수집된 자료에 따르면, 당신이 나의 이러한 비교학적인 방법들을 용서해준다면 말할 수 있는데, 거기서 내가 받은 인상은 다음과 같다. 거수 투표에서 손을 든 사람들의 약 1/5 혹은 1/4 정도가 그 문장은 거짓이라고 생각하였고, 그 나머지는 그 문장이 참도 아니고 거짓도 아니라고 생각하였다. 그렇다면, 명백한 수준의 다수가 프레게와 스트로슨의 입장을 선호한다는 것이다. 하지만, 이것은 축구 경기가 아니다. 다시 말해서, 프레게와 스트로슨이 더 높은 점수를 얻었다는 이유로 우리는 그들이 이겼다고 말할 수 없다. 우리는 직관에 근거한 판단의 모든 예들에 대해 설명할 수 있는 하나의 이론을 마련해내고자 하는 바람을 이상적으로 가지고 있는 것이다.

고려해 보아야 할 한 가지 가능성은 지역 방언 상의 차이점이 있다고 보는 것이다. 다시 말해서, 어떤 사람들은 'to-mah-to'(토-마-토)라고 말하고 다른 어떤 사람들은 'to-may-to'(토-메이-토)라고 말하는 것과 같은 이치로, 어떤 사람들은 그들의 정신적 어휘부 내에 프레게식의 정관사를 하나 가지고 있고 다른 어떤 사람들은 러셀식 정관사를 하나 가지고 있는 것이다. 이 이론에 따르면, 이 두 개는 발음이 같고 아주 유사한 의미를 가지고 있기 대문에, 그 둘의 차이점은 통상 잘 눈에 띄지 않으며, 따라서 존재하지 않는 군주의 예들에 대한 명확히 무의미한 또는 어리석은 질문들에 응답할 때라야만 표면으로 드러난다고 기술하게 된다.

내가 또 다른 이론에 대해 언급하기 이전에, 우리는 추가적인 자료를 한 개 더 살펴보아야 한다. 만약 우리가 그 예문을 'The King of France slashed my tires this morning'(프랑스 국왕이 오늘 아침에 내 타이어들을 칼로 그었다)이라는 문장으로 바꾼다면, 거의 모든 사람들이 이 문장은 거짓이라는 입장에 동의하게 된다. 심지어 'The King of France is bald'라는 문장이 거짓이라고 말하는 것을 거부했던 사람들조차 말이다. 이제 방어적인 태도를 취하게 되는 것은 프레게와 스트로슨인데, 그 이유는, 프레게와 스트로슨의 이론은 이 두 문장들 사이에서 어떠한 차이점도 예측하지 못할 것인 반면에, 러셀의 이론은 지금 옳은 예측을 한 것으로 보이기 때문이다. 그리고 어떤 사람들에게 있어서, 첫 번째 문장과 관련해서는 러셀의 이론이 맞는 상태였다. 그러면 기본적인 차원에서는 러셀이 맞고, 대머리성의 경우에서는 일부 사람들에게 모종의 방해 요인이 작용하여 관련 사물 및 정황을 왜곡시키는 것이라고 우리는 말해야 하는 것일까?

흥미롭게도, 이 질문과 관련하여 내가 알고 있는 최고의 이론은 정확하게 그 반대 입장을 주장한다. 미국의 언어학자 피터 레이저손(Peter Lasersohn)과 독일출신의 언어학자 카이 폰 핀텔(Kai von Fintel)은 우리가 관련 사물과 정황을 다음과 같은 방식으로 보아야 한다고 제안한다. 우선, 영어 화자들의 경우에 있어서는 프레게-스트로슨 이론이 기본적으로 다 맞다. 앞서 소개한 두 예문 사이에는 차이점이 하나 있는데, 그것은 누군가의 타이어를 칼로 긋는 행위는 당사자의 주변 사물과 정황에 명백한 방식으로 영향을 끼치는 반면에, 대머리인 상태는 그러한 영향력을 행사하지 않는다는 사실 그 자체에 있다. 그래서, 'The King of France slashed my tires this morning'(프랑스 국왕이 오늘 아침에 내 타이어들을 칼로 그었다)이라는 문장을 영어 화자들이 듣게 될 때에, 그 문장의 참 또는 거짓 여부를 결정짓는 과정은 관련성 있는 요인을 2개 가진다. 두 요인들 중 그 첫 번째는 거짓 전제(false presupposition)이며, 이것이 통상적으로 하는 일은 참이 되는 것도 아니고 거짓이 되는 것도 아니게 문장의 자격을 한정(qualify)해두는 것이다. 하지만 그 두 번째 요인은, 만약 누군가가 오늘 아침에 내 타이어들을 칼로 그었다면, 그 경우, 내 타이어들은 칼로 그어져 있을 것이며, 그런데 내 타이어들은 실제 그렇지 않다는 바로 그 사실이다. 이러한 두 번째 요인은 그 자체로도 이 문장을 가장자리 너머로 밀어서, 말하자면, 거짓 상태 쪽으로 떨어뜨리기에 충분하다. 이것은 마치 'Even if there were a king of France, we would still know that he had not slashed my tires this morning, because my tires are perfectly intact'(설령 프랑스 국왕이 한 명 존재할지라도, 우리는 그가 오늘 아침에 내 타이어들을 칼로 긋지 않았다는 것을 여전히 알 것인데, 그 이유는 내 타이어들이 완벽하게 온전하기 때문이다)라고 우리가 생각이라도 하는 양 나타나는 것이다. 여기서 'The King of France is bald'(프랑스 국왕은 대머리이다)라는 문장의 경우에는 비교해볼 수 있는 요인이 하나도 없는 상태이다. 한편, 이 이론에 따르면, 'The King of France is bald'(프랑스 국왕은 대머리이다)에 대한 기본적인 차원에서의 판단내용은 모든 영어 화자들의 경우에 어떤 무의식적인 수준에서 동일하다. 다시 말해서, 영어 화자들은 그 문장을 전제 실패(presupposition failure)의 한 예로 판단하게 된다. 즉, 어떤 무의식적인 수준에서, 정말로 참, 거짓, 그리고 전제 실패 사이를 구분하는 삼분법적인 변별 방식이 존재한다고 주장된다는 것이다. 하지만, 소수의 영어 화자들은 'false'(거짓의)라는 영어 단어의 의미를 'not true'(참이 아닌)로서 해석하기도 한다고 우리가 첨언할 수 있다. 따라서 그들의 입장에서는, 그 단어가 단순명료한 거짓(즉, 단언한 문장의 예가 거짓일 때의 경우) 그리고 전제 실패(즉, 전제한 문장의 예가 거짓일 때의 경우) 두 가지 모두를 포함하게 된다. 그래서 '이 문장은 거짓이다'라고 그들은 응답하고, 이것은 마치 그들이 러셀식의 반응을 자신들의 의견으로서 표명하고 있는 것처럼 보이게 한다. (그리고 이것은 오해의 소지가 있는 방식이다.)

레이저손-폰핀텔 이론은 복잡한 성격을 띠고 있으며 여러 도전적 문제들에 난항을 겪을 가능성이 크다. 여기서 도전적 문제들은 이미 여러 차례 시도된 적이 있으며 점점 어려워지는 양상을 띠는 반례들에서 유래하는 것들로서, 내가 이 지면상에 기술한 적은 아직 없다. 내 생각에는, 이 이론은 러셀의 이론을 옹호하는 많은 지지자들이 반대편 의견을 찬성하도록 설득하지는 못했다고 말하는 것이 공정한 듯하다. 그리고 실제로, 이 사안에 대해서는 관련 분야 내부에서도 큰 분열이 존재한다. 이러한 분열양상은 상당히 흥미롭게도, 직업상의 소속 여부를 추적하여 보여주는 것처럼 보인다. 다시 말해서, 소수의 예외를 포함하지만, 철학자들은 정관사에 대한 러셀의 이론을 보다 선호하는 것 같고, 반면에, 예외가 거의 없다시피 하거나 아예 하나도 없는 상태에서, 언어학자들은 프레게-스트로슨 이론을 보다 선호하는 것으로 보인다. 이 사안은 내가 여기서 해결하는 것이 불가능하다. 전제가 문장에 부착(또는 소속)되어 있는지의 여부를 구별하는 것이 항상 단순명료한 사안은 아니라는 결론에 우리는 만족해야 한다. 물론, 'the'라는 영어단어의 의미가 무엇인지를 우리는 모른다는 결론을 내릴 수도 있다. 하지만, 앞서 일어났던 일을 겪고 난 후에, 이 일은 아마도 당신에게 그다지 충격적이지 않을 것이다.

이 장에서 내가 검토하고자 하였던 문장의 의미 속성들 중에서 마지막 속성은 중의성(ambiguity)이다. 문장은 두 가지 방식에서 중의적이 될 수 있다. 그 첫 번째는 중의적인 성격을 지닌 단어를 한 개 또는 다수로 문장 속에 포함시키는 방법을 사용하는 것이다. 그런즉, 예문

'That bank has collapsed'(그 은행/강둑이 붕괴되었다)는 원칙적으로 네 가지 방식으로 중의적이다. 즉, 'bank'(은행/강둑)의 동음이의성 때문에, 그리고 'collapse'(붕괴되다)의 다의성 때문에 중의적 성격을 가지게 된다. 그러면 상기한 예문은 물리적 차원의 소멸(physical demise) 또는 기관 차원의 종말(institutional demise)을 나타낼 수 있을 것이다. (물론, 어떤 강둑(river bank)이 기관 차원의 파국(meltdown)을 겪는다고 하는 독해에 이르기는 힘든데, 그 이유는 강둑이 보통 이러한 일을 하는 종류의 사물이 아니기 때문이다. 하지만, 프랑스의 파리에 대해 이야기하고 있는 한 드골주의자(Gaullist)는 1968년에 일어났던 좌측 강둑(속칭 좌안) 지역의 조직상의 파국 및 도덕상의 파국을 지칭할지도 모른다.) 이러한 종류의 중의성을 '어휘적 중의성'(lexical ambiguity)이라고 부르는데, 왜냐하면 이러한 성격의 중의성은 개별 어휘 항목이 가지고 있는 속성에서 유래하기 때문이다.

두 번째 종류의 중의성은 '구조적 중의성'(structural ambiguity)이라고 부른다. 한 개의 구조적으로 중의적인 문장 안에 있는 모든 단어들은 각각 한 개의 의미만을 가질 수 있다. 그래서 우리는 어휘적 중의성을 다루고 있는 상태가 아니다. 구조적 중의성은, 문장 내에서 여러 단어 또는 구의 예들이 가지고 있는 각각의 의미들이 서로 여러 상이한 방식들에 따라 결합되어있는 경우에, 그 의미들에 의해 발생하게 되는 중의성이다. 어떻게 다양한 의미가 여러 상이한 방식들에 따라 서로 결합될 수 있는가? 이것은 예를 가지고 설명하는 것이 가장 좋을 것이다.

다음의 예문을 고려해보라.

(1) Old men and women are law-abiding.
   (나이 많은 남자들과 여자들은 준법성이 있다.)

이 예문은 'Old men and old women are law-abiding'(나이 많은 남자들과 나이 많은 여자들은 준법성이 있다)이라는 뜻과 'Old men, on the one hand, and women, on the other, are law-abiding'(한편으로는 나이 많은 남자들이 그리고, 또 다른 한편으로는, 여자들이 준법성이 있다)이라는 뜻 사이에서 중의적이다. 그 차이점은 젊은 여자들과 중년의 여자들에 대해 어떤 하나의 주장이 제기되고 있느냐 없느냐의 여부로 압축된다. 그리고 그러한 중의성의 원천이 무엇인지를 손가락으로 가리키는 것은 상당히 쉬운 일이다. 다시 말해서, 'old'가 'men and women'이라는 구 전체를 수식하는 것으로 해석되어질 수도 있고, 또는, 단지 'men'이라는 단어만을 수식하는 것으로 간주될 수도 있다.

이 정도만큼은 말로 옮기는 것이 어렵지 않다. 하지만, 왜 'old'라는 단어가 두 개의 상이한 것들 중에서 어느 것이든 하나를 수식할 수 있는지에 대한 질문이 우리에게 아직 남아있다. 그리고 이 경우에 있어서 상당히 타당성 있는 답이 존재한다. 그것은, 표면적으로는 단지 하나의 단어 연쇄(즉, 'old men and women')인 것으로 보이는 것이 실제로는 두 개의 상이한 '통사 구조'(syntactic structure)들을 가지고 있다고 답하는 것이다. 그런데, 여기서 통사 구조란 무엇인가?

통사론(syntax)은 단어로 이루어진 여러 결합물들 중에서 어떠한 결합형들이 실제로 가능한 문장의 예들인지에 대한 이론들을 생산하는 분과학문 분야다. 예를 들어, 한 개의 문장을 그저 하나의 단어 연쇄일 뿐이라고 간주하는 것은 솔깃한 일이다. 그러면 예문 (1)은 그저 'old' 뒤에 'men'이 따라오고 그 뒤에 'and' 등이 따라오는 방식으로 구성될 것이다. 이 경우에는 추가적인 구조란 존재하지 않는다. 하지만, 이와는 반대로, 여러 문장 예들에서 어떤 단어들은 해당 예문 내에 다른 단어들보다 좀 더 상호 밀접한 방식으로 연결되어있다는 점을 시사하는 수많은 근거들이 존재한다. 그러한 단어들은, 다른 단어들을 배제시키는 방식으로, 일종의 단위(unit)를 형성한다. 예를 들어, '생략'(ellipsis)이라고 불리는 특정한 현상을 묘사하고 있는 다음의 문장을 살펴보도록 하자.

(2) Henry will describe the bacchanal and Francis will too.
(헨리가 그 술잔치에 대해 기술할 것이고 프랜시스 또한 그럴 것이다.)

이 문장은 어떤 면에서 불완전한 것으로 보인다(이 표현은 이 문장이 '완벽하게 문법적'(perfectly grammatical)인 상태가 아니라고 말하는 것이 아니다). 여기서 예문 (2)는 모종의 방식으로 예문 (3)을 축소시킨 형태인 것처럼 보인다.

(3) Henry will describe the bacchanal and Francis will describe the bacchanal too.
(헨리가 그 술잔치에 대해 기술할 것이고 프랜시스 또한 그 술잔치에 대해 기술할 것이다.)

최소한, 우리는 다음 두 가지 정보를 알아차릴 수 있다. 첫째는, (2)가 (3)과 같은 것을 의미한다는 점이다. 두 번째는, 이 두 문장이 서로 차별화 되는 요인이 각각 존재하는데, (3)의 경우에는 'too'의 바로 앞에 있는 'describe the bacchanal'이라는 단어 연쇄의 존재에 의해, 그리고 (2)의 경우에서는 그러한 단어 연쇄의 부재에 의해 두 문장이 달라진다는 점이다.

다수의 단어로 구성된 모든 연쇄의 예들이 (2)와 (3) 내에 있는 'describe the bacchanal'이 하고 있는 역할을 수행할 수 있는 것은 아니다. 하나의 문장을 만들려고 하는 다음의 시도를 비교해보라.

문장의 의미 속성 | 137

(4) *Henry will describe the bacchanal and Francis will bacchanal too.
(헨리가 그 술잔치에 대해 기술할 것이고 프랜시스 또한 술잔치 할 것이다.)

이것은 영어에서 가능한 문장이 아니며, 우리는 문장 앞에 *표를 붙임으로써 이러한 사실을 나타내고 있다. 하지만, 우리가 'describe the bacchanal' 대신에 'describe the'만 빼놓은 것이라는 점을 제외하면, 이것은 정확하게 (2)와 같다. 문장은 단어의 비구조적인 연쇄라는 (그) 이론이 약간의 애로사항을 가지고 있음을 우리가 지금 발견한 것 같다. 그 이론이 만약 사실인 경우라면, 'describe the'를 빼놓은 것이 'describe the bacchanal'을 빼놓은 것과 왜 조금이라도 달라야 하는지 이해하기 어렵다. 세 개의 단어를 생략하는 것은 상태가 양호한 반면에, 두 개의 단어를 생략하는 것은, 상당히 일반적인 방식에서, 비문법적이 될 수 있는 것일까? 다음의 예문들을 고려해보라.

(5) *Henry will describe the bacchanal and Francis bacchanal too.
(헨리가 그 술잔치에 대해 기술할 것이고 프랜시스 또한 술잔치 할 것이다)

(6) Henry will describe Richard and Francis will too.
(헨리가 리차드에 대해 기술할 것이고 프랜시스 또한 할 것이다)

(7) Henry will describe Richard and Francis will describe Richard too.
(헨리가 리차드에 대해 기술할 것이고 프랜시스 또한 리차드에 대해 기술할 것이다)

(5)의 문장에서는, 만약 우리가 그 문장을 (3)과 비교한다면, 'will describe the'라는 세 개의 단어로 구성된 단어 연쇄가 생략된 것으로 보인다. 하지만, (2)의 문장과 달리, 이 예문은 적형 문장, 즉, 잘 형성된

(well-formed) 문장이 아니다. 만약 우리가 (6)을 (7)과 비교한다면, 두 개의 단어로 구성된 연쇄체인 'describe Richard'가 생략된 것으로 보이는데, 하지만 이 경우는 상당히 양호하다. 그런즉, 예문 (2)를 좋은 문장으로 만들고 예문 (4)를 잘못된 문장으로 만드는 것이 무엇이든 간에, 그것은 생략된 단어 연쇄의 길이와는 아무 상관이 없다.

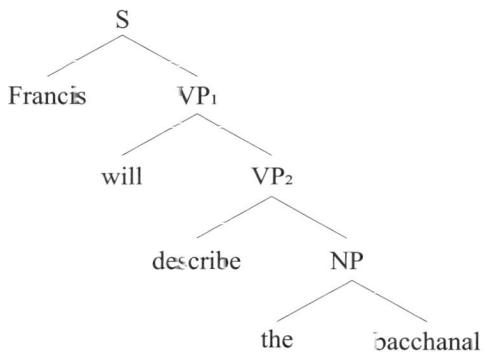

그림 5.1 'Francis will describe the bacchanal' 문장의 수형도

'describe the bacchanal'은 가졌으나 'describe the'는 가지고 있지 않은 또 다른 속성이 존재하고 있는 것으로 보인다. 너가 앞에서 언급한 바와 같이, 'describe the bacchanal'이라는 이 단어들은 어떤 특정한 방법에 따라 각 단어끼리 상호 밀접한 방식으로 연결되어있는 것처럼 보인다. 그 경우에서는, 해당 단어 연쇄를 가지고 무언가를 수행하는 것이 가능하다는 점이 드러난다. 이러한 일은 'describe the'라는 하위 단어 연쇄를 가지고는 수행할 수 없는 것이다. 현 시대의 통사 이론에 따르면, 'describe the bacchanal'이라는 단어들은 하나의 '구성요소 (constituent)'를 이루지만, 반면에, 'describe the'라는 단어들은 구성요소를 이루지 않는다고 한다. 이것은 도식(diagram)을 사용하는 방법으로 가장 잘 이해될 수 있다. 그림 5.1은 'Francis will describe the bacchanal'이라는 문장에 오늘날의 동시대 언어학 분야에서 제공할 법한 통사 구조 중 단순화된 버전의 한 예를 보여준다. 이러한 종류의 그림(figure)을 '수형도'(tree diagram)라고 부른다. 이름표가 붙은 지점(labelled point)을 '마디'(node)라고 부르고 마디들을 함께 연결시켜주는 선들을 '가지'(branch)라고 부르는데, 하나의 수형도는 마디와 가지로 이루어진다. 마디들은 나무의 밑 부분에 있는 여러 단어들을 포함한다. (이 나무는 거꾸로 위치해 있고, 잎들을 제외한 나무의 나머지 모든 부분이 표시된 상태에서 그 아래쪽에 단어들이 잎처럼 붙어 있는 것을 볼 수 있다.) 그리고, 이 마디들은 약어(abbreviation)가 이름표처럼 붙어있는 여러 지점(point)들도 포함한다. 예를 들어, S는 '문장'(sentence)을, VP_1과 VP_2는 '제 1 동사구'(verb phrase one)와 '제 2 동사구'(verb phrase two)를, NP는 '명사구'(noun phrase)를 나타낸다. 현재의 논의 목적에 필요한 중요 개념인 '구성요소'는 한 개의 마디와 그 마디 아래에 있는 모든 것들로 구성된다. 여기서, '그 아래에 있는 모든 것들'(everything that is below it)이라는 표현은 '그 이름표가 붙은 마디에서 시작하여 그것과 연결된 가지들을 따라 하향 이동하는 방식으로 도달할 수 있는 모든 것'을 의미한다.

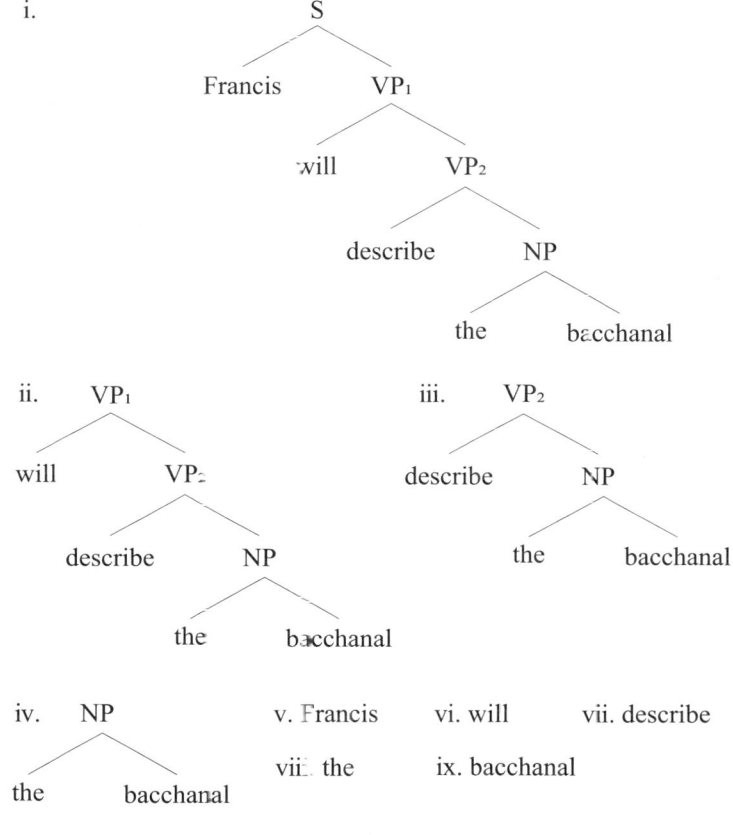

그림 5.2 그림 5.1의 수형도가 가지고 있는 구성요소들

따라서 문장 전체는 하나의 구성요소다. 왜냐하면, 전체 문장은 S라는 이름표가 붙은 마디와 그 마디 아래에 있는 모든 것이기 때문이다. 그리고 그와 같은 방식으로, 두 개의 동사구와 한 개의 명사구는 각각 구성요소다. 이는 해당 개별 단어들이 각각 구성요소인 것과 같은 이치이다. (개별 단어는 마디이며, 따라서, 하나의 개별 단어와 그 아래에 있는 모든 것들은 단지 그 개별 단어에 상응한다. 왜냐하면 그 단어 아래에 아무 것도 존재하지 않기 때문이다.) 그림 5.2는 그림 5.1에 있는 모든

구성요소들을 목록화하고 있다. 그러면, 'describe the bacchanal'이라는 연쇄는 VP$_2$라는 구성요소 안에 있는 모든 단어들로 구성되어있음을 알 수 있다. 반면에, 'describe the'만을 해당 단어들로 가지고 있는 구성요소는 어떤 것도 존재하지 않는다. 오늘날의 동시대 통사 이론에 따르면, '생략' 현상에 있어서 이러한 두 연쇄들 사이에 존재하는 차이점을 설명할 수 있는 해결 방법을 찾을 때에, 이 방법이 적어도 부분적으로는 통한다. 다시 말해서, '생략'은 단지 구성요소만을 대상으로 해서 수행된다. 그리고 우리는 예문 (3)을 가지고 시작해서 두 번째 문장에서 좀 더 낮은 위치의 동사구(VP$_2$)를 생략함으로써 예문 (2)에 도달하게 된다.

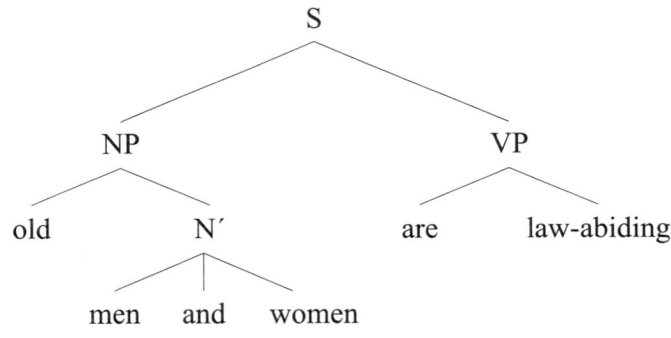

그림 5.3 'Old men and women are law-abiding'의 첫 번째 구조

이 회오리바람처럼 정신없이 지나간 통사 이론에 대한 소개를 뒤로 하고, 우리는 이제 'Old men and women are law-abiding'(나이 많은 남자들과 여자들은 준법성이 있다)이라는 문장으로 돌아갈 준비가 되었다. 여기서, 일반적으로 용인되는 이론에 따르면, 이 문장은 두 개의 상이한 통사 구조를 가지고 있기 때문에 두 개의 서로 다른 의미를 가지고 있다고 본다. 대안적인 방식으로는, 우연히 동일한 순서로 배열된 동일한 단어들을 포함하게 된 두 개의 다른 문장 예들을 우리가 실제로

다루고 있는 것이라고 말할 수도 있을 것이다. 첫 번째 구조는 그림 5.3에서 보는 것과 같을 것이다. 'men and women'이라는 단어들은 N'라는 ('엔-바'로 발음되지만 현재의 목적상, 이름표가 가지고 있는 명칭은 중요하지 않은 상태에서) 그러한 특정 이름표를 달고 있는 하나의 구성요소를 이룬다. 바로 지금이 앞서 여러 장에 걸쳐 거론되었던 합성성에 대한 우리의 논의를 상기해 보기에 좋은 시점이다. 다시 말해서, 한 문장 또는 구의 의미는 그 문장 또는 구를 구성하는 일련의 단어들이 가지는 각각의 의미, 그리고, 그 단어들의 통사적 배열에 의존한다. 여기서 그 주요 요지는 어떤 한 구의 의미는 그 구의 통사 구조를 추적하는 과정 속에서 구축 및 증강된다는 것이다. 그런즉 현재 주어진 경우에서는, 'men and women'을 가지고 시작해서 그 구를 위한 하나의 의미를 구축해 간다. 정확히 그 의미가 무엇인가는 여기서 중요하지 않다. 하지만, 우리는 그 의미를 남자들과 여자들 둘 모두로 구성되어 있다는 바로 그 속성으로서 간주할 수 있다. 그러면, 그 통사 구조를 따라가면서, 말하자면, 'old'가 동참하게 되고 그리고 그 구를 수식하게 된다. 남자들과 여자들 둘 모두가 이미 'old'가 작용 대상으로 삼은 의미 내에 암시되어있기 때문에, 우리는 남자들과 여자들 두 집단 모두가 나이가 많다는 바로 그 의미에 귀착하게 된다.

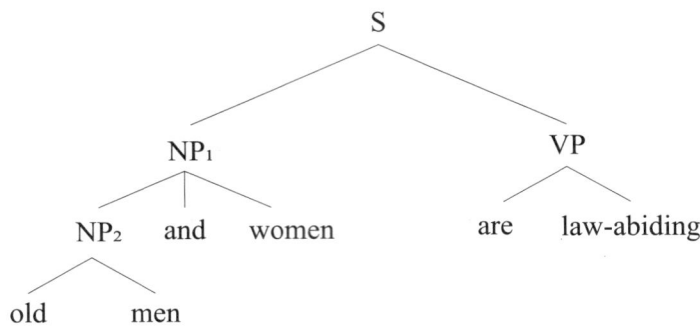

그림 5.4 'Old men and women are law-abiding'의 두 번째 구조

이 예문에 대한 두 번째 구조는 그림 5.4에 보이는 바로 그 구조가 될 것이다. 여기서, 'men and women'에 포함된 단어들만 홀로 포함하는 구성요소는 하나도 존재하지 않는다. 대신에, 우리는 'old men'으로부터 형성된 한 개의 구성요소를 가진다. 여기서 'old'라는 단어는 단지 'men'만을 수식할 뿐이다. 그래서 우리는 한편으로는 나이 많은 남자들에 대해 이야기하고, 또 다른 한편으로는 (나이가 어떻게 되는지에 상관없이) 여자들에 대해 이야기하는 것으로 귀결된다.

그렇다면 구조적 중의성은, 여러 단어로 이루어진 단일 연쇄의 경우에서 그 단어 연쇄와 연관된 통사 구조가 두 개 이상 있을 때에 그러한 단일 단어 연쇄에서 야기될 수 있다. 구조적 중의성의 다양한 경우들은 언어상의 수많은 환경 속에서 발생한다. 여기에 또 다른 예가 있다.

(8) John put the block in the box on the table.

이것은 어떠한 특정 장소에, 즉, 그 테이블 위에 있는 그 상자 안에 그 블록을 넣으라는 지시문의 예일 수도 있다. 또는, 이것은 어떤 특정한 블록, 즉, 그 상자 안에 있는 그 블록을 어느 특정한 장소에, 즉, 그 테이블 위에 놓으라는 한 지시문일 수도 있다. 그 중의성은 다음과 같이 발생한다. 'put' 동사는 일반적으로 두 가지 유형의 구가 뒤따른다. 즉, 첫 번째는 그 직접 목적어이며, 이것은 어딘가에 '무엇'이 놓이는지를 나타낸다. 그리고 두 번째는 한 전치사구 또는 'there'와 같은 종류의 한 개의 단어이며, 이것은 논의의 중심이 되는 바로 그 사물이 '어디에' 놓이는지를 나타낸다. (여기서 '전치사구'(prepositional phrase)는 한 개의 전치사와 그 뒤를 따르는 한 개의 명사구로 이루어진 구를 가리킨다. 'on the table', 'under the bridge', 또는 'in an altered state of consciousness'와 같은 것이 그 예들이다.) 'Put it there'과 같은 유형의 예문에서, 우리는 이 구문(construction)의 아주 간단한 버전을 가지고 있는 셈이다. 그리고 'Put twenty chartreuse iguanodons in the small drawing room'(20마리의 샤르트뢰즈색 이구아노돈들을 그 작은 응접실에 두세요)과 같은 예문에서, 그 일련의 구들은 훨씬 길게 나열되었지만 확연하게 구조적 중의성을 보이는 부분은 없다. 하지만, 'put'이 가지는 이러한 특징이 또 다른 사실과 결합될 때, 중의성은 만연하게 된다. 또 다른 사실은, 영어의 경우, 명사가 그 뒤를 따르는 한 개의 전치사구와 함께 하나의 구성요소를 형성할 수 있으며 그로 인해 피수식 상태, 즉, 수식을 받는 상태가 될 수 있다는 점이다. 예를 들어, 내가 '[the] doggie in the window'(진열창 속의 그 멍멍이)가 얼마인지를 물어 볼 수도 있고 또는 '[a] reply to my critics'(나의 비평가들에 대한 답장/응답 한 개)를 작성할 수도 있는 것이다. 그래서 (8)의 예문에서 우리가 '... put the block in the box'까지만 독해를 진행했을 때에는, 'in the box'라는 전치사구가 'put' 동사에 의해 요구되는 두 번째 구인지, 아니면 'block'을 수식하는 단순 수식어인지를 전혀 알지 못한다. 'put'이 가지고 있는 정확한 통사적 본질은 확정하기가 아주 어려운 것이다. 그렇지만, 나는 문장 (8)의 두 가지 독해방식들과 연관된 상이한 통사 구조의 예들을 구체화하여 (독자들을 위해) 다소 단순화시킨 버전을 그림 5.5에서 제시하도록 하겠다.

이 예문은 그것에 또 다른 전치사구를 추가시키면 일이 훨씬 더 복잡해진다.

(9) John put the block in the box on the table in the kitchen.

이 문장은 적어도 세 가지 방식으로 중의적이다. 존이 그 블록을 어떤 특정 장소 안에, 즉, 그 부엌 안의 그 테이블 위의 그 상자 안에 놓아두었는가? 또는, 존이 그 상자 안에 있는 그 블록을 어떤 한 특정 장소 안에, 즉, 그 부엌 안의 그 테이블 위에 놓아두었는가? 또는, 존이 한 특정한 다소 철저하게 기술된 대상, 즉, 그 테이블 위의 그 상자 안에 있는 그 블록을 그 부엌 안에 놓아두었는가? 여기에 연관된 여러 통사 구조의 예들은 그림 5.6에서 찾아볼 수 있다. 그리고 이러한 도식들 안에 있는 여러 개의 삼각형은 그 내부 구조가 현재 주된 관심사가 아닌 여러 구성요소들을 보여주기 위해서 통상적으로 사용되는 하나의 장치이다.

사실, 앞서 기술한 그 상이한 의미의 예들은 문장 (9)에 있어서 유일하게 가능한 의미 예들이 아니다. 적어도, 전치사구들 중 몇몇 예들을 부사류(adverbial)로 해석(construe)하는 방법도 가능하다. 즉, 다시 말해서, 그 동사가 나타내고 있는 동작에 대해 기술하는 것으로 볼 수도 있는 것이다. 'on the table'과 'in the kitchen'이 그 앞는 동작과 달리는 동작이 어디서 발생하였는지를 우리에게 말해 주는 두 문장 'John sat on the table'(존이 그 테이블 위에 앉았다)과 'John ran in the kitchen' (존이 그 부엌 안에서 뛰었다)을 비교해보라. 그러면 (9)에서, 또 다른 가능한 의미는 'John put the block in the box, and this action took place while he was on the table in the kitchen'(존이 그 상자 안에 그 블록을 놓아두었고, 이 동작은 그가 그 부엌 안에서 그 테이블 위에 있는 동안 발생하였다)이 된다. 그러니까, 예를 들면, 'While he was sitting on the table'(그가 그 테이블 위에 앉아 있는 동안)이라는 뜻이 가능하다. 그 상자가 그 테이블 위에 있었어야 할 필요는 없으며, 아마 존의 손에서 결코 떠난 적이 없었는지도 모른다. 그리고 마지막으로 그 문장은 'John put the block in the box on the table, and this action took place in the kitchen'(존이 그 상자 안에 있는 그 블록을 그 테이블 위에 놓아두었고, 그 동작은 그 부엌 안에서 발생하였다)의 방식으로 환언될 수도 있다. 여기서 두 가지 주목해야 할 점이 있다. 첫째, 이 독해 방식에서, 그 테이블이 그 부엌 안에 있을 필요는 없다. 즉, 단지 놓는 동작 그것만이 필요한 것이다. 그리고 아마도, 존이 그 부엌 안에 있고 원격 조종장치를 사용하여 또 다른 방 안에 있는 모종의 로봇 팔들을 작동시키고 있을 수도 있다. 그리고 두 번째로, 우리는 이러한 환언된 내용과 일치하는 두 개의 상이한 의미가 존재함을 인정해야 한다. 왜냐하면, 이 환언된 문장의 첫 번째 부분인 'John put the block in the box on the table'(존이 그 테이블 위에 그 상자 안에 그 블록을 놓아두었다)은 우리가 지금까지 보았던 방식으로 그 자체가 중의적이기 때문이다.

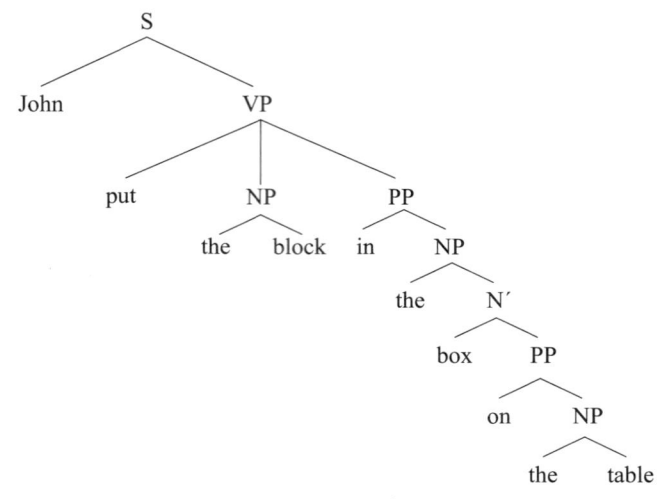

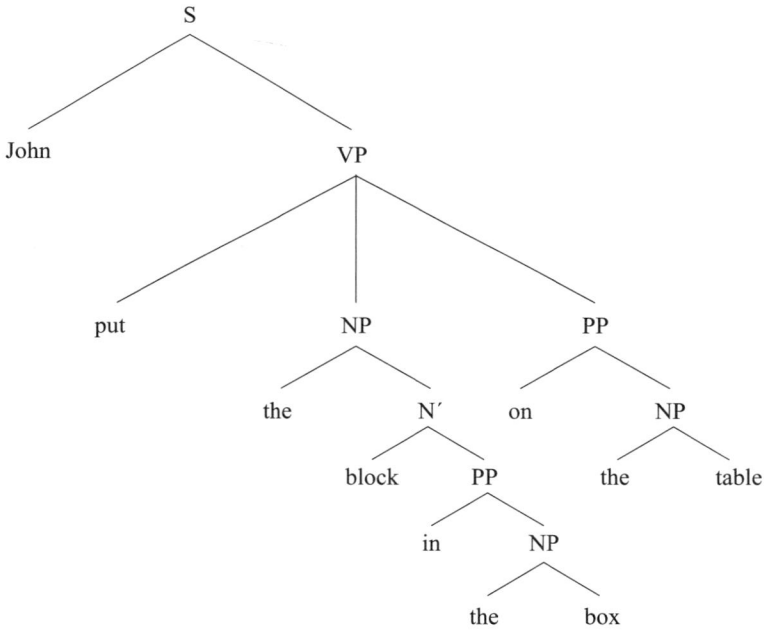

그림 5.5 'John put the block in the box on the table'의
두 가지 가능한 구조

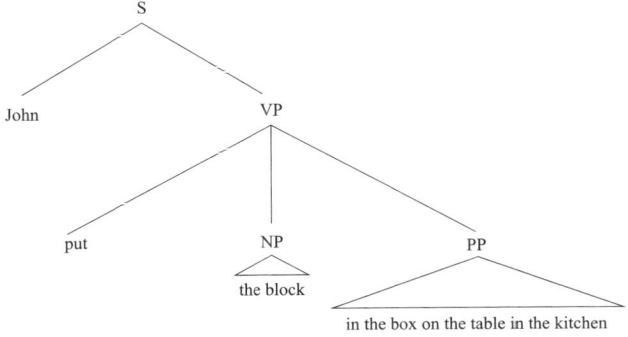

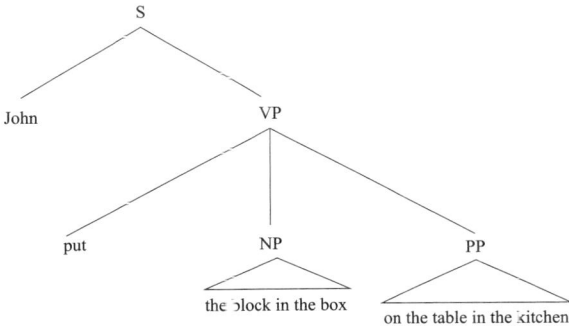

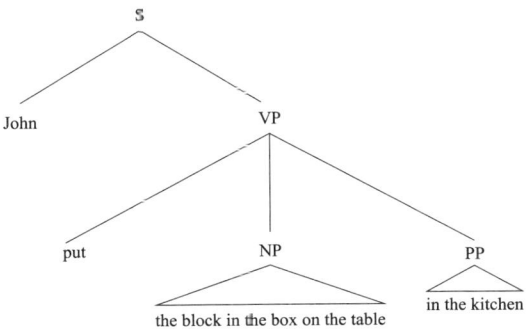

그림 5.6 'John put the block in the box on the table in the kitchen'의
세 가지 가능한 구조

그래서 이 문장은 구조적 중의성의 한 여파로 6가지 방식으로 중의적인 것으로 보인다. ('table'을 다수의 열과 행을 가지고 있는 도표 양식의 표상물로서 해석하여) 다의성을 추가적으로 포함시키게 되면, 이 문장은 최소한 12가지 방식으로 중의적인 것이 된다.

만약 당신이 읽을거리를 가지고 있지 않은 상태에서 장거리 기차 여행길에 오르게 된다면, 도대체 몇 개의 의미가 'John put the block in the box on the table in the kitchen in the manor house'라는 문장에 타당성 있는 방식으로 귀속될 수 있는지를 산출해보고 싶어질지도 모른다.

지금까지 우리는 다양한 구조적 중의성의 예들이 하나의 단어 연쇄에 있어서 고려 가능한 두 개 이상의 통사 구조에 의해 야기된다는 입장에 대해 알아보고, 그에 대한 폭넓은 의견 일치가 나타나는 몇몇 경우들을 검토해보았다. 우리가 지금까지 검토해본 그 사례들이 진정 중의성을 가지고 있는지에 대해서는 지금껏 거의 또는 전혀 의혹이 없었다. 이러한 두 가지 사항들은 구조적 중의성을 가지고 있는 다음의 부류에서는 덜 명확한 상태이다. 이 새로운 유형의 중의성의 예들은—'단수 용어'(singular term)라고 불리는 한 상이한 부류와 대조적으로 비교해볼 수 있는—'양화사구'(quantifier phrase)라는 명칭의 구로 이루어진 한 특정 부류와 연관된다.

단수 용어는 지시적 의미론의 한 분파에서 사용되며 하나의 대상을 지칭하는 용어를 뜻한다. 명칭, 대명사, 지시사(demonstrative)(예. 'this'와 'that'), 그리고 한정적(definite)으로 기술된 표현들(즉, 한정기술구(definite descriptions))은 전통적으로 단수 용어로 간주되었다. 그래서 많은 철학자들과 언어학자들은 그러한 항목들 중 일부 또는 전체에 대해 생각할 때에 여전히 이 용어를 떠올린다. 이러한 표현들은 여러 다양한 문장 안에서 주어 또는 목적어 자격으로 나타날 법한 것들의 전부라는 점에 주목하라. 그렇지만, 모든 주어와 목적어가 단수 용어는 아니다. 특히, 양화사구라는 것이 존재한다. 양화사구는 기본적으로 한 개의 '양화사'(quantifier)와 한 개의 명사로 구성된다. 비록 그 명사에 여러 형용사 및 다양한 전치사구로 된 일관적인 브어(complement)가 수반될 수도 있지만 말이다. 양화사의 예들은 'a', 'some', 'every', 'all', 'each', 'most', 'two', 'at least three', 'at most four', 'no' 등이 있다. 그리고 양화사구는 'a man', 'some woman', 'all cats' 'each assiduous student of classics 등의 예들이 있다. 영어는 또한 한 단어로 표기되는 몇 개의 양화사구들을 가지고 있다. 'someone', 'everyone', 'anyone', 'no-one', 'somebody', 'everybody', 'anybody', 'nobody' 등이 그 예들이다. 양화사가 되기 위해서 요구되는 필수 요건은 양화사 예들이 가지고 있는 자체적인 의미론 측면에서 가장 잘 설명된다. 그리고 이러한 의미 원리의 차원은 다소 복잡한 사안이다. 하지만 현 시점의 논의를 위해 우리가 비공식적으로 고려해볼 수 있는 양화사의 기능은 다음과 같이 기술 가능하다. 즉 양화사는 무언가의 어느 정도의 양이 어떤 다른 무언가를 한다는 것을 우리에게 말해준다. 예를 들어, 'Every dog barks'는 얼마나 많은 수의 개들이 짖는지를 우리에게 말해준다. 그리고 유사한 방식으로, 'No student of classics is shocked by Aristophanes'라는 예문도 우리에게 관련된 양적 정보 및 행위/사건 정보를 제공해준다.

핵심적으로, 이러한 양화사구들은 단수 용어가 사물을 지칭하는 것과 같은 그러한 방식으로는 그 어떠한 것도 지칭하지 않는다. 'no student of classics'의 지시물은 무엇이 될 수 있을까? 어떤 존재하지 않는 고전학 학생일까? 고전학을 공부하지 않는 모종의 인물일까? 루이스 캐럴의 소설인 『거울나라의 앨리스』(Through the Looking Glass)

의 제 7장에 나오는 특정 구절들은 양화사구를 마치 단수 용어인양 취급하는 데에서 오는 여러 위험에 대해 우리에게 좋은 가르침을 준다.

'And I haven't seen the two Messengers either. They've both gone to the town. Just look along the road and tell me if you can see either of them.' 'I see nobody on the road,' said Alice. 'I only wish I had such eyes,' the King remarked in a fretful tone. 'To be able to see Nobody! And at that distance too! Why it's as much as I can do to see real people by this light!'

'Who did you pass on the road?' the King went on, holding out his hand to the Messenger for some hay. 'Nobody,' said the Messenger. 'Quite right,' said the King, 'this young lady saw him too. So of course nobody walks slower than you.' 'I do my best,' the Messenger said in a sullen tone. 'I'm sure nobody walks much faster than I do!' 'He can't do that,' said the King, 'or else he'd have been here first.'

'그리고 나는 그 두 전령도 본 적이 없어. 그 전령들은 모두 그 마을로 가버렸어. 그냥 길을 살펴보다가 둘 중에 누구든 보이면 나에게 알려다오.' '길에 아무도 안 보이네요.' 앨리스가 말했다. '나도 그렇게 좋은 눈이 있다면 얼마나 좋을까.' 왕이 화난 말투로 말했다. '아무도 안 볼 수 있는 눈 말이야! 그리고, 그 정도 먼 거리에서도 볼 수 있다면! 왜 하필이면 이 정도 빛으로 진짜 사람들을 볼 수 있는 것이 내가 할 수 있는 전부인거야!'

'너는 길에서 누구를 지나쳤느냐?' 건초를 좀 건네받기 위해서 자신의 손을 전령에게로 뻗으면서 왕은 계속 말을 이어 갔다. '아무도 지나치지 않았습니다.' 전령이 말했다. '확실히 옳은 말이야.' 왕이 말했다. '이 어린 아가씨도 그를 봤어. 물론, 그래서 아무도 너보다 더 느리게 걷는 사람이 없는구나.' '저는 최선을 다했습니다.' 전령이 부루퉁한 말투로 말했다. '저보다 빠른 사람은 아무도 없을 거라고 확신합니다!' '그는 그렇게 할 수 없어.' 왕이 말했다. '아니면 그가 여기에 처음 와 있었을 걸.'

루이스 캐럴(Lewis Carroll)은 옥스퍼드대학교의 크라이스트 처치 칼리지에서 수학과의 튜터(tutor)로 근무하였으며, 기호 논리학(symbolic logic)에 대한 두 논문의 저자이기도 했다. ([역자 주] 튜터는 개인 학습 지도를 담당함.) 따라서, 논리학 수업 내용들을 그의 허구 소설 속으로 녹여 넣고자 하는 목적에 있어서, 그러한 부분들이 이상적이고 유리한 위치에서 그를 도와주었다.

 양화사구는 광범위한 영역에 걸쳐 존재하는 다양한 구조적 중의성에 관련되어있다고 통상 주장된다. 하나의 문장 내에 두 개의 양화사구가 연관되어있는 몇몇 경우를 검토해보는 방법으로 우리의 논의를 시작해 보자. 'exactly half the boys'와 'some girl'이라는 양화사구의 예들이 관련되어있는 한 예문이 여기 있다.

 (10) Exactly half the boys kissed some girl.
   (정확하게 그 소년들의 절반이 어떤 소녀에게 입맞춤을 했다.)

이 문장은 정확하게 그 소년들의 절반이 다음과 같은 속성을 가지고 있음을 뜻하는 것일 수도 있다. 즉, 그들이 어떤 한 소녀 또는 그 외의 다른 소녀에게 입맞추었다는 속성을 암시한다. 또는, 어떤 한 소녀가 다음과 같은 속성을 가지고 있음을 뜻하는 것일 수도 있다. 즉, 정확하게 그 소년들의 절반이 그녀에게 입맞추었다는 속성을 암시한다. 이러한 두 개의 주장은 명확하게 변별이 된다. 우리는 다음과 같은 두 개의 시나리오를 구축함으로써 이러한 점을 구별할 수 있다. 즉, 첫 번째 주장이 참이지만 두 번째 주장은 참이 아닌 하나의 시나리오를 만들고, 그 다음에는 두 번째 주장이 참이지만 첫 번째 주장은 참이 아닌 또 하나의 시나리오를 만드는 방식으로써 구별이 가능하다. 예를 들어, 10명의 소년들과 10명의 소녀들이 있다고 상상해보라. 그리고 그 소년들 중에서 정확히 5명이 한 소녀에게 입맞춤을 하고, 그 소년들 모두가 각기 다른 소녀들에게 입맞춤을 한다고 상상해보라. 그리고 여기서 그 외의 추가적인 입맞춤은 발생하지 않는다고 가정해보자. 그러면, 정확하게 그 소년들의 절반이 어떤 한 소녀 혹은 그 외의 다른 소녀 한 명에게 입맞춤함이라는 그러한 속성을 가지고 있다고 말하는 것은 참이 된다. 하지만, 어떤 한 소녀가 정확하게 그 소년들의 절반에게 입맞춤을 받음이라는 그러한 속성을 가지고 있다고 말하는 것은 거짓이 된다. 그래서, 첫 번째 독해는 참이고 두 번째 독해는 거짓이다. 이제, 정반대의 방식으로 생각해보자. 10명의 소년들과 10명의 소녀들이 있다고 다시 한 번 상상해보라. 그리고 어떤 다소 인기 있는 소녀 한 명이 정확하게 5명의 소년들에게 입맞춤을 받고, 그 나머지 소년들 중 한 명은 또 다른 소녀에게 입맞춤을 한다고 상상해보라. 그리고 여기서 그 외에 다른 추가적인 입맞춤은 발생하지 않는다고 가정해보자. 그러면, 어떤 한 소녀가 정확하게 그 소년들의 절반에게 입맞춤을 받음이라는 그 속성을 가지고 있다고 말하는 것은 참이다. 하지만, 정확하게 그 소년들의 절반이 어떤 한 소녀 또는 그 외의 다른 소녀 한 명에게 입맞춤을 함이라는 그 속성을 가지고 있다고 말하는 것은 (6명의 소년들이 전체적으로 '소녀에게 입맞춤하기' 동작에 관여했으므로) 거짓이다. 그래서 두 번째 독해는 참이고 첫 번째 독해는 거짓이다.

조금 있다가 등장하게 될 몇몇 이유들로 인해, 대안적인 성격의 여러 시나리오들을 연관시킨 상태에서 우리가 방금 시행한 그 검사(test)의 속성(nature)에 대해 가능한 한 명확하게 정리하는 것은 가치가 있는 일이다. 우리는 예문 (10)의 경우에, 그 두 번째 독해가 참이 되지 않는 상태에서 그 첫 번째 독해는 참이 되었던 여러 상황들이 있었음을 보여주었다. 이에 대한 대안적 시나리오는 어떤 것이 될까? 그 대안은 첫 번째 독해가 참이 되는 모든 상황이 두 번째 독해 또한 참이 되는 상황인 그런 경우일 것이다. 다시 말해, 대안적 시나리오는 첫 번째 독해가 두 번째 독해를 함의하는 것이다. 우리는 또한 그 반대의 경우도 보여주었는데, 그것은 첫 번째 독해가 참이 되지 않는 상태에서 두 번째 독해가 참이 되는 상황들이 존재한다는 대안이었다. 다시 말해서, 두 번째 독해가 첫 번째 독해를 함의하지 않음을 보여주었다. 전체적으로, 독해들 중 그 어떤 것도 그 나머지 독해의 경우를 함의하지 않음을 우리가 보여주었다. 이것은 여기에 일종의 '순수한 중의성'(genuine ambiguity)이 존재한다는 것을 확증시키는 하나의 담보물로서 아주 유용하다.

왜 이것이 순수한 중의성의 존재에 대한 유용성 높은 담보물이란 말인가? 다음에 나오는 언어학적 이론화의 예를 고려해보라. 가상의 언어학자가 (11) 문장에 대해 고찰하고 있다고 가정해보라.

(11) John kissed some girl.
(존이 어떤 소녀에게 입맞춤을 했다.)

만약 존이 어떤 한 소녀에게 입맞춤을 했다면 이 문장은 참이 될 것이라는 것을 이 언어학자가 인식하고, 더 나아가 그러한 사실에 기반하여 그 문장의 의미에 더한 하나의 분석안을 주장하게 된다. 아마도 이 언어학자는 이 문장의 의미가 존이 어떤 한 소녀에게 입맞춤을 했다는 것이 사실인 상태에 있는 가능 세계 또는 가능 상황의 여러 예들로 이루어진 1개의 집합이라고 말할 것이다. 그리고 그러한 부분은 현재의 논의 목적이나 용도에 있어서는 중요하지 않다. 그런데, 우리에게 한 가상의 동료 언어학자가 있어서, 만약 존이 어떤 아이슬란드인 소녀에게 입맞춤을 했다면 그 문장이 참이 될 것이라는 것을 그 동료가 인식하게 되었다고 상상해보자. 그는 이러한 내용에 기반하여 모종의 중의성을 가정하게 된다. 그 문장의 두 번째 의미는 비공식적인 방식으로 'John kissed some Icelandic girl'(존이 어떤 아이슬란드인 소녀에게 입맞춤을 했다)이라고 요약 가능하다. 그리고 아마도, 이 의미는 여러 세계들 또는 상황들로 이루어진 한 개의 상응하는 집합에 의해 표상될 수 있을 것이다. 만약 그러한 종류의 처리 방식이 채택되고 있다면 말이다. 이것이 언어학적 분석에 있어서 온전한 예 중 하나일까? 확실히 그렇지 않다. 그리고 그 이유를 말하는 것은 상당히 쉬운 일이다. 존이 어떤 아이슬란드인 소녀에게 입맞춤을 하는 것은, 존이 어떤 한 소녀에게 입맞춤을 했다는 주장과 일치할 수 있을 그러한 세계를 갖춘 하나의 방식일 뿐이다. 존이 어떤 아이슬란드인 소녀에게 입맞춤을 하는 것이 사실인 상태에 있는 어떤 한 개의 상황은, '그 사실 때문에'(ipso facto), 존이 어떤 한 소녀에게 입맞춤을 하는 것이 사실인 상태에 있는 상황의 한 예인 것이다. 그러면 여기에는 두 개의 의미 모두를 상정할 필요성이 존재하지 않는다. 만약 그 문장이 단지 한 개의 의미만을, 즉, 'John kissed some girl'(존이 어떤 한 소녀에게 입맞춤을 했다)이라는 그 명제만을 가지고 있다고 말하고, 더불어, 그 언어학자들이 상정한 의미상에서, 그 명제가 참이 될 수도 있는 다양한 방식들 사이에서 그 명제는 모호한 상태라고 우리가 말한다면, 우리는 훨씬 더 만족스러운 분석안을 확보하게 된다. 여기서, 그 명제가 참이 될 수 있는 다양한 방식들 중에 단지 한 방식에 따르면 존이 어떤 아이슬란드인 소녀에게 입맞춤하는 것이 연관되어있는 것이다. 한편으로는, 합성성에 대한 우려 사안들이 존재하기 때문에 이러한 분석안이 더욱 만족스러운 것이 된다. 즉, 그 문장 내에는 'Icelandic'(아이슬란드의)을 뜻하는 그 어떠한 명확한 단어도 존재하지 않는 상태이며, 그래서 현재 우리는 그러한 개념이 도대체 어떤 방식으로 그 문장 전체의 의미 속으로 들어가게 되는지에 대해 설명하지 않아도 되는 것이다. 추가적으로는, 오컴의 면도칼이라는 조건 때문에 이러한 분석안이 더욱 만족스러운 것이 된다. 이 경우, 우리는 앞서 두 개의 의미를 가지고 있었던 상황에 단지 한 개의 의미만을 가지고 있다는 점에서 더욱 그러하다.

'John kissed some Icelandic girl'(존이 어떤 아이슬란드인 소녀에게 입맞춤을 했다)이라는 추정된 의미가 'John kissed some girl'(존이 어떤 한 소녀에게 입맞춤을 했다)이라는 그 의미를 함의한다는 점에 주목하라. 이것은 우리가 이미 말했던 내용을 약칭으로 표현한 것일 뿐이다. 즉, 'John kissed some Icelandic girl'(존이 어떤 한 아이슬란드인 소녀에게 입맞춤을 했다)이라는 문장이 참인 어떠한 상황도 자동적으로 'John kissed some girl'(존이 어떤 한 소녀에게 입맞춤을 했다)이라는 문장이 참인 하나의 상황이 되는 것이다. 그래서 우리가 도출할 수 있는 일반적 교훈은, 주장된 의미들 중 하나가 그 의미 외의 나머지 한 개의 의미를 함의하는 상황에서는 중의성에 대한 여러 주장들에 대해 우리가 의구심을 가져야 한다는 점이다. 예를 들면, 그와 같은 경우들에서, 해당 문장이 단지 한 개의 의미만을, 즉, 그 함의된 의미만을 가지고 있을 수도 있는 일말의 가능성이 나중에 사실인 것으로 드러날 수도 있는 것이다. 또한, 함의를 수행하고 있는 그 의미는 개별적으로 분리된 1

개의 의미가 전혀 아니라, 세계가 그 함의된 의미와 일치할 수 있는 하나의 방식에 대한 표상의 한 예일 뿐이라고 밝혀질 수도 있는 것이다.

양화사구가 연관된 상태에서 나타난다고 주장되는 여러 종류의 중의성의 예들 중에서 많은 수가 이러한 종류에 속한다는 것이 밝혀졌기 때문에, 이러한 논의 및 정보는 모두 중요하다. 예를 들어, (12)의 경우를 고려해보자.

(12) Every man loves some woman.
(모든 남자들이 제각각 어떤 여자를 사랑한다.)

전통적으로 (예를 들면, 개론 수준의 논리학 교재에서), (12)는 (10)과 아주 유사한 방식으로 중의적이라고 주장된다. 그 첫 번째 의미에 따르면, 모든 남자는 각자가 어떤 한 여자 또는 그 외의 다른 어떤 여자 한 명을 사랑하는 그러한 상태에 있다. 그 의미 외의 나머지 한 개의 의미에 따르면, 어떤 한 여자는 모든 남자가 각각 그녀를 사랑하는 그러한 상태에 있다. 하지만, 운이 없게도, 이 두 번째 의미는 첫 번째 의미를 함의한다. 만약 어떤 아주 인기가 많은 여자는 모든 남자가 각각 그녀를 사랑하는 그러한 상태에 있다면, 그것은 모든 남자가 각각 어떤 한 명의 여자 또는 그 외의 다른 여자 한 명을 사랑하는 그런 경우임이 틀림없다. 즉, 정말 최소한도로, 각각의 모든 남자는 모든 남자들에 의해 사랑을 받는 바로 그 여자를 사랑한다. 그래서, 사실상 이 예가 중의적이지 않다고, 사실은 이 예가 단지 그 함의된 의미만을 가지고 있는 것이라고 주장할지의 여부는 우리의 선택에 달려 있다. 만약 이 문장의 의미가 단지 'Every man is such that he loves some woman or other' (모든 남자는 각자가 어떤 한 명의 여자 또는 그 외의 다른 여자 한 명을 사랑하는 그러한 상태에 있다)일 뿐이라면, 동일한 여자를 사랑하는 모든 남자 개개인(즉, 주장된 바에 따르면 두 번째로 제기된 그 의미)의 경우는 세계가 처해 있을 수 있는 방식 중에 그 문장이 참이 되도록 만들게 할 방식의 한 예일 뿐이라고 우리는 주장할 수 있다. 이 방식은 예문 (11)의 경우에서 존이 어떤 아이슬란드인 소녀에게 입맞춤을 하는 그 상황과 유사하다.

의구심이 많은 이러한 입장에 반대하는, 한 번에 녹다운(knock-down)시킬 수 있는 논증을 마련하는 것은 어려운 일이다. 그리고 그런데도 이 입장은 그다지 널리 받아들여지는 입장은 아니다. 아마도, 그 이유 중 하나는 (12)가 (10)에 대해 가지는 구조적 유사성 때문일 것이다. 즉, 이 두 가지를 상이하게 다루는 의미적 체계는 어떠한 체계이든 그것을 그렇게 다루지 않는 체계보다는 상당히 더 많이 복잡할 것이다. 그리고 (10)이 의심의 여지없이 중의적이기 때문에, 이것은 (12) 또한 그러하다는 입장에 신빙성을 부여해준다. 하지만, (12)가 중의적이라는 것을 가정하는 데에 대한 기본적 이유는, 단지 그것이 그러하다고 아주 강력하게 믿고 있는 직관력을 사람들이 가지고 있기 때문이다. 그리고 우리의 지식 수준이 도달해 있는 현 시대의 상태에서는, 직관력이 우리가 가지고 있는 유일한 근거의 원천이다. 내가 아는 한, (12)에 대한 직관력을 명시화하는 가장 좋은 방법은 네덜란드의 언어학자 에디 라위스(Eddy Ruys)의 논저에서 유래한다. (10)이 중의적이라는 것을 보여주기 위해서 앞에서 사용되었던 검사 방법과 같은 여러 전통적인 검사들이 가지는 특징 중 하나를 라위스가 찾아서 지적하였다. 그리고 그의 지적에 따르면, 어떤 특정한 시나리오상에서 한 문장이 참이라고 원어민 화자들이 말하는 것은 우리가 신뢰할 수 있다고 그러한 검사 방법들이 가정하고 있다. 예를 들어, 10명 중에 5명의 소년들이 동일한 한 명의 소녀에게 입맞춤을 하고, 또 다른 한 소년은 그 외의 다른 소녀 한 명에게 입맞춤을 할 때에 (10)은 참이라고 원어민 화자들이 말하는 것을 우리는 신뢰할 수 있다고 가정하는 것이다. 이것은 모두 아주 적절하고 양호하다. 하지만, 라위스가 말하기를, 이러한 성격의 직관력의 예들은 그것들이 참(truth)의 경우를 다룰 때에만 신뢰도(reliability)를 띤다고 가정해야 할 어떠한 이유도 존재하지 않는다고 한다. 확연코, 다양한 시나리오들상에서 거짓이 되는 문장의 여러 예들에 대해서도 우리는 나름의 직관력을 가질 수 있는 것이다. 예를 들어, 'Grass is green and snow is white'라는 문장이 참이라는 것을 아는 만큼이나, 'Grass is white and snow is green'이라는 문장은, 어쨌든 간에, 거짓이라는 것 또한 우리는 아는 것이다. 그래서 (12)에 대해 주장되었던 그 첫 번째 의미가 참이고, 그 두 번째 의미(즉, 의구심이 많은 입장이 설명해낸 그 의미)가 거짓이 되는 한 시나리오를 우리가 지금 한 번 구축해볼 것이다. 예를 들어, 10명의 남자와 10명의 여자가 있다고 가정해보자. 각각의 남자들은 다른 여자를 한 명 사랑한다. 그 외의 다른 사랑 관계는 발생하지 않는다. 특히, 그 어떤 여자도 1명보다 많은 수의 남자에게 사랑을 받는 상황에 처해 있지 않다. 그리고 우리는 다음과 같은 질문들을 한다. (12)는 이러한 시나리오상에서 참이 될 수 있는가? 그리고, (12)는 이러한 시나리오상에서 거짓이 될 수 있는가? 라위스 자신은 이 두 질문 모두에 있어 대답을 '그렇다'라고 말한다. 그리고 내가 짐작컨대, 대부분의 언어학자들과 철학자들이 그와 똑같이 대답할 것으로 추측된다. 그래서 이것은 (12)가 정말로 중의적이라는 근거가 된다. 즉, 하나의 독해는 그것이 참인 상태에 의해서, 그리고 그 외의 다른 독해 한 개는 그것이 거짓인 상태에 의해서 탐지된 것이다.

주장된 대안적 의미의 예들이 명료해지도록 처리하였을 때조차 중의성의 상태를 확립하는 것은 항상 단순명료하지 않다는 것을 보여주기 위해서, 그리고, 또한, 중의성과 함의 간의 긴밀한 이론적 연계성을 강조하기 위해서, 나는 지금까지 'Every man loves some woman'에 대해 좀 자세하게 다루었다. 하지만 이제 나는 이러한 염려되는 부분들을 무시하고, 고심하느라 논의를 잠시 멈추는 일 없이 양화사구와 연관된 이외의 다른 중의성의 예들을 일정 범위 내에서 기술해 보도록 하겠다.

우리가 지금까지 살펴본 예들은 상호작용관계에 놓여있는 2개의 양화사구를 포함한 것이었다. 양화사구는 부정문, 조건문(conditionals), 그리고 'certain', 'likely'와 같은 부류의 형용사와 상호작용상태일 때에 유사한 효과들이 발생하기도 한다. 우선, 첫 번째 예문 (13)은 무엇을 의미할까?

 (13) Everyone isn't here yet.
   (모든 사람들이 (제각각) 아직 여기에 있지 않다.)

만약 당신이 나와 같다면, 머릿속에 떠오르는 첫 번째 의미는 'It is not the case that everyone is here yet'(모든 사람들이 (제각각) 여기에 있다는 것은 아직 그러한 경우가 아니다)가 된다. 다시 말하면, 어떤 사람들은 아직 여기에 있지 않으며, 하지만 어떤 사람들은 여기 있을지도 모른다. 하지만 만약 당신이 잠시 생각해본다면, 또 다른 의미가 떠오를지도 모른다. 즉, 'Everyone has the property of not being here yet'(모든 사람들이 각각 '아직 여기에 있지 않음'이라는 그 속성을 가진다)이라는 의미를 생각해볼 수도 있다. 이러한 두 번째 독해에 따르면, 아무도 아직 여기에 있지 않다. 이제 (14)가 만약 참이라면, 존이 집을 한 채 물려받기 위해서는 어떠한 일이 일어나야 할까?

(14) If a relative of his dies, John inherits a house.
(만약 그의 친척들 중에 1명이 죽으면, 존이 집 1채를 물려 받는다.)

여기서 나 자신의 경우, 두 가지의 가능한 독해 방법들 사이에 존재하는 현저성(salience)에 있어서는 그 어떠한 차이점도 느껴지지 않는다. 우선, 존의 친척들 중에서 어떤 특정한 친척 1명이, 만약 그 또는 그녀가 죽으면, 존이 집을 1채 물려받게 되는 그러한 상황에 처해 있다는 것이 첫 번째로 가능한 독해 방법이다. 그리고 만약 존의 친척들 중에서 어떠한 친척이라도 1명이 죽으면, 존은 집을 1채 물려받는다는 것이 두 번째로 가능한 독해 방법이다. 만약 존이 여러 수입원들을 확보하기 위한 목적으로 그에게 있는 노쇠한 친척들 사이의 위계를 열심히 살피고 있다면, 그는 첫 번째 가능성보다는 두 번째 가능성에 훨씬 더 많이 만족스러워 할 것이다. 그럼 이제 (15)에서는 무엇이 확실한 내용인가?

(15) A northern team is certain to be in the final.
(북쪽 팀 1개가 결승전에 진출할 것이 확실하다.)

이 문장은 결승전에 진출할 것이 확실한 어느 한 특정 북쪽 팀이 존재한다고 주장하고 있는 것일 수 있다. 또는, 이 시점의 현황에서는 비록 그 어떤 북쪽 팀도 결승전까지 가는 것이 확실하다고 말할 수 없음에도 불구하고, 한 북쪽 팀 또는 그 외의 다른 북쪽 팀이 결승전에 진출할 것이라는 것은 확실하다고 그저 주장만 하는 것일 수도 있다. 'team'과 같은 명사 뒤에 복수형 동사 일치를 허용하는 영어 방언들의 경우(즉, 미국의 방언들을 제외한 영어의 거의 모든 방언들의 경우)에서는, 만약 'is'를 'are'로 바꾼다면 (15)의 두 번째 독해가 사라져버린다. 아마 해당 방언의 화자들은 이러한 점을 알아차릴 수 있다는 사실에 흥미로워할지도 모른다.

　이러한 여러 경우들에서는 도대체 무슨 일이 일어나고 있는 것일까? 해당 분야에서는 만장일치된 의견이 존재하지 않는다. 한 이론은 우리가 앞서 살펴보았던 여러 경우들, 즉, 'Old men and women are law-abiding'과 같은 종류의 예문들에서 도출된 분석 결과에서 그 단서를 취한다. 이러한 경우들에서는, 우리가 앞서 본 것처럼, 단어의 연쇄 한 개가 두 개의 구분되는 통사 구조들을 감추고 있었다고, 그래서 그러한 두 개의 통사 구조들은 그 모든 연관 단어들의 각각의 의미가 여러 상이한 방식들에 따라 서로서로 결합하도록 허용했다는 것이 타당성 있는 설명 중 하나였다. 지금 여기서도 동일한 상황이 일어나고 있는 것일 수도 있는가? 명확하게 그런 것은 아니다. 만약 우리가 'Exactly half the boys kissed some girl' 또는 'Everyone isn't here yet'과 같은 예문 하나를 택해서 본다면, 부여된 순서에 따라 나열된 주어진 단어들을 취해서 유용한 방식으로 차이가 있는 두 개의 통사 구조들을 그 단어들에게 할당시키는 명백한 방법은 그 어떠한 것도 존재하지 않는다. 그래서 촘스키가 이끈 몇몇 언어학자들은 문장들이 두 가지 종류의 통사 구조를 가질 수 있다고 주장해왔다. 부연하자면, 그 첫 번째 종류는 '표층 구조'(surface structure)라고 불리며, 우리가 단어들을 듣는 순서에 따라 우리가 듣게 되는 그 단어들을 표층 구조가 우리에게 제공하는 것이다. 하지만, 그것 의의 또 다른 종류는 '논리 형태'(Logical Form)라고 알려져 있으며, 의미적 해석이 기반으로 삼고 있는 구조를 가리킨다. 논리 형태는 엄격한 규칙들을 사용하는 방법으로 표층 구조에서 도출(derive)된다.

　여기에 상세하게 기술을 해주는 한 예가 있다. 'Every man loves some woman'이라는 우리가 사용한 예문은 그림 5.7에서 보여주는 것과 같은 표층 구조를 가지고 있을 것이다. 이것은 우리가 단어를 듣는 그 순서에 따라 우리가 듣게 되는 그 단어들을 우리에게 제공해준다. 하지만 이제, 지금 고려 중인 이 가설에 따르면, 우리는 이 문장을 위한 두 개의 논리 형태 예들을 도출시켜야 할 필요가 있다. 두 개의 논리 형태 예들은 이 문장의 의미들 중 각각의 의미를 위해 한 개씩 필요한 것이다. (우리는 현재 진행되고 있는 논의의 목적 및 용도를 위해서, 이 문장이 정말로 중의적이라고 가정해볼 수 있다.) 이러한 각각의 논리 형태 예들을 도출시키기 위해서 우리가 필요한 규칙이 한 개 있다. 그 규칙은 '양화사 인상'(quantifier raising)이라고 칭해지며, 1977년에 미국의 언어학자 로버트 메이(Robert May)가 최초로 주장하였다.

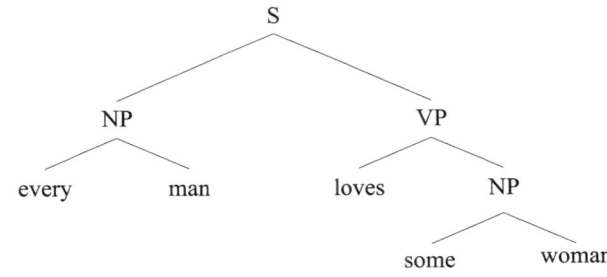

그림 5.7 'Every man loves some woman'의 표층 구조

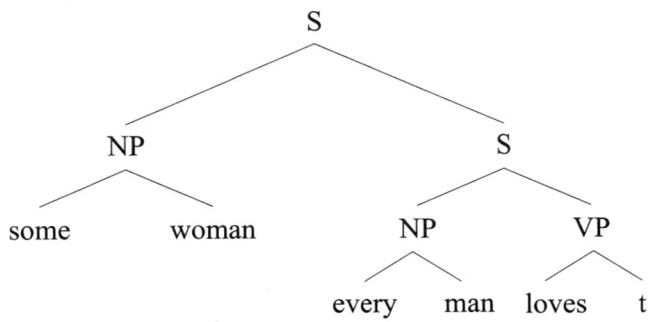

그림 5.8 그림 5.7에서 'some woman'에 양화사 인상이 적용된 결과

양화사 인상은 다음과 같이 작용한다. 즉, 'some woman'과 같은 한 개의 양화사구를 택하라. 그 통사 구조의 수형도 내에서 그 구의 현재 위치로부터 그 구를 추출(extract)하고, 그 자리에는 't'라고 표기되며 '흔적'(trace)이라고 칭해지는 하나의 요소(element)를 놓아두라. (흔적에 대해서는 나중에 좀 더 다르겠다.) 그리고 새로운 가지 한 쌍을 사용하여 수형도의 나머지 부분에 연결시켜둔 상태에서, 이동된 양화사구를 수형도의 최상위 좌측 지점에 놓아두는 방법으로 새로운 확장된 형식의 문장을 한 개 형성하라. 그 수정된 수형도에는 'S'라는 이름표(혹은 표지)를 부착하라. 'S'를 사용하는 이유는 우리가 아직 하나의 문장을 다루고 있기 때문이다. 이 문장이 가지는 특징은 단지 우리가 실제로 그것을 소리 내어 말하지는 않을 것이라는 점이다. 그림 5.7에 있는 'some woman'을 가지고 이러한 절차를 수행한 결과는 그림 5.8에 제공되어 있다.

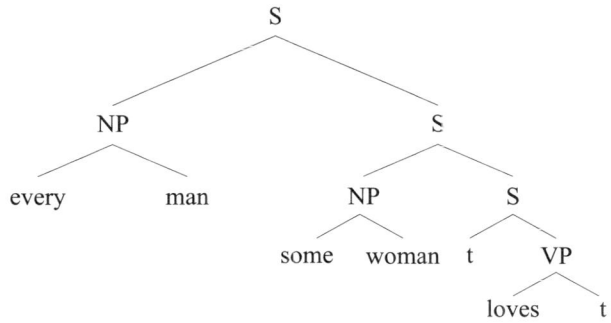

그림 5.9 'Every man loves some woman'의 첫 번째 논리 형태

이제, 우리의 예문이 가지고 있는 첫 번째 논리 형태를 도출시키기 위해서, 우리는 그림 5.8을 택한 다음에, 다시 한번 그것에 양화사 인상을 적용하도록 한다. 이번에는 그 외의 나머지 양화사구인 'every man'을 그 목표 대상으로 삼는다. 그리고 그 적용 결과는 그림 5.9에 제시된

바와 같다. 이제 이와 같이 기이한 모양의 구조를 우리는 어떻게 해석해야 하는 것일까? 이러한 체계가 가지고 있는 이점은, 입증된 바와 같은 그러한 특정 의미 예들을 인도(deliver up)해주는 완벽하게 정밀하고 획일적인 해석 규칙(interpretation rule)들을 제공하는 것이 가능하다는 점이다. 여기에 그러한 해석 규칙의 한 버전을 보여주겠다. 이러한 여러 논리 형태들이 각각 올바른 해석을 산출한다는 것을 보여주기 위해서, 우리는 그것들을, 말하자면, 영어의 다소 형식적인 버전으로 (수형도의 최상위 좌측지점에서부터 시작하여) 해석하도록 할 것이다. 해석 규칙의 적용 예들은 다음과 같이 정리된다. 'every man'을 'every man is such that'으로 해석하라. 'some woman'을 'some woman is such that'으로 해석하라. 'every man'에 의해 남겨진 흔적을 'he'로 해석하고 'some woman'에 의해 남겨진 흔적을 'she'로 해석하라. 그리고 'loves'를 'loves'로 해석하라. 이것들을 모두 한데 모아놓을 때, 이 논리 형태가 'Every man is such that some woman is such that he loves her'를 의미한다고 예측되어짐을 우리는 알게 된다. 그리고 우리가 앞부분에서 주목하였던 그 첫 번째 의미를 고려할 때, 이러한 해석은 (만약 과도한 격식으로 다소 부자연스럽다고 한다면) 그래도 나쁜 환언은 아닌 것이다.

우리가 이미 사용해온 것과 정확히 동일한 일련의 통사 규칙과 번역(translation) 절차를 사용하면서, 앞서 주목했던 두 번째 의미를 우리가 획득할 수 있음을 보여주는 일이 이제 남았다. (만약 우리가 이와 같은 독해 방법을 위해 여러 상이한 절차들을 도입해야 한다면 이것은 임기응변식의 반갑지 않은 말로 들릴 것이다. 여기서 우리는 우리의 규칙들이 가능한 한 일반적이기를 바란다.) 앞에서처럼, 우리는 그림 5.7에 제시된 표층 구조를 가지고 시작하겠다. 이전처럼, 우리는 양화사 인상이라는 규칙을 이 구조에 두 번 적용한다. 그리고 단 하나의 차이점이 있다면, 그것은 이전의 예로부터 반대 순서로 주어진 양화사구의 예들을 인상시킨다는 점이다. (양화사 인상의 공식형성(formulation) 과정에서 그 어떤 것도 우리가 어느 특정 구를 가지고 시작해야 한다고 말하지 않는다.) 그래서 우선 우리는 양화사 인상을 'every man'에 적용시키고 그 다음에 그것을 some woman'에 적용하도록 한다.

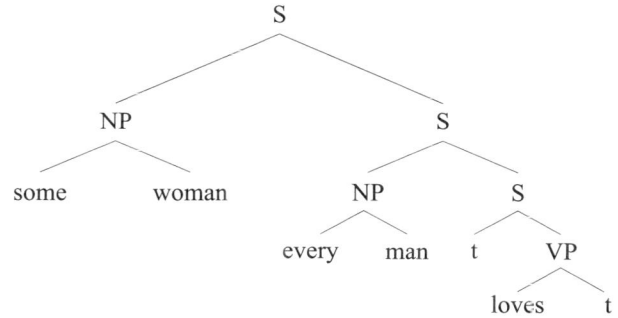

그림 5.10 'Every man loves some woman'의 두 번째 논리 형태

그 결과로 나타난 논리 형태는 그림 5.10에서 보여주고 있다. 우리는 이제 앞서 적용했던 것과 정확히 동일한 해석 규칙의 관례들을 적용한다. 최상위 좌측지점에서부터 시작하는 방식에 따라, 우리는 다음과 같은 환언된 표현에 귀착하게 된다. 'Some woman is such that every man is such that he loves her.' 그리고 이것은 이 문장을 위해서 우리가 찾아낸 그 두 번째 독해 방법에 대한 상당히 좋은 환언 표현이다.

 이러한 종류의 이론은 여러 이점과 단점을 모두 가지고 있다. 그 이점 중 하나는 구조적 중의성에 대한 하나의 단일화된 이론이라는 점이다. 이 이론에 따르면 이러한 현상은, 항상, 여러 상이한 통사 구조들이 관여하여 야기되는 그 결과물이다. 또 다른 이점은 의미적 해석 규칙들로 구성된 상당히 단순한 하나의 규칙 집합이 있다는 점이다. 하지만,

이러한 종류의 이론에 반대하여, 통사적 특징은, 그것이 가지는 새로운 논리 형태들도 포함해서, 불필요하게 복잡하고 우리가 실제 보고 듣는 것으로부터 너무 동떨어진다고 역설할 수도 있다. 이러한 추가적인 성격의 통사 구조 예들이 부재한다면, 두 개의 상이한 양화사구 예들을 연관시키는 여러 중의성의 예들을 설명하는 것이 가능할까?

그 답은 '그렇다'라고 할 수 있다. 하지만 내가 염두에 두고 있는 그 실행 방법에 대해 맛이라도 보기 위해서는, 형식 논리학(formal logic)에 대한 한 개 또는 두 개의 사실을 학습하는 것이 필요하다. 약간은 전문적인 설명부(technical exposition)가 될 이 부분에서 여러 가지 것들을 단순화시키기 위해서, 나는 'Every man loves some woman'과 관련이 있는 방식으로 유사한 하지만 덜 장황한 새로운 예문을 소개할 것이다.

(16) Everyone loves someone.

이 예문은 'Every man loves some woman'이 중의적이 되는 방식과 정확하게 유사한 방식으로 중의적이다. 그리고 당신이 필요로 하게 될 논리학적 정보의 모든 내용을 여기에 한꺼번에 소개한다.

(17) a. $\forall x Px$
b. $\exists y Py$
c. $\forall x \exists y\, xLy$
d. $\exists y \forall x\, xLy$

영어의 A를 거꾸로 세워둔 $\forall$는 'for all'(모든 ~에 대해)로 해독된다. 그래서 (17a)는 '모든 x에 대해, P x'(이다)로 해독된다. 이것은 'x라는 모든 개별요소들에 대해, x는 P라는 속성을 가진다'는 것을 의미한다. 글자 x는 하나의 '변항'(variable)이라고 칭해지며 다양한 개별요소들을 아우르기 위해서 사용된다. 그리고 유사한 방식으로 글자 y를 사용한다. 영어의 E에서 좌우를 바꾼 모양인 ∃는 '~가 존재한다'(there exists)로 해독된다. 그래서 (17b)는 'There exists a y such that P y'(P y라는 그러한 상태에서 하나의 y가 존재한다)로 해독되며, 'There exists an individual y such that y has property P'(y가 속성 P를 가지고 있는 그러한 상태에서 하나의 개별요소 y가 존재한다)를 의미한다. 속성 P가 '종이로 만들어졌음'이라는 속성이라고 상정해보자. 그러면 (17a)는 'Everything is made of paper'(모든 것이 종이로 만들어졌다)로 번역될 수 있을 것이다. 그리고 (17b)는 'Something is made of paper'(어떤 것이 종이로 만들어졌다)로 번역될 수 있을 것이다. 이제 우리는 (17c)와 (17d)로 가보도록 한다. 이 예들을 사용하는 목적을 위해서, 우리는 사람들에 대해 이야기하고 있다고 가정할 것이다. 그래서 'someone'과 'everyone'을 연관시키는 여러 번역 결과들이 그 내용면에서 적절해질 것이다. xLy와 같은 표기들의 각 부분들은 관계들에 대해 이야기하기 위해서 사용된다. 그래서 xL은 'x loves y'(x가 y를 사랑한다)를 의미할 수도 있다고 본다. 그래서 (17c)는 'For all individuals x there is an individual y such that x loves y'(x라는 모든 개별요소들에 대해, x가 y를 사랑하는 그러한 상태에서 한 개별요소 y가 존재한다)를 의미한다. 또는, 좀 더 관용어적인 방식으로, 'Everyone loves someone or other'(모든 사람이 각각 어떤 사람 또는 그 외의 다른 사람을 사랑한다)를 의미하게 된다. 이것은 (16)이 가지는 첫 번째 의미에 대한 하나의 표상물이며, 이것은 우리가 앞부분에서 보았던 것처럼, 'Every man loves some woman'의 첫 번째 의미와 유사하다. 한편, (17d)는 'There is some individual y such that, for all individuals x, x loves y'(x라는 모든 개별요소들에 대해, *x*가 *y*를 사랑하는 그러한 상태에서 어떤 개별요소 *y*가 존재한다)라는 것을 의미한다. 또는 좀 더 관용어적인 방식으로, 'Someone is such that they are loved by everyone'(어떤 사람은, 그 사람(들)이 모든 사람 각각에 의해 사랑받는 그러한 상태이다)라는 것을 의미하게 된다. 이것은 (16)의 두 번째 의미이며, 'Every man loves some woman'(모든 남자는 제각각 어떤 여자를 사랑한다)이라는 문장이 가지는 두 번째 의미와 유사하다. 이제 더 이상의 논리학은 요구되지 않을 것이다.

우리는 이제 (16) 문장에 1개보다 더 많은 통사 구조를 부여하지 않는 상태에서 (16)의 두 가지 독해 방법들을 어떻게 획득하게 되는지를 알아봐야 할 입장에 처해 있다. 사실, 내가 제시하고자 하는 이론에서는 그 어떤 통사 구조도 참고할 필요가 없을 것이다. 단지 'Everyone loves someone'이라는 단어의 연쇄만으로도 충분할 것이다. 이 이론은 미국의 언어학자 크리스 바커(Chris Barker)와 대만 출신의 컴퓨터 과학자 "켄" 충치에 샨("Ken" Chung-chieh Shan/선중걸/샨쫑찌에/單中杰)에 의해 개발되었다.

바커와 샨이 고안해낸 중요한 혁신적인 발상 중 하나는 여러 단어가 가지는 각각의 의미를 여러 유형의 '탑'(tower)으로서 표상시켜 놓는다는 점이다. 여기서 '탑'은 바커와 샨이 명명한 것으로, 실제로 그 탑들은 오히려 수학에서 사용되는 분수의 예들처럼 생겼다. 전체 문장 예들이 해석될 때에, 그와 관련된 탑들이 가지고 있는 상이한 단계(layer) 위에 있는 논리 표기(logical notation)의 각 부분들이 여러 상이한 방식에 따라 작용하게 된다. 예를 들어 (16) 문장을 다음과 같이 제시할 수 있으며, 각 단어가 가지는 의미는 (약간 단순화된 형식으로) 문장의 상부에 표상시켜 두었다.

(18)

$$\forall x \quad \underline{\quad} \quad \exists y$$
$$x \quad L \quad y$$
everyone   loves   someone

바커와 샨은 이러한 여러 개별 (단어)의미들을 그 전체(문장 예)를 나타내기 위한 하나의 의미로 축약(collapse)시키기 위해서 하나의 알고리즘을 제시한다. 여기서 이러한 알고리즘의 특징은, 일련의 다양한 경우들에서, (18)과 같은 초기 표상물의 예들로부터 문장 전체의 의미를 누구든 간단하게 해독할 수 있다는 결과를 가진다는 점이다. (18)을 해독할 때에는, 마치 영어를 읽고 해석하듯이 좌측 상단에서 시작하여 우측으로 진행한 다음에 하단투로 이동하면 된다. 이와 같은 경우에, 예를 들어, 우리는 그 전체를 나타내기 위한 의미를 다음과 같이 확보하게 된다.

(19) $\forall x \exists y \, xLy$

당신이 (17c)로부터 상기하게 되는 바와 같이, 이것은 (16) 문장의 첫 번째 의미에 대한 논리적 표상물이다.

그러면 우리는 어떻게 두 번째 의미를 획득하게 되는가? 바커와 샨은 '상승'(Lift)이라는 명칭의 새로운 작용(operation)을 도입한다. 그것은 우리가 방금 보았던 그러한 종류의 탑들을 대상으로 작용하며 최하단 부분을 제외하면 어떤 곳이든 추가적으로 하나의 빈 층(level)을 도입시킨다. (18)에서 우리가 사용하였던 그 탑들을 채택한 상태에서, 'everyone' 과 'loves'의 경우에는 최상층부에, 그리고 'someone'의 경우에는 그 중간 부분에 빈 단계(layer)를 추가시키기 위해 우리는 '상승' 기능을 사용한다. 그러면 우리는 다음과 같은 표상물을 획득하게 된다.

(20)

$$\underset{\text{everyone}}{\underset{x}{\overline{\forall x}}} \quad \underset{\text{loves}}{\underset{L}{\overline{}}} \quad \underset{\text{someone}}{\underset{y}{\overline{\exists y}}}$$

그리고 앞에서 한 것처럼, 이러한 의미적 표상물에서 최상단에서 아래쪽으로 해독해나가면서 우리는 그(문장) 전체를 나타내기 위한 의미를 다음과 같이 획득하게 된다.

(21) $\exists y \forall x \; xLy$

그리고 물론, 우리가 (17d)에서 보았던 것처럼, 이것은 (16)이 가지는 두 번째 의미에 대한 논리적 표상물이다.

지금까지 우리는 양화사 인상 이론과 바커와 샨의 이론이 둘 다 올바른 결과물을 획득하게 된다는 것을 보았다. 특히, 이 두 이론 모두 'Every man loves some woman' 그리고 'Everyone loves someone'과 같은 문장 예들을 위한 두 개의 서로 다른 독해 방법(및 내용)을 예측한다는 점에서 그 결과물들은 정확하였다. 바커와 샨의 이론은 양화사 인상 이론에 비해서 더 나은 그것만의 이점을 가지고 있는가? 예를 들면, 양화사 인상 이론이 활용하고 있는 여러 추가적인 통사 구조의 예들이 바커와 샨의 경우에는 죄다 필요가 없다는 그런 점에서 이점이 있는 것일까? 어느 면에서는 그렇다. 여기서 문제는, 바커와 샨의 이론은(그리고 비슷한 노선들을 따라 발전된 여타 이론들은) 그 의미적 표상물의 예들에 복합적 문제가 포함되어있다는 점이다. 양화사 인상 이론이 만들어 낸 의미론에서는 그러한 문제들에 상응하는 복잡한 난제들이 없는 상태이다. 하지만, 그러한 의미론의 문제들은 기괴하게 이상하다 할 정도로 양화사 인상 이론이 만들어 놓은 그 '통사론'을 연상시킨다. 즉, (20)에서 $\forall x$ 위에 $\exists y$를 '상승'(lifting)시켜 놓은 것과 그림 5.10에서 'every man' 위에 'some woman'을 인상시켜 놓은 것을 견주어 비교해 보라. 그러면 우리는 일종의 타협적 거래를 해야 하는 것처럼 보인다. 즉, 복잡하게 만들어 놓은 통사론과 상대적으로 단순한 의미론을 택하든지 아니면 복잡하게 만들어 놓은 의미론과 상대적으로 단순한 통사론을 택하든지 간에 우리는 어떤 것이든 양자택일해야 할 수 밖에 없는 듯하다.

그렇지만, 우리가 이 장에서 이러한 두 가지 전략을 꼼꼼하게 전체적으로 비교하는 어떤 단계 근처에까지 도달했다고 감히 생각해서는 안 된다. 그러한 프로젝트는 오늘날의 동시대 연구에 있어서 바로 그 경계면에 위치해있을 것이다. 우선 첫째로는, 아주 방대한 범위의 예들이 분석되어야 할 것이다. 그리고 다음으로는, 논의의 초점이 되는 여러 이론들이 여러 특정한 방식에 따라 좀 더 명시적으로 만들어져야 할 것이다. 나는 다음 장에서 후자에 해당하는 사항에 대해 좀 더 이야기하겠다.

그렇지만, 중의성이라는 이 현상이 이론적인 차원 외에도 다양한 영역에서 여러 여파들을 가지고 있음에 대해 주목하지 않은 상태에서는 우리가 중의성이라는 주제에 대한 논의를 접어서는 안 된다. 그와 같은 영향력 있는 결과들 중에서도, 아마도 가장 엄청난 파급효과는 법 분야에서 찾아야 할 것이다. 만약 어떤 법령이 중의적이라면, 이것은 가장 급박한 실질적 결과와 직결된 사안을 다룰 때에 혼동 또는 혼란을 초래할 수 있다.

로저 데이빗 케이스먼트 경(Sir Roger David Casement)(1864-1916)은 해당 제정법령에 따라 유죄 판결을 받았으며, 그 법령에서 사용되는 언어의 불명확성으로 인해 소위 '쉼표 하나에 교수형을 당했다'(hanged on a comma)고 말해졌던 인물이다. 그는 아프리카와 남미에서 다양한 영국 외교직을 맡았던 아일랜드출신의 정치인이었다. 그가 살았던 시대에 아일랜드는, 물론, 대영제국의 일부였다. 1913년에 외교관련 업무에서 은퇴한 케이스먼트경은 아일랜드의 민족주의(nationalism)에 관심을 보이기 시작했으며, 1913년 11월에는 '아일랜드 지원군'(Irish Volunteers 또는 Irish Volunteer Force/ Army)의 초창기 회원이 되었다. '아일랜드 지원군'은 일종의 준군사조직(paramilitary organization)으로, 훗날 1916년 부활절 봉기(Easter Rising) 사건에서 중요한 역할을 하게 되는 바로 그 조직이었다. 게다가 그는 1914년과 1915년에 수차례에 걸쳐 독일의 림부르크 (안 데어) 란 캠프(Limburg Lahn Camp)에 있던 아일랜드출신 전쟁포로들을 직접 방문하였고, 제1차 세계 대전에서 독일군 편으로 무기를 들어줄 것을(즉, 참전할 것을) 그들에게 촉구하였다. 아일랜드 내에서 영국사람들에게 붙잡히자마자, 그는 1916년 6월에 런던 소재 고등법원에서 반역죄로 재판을 받았다.

그의 법적 소송은 곧 1351년의 반역죄관련 조례(Act)에 명시된 어법(wording)을 중심으로 돌아가게 되었다. 그 조례는 에드워드 3세의 휘하에서 도입된 것으로 노르만 프랑스어(Norman French)로 쓰여 있었다. 하지만, 케이스먼트의 재판이 행해진 시점에 사용된 공식 번역문에는, 중요한 법규가 다음과 같이 쓰여 있었다. 다음과 같은 경우에는 반역죄를 지은 것이다.

> if a man do levy war against our Lord the King in his realm, or be adherent to the King's enemies in his realm, giving to them aid and comfort in the realm, or elsewhere, and thereof be properly at-

tainted of open deed by the people of their condition...

([역자 주 1] 쿨영 번역븐으로 된 법률 원둔에서는 상이한 버전에 따라서 'probably' 또는 'properly'가 사용된 경우가 발견됨. 역자 번역은 이를 모두 반영함.)

([역자 주 2] 역자 번역은 'attainted'의 고어 뜻과 현대 법률상의 뜻을 모두 반영함.)

만약 한 사람이 국왕의 국가 영토(realm) 내에서 우리의 주군이신 국왕에 반대하여 전쟁을 가시하거나, 국왕의 국가 영토 내에서 국왕의 적들을 지지하는 입장에 서서, 그 영토 내에서, 또는 그 외의 경우에라도, 그들에게 원조 및 편의를 제공하여, 앞서 언급된 그런 것에 관하여, 그들과 관련된 조건에 속해있는 사람들에 의해 행해진 공개적인 행위로 인해 아마도 (또는 사실) 명예가 훼손된 (또는 사권이 박탈된) 경우라면...

여기서 핵심사항은 케이스먼트가 영국 국왕의 국가 영토 내에서 어떤 잘못된 행위를 해서 기소된 것이 아니었다는 사실이었다. 잠재적으로 반역의 성격을 띠는 그가 주도한 모든 행위는 독일에서 발생하였던 것이었다. 그러면 그 탄역죄 관련 조례가 그에게 적용되었을까 아니면 적용되지 않았을까?

처음에는 그 조례가 단지 국왕의 국가 영토 내에서 발생한 활동들에만 적용되는 것으로 보인다. 예를 들어 'in his realm...in his realm...in the realm'(국왕의 국가 영토 내에서...국왕의 국가 영토 내에서...그 국가 영토 내에서)이라는 문구를 보면 그렇게 파악할 수 있다. 하지만, 그 다음에, 우리는 'or elsewhere'라는 문구에 이르게 된다. 피고측 변호인이었던 알렉산더 설리번(Alexander Sullivan)씨는 'or elsewhere'가 'giving to them aid and comfort'(그들에게 원조 및 편의를 제공하여) 부분을 수식하는 것으로 해석되어야 한다고 주장하였다. 그래서 그 구 앞에 있는 쉼표는 다소 까다로운 구두법(punctuation)의 예이며, 따라서 그 전체는 그냥 'giving to them aid and comfort in the realm or elsewhere'라고 쓰였을 수도 있는 것이었다. 게다가, 이러한 전체 절은 그에 선행하는 'be adherent to the King's enemies in his realm'에 대해 보다 명료한 설명을 시도한 예로 간주되어야 했다. 그래서 여기에는 세 개가 아니라 단지 두 개의 위법행위만 존재하였다. 즉, 국왕의 국가 영토 내에서 국왕에 반대하여 전쟁을 개시하는 것, 그리고 국왕의 국가 영토 내에서 국왕의 적들에게 지지하는 입장을 취하는 것만이 위법 행위에 해당되었다. 하지만 로저경은 당시 국왕의 국가 영토 내에서는 어떠한 잘못도 행하지 않았던 상태였다.

이러한 해석이 가지고 있는 (하지만 당시의 재판과정에서 상세하게 논의되지 않았던 것으로 보이는) 한 측면은 'or elsewhere'(또는 그 외의 경우에라도)라는 그 표현과 추정상의 반역자는 반역적인 행위의 실행 시점에 국왕의 국가 영토 내에 있었어야 한다는 피고측 변호단의 주장을 어떻게 중재하여 서로 융화시킬 것인지에 대한 방법적인 부분이다. 'giving to them aid and comfort in the realm or elsewhere'라는 표현이 'giving to them aid and comfort while they, the King's enemies, were in the realm or elsewhere'를 의미할 수도 있을까? 다시 말해, 반역자가 국왕의 국가 영토 내에 체류하고 있고, 동시에, 국왕의 적들이 그 외의 다른 곳에 있는 동안 그들에게, 예를 들어, 무기들을 수송시켜 주는 방법을 사용하여 그들, 즉, 국왕의 적들에게 원조와 편의를 제공하는 행위를 그가 실행함으로써 관련 법 조례하에 그가 그와 같은 (법적) 자격을 부여받게 되는 것이 가능한 일일까? 이 점에 대한 나만의 여러 직관적 의견은 다소 혼란스러운 상태이다. 그래서 나는 이것이 가능한 독해라는 생각과 그렇지 않다는 생각 사이에서 왔다 갔다 한다. 그에 대한 대안은 'in the realm or elsewhere'가 '준다'(give)는 행위에게 자격 부여를 해준다는(즉, 그 행위를 수식한다는) 것이다. 그리고 이것은 그러한 주기 행위가 국왕의 국가 영토 밖에서 발생하는 것을 허용할 것이며, 가정하건대, 이것은 그 잠재적인 반역자가 그 시점에 국왕의 국가 영토 밖에 있을 수도 있다는 것을 의미할 것이다. 이것은, 차례로, 피고 변호단 측의 해석을 이형하는 데 여러 난제들을 야기시킬 것이다. 또 다른 가능한 해석에 따르면, 'elsewhere'가 포함된 그 절이 효과를 발휘하기 위해서는, 그 반역자가 (그의 소재에 있어서) 국왕의 국가 영토 내에 기반해야만 한다는 것이다. (따라서 'be adherent to the King's enemies in his realm' 절을 만족시킬 것이다.) 하지만, 이 해석에서, 그 적에게 원조와 편의를 제공하려는 목적을 위해서 그 반역자는 단기간의 국가 영토 외부로의 외유를 가지는 것이 허용되었다고 해석될 것이다. 하지만 이것은 피고측에게 도움이 되지 않았을 터인데, 그 이유는 로저경이 거주자로서 소재하였던 아일랜드는 그 당시에 국왕의 국가 영토의 일부였기 때문이다.

마지막 단락에서, 내가 'be adherent to the King's enemies in his realm'을 해석하였을 때에 'in his realm'이 그 지지(adherence) 부분을 수식하는 방식으로 해석하였음에 주목하라. 또 다른 독해 방법에서는, 'the King's enemies in his realm'을 수식적 기능의 전치사구를 하나 가지고 있는 한 개의 긴 명사구로서 다룰 것이다. 즉, 'the King's enemies elsewhere'(그 외의 다른 곳에 있는 국왕의 적들)와는 반대로, 'the King's enemies in his realm'(국왕의 국가 영토 내에 있는 국왕의 적들)으로 보는 것이다. 이러한 중의성 또한 그 당시의 재판 중에는 논의되지 않았다.

그러므로 피고 변호를 위한 재판 내용을 볼 필요가 있다. 검찰측은 그 중요한 문장을 어떻게 해석했을까? 여기에 영국 법무상(Attorney General) 프레더릭 스미스경(Sir Frederick Smith)의 당시 발언을 제시한다. ([역자 주] Attorney General은 (미국/영국) 영어에서 일반적으로 '법무장관'을 뜻하지만 영국 정치용어에 따르면 주로 '법무상'을 지칭함. 이 단어의 여타 상세 의미는 현재 고려하지 않기로 함.) 아래의 인용문을 참조하라.

> How, then, ought the words to be read? They ought, in the submission of the Crown, to be read exactly as if before the word 'giving' and after the word 'realm' in the phrase 'giving to them aid and comfort in the realm,' there were brackets, that those words, in other words, were in brackets. Let it be so read: 'If a man do levy war against our Lord the King in his realm or be adherent to the King's enemies in his realm (giving to them aid and comfort in the realm) or elsewhere.'

([역자 주] 'bracket'은 영국 영어에서 '괄호'를 지칭하기도 함.)

그러면, 그 단어들의 독해는 어떠한 방식으로 실행되어야 할까요? 정부 검찰 측의 제출서 상에서 그 단어들은, 'giving to them aid and comfort in the realm'이라는 구 안에 있는 단어 'giving'의 앞에서 그리고 단어 'realm'의 뒤에서 마치 괄호가 있는 것처럼, 다시 말해서, 그 단어들이 괄호 안에 놓여있는 것처럼 정확하게 그러한 방식으로 독해가 실행되어야 할 것입니다. 그런즉 그 부분은 다음과 같이 독해를 실행하도록 합시다. '만약 칸 사람이 우리의 군주이신 국왕에 반대하여 그의 국가 영토 내에서 전쟁을 개시하거나 또는 (그 국가 영토 내에서 그들(왕의 적들)에게 원조와 편의를 제공하면서) 그의 국가 영토 내에서 국왕의 적들에게 지지의 입장을 취하거나 또는 그 외의 장소에서 그렇게 한다면.'

만약 피고 변호를 위한 재단 내용에서는 언어적 결함(weaknesses)의 예들이 존재한다면 (즉, 피고측 주장에는 언어상의 취약함이 나타난다고 정리된다면) 내 의견으로도, 검찰측이 제시한 서커스 곡예와 같은 유연한 해석(verbal stretching)은, 최소한, 그러한 결함에 부합은 하고 있다. (그리고 그러한 유연한 해석이 검찰측이 요구하는 내용이었다.) 'or elsewhere'가 'in his realm'과 병행하여 간주되어야 한다는 그러한 생각은, 그와 같이 길게 늘어져있는 개입하는 성격의 절이 도와주고 있음에도 불구하고, 과거 14세기 초안 입안자에게 정말 지독하게 끔찍한 산문 문체를 요구한 것이다. 하지만, 내가 추정해보건대, 이러한 예가 가능성의 한계치들을 넘어서는 것은 아닌 듯하다.

그렇다면, 이 논쟁은 어떤 구조적 중의성에 대한 해결이라는 문제로 압축된다. 우리는 피고측에서 주장하였던 것과 같은 방식으로 'giving to them aid and comfort in the realm or elsewhere'를 그 답으로 가지고 있는가? 또는, 우리는 검찰측에서 주장하였던 것과 같은 방식으로 'be adherent to the King's enemies in his realm...or elsewhere'를 그 답으로 가지고 있는가? 우리는 이러한 중의성이 우리가 앞서 살펴보았던 여러 예들 중 하나와 아주 유사하다는 것을 볼 수 있다. 다시 말해, (예문 (9)번인) 'John put the block in the box on the table in the kitchen'이라는 문장에서, 우리는 마지막 전치사구인 'in the kitchen'을 어떻게 해석하는가? 'table'을 수식하는 것으로 해석하는가? 또는, 'put'

을 수식하는 한 개의 부사구(adverbial phrase)로 해석하는가? 케이스먼트의 재판의 경우에서도, 우리는 장소를 나타내는 뒤에 나오는 구 한 개가 가지고 있는 의미상의 역할을 결정하는 데에 있어서 어려움을 가지고 있다. 그리고 우리가 사전에 보았던 예문의 경우에서처럼, 반역죄 관련 조례 내부에 존재하는 그 중의성은 경쟁관계에 있는 여러 통사적 분석방법들이 다양하게 존재하는 데에 기인한다고 보는 것이 타당성이 있다. 피고측에서 다루고자 했던 방식처럼, 'in the realm or elsewhere'에 의해 하나의 통사적 구성요소가 형성되는가? 아니면, 검찰측에 의해 주장되었던 바와 같이, 'in his realm...or elsewhere'에 의해 한 개의 통사적 구성요소가 형성되는가?

본래의 재판에서 수석 재판관들은 검찰측의 편을 들었다. 케이스먼트는 사형 판결을 받았다. 1916년 7월에 런던 소재 형사항소법원(Court of Criminal Appeal)에서 항소 공판이 열렸다. 이 재판에서 가장 주목할 만한 특징은 담당재판관이, 즉, 달링(Darling) 수석재판관이, 자신은 공립문서기록 보관소(속칭, 공문서 보관소)를 이미 방문했으며 돋보기를 가지고 그 원본 법령(original statute)을 검토하였다고 공표하였다는 점이다. 그는 'in his realm'(en son Roialme)과 'in the realm'(en le roialme)이라는 그 단어들 뒤에 단절표시 또는 '가로선'(transverse lines)이 있음을 발견하였다고 공표하였다. 그 부분들은 바로 당시 법무상이 괄호가 있는 것으로 이해해야 한다고 요구했던 곳이었다. 그는 14세기 법률용 프랑스어에서 사용된 가로선들이 20세기 영어에서 사용되는 괄호에 대한 등가적 대응물이라는 취지가 성립하는 어떠한 학술적 사례도 제시하지 않았다. 하지만, 이 부분은 피의자측의 입장에서는 그다지 좋은 징조가 되지 못했다. 로저 데이빗 케이스먼트는 1916년 8월 3일에 펜튼빌 교도소에서 교수형에 처해졌다.

'단지 의미론일 뿐이야' 그리고 '그저 의미론일 뿐이야' 등과 같은 폄하적인 성격의 문구를 사용하면서 사람들이 말하는 것을 오늘날 일상에서 들을 수 있다는 사실이 그저 놀라울 따름이다. 그런 사람들은 확연하게도 의미(론)적 해석이, 아주 축자적으로 말해서, 삶과 죽음이 걸린 사안이라는 것을 알지 못한다.

6
의미와 문법

우리가 이전에 결코 접해본 적이 없는 어떤 문장을 우리는 어떻게 이해를 하는 걸까? 우리가 영어의 (또는 한 개별언어의) 모든 문장을 대상으로 각각의 의미 전체를 미리 기억 속에 저장해 두는 것은 불가능한 일인데 말이다. 한 가지 언급하자면, 영어 문장의 전체 수에 있어서 상위 한계선은 존재하지 않는 것으로 보인다. 이해를 돕기 위해 비유의 예를 들어보자. 고대 신화에 나오는 신들이 어떤 프뢰한에게 판결을 내렸다고 상상해보라. 아마도, 예를 들면, 어느 거주 지역 내에서 늦은 밤에 음악을 시끄럽게 연주하였던 한 사람에게 어떤 끝없이 반복되는 형벌을 내렸다고 말이다. 시시포스(또는 시지푸스, Sisyphus) 신화의 경우처럼 커다란 바위를 끝없이 언덕 위로 밀어 올리는 대신에, 이 죄인은 끊임없이 움직이는 컨베이어벨트 옆에 서서 자신의 앞을 지나쳐 가는 것들을 보고 다음과 같은 방식으로 읊어야 한다고 생각해보라. '나는 방금 빗을 한 개 봤습니다. 그리고 솔빗을 한 개 보았습니다. 그리고 죽이 가득 들어 있는 사발을요. 그리고 다진 고기(mince) 조금이네요. 그리고 모과(quince)이구요. 그리고 포크겸용 스푼(runcible spoon)이에요.' 그 외의 예들이 이어서 나올 때마다 그는 이와 같은 방식으로 영원히 말해야 하는 것이다. (만약 당신이 그 컨베이어벨트에 올려놓을 것들이 동

의미와 문법 | 183

이 날까봐 걱정된다면, 그 컨베이어벨트가 순환 방식으로 구동하도록 조치하라.) ([역자 주] mince, quince, runcible은 넌센스 단어가 주요 특징으로 나타나는 에드워드 리어의 시 "The Owl and the Pussy-Cat"에 나오는 단어 예들임.) 이러한 발화가 절대 종결되지 않을 것이라는 점은 명확하다. 하지만, 우리는 다양한 명사구 예들 중에서 어느 것 뒤에서라도 발화를 잘라 나눌 수는 있다. (제일 처음에 나오는 명사구인 'I'를 제외하고 말이다.) 그리고 그러한 방법으로 한 개의 영어 문장을 얻을 수 있을 것이다. 'I have seen a comb'(나는 빗을 보았다), 'I have seen a comb and a brush'(나는 빗과 솔빗을 보았다) 등의 예들처럼 말이다. 시끄러운 음악을 연주한 죄인에 대한 형벌은 영구히 계속되기 때문에, 우리가 이러한 방식으로 얻을 수 있는 영어 문장의 수에는 제한이 없다. 그래서, 원리상으로는, 무한한(infinite) 수의 영어 문장이 여기 존재한다. 그런즉 이러한 무한한 영어 문장들은 우리의 머릿속에 모두 다 들어가는 것이 불가능하다. 우리의 머리는, 다행스럽게도, 한정적인 방식으로만 큰(또는 방대한) 상태일 뿐인 것이다.

우리가 제 2장과 제 4장에서 이미 보았듯이, 이러한 문제에 대해 주어진 답은 합성성이다. 즉, 한 문장의 의미는 그 문장 내에 있는 단어들이 가지는 각각의 의미들, 그리고, 그 단어들이 가지는 통사적 배열에 기반하여 계산된다. 유한한 수의 단어라는 조건은 무한한 수의 문장들을 형성하기에 충분하다. 앞서 제시한 시나리오에서 컨베이어 벨트가 순환형으로 회전하도록 만들어놓은 그 변이형의 예를 통해 우리가 파악할 수 있는 것처럼 말이다. 이것이 의미하는 바는, 동일한 것들이 순환적으로 회귀(recur)할 것이며 그것들에 대해 기술하는 단어들이 재사용될 수 있음을 뜻한다. 그래서 우리가 이전에 접하지 않은 다양한 새로운 문장을 이해하기 위해서 필요한 일은 여러 단어 의미에 대한 유한

한 수의 정보로 이루어진 하나의 목록을 기억 속에 저장시키고 그 다음에 다양한 구와 문장 예들이 가지는 각각의 의미를 산출하기 위해서 이러한 단어들의 의미 예들을 결합시킬 수 있는 능력을 보유 및 실행하는 것이 전부이다. 앞 장에서는 'Every man saw some woman'과 같은 문장의 예들이 가지는 중의성에 대한 논의에서 이러한 과정을 단순화시킨 여러 버전들을 보여주었다. 즉, '논리 형태' 이론이라는 경우에서 다소 과하게 형식적인 영어를 사용하여 비공식적인 방식으로 환언된 내용들을 한데 묶어 두는 방식의 체계, 그리고, 바커와 샨의 이론의 경우에서는 문장의미를 특정한 기호들로 번역한 예들을 형식 논리학의 방식으로 해독해내는 체계 등이 그 예들이다.

앞 장에서 다루었던 논의 내용은 몇몇 중요한 방식에 따라 단순화시켜 둔 것이라는 점을 강조하는 것이 중요하다. 우선 첫 번째로, 여러 문장 예들이 가지는 각각의 의미가 과도하게 형식적인 영어로 되어 있는 환언표현들이라고 생각하는 사람은 실제로 없다. 그리고 어느 누구도 문장 예들이 가지는 각각의 의미가 논리학적 기호들로 이루어진 연쇄체들이라고 생각하지 않는다. 전문적인 정교함이 향상된 점이 그 당시에는 인상적으로 보였을지도 모르지만 말이다. 우리의 입장에서는, 상당한 수의 동시대 철학자들과 언어학자들이 실제로 문장 의미라고 간주하는 것들에 합성성의 원리를 사용해서 도달하게 되는 방법을 보고 싶은 것이다. 그래서 이 장에서는, 그러한 성격의 두 가지 예들에게 정확하게 그러한 도달 방법을 제공하도록 하겠다. 여기서 그 두 가지 예들은 러셀식 명제와 가능 세계로 이루어진 집합이다. 그렇지만, 이 두 가지 예들 각각은 이중 의무를 수행한다. 러셀식 명제는 축자적으로, 어떤 특정한 종류의 추상적 대상으로서 받아들여질 수 있을 것이다. 또는 그것은 인간 내면에 존재하는 일종의 정신적 표상물에 대한 하나의 수학적 모형으로 간주될 수도 있을 것이다. 그리고 가능 세계로 이루어진 집합의 경우에도 유사하게 접근 가능할 것이다. 여기서 나는 (이론적으로는 더 충족적인 성격을 띠는) '상황'으로 구성되는 집합의 경우를 놔두고 후자의 경우(즉, '가능 세계' 집합의 경우)를 선택하는데, 그 이유는 단지, 그러한 가능 세계 집합의 예들이 훨씬 더 잘 확립되어있기 때문이다. 그리고 상황들로 이루어진 집합들의 경우도 정확하게 동일한 방식으로 작용할 것이다.

하지만, 첫 번째로, 이 두 이론들 중에서 (어떤 것이든지) 한 이론의 주요 특징에 대해 깊이 탐구하기 전에, 나는 전체 과정에 대한 개요를 보다 일반적인 용어들을 사용하여 제시할 것이다. 여기서 그 기본 통찰력을 이루는 생각은, 한 마디로, 의미적 합성(semantic composition)이 '함수 적용'(functional application)으로서 모형화 될 수 있다는 것이다. 이러한 생각의 연원은 고틀로프 프레게로 소급된다. '함수 적용'이라는 용어를 이해하기 위해서, 우리는 '함수'(function)에 대한 약간의 배경지식을 알아 둘 필요가 있다.

함수에 대해서 생각하는 데에는 두 가지 방법이 있다. 가장 직관적인 층위에서, 함수는 규칙-지배적인(rule-governed) 방식으로 어떤 것을 취하고 어떤 것을 다시 돌려주도록 하는 데에 필요한 다목적용 장치다. 우리의 논의 대상이 되는 그러한 규칙들 중에서 한 예에 따르면, 하나의 함수는 어떠한 주어진 입력물 또는 입력값(input)에 대해서도 정확하게 한 개의 대상(object)을 돌려주어야 한다고 말한다.

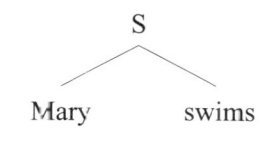

그림 6.1 'Mary swims'의 구조

예를 들어, 우리가 잘 알고 있는 수학 연산인 제곱하기(squaring)는 하나의 함수이다. 만약 우리가 1을 제곱하기 함수에게 준다면, 우리는 1을 되받게 된다. 그리고 만약 우리가 2를 준다면, 우리는 4를 되받는다. 이 함수 예는 이와 같은 방식으로 계속 작용한다. 함수의 작용과정에서 하나의 함수가 취하게 되는 대상을 그 함수의 '인수'(argument)라고 부르고, 되돌려받게 되는 대상을 그 인수에 대한 함수의 '값'(value)이라고 부른다. 그리고 조금이나마 잉크를 절약할 수 있는 그 표기법에서는 'f'라는 글자를 선택한 후에 제곱하기와 같은 함수를 표상하기 위한 목적으로 이를 사용한다. 따라서 '3이라는 인수에 대한 제곱하기 함수의 값은 9다'를 나타내기 위해서는 '$f(3) = 9$'라고 표기한다. 우리는 또한 '이 함수가 3을 9에 '사상'(map, 寫像)한다'라고 말하기도 하는데, 일반적으로는, '각 숫자를 그 제곱형에 사상한다.'라고 말한다. 우리는 또한 함수를 순서쌍들로 이루어진 집합으로서 생각해볼 수 있다. 자연수에 대한 제곱하기 함수는 ⟨1, 1⟩, ⟨2, 4⟩, ⟨3, 9⟩ 등을 포함하는 수많은 순서쌍들로 이루어진 무한하게 큰 한 개의 집합일 것이다. 그리고 각 순서쌍 내에서는 첫 번째 원소로서 인수들이, 그리고 두 번째 원소로서 그 값들이 등장하는 형식을 갖출 것이다. 하지만, 현재 논의의 목적을 위해서는, 함수에 대한 그 첫 번째 관념, 즉, 보다 역동적인 관념이 더 도움이 된다.

그러면 함수 적용은 하나의 값을 획득하기 위해서 한 개의 함수를 한 개의 인수에 적용하는 것이다. 앞에서 우리가 다룬 예에서는, 'f'라고 표기된 제곱하기 함수를 사용할 때, 'f'를 1에 적용하여 1을 얻을 수 있고, 'f'를 2에 적용하여 4를 얻을 수 있다. 그리고 그와 같은 방식으로 다른 수에도 계속 적용 가능하다. 프레게의 기본 생각은, 어떤 특정 단어들이 가지고 있는 각각의 의미가 함수들이라는 것이며 또는 그렇지 않다고 하더라도 그 의미들이 함수들로서 모형화 될 수 있다는 것이다. 그리고 이러한 함수들이 그 외의 다른 단어들이 가지고 있는 각각의 의미에 적용되어서 그 함수들이 반환해주는 한 개의 값이 있을 때, 그러한 단일 값은 더 큰 크기의 특정 구 한 개가 가지고 있는 자신의 의미가 된다.

한 예로, 'Mary swims'(Mary가 수영한다)라는 문장을 가지고 이야기해보자. 그림 6.1에서 이 문장의 단순화된 구조를 보여주고 있다. 그 전체 문장이 가지고 있는 의미가 'Mary swims'라는 명제가 될 것이라는 점을 우리는 알고 있다. 우리는 이제 잠시 동안 명제가 분석될 수 있는 여러 다양한 방식들을 머릿속에서 지워버리고 있을 계획이다. 그리고 단순성을 추구하기 위해서, 단어 'Mary'가 가지는 의미가 단지 'Mary'(매리), 즉, 'Mary'라는 이름을 가진 한 특정 여인(a woman)이라고 가정해보도록 하자. 'Mary swims'라는 명제에 도달하기 위해서, 우리는 'swims'가 가지고 있는 의미와 'Mary'가 가지고 있는 의미를 어떠한 방식으로든 결합해야 할 필요가 있다. 그래서 우리는 프레게 이론의 안내를 받기로 하고, 이러한 결합은—실제로 함수들이 되는—몇몇 단어들이 가지는 그 의미들에 의해 발생한다고 말할 것이다. 'Mary'의 의미가 하나의 함수가 아니라 단지 한 여인이기 때문에, 이것은 'swims'가 가지는 바로 그 의미가 어떤 함수임이 틀림없다는 것을 의미한다. 그 함수가 수행 능력을 가지고 있음이 틀림없다고 보는 일은 도대체 무엇일까? 이 예의 경우에서, 그것은 Mary를 자신의 인수로 취한 후에

'Mary swims'라는 명제를 우리에게 되돌려주게 된다. 하지만, 또 다른 경우에서는, 우리는 'Mary swims'를 다루는 것이 아니라 'John swims'를 다루고 있을지도 모른다. 그리고 그 때에 우리는 'John swims'(John이 수영한다)라는 명제를 확보하기를 바라게 된다. 그런즉 'swims'의 의미는 그 어떠한 개별요소라도 인수로서 취할 수 있음이 틀림없다. 정확하게 말하자면, 그것은 한 개별요소를 자신의 인수로서 취하고 'That individual swims'(그 개별요소가 수영한다)라는 명제를 되돌려주는 함수임이 틀림없다. 좀 더 형식적인 용어들을 사용한다면, 'swims'가 가지는 의미는 하나의 개별요소 'x'를 취하고, 그 다음에, 'x swims'(x가 수영한다)라는 명제를 되돌려주는 하나의 함수임이 틀림없다.

엄밀하게 말해서, 나는 다음과 같이 말해야 한다. 'swims'가 가지는 그 자신의 의미는 하나의 개별요소 'x'를 취하고, 그 다음에, 'x swims'(x가 수영한다)라는 명제를 되돌려주는 '최소의'(smallest) 함수이다. 여기서 '최소의'를 사용함으로써 내가 뜻하고자 한 바는, 단순히, 이 함수가 이 일만을 수행하고 그 외 다른 일은 일체 수행하지 않는다는 것이다. 어떤 개별요소 'x'를 'x swims'(x가 수영한다)라는 명제에 사상하고, 또한, 모나리자를 -1의 제곱근(square root)에 사상하는 어떤 다른 함수가 존재할 수도 있다. 하지만, 'swims'가 가지는 의미가 모나리자 혹은 -1의 제곱급과 어떤 관련성이 있다고 가정하는 것은 다소 과도하고 터무니없는 일이 될 것이다. 그래서 우리가 필요로 하는 일만을 수행하는 최소의 함수를 우리는 원하는 것이다. 이 장의 나머지 부분에서는, 나는 '이러이러한 것을 그러그러한 것에 사상하는 함수'(the function that maps so-and-so to such-and-such)와 같은 표현들을 적어두고 그러한 표현을 통해서 '이러이러한 것을 그러그러한 것에 사상하는 최소의 함수'(the smallest function that maps so-and-so to such-and-such)를 의미할 것이다.

조만간 나는 이러한 생각이 러셀식 명제 및 가능 세계 집합과 관련하여 어떻게 실행이 될 것인지를 보여주도록 하겠다. 하지만 우선, 명료하고 간단한 방식으로 함수들을 적을 수 있는 특정 표기법을 소개하는 것이 편리할 것이다. 수학, 컴퓨터 과학, 언어학과 같은 분야에서 함수를 적기 위해서 사용하는 표준 표기법을 우리는 '람다 표기법'(lambda notation)이라고 부른다. 그리고 이 표기법은 미국의 수학자 알론조 처치(Alonzo Church)(1903-1995)에 의해 개발되었다. '제곱하기 함수'(the squaring function)라는 표현을 적어두는 대신에, 우리는 '$\lambda x.x^2$'이라고 표기할 것이다. 여기서 첫 번째 상징기호인 'λ'는 그리스어 글자 '람다'(lambda)를 가리킨다. '$\lambda x.$'으로 시작하는 하나의 표현식은 어떤 인수 'x'를 취하고 그 다음에 그것을 내용이 무엇이든지 간에 점(dot) 다음에 오는 것에 사상하는 하나의 함수다. 그래서 $\lambda x.x^2$이라는 표현식은 어떤 인수 x를 취해서 그 다음에 그것을 x^2에 사상하는 함수다. 우리는 때때로 대괄호(square brackets) 안에 함수의 예를 적고, 그 뒤에 함수의 인수를 괄호(parentheses) 속에 넣어서 적어두는 방법을 사용하기도 한다. 이러한 표현식의 예는 다음과 같다.

(1) $[\lambda x.x^2](4)$
    $= 4^2$
    $= 16$

하나의 람다 용어를 어떤 인수에 적용시키는 작업을 하나의 순수하게 형식적인 연산(formal operation)으로서 간주하는 것이 종종 도움이 된다. 즉, 다시 말해서, 표기상의 부분들을 조작하는 하나의 연산으로서 생각해보는 것이다. (1)의 첫 번째 줄에 있는 'λx.'이라는 표기는, 말하자면, 밖으로 뻗어 나가서 '4'라는 인수를 (어떠한 경우로 나왔든지 간에) 그 뒤에 나오는 'x'의 자리에 위치시킨다. 그리고 제 임무를 다 마친 'λx.'은 탈락하게 되고, 이 예시의 경우에서는, '4^2'이라는 결과가 남게 된다.

 여기에 좀 더 많은 예들을 소개해보겠다. 이러한 몇몇 경우들에서 어떤 함수는 한 개의 숫자를 취해서 그것을 그 자신에게 추가시킨다. (즉, 더하기를 한다.) 그리고 어떤 함수는 한 개의 숫자를 취해서 그 다음에 그 숫자를 하나의 '지수'(exponent)로 사용한다. (숫자를 제곱하게 될 때 또는 세제곱하게 될 때, 또는 몇 배의 제곱을 하든지 간에, 해당 숫자에 추가되는 위첨자(superscript)를 지수라고 한다.) 그리고 마지막 경우에서는, 함수가 한 개의 숫자를 취해서 그것을 또 다른 함수에 사상한다. 그 상세 예들은 다음과 같다.

 (2) $[\lambda x.x + x](5)$
   $= 5 + 5$
   $= 10$

 (3) $[\lambda x.2^x](3)$
   $= 2^3$
   $= 8$

 (4) $[\lambda x.\lambda y.x^y](3)(2)$
   $= [\lambda y.3^y](2)$
   $= 3^2$
   $= 9$

여기서 마지막 예는 그 외의 예들보다 약간 더 복잡하다. 하지만, 이 예는 정확하게 동일한 방식으로 작동한다. 그 앞에 나오는 '$\lambda x.$'이 그것이 찾게 되는 첫 번째 인수(이 경우에는 '3')에게로 뻗어 나가서 (어떠한 경우로 나왔든지 간에) 그 뒤에 나오는 'x'의 자리에 그 인수를 위치시킨다. 그리고 보통 때와 마찬가지로, 그 람다 부분($\lambda x.$)은 탈락하게 된다. '$\lambda x.$' 뒤에는 'x'가 단지 한 경우만 존재하며, 따라서 '$\lambda y.3^y$'가 남게 된다. 이제, 우리가 앞 부분에 있는 '$\lambda y.$'이라는 표기에 의해 식별할 수 있듯이, 이것은 그 자체가 하나의 함수이다. 이것은 '$\lambda x.$'과 정확하게 동일한 방식으로 작동한다. 단, 하나의 예외가 있는데, 이 경우에는 (당연하게도) 탈락 전에 하나의 인수를 취하고 (어떠한 경우로 나왔든지 간에) 그 뒤에 나오는 ('x'가 아니라) 'y'의 자리에 그 인수를 위치시킨다. 이렇게 하게 되면, '3^2'이 남게 된다. 조만간 우리는, 예를 들어, 타동사(transitive verb)라고 하는 특정 영어 단어들이 (4)에 있는 첫 번째 함수와 아주 유사하게 행동한다는 것을 보게 될 것이다. 그 경우에서, 그 단어들 또한 한 개의 인수를 취하고 그 다음에 그것을 어떤 한 개의 함수에 사상한다. 그 다음에, 그 함수가 또 다른 인수를 취하게 된다. 이러한 점에서 유사한 행동 방식이 관찰된다. 그리고 이러한 타동사의 경우에서, 두 인수들은 그 동사의 주어와 목적어가 가지는 각각의 의미가 된다.

'Mary swims'(Mary가 수영한다)의 경우로 다시 돌아가서, 이제, 이 문장의 해석에 우리가 합성적인 방식으로 도달할 수 있도록 하기 위해서 함수들이 어떠한 방법으로 그 작용 능력을 행사하는지를 내가 시연해 보일 것이다. 그리고 우선 러셀식 명제에 대한 이론을 가지고 그러한 시연을 시작해보겠다. 이 이론에 따라서, 우리는 '이 문장 전체가 가지는 의미는 다름이 아니라 하나의 러셀식 명제이며, 이것은 'Mary'와 'swimming'(수영함)이라는 속성을 한 개의 쌍으로 묶는 명제이다'라고 말하고자 한다. 이것은 (5)와 같이 표현된다.

(5) <Mary, swimming>

'Mary'의 의미는, 앞서 말했듯이, 그저 Mary라는 한 특정 인물일 뿐이라고 나는 가정할 것이다. 그런즉, 'swims'의 의미는 한 개의 개별요소 x를 취해서 그 다음에 그것을 ('x'와 'swimming'(수영함)이라는 속성 이 두 개를 하나의 쌍으로 묶는) 러셀식 명제에 사상하는 하나의 함수임이 틀림없다. 즉, 다음과 같이 표기된다.

(6) $\lambda x.$<x, swimming>

이 함수는 Mary를 함수 자신의 인수로서 취하며, 우리는 희망했던 결과를 다음과 같이 얻게 된다.

(7) [$\lambda x.$<x, swimming>](Mary)
    = <Mary, swimming>

보통 때와 마찬가지로, 우리는 이러한 계산 방법을 다음 중에 한 가지로서 생각해 볼 수 있다. 즉, (6)의 예를 보여주기 바로 전에 내가 그것을 소개했던 것과 같이 간주해 볼 수도 있고, 아니면 표기상의 각 부분들을 조작해둔 한 예로서 간주해 볼 수도 있다. 상세 기술의 예는 다음과 같다. 즉, 앞 부분의 '$\lambda x.$'이 뻗어 나와서 그 인수인 'Mary'를 취하게 되고, (어떠한 경우로 나왔든지 간에) 그 뒤에 나오는 'x'의 자리에 그것을 위치시킨다. 그리고 그 다음에 람다 부분은 탈락하게 된다.

이제 논의를 이어서, 러셀식 이론에 대한 이러한 합성성 기반 버전이 타동사가 있는 예를 어떻게 처리할 것인지를 살펴보도록 하자. 다음 (8)

의 예문은 그림 6.2에 제시된 구조를 가질 것이다.

(8) Mary sees Fido.

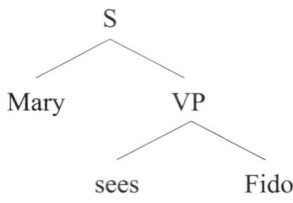

그림 6.2 'Mary sees Fido'의 구조

통사론자들은 이러한 종류의 동사가, 주어는 배제시킨 상태에서, 그 목적어와 함께 한 개의 구성요소를 형성한다고 생각한다. 그리고 이것은, 부분적으로는, 'Mary swims'(Mary가 수영한다)라는 문장뿐만 아니라 그 외의 다양한 자동사 예문들 내부에 존재하고 있음이 틀림없는 전반적인 '주어-술어'(subject-predicate) 구조를 유지시키기 위한 목적에 따른 것이다.

그러면 다시 한 번 명칭(name)들을 다루어보도록 하자. 여기서는, 단순하게, 명칭들이 각각의 개별요소들을 표상하는 것으로 처리하도록 한다. 그래서 'Mary'는 Mary라고 하는 어떤 특정한 여인을 지칭하고, 'Fido'는 Fido라고 하는 어떤 특정한 개를 지칭한다. 그러면, 앞에서와 마찬가지로, 여러 개별 단어가 가지고 있는 각각의 이질적인(disparate) 의미 예들을 한 개의 전체적 의미(a whole)로서 합성해내기 위해서, 이 예문의 동사는 한 개의 함수를 표상해야만 한다. 비록 내가 이러한 종류의 러셀식 명제들을 아직 소개하지 않았음에도 불구하고, 우리는 어떤 의미를 최종 목적지로서 취하고 싶은지에 대해서도 잘 알고 있다. (8)의 의미가 될 러셀식 명제는 다음과 같다.

(9) <<Mary, Fido>, seeing>

이 명제는 한편으로는 〈Mary, Fido〉라는 1개의 원소를 가지고, 또 다른 한편으로는, '봄'(seeing)이라는 관계를 또 다른 1개의 원소로 가지고 있는 순서쌍이다. 이 쌍의 첫 번째 원소는 그 자체가 하나의 쌍이다. 이 첫 번째 쌍이 가지는 원소들이 배치될 바로 그 순서에 대한 일종의 관례적 규칙을 우리는 지금 채택하여야 한다. 실제로는, 채택된 순서는, 논의의 대상이 되는 그 영어 문장 내에서 순서쌍의 원소들이 표상되어있는 순서를 그대로 따르는 경향이 있다. 그래서 'Mary'라는 단어가 'Fido'라는 단어에 선행(precede)하고 있기 때문에, Mary가 먼저 오게 된다. 하지만, 만약 우리가 원한다면, 그 두 개의 순서를 정하게 도와줄 보다 의미론적인 원칙 한 개를 마련할 수도 있을 것이다. 예를 들어, 'see'와 같은 지각동사(verb of perception)의 경우에 있어서, 지각을 한 주체(the perceiver)가 먼저 오고 지각된 피지각체(the perceived)가 뒤따른다고 말할 수 있을 것이다. 이렇게 규정된 방식에 따라서 관련 원소들을 고려해 보았을 때, 주거진 명제의 두 번째 원소인 그 관계가 명제의 첫 번째 원소가 가지는 원소들 사이에서 그대로 유지되고 또한 단지 그럴 경우에만, 그 명제는 참이 될 것이다. 그렇다면, 현재 논의 중인 예를 다룰 경우에는, 만약 Mary가 Fido를 보고 그리고 단지 그럴 경우에만 그 명제는 참이 될 것이다. 그리고 Fido가 Mary를 보는 것은 불충분한 상태가 될 것이다. (즉, 충분조건이 아니다.)

여기서, 'sees'가 가지고 있는 의미를 위해서는, Mary 또는 Fido에게 적용이 되어서 결과적으로, 아마도 어떤 하나의 중간 단계를 통하는 방식으로, (9)를 제공해주게 될 하나의 함수가 우리에게 필요하다. 하지만 우리가 이러한 함수를 적어두기 전에, 우리는 하나의 선택을 해야만 한다. 'Mary swims'(Mary가 수영한다)의 경우에는, 'swims'가 가지고 있는 의미가 'Mary'가 가지고 있는 의미에 적용이 되어야 하는 선택사항밖에 없었다. 어차피, 그 (동사) 의미가 그나마 가능한 대로 목표로 삼았을 수도 있었던 것은 그 주변에 (그것 외에는) 아무 것도 없었던 것이다. 하지만, 지금 다루고 있는 예의 경우에는, 우리가 원칙적으로는 'sees'가 가지고 있는 의미를 Fido 또는 Mary 둘 중 아무에게나 적용되도록 만들 수 있을 것이다. 그러면 우리는 둘 중에서 어느 것을 선택해야 할까?

실증적인 용어들을 사용할 때에 아주 잘 작동하는 것으로 보이는 보편적인 관례는 'sees'가 가지는 의미를 'Fido'가 가지는 의미에 적용하게끔 만드는 것이다. 이러한 두 개의 단어는 동사구(verb phrase)라는 한 개의 구성요소를 형성한다. 그 두 단어는, 또한, 특수한 통사론 용어를 사용할 경우에, '자매'(sister)들이라고 칭해진다. 우선 그림 6.2에서 동사구 마디(node)를 취하도록 하라. 거기에서부터, 이동 경로에서 그 어떤 여타의 마디들을 접하지 않은 채로, 'sees'쪽으로 또는 'Fido'쪽으로 하향 이동하는 것이 가능하다. 따라서 'sees'와 'Fido'라는 이 두 마디는 동사구 마디에 의해서 '직접적으로 관할되었다'(immediately dominated)고 말해진다. 그리고 동일한 마디에 의해서 직접적으로 관할되는 그 어떠한 마디들도 모두 자매들이 된다. 이러한 가족 수형도 은유(즉, 가족 관계 및 나무 형상의 은유)는 명백할 것이다. 여러 의미 예들을 합성하기 위한 목적의 해당 가설은 이제 훨씬 더 일반적인 성격의 용어들을 사용해서 서술될 수 있다. 즉, 의미적 합성성(semantic compositionality)은 자매들 사이의 '함수 적용'(functional application)이다. 다시 말해서, 어느 한 자매가 가지고 있는 의미는 그 외 다른 자매가 가지고 있는 의미를 하나의 인수로서 취할 것이다. 그리고 그에 따라 반환된 값은 직접적으로 관할하고 있는 마디가 가지고 있는 의미가 될 것이다.

그러면 현재 논의 중인 예문의 경우에, 우리는 'sees'가 가지고 있는 의미가 하나의 함수가 되도록 만들 필요가 있다. 그 함수는 자신의 인수로서 'Fido'가 가지고 있는 의미를 취할 것이고, 그 다음에, 하나의 전체적 단위(a whole)로서의 곤련 동사구를 위해서 적절한 하나의 의미가 될 무언가를 되돌려줄 것이다. 이러한 동사구 의미는, 말하자면, 자신의 자매를 (여기서는, 'Mary'를) 찾아볼 것이고, 그 단어의 의미를 취하고는 그 다음에 'Mary'와 동사구를 직접적으로 관할하는 마디를 (즉, 하나의 전체적 단위로서의 그 문장을) 위해서 적절한 하나의 의미가 될 무언가를 되돌려줄 것이다. 더 이상의 군더더기 설명 없이, 러셀식 명제들의 경우를 위해서 이러한 일을 해줄 무언가를 여기에 제시한다.

(10) $\lambda x.\lambda y.\langle\langle y, x\rangle, \text{seeing}\rangle$

이 함수는 'Fido'가 가지고 있는 의미, 즉, Fido를 그 인수로서 취한다.

(11) $[\lambda x.\lambda y.\langle\langle y, x\rangle, \text{seeing}\rangle](\text{Fido})$
    $= \lambda y.\langle\langle y, \text{Fido}\rangle, \text{seeing}\rangle$

우리가 세운 절차에 따라, 그 결과로 나온 함수인 $\lambda y.\langle\langle y, \text{Fido}\rangle, \text{seeing}\rangle$가 그 해당 동사구의 의미가 된다. 그 다음에 그것은 (즉, 동사구의 의미이자 1차 적용 결과 함수는) 동사구의 자매가 가지고 있는 의미를 자신의 인수로서 취하게 된다.

(12) [λy.<<y, Fido>, seeing>](Mary)

　　= <<Mary, Fido>, seeing>

그러므로 여기서 반환되는 값은 전체 문장이 가지고 있는 의미가 된다. 이것은 우리가 목표로 삼고 있었던 것으로, 이 부분에 대해서는 (9)의 예를 잠깐 다시 보는 것으로 확인이 될 것이다. 그림 6.3은 현재 다루고 있는 예를 위한 일종의 주석 달린 통사적 수형도를 포함하고 있다. 주석 달린 버전에서 다양한 마디들이 가지고 있는 각각의 의미는 전부 사각형으로 에워싸여 있도록 처리되어있다. 그리고 예문 속에서 실제 사용되었던 단어들은 여기에서 볼드체로 처리해두었다.

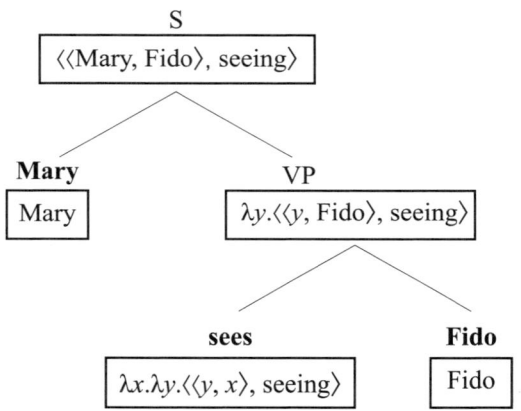

그림 6.3 러셀식 용어로 표시된 각 의미를 보여주는 'Mary sees Fido'의 주석 달린 버전

여러 명제에 대해서 가능 세계에 기반한 그 접근방법을 우리가 검토해보기 전에, 표기법과 관련된 또 하나의 예를 소개하는 것이 편리할 것이다. (13)에 제시된 바와 같이 집합들이 가지고 있는 여러 원소들을 목록화하는 방법 외에도, 우리에게는 또 다른 원소 정의 방법이 있다. (14)에서 보여주는 바와 같이, '추상화'(abstraction)라는 명칭으로 종종

알려져있는 방법을 사용해서 집합의 원소를 정의할 수도 있다.

(13) {2, 3, 4, 5, 6, 7, 8, 9}

(14) $\{x \mid x > 1 \text{ and } x < 10\}$

위와 같은 자연수(natural number)의 예들에 대해 이야기하고 있다고 가정해볼 때, 이 2개의 상이한 정의 예들은 동일한 집합을 선별해낸다. 두 번째 정의는 다음과 같이 독해할 수 있다. 'x가 1보다는 크고 10보다는 적은 그러한 상태에서, x인 개체들로 이루어진 집합'. 우리는 해당 집합의 모든 원소들을 목록화하는 대신에, 그 집합에 포함될 수 있기 위해서 이행되어야만 하는 하나의 조건을 명시화 하였다.

이 표기법으로 구장을 한 상태에서 보았을 때, 명제를 대상으로 한 가능 세계 중심의 접근방법은 러셀식 이론이 채택한 접근방법과 아주 유사한 방식으로 합성성을 다루고 있다는 점을 우리는 알 수 있다. 'Mary swims'(Mary가 수영한다)는 (15)에 있는 명제를 자신의 의미로서 가지고 있다고 이 접근방법은 말할 것이다.

(15) $\{w \mid \text{Mary swims in } w\}$

이것은 Mary가 w 속에서 수영하는 그러한 상태에서, w인 세계의 예들로 이루어진 집합 하나를 선별해낸다. 또는, 다시 말하면, Mary가 수영하는 것이 사실인 여러 가능 세계의 예들로 이루어진 바로 그 집합을 선별한다. 우리는 어떻게 이러한 의미에 합성적인 방식으로 도달하게 되는가? 우리는 'swims'가 (16)에 있는 의미를 가지고 있다고 주장하고자 한다.

(16) $\lambda x.\{w \mid x \text{ swims in } w\}$

이 함수를 Mary에(즉, 'Mary'의 의미에) 적용하면, 우리는 다음과 같이 해당 문장의 의미를 획득하게 된다.

(17) $[\lambda x.\{w \mid x \text{ swims in } w\}](\text{Mary})$
= $\{w \mid \text{Mary swims in } w\}$

'Mary sees Fido'로 논의를 이어 진행하면서, 우리는 'sees'를 위해서 다음과 같이 그 의미를 상정한다.

(18) $\lambda x.\lambda y.\{w \mid y \text{ sees } x \text{ in } w\}$

이전과 마찬가지로, 이 함수는 다음과 같이 'Fido'의 의미에(즉, Fido에) 적용된다.

(19) $[\lambda x.\lambda y.\{w \mid y \text{ sees } x \text{ in } w\}](\text{Fido})$
= $\lambda y.\{w \mid y \text{ sees Fido in } w\}$

그 결과로 나온 함수인 $\lambda y.\{w \mid y \text{ sees Fido in } w\}$는 그 해당 동사구가 가지고 있는 의미가 된다. 이것은 다음과 같이 Mary에(즉, 'Mary'의 의미에) 적용된다.

(20) $[\lambda y.\{w \mid y \text{ sees Fido in } w\}](\text{Mary})$
= $\{w \mid \text{Mary sees Fido in } w\}$

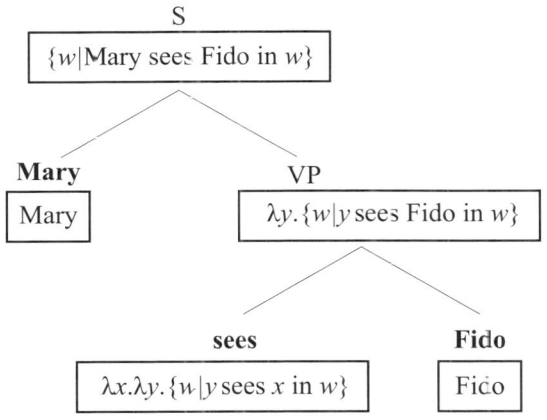

그림 6.4 가능 세계 관련 용어로 표시된 각 의미를 보여주는
'Mary sees Fido'의 주석 달린 버전

이전의 경우에서처럼, 우리가 바랐던 결과를 이제 얻었다. 그림 6.4는 'Mary sees Fido'의 구조에 대한 주석 달린 버전을 하나 포함하고 있다. 이 그림은 가능 세계와 관련된 용어들을 사용하여 다양한 마디들이 가지는 각각의 의미를 보여준다.

물론, 영어에는 명칭들, 단순한 성격의 타동사들과 자동사들 이런 것들보다 훨씬 더 많은 정보와 특징들이 들어있다. 하지만, '여타 다른 종류의 다양한 단어가 들어있는 여러 문장 예들에 대해서는 어떠한 방식으로 합성성 중심의 설명을 제공할 수 있는가?'라는 질문 앞에서, 나는 굳이 그 일을 시도하지 않을 것이라는 점을 밝혀둔다. 바라건대, 지금까지 제공되었던 예들이 이러한 일에 대한 맛을 볼 수 있는 기회를 제공하기에는 충분할 것이다.

결론적으로, 이와 같은 설명을 제공하는 과정에 있어서 우리 스스로가 착수하고 있다고 간주하는 일이 정확하게 무엇인지는, 다름이 아니라, (각각의 예에서) '의미란 무엇인가?'라는 질문에 대한 답을 우리가 어떻게 생각하고 있는지에 따라 달라진다는 점을 나는 아마도 다시 한 번 강조해야 할 것 같다. 만약 우리가 지시적 의미 이론을 선호한다면, 다음과 같이 생각하고 있는지도 모른다. 예를 들어, '동사의 의미 예들은 함수의 예들이다'라고 말할 때에 우리는 축자적인 방식으로 발화하고 있는 것이라고 말이다. 다시 말해서, 어떤 단어들이 가지는 각각의 의미는 정확하게 이러한 종류에 속하는 각각의 수학적 개체(entity) 예들이라고, 그러므로 가정하건대, 추상적 대상의 예들이라고 우리가 생각할지도 모른다. 제 2장에서 제공된 지시적 의미 이론의 한 버전을—그것에 따르자면, 동사와 여타 술어의 의미는 속성 혹은 관계라고 보았던 그 버전을—우리가 지금껏 개선시켜 놓았다고 우리는 생각하고 있는지도 모른다. 합성성을 설명하고자 하는 목적을 위해서는, 각 동사의 의미가 속성 및 관계의 예들을 조작하는 일종의 함수의 예라고 말하도록 우리는 기존의 설명을 지금까지 수정해왔다.

만약 우리가 내재주의 의미 이론을 선호한다면, 다음과 같은 상황에 직면하게 된다. 예를 들어, '각 동사의 의미 예들은 함수의 예들이다'라고 우리가 말할 때에, 우리는 축자적인 방식으로 발화하고 있는 것으로 간주하는 것이 불가능해진다. 내가 앞서 말했듯이, 여러 함수의 예들은 추상적 대상의 예들이기 때문이다. 만약 추상적 대상이라는 것이 존재라도 한다면 말이다. 우리는 우리의 머릿속에 있는 어떤 상당히 흥미로운 부분들이 보여주는 그 행동에 대해 일종의 수학적 모형을 제공하기 위해서, (물리학자 유진 위그너의 표현을 빌려서) '자연과학 분야에서의 수학의 비합리적 효율성'(unreasonable effectiveness of mathematics in the natural sciences)'을 이용하고 있는 것이라고 오히려 주장하게 될 것이다. 그러므로 이 경우에 우리는 수학의 본질 및 기능과 관련된 문제 및 과제를 그대로 인계받게 될 것이다. 그 문제/과제는, 예를 들면, 수학의 입장에서 이 일을 수행한다는 것이 정확하게 무엇을 의미하는지를, 그리고, 도대체 어떠한 과정이나 메커니즘에 따라 수학이 이 일을 (즉, 인간 정신/마음/뇌 내부의 행동에 대한 모형화를 비합리적일 정도로 효과있게 구축하는 일을) 해낼 수 있다고 예상될 수도 있다는 것인지를 명료하게 설명해야 한다는 것이다. 하지만, 우리는 이 문제가 모든 과학 분야에서 공유된다는 사실을 알아차리게 될 것이다. 그리고, 첨언하자면, 나는 이 문제를 여기서 해결하려고 시도하지는 않을 것이다.

7

의미와 맥락

지금까지 앞에서 다룬 장들에서는 마치 단어와 문장이 그저 한 종류의 의미만을 가지고 있기라도 한 것처럼 내용이 전개되었다. 이제부터 그러한 단순화의 방법은 버리도록 할 것이다.

따라서 우리는 아주 기초적인 관찰에서부터 시작을 해보도록 하겠다. 우리가 지금까지 살펴본 바와 같이, 어떤 단어는 사람 또는 사물의 예들을 지칭하기 위해서 타당성이 있는 방식으로 사용된다. 그러한 단어 예들은 명칭, 대명사, 지시사 (예. 'this'와 'that') 등을 포함한다. 여타 다른 예들은 'here', 'there', 'now', 'then', 'today', 'tomorrow' 등을 포함하며, 장소 및 시간의 예들을 지칭하기 위해서 타당성이 있는 방식으로 사용된다. 여기서 이러한 단어들 중에 최소한 몇몇 예들은 여러 상이한 '언어 사용의 경우'에 상이한 대상의 예들을 지칭하기 위해서 사용된다. 'she'라는 대명사를 예로 들면, 이것은 어떤 한 명의 여성 인물을 지칭하기 위해서 사용될 수 있다. (그리고 그 외에도 선박뿐만 아니라, 때때로, 국가와 자동차를 지칭하기도 한다.) 'I'라는 대명사는 화자가 자신을 스스로 지칭하고자 하는 목적에 따라 일반적으로 사용된다. 그리고 'you'는 화자가 자신이 말을 걸고 있는 사람을 지칭하기 위한 목적으로 사용한다. 이 외에도 여러 유사한 예들이 있다. 수많은 상이한 사람들이 누군가에게 말을 하고 수많은 상이한 사람들이 누군가에 의해 청자로서 언급이 되기 때문에, 이러한 다양한 대명사의 예들은 여러 상이한 경우의 예들 속에서 여러 상이한 인물들을 지칭하기 위해서 사용되는 것이다. 'this', 'that', 'here', 'there', 'now', 'then', 'today', 'tomorrow' 등의 경우에서도 동일한 설명이 유효하게 작동한다. 다시 말해서, 만약 내가 'today'라는 단어를 오늘 사용한다면, 그것은 하나의 특정한 날짜(지금 내가 집필 중인 경우에서는, 2010년 11월 15일이라는 일자)를 선별해낼 것이다. 또한, 만약 내가 그것을 내일 사용한다면, 그것은 다른 날짜를 하나 선별해낼 것이다. 그리고 이와 유사한 방식으로 기타 다른 예들도 설명할 수 있다.

지칭을 하는 용어가 여러 상이한 경우의 예들 속에서 수많은 상이한 사물의 예들을 선별해낼 수 있다는 그러한 일반화에 대해서, 유일한 고려 가능한 예외는 명칭의 예들에 의해서 생성된다. 몇몇 이론가들은, 예를 들어, 'John'이라는 명칭이 한 개만 존재한다고 생각하고, 'John'이라고 그렇게 이름 지어진 수많은 사람들 중에서 어느 누구든 한 명을 선별하기 위해서 그 명칭이 사용될 수 있다고 생각한다. 만약 이것이 정말 그러한 경우라면, 'John'은 마치 'he'와 같다고 볼 수 있는데, 그 이유는 그것이 여러 상이한 경우의 예들 속에서 여러 상이한 인물의 예들을 지칭하기 위해서 사용될 수 있다는 점에 기인한다. 하지만 그 외의 다른 이론가들이 생각하는 바에 따르면, 각각의 개별인물마다 하나의 고유한 이름으로서 제각각 사용하되 모두 'John'이라고 발음함으로써 동음어적(homophonous)인 성격이 나타나는 단어 예들이 아주 많이 존재한다. 그래서 이 관점에서는 하나의 명칭이 제각각 단지 한 명의 인물에 대해서만 사용된다고 본다. 이러한 점에 대해서는 의견상의 불일치가 존재하기 때문에, 우리는 그 외의 다른 예들에 집중하도록 하겠다.

'언어 사용의 경우'와 관련된 예들에 덧붙여서, 추가적으로 우리는 상이한 '발화 맥락'(context of utterance) 예들 속에 있는 상이한 대상의 예들을 지칭하기 위해서 사용되는 일련의 단어 예들에 대해서도 이야기해볼 것이다. 여기서, 하나의 '발화 맥락'은 한 문장의 발화 또는 기록과 관련된 정황(circumstance)의 예들이 있을 때 그러한 여러 정황의 예들로 이루어진 하나의 집합을 가리킨다. 그리고 그것은 전통적으로 화자(speaker)의 정체성, (만약 청자가 있다면) 청자(addressee)의 정체성, 발화의 장소와 시간, 그리고, 아마도 그 외의 다른 것들이 포함될 것이다. 여기서, 상이한 '발화 맥락' 예들 속에서 상이한 대상의 예들을 지칭하기 위한 목적으로 사용될 수 있는 특수한 종류의 단어를 우리는 '지표사'(indexical)라고 부른다.

지표사는 의미의 본성에 대한 다소 근본적인 요점을 명시하기 위해서 사용될 수 있다. 2010년 11월 15일에 존(John)이 진심으로 말하기를, 'I am tired today'(오늘 나는 피곤해)라고 발화한다고 가정해보라. 더 나아가서, 2010년 11월 16일에 매리(Mary)도 'I am tired today'(오늘 나는 피곤해)라고 발화한다고 가정해보라. 우리가 지금까지 검토해본 의미에 대한 여러 생각들에 따르면, 이러한 두 개의 발화는 각각 상이한 의미 예들을 가지고 있을 것이다. 가능 세계와 관련된 용어를 사용하면, 존의 발화는 2010년 11월 15일자에 존이 피곤한 것이 사실인 상태에 있는 가능 세계의 예들로 이루어진 그 집합을 해당 발화의 의미로서 가질 것이다. 반면에, 매리의 발화는 2010년 11월 16일자에 매리가 피곤한 것이 사실인 상태에 있는 가능 세계의 예들로 이루어진 집합을 그 발화의 의미로서 가질 것이다. 여기에는, 명백하게도, 가능 세계의 예들로 이루어진 두 가지 상이한 집합이 존재한다. 만약 우리가 러셀식 명제를 선호한다면, 존이 산출한 발화가 가지는 의미는 (머리는 해당되지 않은 상태에서) 존을 하나의 구성요소로서 포함할 것이다. 그 반면에, 매리가 산출한 발화가 가지는 의미는 (존은 해당되지 않은 상태에서) 매리를 하나의 구성요소로서 포함할 것이다. 그래서 우리는, 명백하게도, 우리가 어떤 방식으로 그 예들을 해석하던지 간에, 두 개의 상이한 명제 예들을 다루고 있는 것이 된다.

그럼에도 불구하고, 어떤 의미에서는, 존과 매리가 동일한 것을 말했다는 점을 부정하는 것은 불가능하다. 두 사람 모두가 자신들에 대해서 말하기를, 발화를 한 바로 그날에 자신이 피곤하다고 한 것이다. 이 시나리오를 약간 수정하기 위해서 다음과 같이 상상해보라. 당신이 한 교실로 들어가서 'I am tired today'(오늘 나는 피곤해)라는 단어연쇄가 칠판에 적혀있는 것을 발견했다고 말이다. (당신은 누가 그 단어들을 써두었는지에 대한 아무런 단서도 가지고 있지 않다.) 만약 의미의 입장에서 존재하는 것이라곤 바로 앞 단락에서 묘사한 그러한 종류의 의미 하나가 전부라면, 당신은 당신이 본 그 문장이 가지고 있는 의미를 알지 못할 것이다. 그 이유는, 당신의 입장에서는, 단어 'I'가 누구를 지칭하도록 가정되어 있었는지를 모를 것이기 때문이다. 다시 말해서, 당신은 러셀식 명제상에서 관련성을 가지는 구성요소로서 누구를 그 자리에 넣어야 하는지에 대해서 알지 못할 것이다. 또는, 가능 세계의 예들로 이루어진 적절한 집합 한 개를 작성하게 될 때, 누구의 피곤함 정도에 주의를 기울여야 하는지에 대해서도 알지 못할 것이다. 유사한 것들이 'today'에 대해서도 말해질 수 있을 것이다. 하지만 이러한 결론은 단순히 넌센스일 뿐이다. 아주 중요한 방식으로, 당신은 'I am tired today'(오늘 나는 피곤해)라는 문장이 가지는 의미를 실제로 알고 있다. 비록 누가 그 문장을 적었는지 또는 발화했는지에 대해 당신이 모른다고 할지라도 말이다.

방금 실례를 통해 설명한 두 가지 종류의 의미는 미국의 철학자 데이빗 캐플런(David Kaplan)이 그의 논저에서 심도있게 토론하였다. 영향력 있는 방식으로 찌여진 이론적 논의에서 그는 이러한 두 가지 의미를 '내용'(content)과 '특성'(character)이라고 명명하였다. 한 개의 평서문의 발화 예에 대한 '내용'은 이 장을 다루기 전까지 우리가 집중을 해왔던 그러한 종류의 것이다. 형식적인 방식에서, 우리는 세계 또는 상황의 예들로 이루어진 집합의 측면에서 '내용'을 표상해왔고 또는 러셀식 명제를 이용하는 방법을 통해 그것을 표상해왔다. 직관적인 방식에서는, 논의의 대상이 되는 문장을 발화할 때에 해당 화자에 의해 만들어지는 주장으로서 '내용'을 생각해볼 수 있다. 존이, 즉, 그 자신이, 피곤한 상태였다고 존이 주장하고 있었고, 그래서 그 문장의 이러한 발화 예가 가지는 그 '내용' 속에 어떻게든 존 스스로가 등장해야간 한다. 만약 누가 그 단어들을 칠판에 적었는지에 대한 단서가 전혀 없는 상태에서 당신이 칠판에 적힌 단어 예들을 방금 우연히 보았다면, 그 단어들의 조합인 'I am tired today'(오늘 나는 피곤해)의 실제 '내용'은 당신이 알지 못하는 것이다.

다른 한편으로는, 해당 문장의 '특성'은 당신이 실제로 알고 있는 것이다. 상기한 경우에서, 어떤 사람이 자기 스스로에 대해 말하면서, 그 자신이 필기를 한 그날에 피곤한 상태였다고 주장하고 있었던 것이라는 점을 당신은 안다. (물론 그 문장은, 또한, 어떤 의미론 수업시간 동안에 하나의 예문으로서 적혔던 것일지도 모른다. 현재 이러한 가능성은 무시하도록 하자. 이 문장은 존재론적 고뇌를 경험하고 있는 한 학생이 써놓은 것이라고 상상하도록 하라.) 그 발화 맥락과 상관없이, 한 문장이 가지고 있는 '특성'은 그 문장 내에 있는 일련의 단어 예들이 자체적으로 기여한 것들에 의해 형성된 하나의 의미로서 간주될 수 있다.

보다 상세하게 말하자면, 캐플런의 이론에서는, 한 문장에 대한 특정한 발화의 예가 주어진 상황에서, 그 문장이 가지고 있는 '특성'은 해당 발화 맥락을 조사하고, 그 맥락에 기초하여, 그 문장 발화의 '내용'에 도달하기 위한 하나의 규칙 또는 절차와 같은 그 무엇이다. 존이 2010년 11월 15일에 'I am tired today'(오늘 나는 피곤해)라고 발화하였던 경우에, 그 발화의 '특성'은 그 발화 맥락에 대한 두 가지 측면에 주목해야 한다. 즉, 이 문장의 발화자 (왜냐하면 이 문장이 단어 'I'를 포함하고 있기 때문에) 그리고 발화를 한 날 (왜냐하면 이 문장이 단어 'today'를 포함하고 있기 때문에), 이 두 가지에 주목해야 한다. 환언하면, 한 문장의 '특성'은 그 문장이 포함하고 있는 모든 지표사들에게 각각의 지시물을 부과(assign)해주기 위한 일종의 준비 조치를 해주어야만 한다. 이러한 조건에 기초하여, 우리는 논의의 대상이 되고 있는 발화의 '내용'에, 즉, 2010년 11월 15일에 존이 피곤한 상태였다는 것에 도달할 수 있는 것이다. 존이 발화를 하고 나서 하루 뒤에 매리가 그 문장을 발화할 때, 어떤 상이한 발화 맥락을 사용해서 동일한 절차를 거치고 나면, 그 결과로, 그 문장과 연관된 상이한 '내용'이 산출될 것이다.

만약 우리가 그럴 의향이 있다면, 우리는 물론 여러 절차에 대한 이러한 논의를 함수를 사용하는 방법을 통해 모형화시킬 수 있다. 어쨌든 간에, 함수란 특정한 입력물에 기반하여 특정한 출력물에 도달한다고 말해질 수도 있는 일련의 절차인 것이다. 그런 경우, 캐플런의 이론에서는, 한 문장의 '특성'은 그 발화 맥락을 자신의 (함수) 인수로서 취하고 그 다음에, 그 값으로, 그 맥락 내에서 해당 문장의 '내용'을 반환해주는 일종의 함수가 된다. 예를 들어, 'I am tired today'(오늘 나는 피곤해)라는 문장이 가지는 '특성'은 다음과 같은 함수일 것이다. 즉, 하나의 발화 맥락을 취해서, 그 다음에, '그러한 맥락 속에서 발화 또는 필기를 하고 있는 사람이 그러한 먹락에 해당되는 바로 그날에 피곤하다'라는 명제를 반환해주는 그러한 함수일 것이다. 이와 같은 종류의 모든 명제 예들은 특정한 인물 또는 특정한 날의 예들을 연관시킬 것이다. 예를 들어, '2010년 11월 15일에 존이 피곤했다'라는 명제와 '2010년 11월 16일에 매리가 피곤했다'라는 명제의 경우에서도 그러한 점을 찾아볼 수 있다. 캐플런에 따르면, 지표사는 여러 특정한 개별요소 예들이 각각의 명제 예들에 기여하도록 만든다. (즉, 개별요소들을 기여시킨다.) 그리고 캐플런은 지표사를 '직접적으로 지칭적'(directly referential)이라고 부름으로써 이러한 속성(attribute)을 요약하고 있다. ([역자 주] 캐플런의 '직접 지칭' 이론은 전문용어임.)

캐플런은 개별적인 단어 예들 또한 각각의 '특성'을 가지고 있다고 생각한다. 그리고, 이러한 '특성'들 또한 다양한 발화 맥락에서 출발하여 '내용'에 도착하게 되는 함수들이라고 간주한다. 예를 들어, 단어 'I'의 '특성'은 어떤 발화 맥락을 취하고 그 다음에 그 맥락 속에 있는 해당 화자를 되돌려주는 하나의 함수이다. 그래서 존이 말하고 있을 때에, 그 단어의 '특성'은 존을 반환해준다. 'swims'와 같은 동사 예의 '특성'은 어떤 발화 맥락을 취하고 그 다음에 해당 단어('swims')가 가지고 있는 '내용'을 되돌려주는 하나의 함수가 될 것이다. 여기서, 이 단어가 가지는 '내용'은 이 앞 장에서 해당 단어를 위해 제공하였던 여러 의미 중의 한 예이다.

합성성에 대한 여러 쟁점은 해결이 가능하다고 가정할 때, 캐플런의 이론이 지표사와 관련된 전체 그림 또는 상세 지도와 같은 무언가를 제공해준다고 우리는 결론내릴 수 있는가? 불행하게도, 캐플런 자신이 인정한 바와 같이, 그 질문에 대해서는 '아니오'가 정답이다. 여기서 문제는, 방금 언급한 바와 같이, 캐플런의 이론은 '지표사의 직접적으로 지칭적인 사용'이라고 캐플런이 칭했던 것(i.e., 직접적 지칭 용법)만을 다룬다는 점이다. 즉, 하나의 지표사를 사용하는 방법으로 발화자들이 어떤 특정 대상 하나를 지칭하게 되는 그러한 경우들만 취급된다는 것이다. 다시 한 번, 러셀식 명제에 대해 생각해보는 것이 여기서는 유용할 것이다. 환언하자면, 우리가 지금껏 다루어온 경우들은, 모두 하나의 지표사가 여러 순서쌍 중의 한 예에 있는 어떤 빈 칸에, 어떤 특정 인물 또는 사물을 기여시키는 일 외에는 아무 것도 하지 않는 그런 상황에 해당되는 경우이다.

여기서 문제는 지표사의 모든 용례가 전부 이러한 방식으로 분석될 수는 없다는 점이다. 여기서 3인칭 대명사의 예들을 한 번 고려해 보라. 이 대명사는 (1)에서 보인 바와 같이, 지시적인 사용의 다양한 예들을 가지고 있다. 하지만 (2)에서는 어떤 일이 일어나고 있는가?

(1) He is the Pope.
(그는 교황이다.)(베네딕토 16세를 가리키는 제스처를 취한 상태에서 발화된 문장)

(2) Every boy believes he deserves ice cream.
(그가 아이스크림을 먹을 자격이 있다고 모든 소년들이 (각각) 믿는다.)

(2)의 예문은, 물론, 단어 'he'에 대한 지시적 사용의 한 예를 연관시킬 수도 있다. 아마도, 화자가 베네딕토 16세를 지시하고 있는 상태에서, 베네딕토 16세는 아이스크림을 먹을 자격이 있다고 모든 소년들 각자가 믿는다고 그 화자 스스로가 주장하고 있는 것일 수도 있다. 하지만, 이것이 유일하게 가능한 해석안은 아니다. 그 문장은 또한, 모든 소년들 각자가 자신이 아이스크림을 먹을 자격이 있다고 스스로 믿고 있다는 것을 단언하기 위해서 사용될 수도 있는 것이다. 이것은 또 하나의 아주 다른 명제가 된다. 그리고, 이러한 후자의

독해 방법은 'he'가 가지는 지시적 용법의 용례를 연관시켜 사용할 수 없음이 명백하다. 이 독해 방법에서, 'he'는 도대체 무엇을 지칭할 수 있을 것이란 말인가? 모든 소년들(all boys)이라는 집합? 하지만, 그럴 경우, 그 화자가 주장하게 되는 바는, 모든 소년들(all boys)로 이루어진 그 집합이 아이스크림을 먹을 자격이 있다고 모든 소년들 각자(every boy)가 스스로 믿고 있다는 것이 될 것이다. 그것은 아주 다른 성격의 해석이자 명제이다. (2)의 예문은 모든 소년들(all boys)에 대한 무언가를 믿고 있는 모든 소년들 각자(every boy)를 필수적으로 연관시키지 않는다. 그저 그 자신(himself)에 대한 무언가를 연관시킬 뿐이다.

(2)에 있는 대명사는 '결속 해석'(bound reading) 또는 '결속 변항 해석'(bound variable reading)이라고 칭해지는 해석 방식을 가지고 있다. 이것은 어떠한 방식으로든, 자신에 선행하는 양화사구 'every boy'에 의존하는 것으로 보인다. 이러한 경우는 그것을 '결속(bind)'한다고 칭해진다. 만약 당신이 제 5장에서 형식 논리학 분야에서 사용되는 'x'와 'y'라는 변항(variable)의 용법에 대해 직관력에 기반하여 이해를 했다면, 당신은 여기서 'he'가 마치 그러한 변항들 중의 한 예시처럼 행동하는 것으로 보인다는 점을 파악하게 될 것이다. 다음에 나오는 다소 형식적인 환언의 예는 이러한 점을 명확하게 할 것이다.

(3) Every boy x is such that x believes that x deserves ice cream.
 (모든 소년 각자 x는 x가 아이스크림을 먹을 자격이 있다고 x가 믿는 그러한 상태이다.)
 ([역자 주] 수학 분야에서 'such that'을 '(-을/를) 만족시키는'으로 번역하기도 함.)

밑줄로 표시되어있는 변항 'x'가 등장하는 그 경우는 대명사 'he'에 대한 아주 좋은 번역의 한 예인 것으로 보인다. 하지만, 이 경우에, 여기서 무슨 일이 일어나고 있는지에 대한 외현적으로 명쾌한 상황 기술을 우리는 생산해낼 수 있는가? 여기 한 가지 방법이 있다. 내가 앞서 말했듯이, 'every boy'와 'he' 사이에 결정적인 '관계'가 한 개 존재하는 듯하다. 그 두 개의 표현을 삭제하고 그 두 표현이 있던 위치를 표시해둔 상태인 (2)의 수정된 버전이 여기에 있다.

(4) _____ believes _____ deserves ice cream.

이제 세 명의 소년이 있다고 가정해보라. 예를 들어, 톰(Tom), 딕(Dick), 해리(Harry)라는 명칭으로 구분되는 세 명의 소년을 떠올려보라. 상기한 양화사구와 그 구가 결속(bind)하는 대명사가 남겨 둔 그 두 개의 빈 칸 속에 소년의 명칭을 각각 하나씩 넣어두는 방식을 사용함으로써 우리는 다음과 같은 새로운 문장 예들을 형성하게 된다. 여기서, 각 명칭을 넣을 때마다 어떠한 문장이든 동일한 명칭을 항상 넣도록 한다.

(5) a. Tom believes Tom deserves ice cream.
　　　(Tom이 아이스크림을 먹을 자격이 있다고 Tom이 믿는다.)
　　b. Dick believes Dick deserves ice cream.
　　　(Dick이 아이스크림을 먹을 자격이 있다고 Dick이 믿는다.)
　　c. Harry believes Harry deserves ice cream.
　　　(Harry가 아이스크림을 먹을 자격이 있다고 Harry가 믿는다.)

우리가 'every boy'를 다루고 있기 때문에, (5a)에서 (5c)까지 모든 문장은 각각 참이라고 원래의 문장 (2)가 주장하는 것으로 간주될 수 있다. 이제 (6)을 고려해보라.

(6) Some boy believes he deserves ice cream.
    (그가 아이스크림을 먹을 자격이 있다고 어떤 소년이 믿는다.)

(5a)에서 (5c)까지의 문장 중에서 어떤 문장은 참이라고 위의 문장 (6)이 주장하고 있는 것으로 간주해볼 수 있다. 그리고 이러한 일반적 절차는 하나의 대명사가 어떤 양화사구에 의해 결속되어있을 때에 그 대명사 특유의 의미적 특징과 원리에 대해 생각해보는 좋은 방법 중 하나다. 즉, 그 절차는, 말하자면, 관련성을 가지는 각각의 대상 모두가 그 환경 속에서 고려되는 하나의 빈 칸(slot)을 제공한다. 그러한 대상은 한 번에 하나씩 주어진 빈 칸 속에서 고려되며, 이러한 방법으로 관련된 대상에 대한 어떠한 주장을 이끌어 낼 수 있을지도 모른다는 목적에서 행해진다. 그러한 관련 대상의 예들은 양화사구 내에 있는 명사에 의해 표시된(denoted) 바로 그 대상들이다. 위의 경우에서는, 여러 명의 소년들을 가리킨다. 그리고 그러한 주장의 기본 본성은 양화사 그 자체에 달려있다.

대명사의 사용이 비지시적인 양상으로 나타나는 또 다른 예는 다음과 같은 경우에서 발견된다.

(7) Every man who owns a donkey beats it.
    (당나귀 1마리를 소유한 모든 사람은 (각각) 그것을 구타한다.)

여기서, 다시 한번, 가장 자연스러운 독해 방법상에서, 'it'이 지시적이 되는 것은 불가능하다. 이 문장을 말한 어떤 화자가, 예를 들어, 플로시(Flossy)라는 이름의 어떤 특정한 당나귀를 지칭하면서, 당나귀 한 마리를 소유하고 있는 모든 사람은 제각각 플로시를 구타한다고 말하고 있는 것은 아닐 것이다. (즉, 플로시를 지칭하지는 않을 것이다.) 하지만,

이 경우에 정확하게 이 대명사가 무엇을 뜻하는지에 대해서는 일치된 의견이 존재하지 않는다. 어떤 학파는 'it'이 결속되었다고 주장한다. 즉, 앞에 나온 예의 경우와 거의 흡사한 방식으로 주장된다. 그리고 실제로도, 이 대명사가 하나의 결속 변항에 의해 '번역'되는 것같이 짜여진 문장을 나타내기 위해서 유사논리적(quasi-logical) 환언문의 예를 마련해보는 것이 가능하다. 환원문의 예는 (8)과 같이 나타낼 수 있다.

(8) For all x and for all y such that x is a man and y is a donkey and x owns y, x beats y.
(모든 x와 모든 y에 대하여, x는 어떤 사람이고 y는 어떤 당나귀이며 x가 y를 소유하고 있는 그러한 상태에서, x는 y를 구타한다.)

하지만, 이러한 환언문이 가지고 있는 한 가지 문제는 이 문장의 생성에 'a donkey'를 'for all y such that ... y is a donkey'로 '번역'하는 작업이 연관된다는 점이다. 다시 말해서, 마치 'a donkey'가 'every' 또는 'all'과 같은 '전칭 양화사'(universal quantifier)라도 되는 것처럼 이 문장이 'a donkey'를 처리해버리는 상황이 연관되어있다. 주장하건대, 이러한 처리방법에는 지불해야 할 적지 않은 비용이 존재한다. 부연하자면, 어쨌거나, 'A donkey walked in'(당나귀 한 마리가 걸어 들어왔다)이 'Every donkey walked in'(모든 당나귀가 (제각기) 걸어 들어왔다)과 동일한 것을 의미하지는 않는 것이다. 이러한 문제에 대해서 또 다른 주요 사상적 학파는 (7)의 의미가 (9a) 또는 (9b)의 의미와 좀 더 유사한 어떤 것이라고 주장한다.

(9) a. Every man who owns a donkey beats the donkey he owns.
(당나귀 1마리를 소유한 모든 사람은 (제각각) 그가 소유한 당나귀를 구타한다.)

b. Every man who owns a donkey beats the donkey.
(당나귀 1마리를 소유한 모든 사람은 (제각각) 그 당나귀를 구타한다.)

그러면 여기에서는 대명사 'it'이 일종의 한정적 기술 즉, '한정기술구'(definite description)의 의미를 가지고 있다고 주장된다. 이것도 또한 여러 문제와 맞닥뜨리는데, 아마도 가장 주목할 만한 것은, 우리에게는 지금 비지시적 대명사를 위한 2개의 완전히 상이한 의미유형 예들이 있다는 사실일 것이다. 즉, '결속된 용법'과 '한정기술구'의 경우가 그것들이다. 이것은, 당연히, 이론적 경제성의 관점에서 볼 때에 상당히 호감이 가지 않는다.

이러한 현상은 '당나귀 조응'(donkey anaphora)이라는 매력적인 이름으로 알려져있으며, 오랜 역사를 가지고 있는 예문인 (7)의 문장에 기반하여 명명된 것이다. (당신의 아내를 구타하는지에 대해 변호사가 제기하였던 그 질문을 비교해보라. 부연하자면, 예문의 역사가 길수록, 특정 사물을 구타하는 일이 연관될 개연성이 더 높다.) '조응'(anaphora)은 ―(2)와 (7)에서 상세하게 기술되었던 것처럼―대명사와 그 외의 구 사이에 존재하는 의미적 의존 상태(semantic dependency)이다. 즉, 그 예문들의 경우에서 각 대명사들은 그것들이 의미적으로 기능할 수 있기 위해서 선행하는 양화사구어 모종의 방식으로 의존하고 있는 상태인 것으로 보인다. ([역자 주] 'anaphora'는 '조응사', '대용어', '전방 조응'으로도 번역됨.) (2)의 예문에 나타나는 그러한 유형의 의존 상태를 때때로 '결속 조응'(bound anaphora) 또는 '결속 변항 조응'(bound variable anaphora)이라고 부른다. (7)에서의 형상적 배열(configuration)과 (2)에서의 형상적 배열 간에 여러 통사적 차이점이 존재한다는 점에 주목하라. 부연하자면, (2)에서, 대명사가 의미적으로 연결되어있던 그 양화사구는 전체 문장의 주어였다. 반면에, (7)에서는 대명사가 'a donkey'라는 구에 연결되어있는 것처럼 보인다. 그리고 그 명사구는 주어 명사에 부착되어 있는 한 관계절(relative clause) 속에 매설되어 있다. 연구자들은 이러한 여러 통사적 차이점이 얼마나 중요한지에 대한 질문에 있어, 그리고 일반적으로는, '당나귀 조응'이 '결속 변항 조응'으로 환원(reduced)될 수 있는지의 여부에 있어 여전히 여러 상이한 입장을 취하고 있다.

하지만, 대명사를 한정기술구로서 해석해버리는 것 외에는 별 다른 대안의 여지가 없는 것처럼 보이는 또 다른 종류의 예문이 존재한다. (10)의 문장을 고려해보라.

(10) He is usually an Italian.
(그는 통상적으로 이탈리아인이다.)(베네딕토 16세를 가리키는 제스처를 취한 상태에서 발화된 문장)

만약 누군가가 이 문장을 말하는 것을 우리가 들었다면, 그리고 그 명시된 제스처가 표현되어 드러난 상태라면, 이러한 발화 및 몸짓 표현들이 '베네딕토 16세는 통상적으로 이탈리아인이다'라고 주장하는 것으로 우리가 해석하지는 않을 것이다. 우리는 '교황(the Pope)은 통상적으로 이탈리아인이다'라는 것을 이러한 표현들이 주장하고 있는 것으로 해석할 것이다. (10) 예문은 (11) 예문과 동의어 관계에 있다. 그렇지만 (12)와는 동의어 관계가 아니다.

(11) The Pope is usually an Italian.
(교황은 통상적으로 이탈리아인이다.)
(12) Benedict XVI is usually an Italian.
(베네딕토 16세는 통상적으로 이탈리아인이다.)

만약 명칭, 즉, 이름의 예들이 일반적으로 지시적이라고 우리가 생각한다면, (12)가 (10)이 가지고 있는 그러한 종류의 독해 방법을 취하지 않는다는 사실은 'he'가 (10)에서 어떤 방식으로든 지시적일 수도 있다고 상정하는 것에 반격하는 논증의 예가 된다. (10)에서 해석되는 의미는 오히려, (11)의 경우에서처럼, 진정한 한정기술구의 예가 가지는 의미인 것처럼 보인다. 적어도 몇몇 특정 정황 속에서는, 발화 맥락'의 도움에 의해 충분한 현저성(salience)을 띠게 되는 한정기술구의 예들이 있을 때에, 대명사는 어떠한 예도 기술도 표상할 수 있는 것으로 보인다. (10)의 경우에서처럼, 시각적으로 두드러지는 단서들을 가리키는 제스처의 예들은 확실히 과정상에서 많은 일을 도와준다. (10)과 같은 경우들을 우리는 '기술적 지표사'(descriptive indexical)라고 부른다.

어떤 특정한 문장 예들에서는, 대명사를 위해 가능한 해석의 예들이 보여주는 복수(multiplicity)의 다양성이 상당히 인상적인 수준의 중의성을 생성시키는 데에 기여한다. 예를 들어, (13)의 예문은 몇 개의 가능한 독해 방법(또는 독해안)을 가지고 있는가?

> (13) Every journalist who ever interviewed the mayor of Arkham found that ten years earlier he had been a communist.
> (아컴시의 시장을 그제껏 인터뷰한 적이 있는 모든 기자는 그보다 10년 전에 그가 공산주의자였었다는 것을 제각기 발견하였다.)

우선, 'he'는 지시적일 수도 있다. 그것이 아컴(Arkham)시의 현재 시장(mayor)을 지시하고 있는 것일 수 있다. 또는 그 화자에 의해서 지목되고 있는 어떤 특정 인물을 지시하고 있는 것일 수도 있다. 이 대명사는 또한 결속되어있을 수도 있다. 즉, 그러한 독해 방법에 따르면, 그와 같은 종류의 인터뷰를 그제껏 한 번이라도 한 적이 있는 모든(every) 기자들은 그보다 10년 전에 자신 스스로가 공산주의자였던 것을 제각기 알아냈다고 해석될 것이다. 이것은 아마도 기억상실증으로 고통 받고 있어서, 그들 자신이 이전에 정치적으로 어떤 특정 신념을 가지고 있었는지에 대해 알기 위해서는 정밀조사를 해야 하거나 또는 제 3자에 의해 상기되어질 필요가 있는 그러한 유형의 기자들을 연관시킬 것이다. 세 번째로, 이 대명사는 '당나귀 조응'의 경우를 떠올리게 하는 한 방식에 따라 해석될 수도 있을 것이다. 따라서 그 대명사는 아컴시의 다양한 역대 시장들을 폭넓게 포함하고 있는 것으로 해석될 수도 있다. 아컴시의 역대 시장 중에서 단 3명만이 인터뷰를 한 적이 있다고 상정해보라. 예를 들어, 에인젤(Angell) 시장이 1920년에 인터뷰를 했고 블랙우드(Blackwood) 시장은 1950년에, 그리고 커웬(Curwen) 시장은 1990년에 인터뷰를 했다고 말이다. 조응과 관련된 이 독해 방법은 다음과 같이 주장할 것이다. 즉, 에인젤 시장이 1910년에 공산주의자였고, 블랙우드 시장이 1940년에 공산주의자였으며, 커웬 시장이 1980년에 공산주의자였다는 것을 그 담당 기자들이 발견했다고 말이다. (이들이 공산주의 활동 시기에 시장직에 있었어야 할 필연성은 없다는 점에 주목하라.) 그리고, 네 번째 독해 방법은 세 번째 독해안과 동일하며, 단지 1개의 예외사항이 덧붙는다. 즉, 각각의 인터뷰 실행 시점에 있어서, 그보다 10년 전에 시장이었던 바로 그 사람이 과거에 동시에 공산주의자였었다는 것을 그 담당 기자들이 각자 발견했다는 점을 추가시킨 독해안이 있을 수 있다. 이에 따르면, 1910년에 아미티지(Armitage)가 시장이었고 또한 공산주의자였다. 그리고 1940년에 비숍(Bishop)이 시장이었고 또한 공산주의자였다. 더불어 1980년에는 코리(Corey)가 시장이었고 또한 공산주의자였다. 인터뷰를 하였던 그 시장들은, 이 독해 방법에 따르면, 과거에 공산주의자들이었을 필요가 전혀 없다. 이 마지막 독해안은 (그리고 아마도 세 번째 독해인도) 가정해보건대, 해당 대명사가 한정기술구의 예로서, 다시 말해, 'the mayor of Arkham'(아컴시의 시장)이라는 한정적 표현으로서 해석이 되는 과정을 연관시키고 있다.

그리고 대명사의 예들에 대해 마치 우리가 관련 의미의 다양한 예들을 이미 충분히 가지고 있지 않기라도 하듯이 다루고 있는, J. K. 롤링(Rowling)의 소설 『해리 포터와 죽음의 성물』(Harry Potter and the Deathly Hallows) 내용 중에서 발췌한 다음 예문을 고려해보라.

(14) Nothing happened but he had not expected it to.
(아무 일도 일어나지 않았다. 하지만 그는 그것이 그럴 거라고 예상하지 않았었다.)(해리가 주문을 걸려고 시도하는 장면에서 사용된 지문)

이 예는 확연히 '...he had not expected anything to happen.'(....그는 어떤 일이라도 발생할 것을 예상하지 않았었다.)이라는 것을 뜻한다. 그러면, 대명사 'it'은 'anything'(어떤 것)을 의미할 수 있는 것처럼 보인다. (이것은 아마도 'not anything'과 등가(equivalence) 관계에 있는 'nothing'이라는 단어가 존재함으로써 도움을 받게 된 것 같다. 하지만, 이것은 열외의 이야기이다.) 'anything'이라는 단어는 양화사구의 한 예이다. 비록 이 현상이 상당히 드물기는 하지만, 양화사구의 예들이 가지는 일련의 의미를 대명사도 취할 수 있음을 보여주는 그 외의 여러 예들도 존재하는 것으로 드러난다. 사실인즉, 나는 나 스스로에게 친근하고 소중한 한 특정 인물과 대화를 가졌을 때에 이러한 종류의 의미 하나를 가지는 대명사 1개를 자연발생적으로 이미 말해버리게 됨으로써 방금 언급한 종류의 상황적 가능성의 예에 대해 의식하게 된 경험이 있다. 그런 이유로 인해, 나는 앞서 언급한 해리 포터의 예문을 바로 집어낼 수 있었다. 다음 발화 교환의 예는 당시의 그 상황에서 가져왔다.

(15) SP: Every towel has a purpose.
(혹자: 모든 수건은 각각 어떤 용도를 가지고 있어.)
PE: No, it doesn't!
(폴 엘번: 아니야, 그것은 가지고 있지 않아!)

내가 뜻한 의미는 'No, every towel doesn't have a purpose.'(아니야, 모든 수건이 각각 어떤 용도를 가지고 있지는 않아.)였다. 보다 명시적으로 말하면 다음과 같다. 'It is not the case that every towel has a purpose.'(모든 수건이 각각 어떤 용도를 가지고 있다는 것이 실제 (사실인) 경우는 아니다.) 그런즉, 'it'이라는 대명사는 명백하게도 'every towel'(모든 수건)을 의미했다. 그렇다면, 어떤 제한된 정황 속에서는, 대명사가 맥락상에서 현저성을 띠는 양화사구 의미의 예들을 취할 수 있는 것처럼 보인다. 이 현상은 아직까지는 학계에서 광범위한 연구가 진행되지 않았다.

　직접적으로 지시적인 성격을 띠는 독해 방법 외의 다른 독해 방법의 예들을 보여주는 것은 'he', 'she', 'it'과 같은 3인칭 대명사뿐만은 아니다. 모든 지표사의 예들은 그와 같은 성격을 띠는 독해 방법의 실례들을 보여준다고 지금까지 주장되어왔다. 그리고, 비록 어떤 경우에서는 그 외의 다른 경우들보다 불확실성이 더 많이 나타나기도 하지만, 심각한 이론적 논쟁 대상이 아닌 관련 실례들이 실제로 많이 존재한다. 예를 들어, 지시사 'that'이 연관되어있는 당나귀 문장의 예시를 여기서 살펴보자.

(16) Every man who owns a donkey beats that donkey.
(당나귀 1마리를 소유한 모든 사람은 (각각) 그 당나귀를 구타한다.)

다시금, 논의의 중심에 있는 이 지표사(즉, 'that donkey')는 'the donkey

he owns'(그가 소유한 당나귀)와 같은 특정 사물을 의미하는 것처럼 보인다. 여기, 'tomorrow'의 경우에 기술적 지표사로서의 독해 방법이 나타나는 예가 한 개 있다.

(17) Tomorrow is always the biggest party night of the year.
(내일은 항상 한 해의 가장 성대한 파티 밤이다.)

이 예문은 애리조나 대학교(University of Arizona)의 학교 신문에 실린 한 기사 내용에서 발췌한 것이다. 그리고, 그 기사는 과거 어느 해에 새학기가 (즉, 강의들이) 시작되기 바로 전 금요일에 발간되었다. 그 예문은 명백하게도 'The Saturday before classes start is always the biggest party night of the year.'(강의들이 시작되기 전의 바로 그 토요일은 항상 한 해의 가장 성대한 파티 밤이 된다)라는 것을 뜻한다. 여기서 'tomorrow'가, 예를 들어, 2010년 9월 4일의 토요일처럼 어느 특정한 날을 단순 지칭하고 있다는 것은 불가능한 일이라는 점에 주목하라. 다시 말해, 그 특정한 날은 한 해의 가장 성대한 파티 밤이 '항상' 되는 것은 아니다. 왜냐하면, 그와 같은 특정일은 그 어떠한 경우에도 단지 과거의 한 해 내에서 나타날 것이기 때문이다.

그리고 여기에, 우리의 이야기를 잘 마무리 짓기 위해서, '직접 지시/지칭 이론'(direct reference theory)과 일치되는 방향으로 사용되지 않은 'I'의 한 실례를 들고자 한다. 캐플런의 고전적 이론에 따르면, 'I'는 단지 그 단어를 발화하는 그 사람을 지칭한다는 점을 상기해보라. 이러한 주장에 대해서는 다양한 반례들이 제시될 수 있을 것이다. 내가 좋아하는 반례는 심장을 뛰게 하고, 재미있는 내용이 가득하며 창의적인 말 표현을 자주 쓰는 『뱀파이어 사냥꾼 버피』(*Buffy the Vampire Slayer*) (1997-2003)라고 하는 텔레비전 프로그램에서 발췌된 것이다. 세 번째 시즌에서 시즌 제작 담당자 조스 위든(Joss Whedon)이 각본을 작성하고 직접 연출한 '도플갱랜드'(Doppelgängland)라는 제목의 에피스드에서, 극중 주인공 중 한 명인 윌로우(Willow)는 한 대체 현실(alternate reality) 속에서(또는 우리가 말하려는 바에 따르면, 대안적 '가능 세계'의 한 예 속에서) 존재하는 그녀 자신의 대응인물(counterpart)을 우발적으로 소환시키게 된다. 여러 가지 다른 사건들 중에서도 특이한 사건을 꼽자면, 윌로우는 우리의 논의 대상이 되고 있는 그 '가능 세계' 속에서 뱀파이어로 변해있었던 것으로 보인다. 윌로우가 언급하고 있는 바와 같이, 그 외의 작은 차이점들도 몇몇 존재하고 있다. ([역자 주] (18)은 뱀파이어가 아닌 실제 윌로우가 발화한 문장임.)

(18) That's me as a vampire? I'm so evil... and skanky. And I think I'm kinda gay.
(저게 뱀파이어인 나라고? 나는 아주 사악하구나...게다가 불쾌하기까지 해. 그리고 내 생각에, 나는 좀 게이인 듯한 걸.)

그 프로그램 자체의 '가능 세계' 태생인 실제 윌로우가 네 번째 시즌에서는 자신이 '좀 게이'라는 점을 그리고 (너무 정확하게 지적하지 말아야 할 테지만, 여섯 번째 시즌에서는) 자신이 사악해진다는 점을 이 순간 인식했다는 점에서, 이 프로그램의 팬들은 이 대사를 중요한 복선으로 기억하고 있다. 하지만, 우리가 현재 당면한 목적을 위해서는, 실제 중요한 것은 그 대명사의 사용 양상이다. 윌로우가 'I'm so evil'(나는 아주 사악하구나) 등과 같은 말을 할 때에, 그녀는 화자인 그녀 자신이 사악하다는 것을 의미한 것이 아니다. 그녀는 방 건너편에서 자신이 바라보고 있는 바로 그 사람이 사악하다는 것을 의미한다. 그러한 측면에서, 'I'에 대한 캐플런의 이론은 교정이 필요한 것으로 보인다. 하지만, 윌로우 자신이 방 건너편에서 바라보고 있었던 그 사람이, 말을 하자면, 그녀 자신이기 때문에, 우리는 이 경우에 요구되는 교정 작업이 상대적으로 분량이 작기를 희망해볼 수 있을지도 모른다.

하지만, 전체적으로, 지표사가 단지 지시적인 성격만 가지고 있다는 입장을 고수하는 것은 불가능한 일이다. 3인칭 대명사와 지시사는 둘 다 지시적 용법 외에도 추가적인 용례들을 보이며, 적어도, 결속 변항 용법, 당나귀 조응 용법, 그리고 기술적 지표사 용법을 모두 가지고 있다. 우리가 지금까지 간략하게 보아온 것과 같이, 그 외의 여러 지표사 예들 또한 '직접 지칭 이론' 그것과는 상충되는 양상을 보이는 여러 다른 용법을 가지고 있다. 오늘날의 연구에서 상당 부분이 지표사를 위한 단일 의미론, 즉, 이 모든 용법들을 특수한 경우로서 제외되도록 만들어 버릴 통일된 의미론 이론을 고안해내는 작업에 집중하고 있다. 하지만, 이 분야에서 아직 합일된 의견은 존재하지 않고 있다.

'I', 'she', 'tomorrow'와 같은 '외현적 지표사'(overt indexical)의 작용은 동일한 단어 연쇄가 상이한 발화 맥락 속에서 상이한 내용을 가질 수 있는 유일한 방법이 아니다. 우리가 2010년 8월 1일 오후 2시에 매사추세츠(Massachusetts)주의 아컴시에 있다고 상상해보라. 그리고 내가 주위를 둘러보며 (19)와 같이 말한다고 가정해보라.

(19) It's raining.
　　　(비가 오고 있다.)

당신은 내가 '2010년 8월 1일 오후 2시에 매사추세츠주의 아컴시에 비가 오고 있다'라는 명제를 표현한 것으로 받아들일 것이다. 우리가 이와 같은 식으로 풀어 쓸 때, 이것은 'It's raining'(비가 오고 있다)이라는 작은 길이의 문장 자체보다 의미심장한 수준으로 확대된 것처럼 보인다. 그 날짜 및 시간 정보는 'is'가 가지는 현재 시제의 도움에 의해 명제 형성에 기여하도록 만들어진 것으로 간주될 수 있다. 이 단어는 여기서 타당성이 있는 방식으로 일종의 지표사가 되는데, 이 경우에서는 다소 'now'처럼 작용하고 있다. 그리고 이 단어가 가지고 있는 의미값(semantic value)은 발화의 시점이며, 이 단어는 그러한 의미값이 표현된 명제의 구체적 형성에 기여하도록 만든다. 하지만, 장소 또는 위치(location)에 대한 정보는 어떠한가? 나는 명확하게도(즉, 한정적으로) 아컴시에 비가 내리고 있다고 주장하고 있었고, 그래서 보스턴(Boston)이나 애머스트(Amherst), 또는 그 외의 다른 곳에서 비가 내리고 있었다고 주장하고 있었던 것이 아니다. 그런즉, 그 발화를 위해서는, 어떠한 방식으로든, 그러한 장소는 그 문장의 '내용' 속에서 등장해야만 한다. 하지만, 장소 정보가 어떻게 그 '내용' 속에 들어가게 될까? 'It's raining'(비가 오고 있다)이라는 문장 속에는 '발화 장소'(place of utterance)라는 의미값을 명제 형성에 기여시키는 작업과 관련된 어떠한 단어 연쇄 또는 단어의 일부분도 존재하지 않는다.

(19)의 예문은 비교해볼 만한 문제의 예를 연관시키고 있는 유일한 예문이 아니다. 실제로, 이 현상은 극단적이라고 할 정도로 만연해있다. 다음과 같은 발화의 예들을 고려해보라.

(20) Everyone was sick.
(모든 사람이 제각각 아팠다.)

(21) I haven't eaten.
(나는 (음식을) 여태껏 먹지 않았다.)

만약 내가 어젯밤에 저녁식사 파티를 개최하였고, 당신이 나에게 그 파티가 어땠는지를 물어본다고 상상해보라. 나는 이 경우 (20)의 예문을 가지고 답하도록 한다. 확실코, 당신은 세상에 있는 모든 사람이 아팠다고 내가 단언하고 있는 것으로 간주하지는 않을 것이다. 당신은 나의 저녁식사 파티에 참석하였던 모든 사람이 아팠다고 내가 지금 단언하고 있는 것으로 간주할 것이다. 하지만 (20)의 예문에는 '나의 저녁식사 파티에 참석함'이라는 속성을 표시한다고 타당성 있는 방식으로 간주될 수 있는 어떠한 단어나 구도 존재하지 않는다. 그러면, 이러한 속성이 어떻게 표현된 명제 속으로 최종적으로 들어와 있게 된 것일까? 유사한 방식으로, 만약 내가 저녁 8시에 (21)의 문장을 말한다면, 당신은 내가 나의 일생에서 결코 식사를 해 본 적이 없다고 지금 말하고 있는 것으로 간주하지는 않을 것이다. 당신은 바로 그 날에 내가 저녁식사를 아직 먹지 않았다고 말하고 있는 것으로 받아들일 것이다. 하지만, 나는 '저녁식사'(dinner)를 뜻하는 어떠한 단어나 구도 소리 내어 말하지 않았다. 그런즉, 그 문장이 어떻게 그 문장 자체가 실제적으로 의미하는 바를 의미하게 되는 결과에 도달했는지는 불가사의한 일이다.

내가 앞서 말했듯이, 이들 한 각각의 주어진 문장은 상이한 '발화 맥락' 속에서 여러 상이한 것을 의미할 수도 있다는 점에서 '외현적 지표사'에 해당되는 여러 경우들과 흡연히 유사하다. 설사 관련된 시간 정보를 우리가 동일하게 유지시킨다고 할지라도, (19)의 문장은 그것이 발화되는 장소에 따라서 여러 상이한 명제를 표현하게 될 것이다. (그런즉 일이 그렇게 간단하지가 않다. 예를 들어, 만약 우리가 아컴시에 지금 있고 보스턴시의 날씨에 대해 논의하고 있다면, (19)를 발화한 예들 중 하나는 보스턴시에 지금 비가 오고 있다는 것을 뜻할지도 모른다.) 논의 중인 대상이 어떠한 시점이나 경우인지에 따라서, (20)의 예문은 '아픔'이라는 속성을 여러 상이한 집단에 속하는 다양한 사람들에게 귀속시킬 것이다. 그리고 우리가 (21) 예문의 화자를 동일하게 유지시킨다고 할지라도, 그 문장의 발화 시각이 언제인지에 따라서, 각기 상이한 종류의 식사가 실상 미섭취된 상태라고 (21) 예문은 주장하게 될 것이다.

하지만 이러한 관찰은 단지 제한된 수준의 통찰력만을 전달해줄 뿐이다. 우리는 여전히 이러한 일련의 문장 각각이 가지는 그 의미에 정확히 어떠한 방법이나 방식으로 도달하게 되는지에 대해 궁금증을 가지고 있는 상태로 남아있다. 여기에 시작선상에서는 성공의 조짐을 보인 전략이 하나 있다. 지난 수년 동안 여러 옹호자들을 확보한 바가 있는 이 전략에 따르면, 의미 도달의 방법은 명제가 문장에서부터 두 단계에 걸쳐 추출된다고 상상하는 것이다. 즉, 제1 단계에서 주어진 문장 내에 있는 각각의 단어에 기반하여 어떤 한 '내용'에 우리가 도달한다. 그리고 그 다음에는 세계에서 공간적 및 시간적으로 제한된 단 하나의 부분에 대해서만, 다시 말해, 단지 한 '상황'(situation)에 대해서 하나의 주장을 하는 것이 바로 그 '내용'이라고 우리는 두 번째 단계에서 이해한다. 제 4장에서 여러 '상황'에 대해 행하였던 논의를 상기해보라. 여기서 우리가 다루고 있는 새로운 종류의 상황은 '화제 상황'(topic situation)이라고 칭하는데, 왜냐하면, 어떤 의미에서는, 화제 상황이 바로 해당 문장이 다루고 있는 그것, 즉, 문장의 화제 정보 그 자체라고 가정되기 때문이다. 예를 들어, 'It's raining'(비가 오고 있다)에 포함된 여러 단어로부터 우리가 도출한 그 '내용'은 지금 비가 오고 있는 상황의 예들로 이루어진 하나의 집합 바로 그것일지도 모른다. 제 4장에 나온 그 주장을 따를 때에 이러한 집합을 상정하게 되며, 그 예는 다음과 같다.

(22) $\{s \mid \text{it is raining in } s\}$

하지만 그 다음에, 개별적으로 분리된 상태에서 필수적으로 거치게 되는 또 다른 단계에서는, 이러한 '내용'이 하나의 '화제 상황'과 짝을 이루는 방식으로 결합된다. 그리고 그러한 상황의 예는 발화 시점에 있는 아컴이라는 바로 그 마을로 구성되어있을 수도 있다. 그러면 단언되어지는 온전한 명제 전체는 다음과 같다. 즉, '화제 상황'은 해당 문장의 모든 개별 단어로부터 우리가 얻게 되는 상황의 예들로 이루어진 한 개의 집합에서 그 집합에 속하는 한 개의 원소이다. 그리고 우리가 다루고 있는 이 경우에서는, 발화 시점에 있는 아컴으로 구성된 바로 그 상황은 지금 비가 오고 있는 것이 사실인 상태에 있는 상황의 예들로 이루어진 집합의 한 원소라는 것이 여기서 단언되어지는 명제 그 전체이다. 다시 말해서, 아컴에 지금 비가 오고 있다는 것이 그 명제이다. 'Everyone was sick'(모든 사람이 제각각 아팠다)의 예를 가지고 볼 때, 해당 문장의 모든 단어에서 도출된 '내용'은 다음과 같을 것이다. 즉, 관련 상황의 예들 속에 있는 모든 사람들이 제각각 아픈 그러한 상태에서 그와 같은 상황의 예들이 여럿 모인 한 개의 집합이 바로 그 내용이 될 것이다. 그리고 나의 저녁식사 파티로 구성된 그 '화제 상황'은 그러한 여러 상황들 중 하나인 것으로 주장된다. 이런 방식으로 기타 등등의 내용이 전개될 수 있다.

이러한 제안 방식은 고상하며 넓은 범위에 걸쳐 나타나는 여러 다양한 경우에서 효과적이다. 하지만, 불행하게도, 이 제안 방식은 적용 불가능하다. 다음의 문장을 고려해보라.

(23) Everyone is asleep and is being monitored by a research assistant.
(모든 사람이 제각기 수면 중이고 한 연구 보조원에 의해 모니터링 되고 있는 중이다.)

이 문장은 수면에 대한 한 실험에서 현재 어떠한 단계에 도달했는지를 시사하기 위해서 발화된 것일지도 모른다. 그러한 맥락에서는, 모든 실험 피험자들이 수면 중이었고 한 명의 연구 보조원이 그들을 계속 모니터링하고 있었다는 것이 그 단순의미일 것이다. 하지만, 이 문장을 위한 한 개의 적절한 '내용' 및 한 개의 적절한 '화제 상황'을 찾음으로써 우리가 이러한 의미에 도달할 수 있을까? 논의의 대상이 되고 있는 그 이론에 대해서 볼 때, 이 문장의 '내용'은 모든 사람이 제각각 수면 중이고 그 사람들은 모두 한 연구 보조원이 일일이 모니터링하고 있는 것이 사실인 상태에 있는 상황의 예들로 이루어진 한 개의 집합이어야 할 것이다. 우리는 정말 그러한 경우가 이루어지는 어떤 '화제 상황'을 찾을 수 있는가? 물론 불가능하다. 그 연구 보조원의 입장에서, 특히 모니터링 작업 중인 경우에는, 그는 가정하건대 수면 상태가 아닐 것이기 때문이다. 모든 사람이 각각 수면 중이고 그 연구 보조원은 수면 상태가 아닌 것이 사실인 상태에 있는 그런 상황은 단 한 개도 존재하지 않는다. 왜냐하면, 'everyone'(모든 사람)은 당연히 그 연구 보조원도 포함하기 때문이다.

그런즉, 우리가 현재 찾고 있는 그 '내용', 즉, 우리가 '암묵적 내용'(implicit content)이라고 칭할 수 있는 '내용'의 경우에, 해당 문장에서 청취가능한 각각의 단어로부터 우리가 도출해내는 그 '내용'이 가질 수 있는 적용가능성을 대상으로 일종의 보편적 제약(global restriction)을 부과하는 방법을 통해서는 그러한 '암묵적 내용'이 단순히 나타나는 것이 불가능하다. 그 '암묵적 내용'은, 말하자면, 청취 가능한 모든 관련 단어로부터 도출된 그 '내용'과 보다 밀접하게 상호조직화 되어있어야 할 것이다.

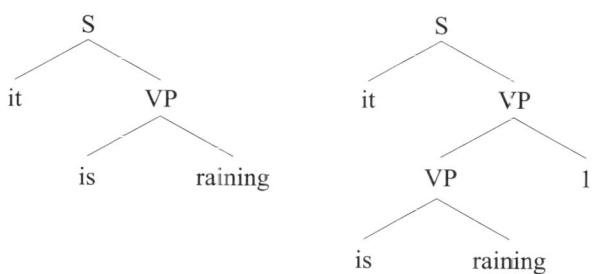

그림 7.1 'It's raining'의 두 가지 가능한 구조

어떤 이론가들은, 이러한 논의 단계에서는 내가 언급했던 (19)-(21)의 예문들과 '외현적 지표사'를 관련시키는 여러 예문들 간에 나타나는 유사성 쪽으로 방향 복귀를 하는 방법으로 응답하기도 한다. 그 이론가들은 (19)-(21) 예문들과 그 외의 유사 예문들이 '내현적 지표사'(covert indexical)를 사용함으로써 해석이 된다고 주장한다. 즉, 논의의 대상이 되고 있는 문장 예들이 가지는 그 통사 구조 내에 존재하지만 음성적으로는 실현되지 않은 그러한 종류의 지표사를 사용하는 방법을 취하는 것이다. 예를 들어, (19) 예문은, 아마 우리가 예상했었을지도 모르는 바와 같이, 그림 7.1에 나타나는 첫 번째 구조를 가지고 있지 않다는 것이 그 주장 내용이다. 그 주장의 요지는 (19) 예문이 오히려 두 번째 구조를 가지고 있다고 보는 것이다. 후자의 수형도 내에서 나타나는 l이라는 표시는 하나의 부사이며, 그것이 '발화 장소'(location of utterance)라는 정보를 표현된 명제에 기여하도록 만든다는 점에서 이 장소관련 표시는 정확하게 'here'처럼 작용한다. 하지만, 그것은 음성적으로 실현이 되지 않는다는 점에서 'here'와 다르다. 우리의 예문에서, 나는 종국에는 'in Arkham, Massachusetts'(매사추세츠주 아컴시에서)와 같은 특정한 것을 의미하게 될 것이다.

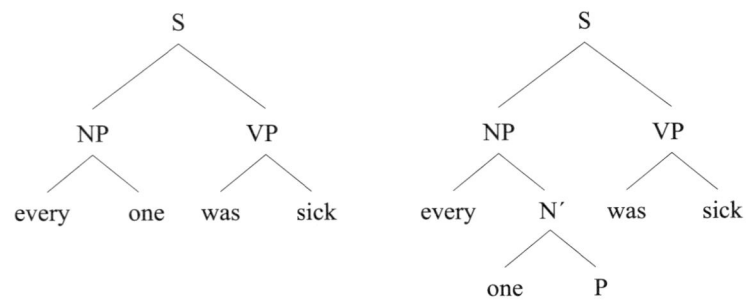

그림 7.2 'Everyone was sick'의 두 가지 가능한 구조

유사한 방식으로, 이 이론에 대해서 볼 때, 예문 (20)은 그림 7.2에서 첫 번째 구조가 아니라 두 번째 구조를 가지게 될 것이다. 이 구조에서, 구성요소 P는 다양한 속성들을 자신의 의미값으로 취할 수 있는 '내현적 지표사'의 예를 나타낸다. 우리의 예문에서는, 'who attended Elbourne's dinner party'(엘번 교수의 저녁식사 파티에 참석하였던)와 같은 어떤 특정한 것을 의미할 것이다. 우리는 'one'이라는 '외현적 지표사'를 그것이 가지는 여러 용법 중 일부를 중심으로 비교해볼 수 있을지도 모른다. 예를 들어, 이상하게 행동하는 한 마리의 개를 향해 내가 고개를 한 번 까딱거리고는, 또 다른 개를 가리키면서 (24)의 예문을 말할 수도 있을 것이다.

(24) That one does just the same.
    (그것은 완전히 똑같이 행동하네요.)

물론 여기에서, 이 예문의 의미는 'That dog does just the same'(저 개는 완전히 똑같이 행동하네요)이다. 그런즉, 'one'이라는 지표사는 때때로 '발화 맥락' 속에서 현저성을 띠고 있는 여러 속성들을 그 지표사의 값으로 취할 수 있다. 그림 7.2에서 음성적으로 실현되지 않은 구성 요소 P는 다소 유사할 것이다. 그리고 (21) 예문의 경우에서, 몇몇 이론 가들은 'eaten' 바로 뒤에 직접 목적어 위치에다가 음성적으로 실현되지 않는 한 개의 명사구를 상정할 것이다. 물론, 이 이론을 수용하기 위해서는 그 통사론 정보 내에 음성적으로 실현되지 않는 일련의 어휘 항목들을 상정해야 한다는 선제 조건이 요구되는게, 그러한 관점은 많은 통사론자들이 받아들이기를 꺼리는 것이다. 하지만, 촘스키가 주장한 몇몇 최신 이론에 영향을 받은 학자들을 포함해서, 그 외의 다수의 이론가들은 그와 같은 것들을 상정하는 것을 꺼리지 않는다. 이것은 제 5장에서 '흔적'과 연계하여 우리가 보았던 것과 마찬가지 맥락이다.

우리는 이제 (23)의 예문을 어떻게 다룰 것인지를 파악할 수 있다. 그 문장의 첫 번째 부분은 그림 7.3에 있는 그 구조를 가진다. 그리고 여기에서 '내현적 지표사'인 P는 'who is a subject in Dr Whateley's experiment on sleep'(웨이틀리 박사의 수면에 대한 실험에서 피험자인)과 같은 어떤 특정한 것을 그 값 중 하나로 가지고 있다. 그 '암묵적 내용'은, 이를테면, 국부적으로(locally) 제공되었기 때문에, 모든 해당 피험자들과 그 담당 연구 보조원에게 동등하게 적용되는 어떤 특정 상황 또는 속성을 찾아야 할 필요성이 이제는 존재하지 않는다.

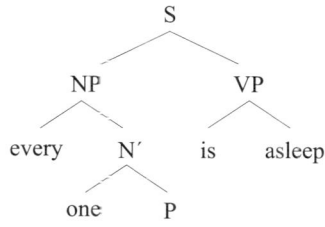

그림 7.3 'Everyone is asleep'의 가능한 구조

일련의 문장을 발화한 여러 예들에 의해 표현된 일련의 관련 명제들에 대해 흥미롭고 광범위한 주장을 하나 제시하기 위해서, 방금 기술하였던 그러한 몇몇 장치들을 사용하는 것이 가능하다. 하지만 이러한 주장을 말로 꺼내기 전에, '표현된 명제'(proposition expressed)라는 개념에 대해서 조금 더 많은 시간을 사용할 가치가 충분히 있다. (19) 예문의 경우에, 규정된 발화 맥락이 그와 같이 주어진 상태에서, '표현된 명제'는 'It is raining in Arkham, Massachusetts, at 2pm on 1 August 2010'(2010년 8월 1일 오후 2시에, 매사추세츠주의 아컴시에 비가 오고 있다)이라는 것이다. (20) 예문의 경우에, '표현된 명제'는 'Everyone who attended my dinner party was sick.'(나의 저녁식사 파티에 참석했던 모든 사람이 제각각 아팠다)이라는 것이다. 그리고 이와 같은 방식으로 여러 다양한 예를 들 수 있다. 한 문장에 의해 '표현된 명제'는, 그렇다면, 그 문장을 발화하는 상태에서 그 화자에 의해 만들어지는 주장으로서 간주될 수 있다. '암묵적 내용'의 여러 경우에 의해서 제기되는 문제점은, 청취가능한 단어의 예들은 우리가 '표현된 명제'에 도달할 수 있도록 도울 수 있는 충분한 '내용'을 꺼내어 보여줄 수 있는 것처럼 보이지 않는다는 것이다. 그런즉, 우리는 이제 '내현적 지표사'를 연관시키는 '표현된 명제'에 대한 하나의 주장에 당도하게 된다. 즉, '표현된 명제'란, 항상, 지시물 또는 그 외의 기타 의미값을 통사적 수형도 내에 있는 모든 해당 단어에 부과시키고 그 다음에 여러 합성성 규칙들을 사용하여 그 단어들의 의미값들을 모두 결합시킨 그 최종 결과라는 것이 그 주장이다. 환언하자면, 그와 같은 합성적 의미론(compositional semantics)상의 작업의 최종 단계에 산출 결과물로서 등장하게 되는 것이, 바로, '표현된 명제'라는 것이다. (19)-(21)과 같은 여러 경우들이 존재하는 것은 이러한 입장을 위협하는 것처럼 보였다. 하지만, '내현적 지표사'를 사용하는 방법을 통해서 여러 명백한 틈들을 메우려고 하는 상기의 전략은 우리가 이 (합성성 중심의) 주장 및 입장을 유지하는 것을 허용해준다. 또는, 몇몇 이론가들이 주장하는 바에 따르면 그러하다고 한다. 이러한 입장은 현재로서는 미국의 철학자 제이슨 스탠리(Jason Stanley)와 가장 밀접하게 연관되어 있다.

이러한 입장은 제 6장에서 암묵적으로 채택되었는데, 거기에서 우리는 합성적 의미론의 작용 원리들 중에서 일부 예들을 살펴보았다. 당신은 그 대안이 무엇인지에 대해 정말 궁금해 할지도 모른다. 그 대안은 프랑스의 인지과학자 댄 스펄버(Dan Sperber)와 영국의 언어학자 디어드리 윌슨(Deirdre Wilson)에 의해 주장되었다. ([역자 주] Dan Sperber는 본디 프랑스 출신이며, 이름의 실제 발음은 '단 스뻬르베르'임.) 그들이 취한 입장에서 가장 기본적인 부분은 앞서 제시된 입장에 대한 그들의 전면적 부정이다. 그런즉, 합성적 의미론 규칙에 의해 결합되는 바와 같이, 해당되는 통사론적 차원 내에서 여러 항목들이 가지는 각각의 의미로부터 그 표현된 명제를 항시 도출시키는 것은 불가능하다는 입장을 이 학자들은 고수하고 있다. (즉, 표현된 명제가 항상 통사적으로 어휘항목 의미에서 도출되는 것은 불가능하다는 것이다.) 하지만, 이들은 이 입장에 머물지 않고 의견을 더 확장시킨다. 스펄버와 윌슨은 합성적 의미론의 결과로 나온 그 산출물을 해당 '개념 체계'(conceptual system) 내에 있는 하나의 개상으로서 (아마도, 하나의 복잡한 개념이거나 또는 여러 개념의 연쇄로서) 간주한다. 이러한 입장에서, 제 2장에서 설명이 되었던 바와 같이, 그들은 촘스키를 따르고 있다. '암묵적 내용'은 단지 이 단계에서만 추가된다. 예를 들어, (23) 예문은 합성적 의미론 작용에 복속되며, 해당 개념 체계 내에서 하나의 대상을 꺼내어 보여준다. 여기서 이러한 대상의 예는, (25)의 예문에서 나타난 바와 같이, 대문자를 사용하는 방식으로 표상시킬 수 있다. 관례적인 방식과 같이, 여러 개념을 다시금 표상하기(stand for) 위해서 대문자를 사용하는 것이다.

(25) EVERYONE IS ASLEEP AND IS BEING MONITORED BY A RESEARCH ASSISTANT

[모든 사람이 제각기 수면 중이고 한 연구 보조원에 의해 모니터링 되고 있는 중이다]
([역자 주] 한국어의 한글 표기는 대문자화를 실행 및 표시할 수 없음. 대안적인 표기 방법으로서 대괄호를 사용하여 표시하였음.)

물론, 여러 개념이 실제로 어떻게 작동하는지를 보여주려는 하나의 시도로서 볼 때, 이러한 표상물을 심각하게 받아들이지는 않기로 한다. 그리고 그 필수 요지는, 이를테면, 이러한 첫 번째 단계에서 그 실험의 피험자가 된다는 것에 대한 언급은 없다는 점이다. 이것은 스탠리의 입장과는 대조를 이룬다. 그의 입장에 따르면, '암묵적 내용'이 그 현존 상태를 통사론적 층위의 정보를 통해서 알려지도록 만드는데, 그런고로, 그러한 암묵적 내용은 그 합성적 의미론 작용의 결과적 산출물 내부에 나타나게 될 것이라고 한다. 그 이유는 합성적 의미론 차원의 작용이 여러 관련된 통사적 수형도 구조상에서 작동하기 때문이다. 스펄버와 윌슨의 모형에 따르면, (25)의 그러한 표상물은 화자가 표현하고자 희망하였던 그 명제를 위한 하나의 고려 가능한 후보로서 간주된다. 그리고 만약 그것을 교정해야 할 어떤 이유가 존재한다면, 그러한 교정 작업은 실행될 수 있는데, 다시금, 순수하게 개념 체계 내부에서 작동하는 방식으로 이루어진다. 이러한 경우에, 예를 들면, EVERYONE IS ASLEEP([모든 사람이 제각기 수면 중이다])이라는 연쇄는 교정

(emendation)을 해달라고 강하게 호출하게 된다(즉, 교정이 필요하다). 그 이유는 그것이 모든 사람(everyone)이 어떠한 한정적 수식(qualification)도 안 된 상태에서(예를 들어, 세계에 있는 모든 사람들이?) 각자가 수면 중인 경우는 아니기 때문이다. 그리고 그 화자는 명백하게도 이러한 점을 알고 있는데, 이것은 그 연구 보조원에 대해 언급된 부분이 그것을 명확하게 만들어 주기 때문이다(가정하건대, 그 화자도 그 문장의 청자(addressee)가 수면상태가 아니라고 믿고 있을 것이다.). 그런즉, (25)의 예에 나타나는 표상물은 (26)의 예에 나오는 표상물로 변하게 된다.

(26) EVERYONE WHO IS A SUBJECT IN PROFESSOR WHATELEY'S SLEEP EXPERIMENT IS ASLEEP AND IS BEING MONITORED BY A RESEARCH ASSISTANT

[웨이틀리 교수님의 수면 실험에서 피험자인 모든 사람이 제각기 수면 중이고 한 연구 보조원에 의해 모니터링되고 있는 중이다]

스펄버와 윌슨은 이러한 과정을 '화용적 강화'(pragmatic enrichment)라고 명명하였다. 그리고 그들의 이론은 총체적으로 '관련성 이론'(Relevance Theory)이라고 불린다. ([역자 주] '적합성 이론'이라는 용어도 사용됨.) '화용론'(pragmatics)은 '표현된 명제'와 '발화 맥락' 간의 관계에 대해 탐구를 하는 언어학의 하위 분과학문 분야이다.

방금 개요 형식으로 밝힌 '암묵적 내용'에 대한 이러한 두 접근법에 있어서, 지난 10년 동안 그 옹호자들 간에는 열기 띤 논쟁이 목격되어 왔다. 하지만, 나의 생각에 따르면, 그 어떤 쪽을 선호하든지 간에 모두를 K.O.패 시킬 수 있는 논증을 구상해낸 이는 그 누구도 없었다고 말하는 것이 형평성이 있을 것이다. 또한, 이러한 논쟁은 '암묵적 내용'이 스스로 제 모습을 드러내고 있는 층위만을 관심을 가지고 다루고 있다는 점에 주목하라. 예를 들면, '암묵적 내용'의 현존상태가 그 통사론 층위에서 반영되어있는가? 아니면 해당 개념 체계 속에서만 반영되어있는가? 등과 같은 질문에 집중하는 것이다. 우리는 이 영역에서 가장 미스터리한 성격을 띠는 질문을 아직 다루지 않았다. 그것은 우리가 '암묵적 내용'을 연관시키는 어떤 발화를 듣게 될 때에, 그 '암묵적 내용'이 실제로 무엇인지에 대한 것을 우리가 어떻게 파악해낼 수 있는지에 대한 방법상의 질문이다. 우리는 이러한 일을 해내야 한다는 당위성에 대해 거의 의식하지 않고 있다. '암묵적 내용'을 찾아서 해당 빈 칸을 채우는 과정은 무의식적이며 극단적인 수준으로까지 재빠르게 일어난다. '암묵적 내용'의 자격이 '내현적 지표사'의 값인지 또는 '화용적 강화'의 결과물인지의 여부에 상관없이, 그렇게 순식간에 발생하는 것이다. 그리고 아직, 반드시 고려되어야 할 필요성이 있을 수도 있는 요인들은 무수히 많으며, 그것들은 여러 심리학적 사실들과 연관되어 있다. 특히, 화자에게서 예상되어지는 바에 따르면, 화자가 알고 있는 것일 수도 있고 따라서 우리에게 알려주길 바란다고 간주될 수 있는 정보 일체에 대해서는 여러 가지의 미묘한 심리학적 사실들이 존재하고 있다. 그러한 심리학적 사실들은 다양해서 수면 실험의 예에서 보았던 것처럼 특정 시각에 화자가 수행하고 있는 것에 대한 진부한 세부사항뿐만 아니라, 화자의 심리병리학(psychopathology)적 상태에 대한 여러 색다른(outré) 사실까지 포함한다. 예를 들어, 저명한 정신건강의학 전문가인 화자가 1명 있고 그가 저녁식사 모임을 위해 오래된 친구를 한 명 맞이할 것이라고 발화하고 있는 상황을 가정해보라. 그 시점에 화자가 한니발 렉터(Hannibal Lecter)인지 아닌지의 여부에 따라 그의 경우에서 나타나게 될 여러 상이한 해석의 예들을 비교해보면, 심리학적 사실의 미묘한 복잡성과 다양성에 대해 조금이나마 이해할 수 있을 것이다. 최소한의 발언을 하자면, 우리는 이 모든 것에 대한 명쾌하고 세밀한 이론을 단 한 개도 가진 것이 없으며, 하나라도 마련하는 것이 요원한 상태이다.

그렇지만, 하나의 동일한 발화에 대해 화자가 마음속에 가지고 있는 '암묵적 내용'과 청자가 제공하게 되는 '암묵적 내용' 사이에 어떤 격차가 빈번하게 존재하게 되는 그런 상황이 발생하게 된다고 할지라도 그것은 놀랍지 않을 것이다. 제 2장에서 우리가 보았듯이, 다수의 화자들이 일상적인 단어를 청취 가능한 상태로 공유할 때조차, 그들이 각각 제공하게 되는 의미들은 세밀한 차원에서 개인적 차이를 보인다. 수많은 복잡한 추론(inference) 과정을 통해서 화자들이 빈 칸을 채워야 하는 '무언가'가 있을 때에, 여러 다른 화자들이 항상 그 '무언가'를 위한 동일한 해결책에 도달하게 되는 일이 일어날 것이라고는 나는 개인적으로 전망하지 않는다. 그렇지만, 단어의 경우에서 나타난 바와 마찬가지로, 화자, 청자(간)의 '암묵적 내용' 차이라는 이러한 측면이 항상 중요하지는 않을지도 모른다. 만약, '한 명의 화자와 한 명의 청자가 실행하고 있는 실험에서 모든 피험자가 제각기 수면 중이다'라는 명제를 그 화자가 마음속에 가지고 있고, 그 청자는 '웨이틀리 교수님의 수면 실험에서 모든 피험자가 제각기 수면 중이다'라는 명제에 청자 스스로의 판단에 따라 도달했다면, 여러 실용적인 용도를 목적으로 할 때에는 이러한 점이 실제로 중요하지 않을 것이다. 웨이틀리 교수의 실험이 그 화자와 청자가 실행하고 있는 바로 그 실험이라는 가정 아래에서는 말이다.

하지만, 몇몇 또 다른 경우에서는, '암묵적 내용'에 대한 비명시성(unclarity)이 실제적인 차원에 심각한 결과를 동반할 수 있다. 여기서,

다시 한번, 관련 실례를 들기 위해서 법률 분야에 기대는 것이 편리할 것이다. 『스미스 대 미합중국』(*Smith v. United States*)(1993)이라는 사례의 기록에서, 미연방 대법원은 'use' 동사에서 논쟁의 대상이 되는 용례에 기반하여 한 보잘것없는 마약 밀매자에게 30년의 징역형이라는 판결을 내릴 것을 확인했다. 존 앵거스 스미스(John Angus Smith)라는 이름의 청원신청자(cf. 원고)는 2온스의 코카인을 구하기 위해서 (소음기가 포함된) MAC-10 자동 화기(firearm) 한 대를 거래하려고 시도했었다. 그에게는 불행하게도, 그가 거래를 하려고 시도하고 있었던 사람은 잠복 근무 중인 경찰관이었다. 그 청원신청자에게는 더더욱 불행하게도, 18 U.S.C. §924(c)(1)이라고 하는 관련 법규는 폭력 범행 또는 마약 밀매 '범행 중인 그리고 그러한 범죄와 연관된' 피고인이 '화기를 사용하거나 소지하고 있'는 경우에 대해 5년의 징역형을 규정하고 있다. 이 판례에서 일어난 일과 마찬가지로, 해당 무기가 기관총이거나 소음기가 장착된 경우에는 형량이 30년으로 늘어나도록 되어있다.

당연히 그 판례는 '화기를 사용'(use a firearm)이라는 구의 의미를 중심으로 돌아가게 되었다. 피고측은 이 구가 '화기를 무기로서 사용'하는 것을 의미한다고 주장하였다. 그리고 만약 그러한 해석이 만연했었다면, 하급 법원이 내린 30년 구형은 취하되었을 것이다. 왜냐하면 스미스는 그 총을 쏘거나, 그것으로 누군가를 위협하거나, 또는 그 외의 경우에라도 총을 공격적인 방식으로 사용하지 않았기 때문이다. 하지만, 대법원은 6 대 3이라는 다수의 결과에 의해, 피고측 의견에 찬성하지 않는 입장을 택하였다. 다수의 반대 입장을 밝히기 위해서 집필한 오코너 대법관(Justice O'Connor)의 법정의견이 여기에 있다.

> When a word is not defined by statute, we normally construe it in

accord with its ordinary or natural meaning... Surely petitioner's treatment of his MAC-10 can be described as 'use' within the everyday meaning of that term. Petitioner 'used' his MAC-10 in an attempt to obtain drugs by offering to trade it for cocaine.

[...]

In petitioner's view, §924(c)(1) should require proof not only that the defendant used the firearm but also that he used it as a weapon. But the words 'as a weapon' appear nowhere in the statute. Rather, §924(c)(1)'s language sweeps broadly, punishing any 'us[e]' of a firearm, so long as the use is 'during and in relation to' a drug trafficking offense... Had Congress intended the narrow construction petitioner urges, it could have so indicated. It did not, and we decline to introduce that additional requirement on our own.

하나의 단어가 법령에 의해 정의되지 않은 때에는, 우리는 그 단어의 일상적 또는 자연적 의미와 일치시켜서 통상적으로 그 단어를 해석한다. ... 확실히, 청원신청자가 자신의 MAC-10을 취급한 행위는 'use'라는 용어의 일상적 의미 범위 내에서 '사용'(use)으로서 기술될 수 있다. 청원신청자는 코카인 획득을 위해 자신의 MAC-10을 거래할 것을 제안함으로써 마약을 획득하려는 시도 속에 자신의 MAC-10을 '사용하였다'.

[...]

청원신청자의 관점에서, §924(c)(1)은 피고인이 그 화기를 사용했다는 것에 대한 증거뿐만 아니라 피고인이 그 화기를 무기로서 사용했다는 것에 대한 증거 또한 요구하여야 한다. 하지만 '무기로서'(as a weapon)라는 그 일련의 단어들은 관련 법령 내용 중에서 그 어느 곳에서도 나타나지 않는다. 오히려, §924(c)(1)의 언어는 광범위한 수준으로 일괄 적용을 하고 있으며, 따라서 그 사용이 마약 밀매 범죄 '중이고 그리고 그것과(즉, 마약 밀매 범죄와) 관련이 있는' 한, 화기의 어떠한 '사용'도 처벌하도록 규정하고 있다. 만약 미 의회가 청원신청자가 촉구하는 그러한 좁은 범위의 법적 해석(construction)을 처음부터 의도했었다면, 의회는 그렇게 명시해둘 수도 있었을 것이다. 하지만 의회에서는 애초에 그렇게 명시하지 않았으며, 따라서 그와 같은 추가적인 증거 요구를 우리 대법원측에서만 단독으로 도입하는 안은 거부하는 바이다.

하지만, 이러한 해석은 경외할 만한 인물인 스칼리아 대법관(Justice Scalia)을 확신시키지 못했다. 여기에 그의 반대의견(dissent)이 담긴 법적 문서 일부를 공개한다.

> To use an instrumentality ordinarily means to use it for its intended purpose. When someone asks 'Do you use a cane?' he is not inquiring whether you have your grandfather's silver handled walking stick on display in the hall; he wants to know whether you *walk* with a cane. Similarly, to speak of 'using a firearm' is to speak of using it for its distinctive purpose, i.e., as a weapon. To be sure, 'one can use a firearm in a number of ways,' ... including as an article of exchange, just as one can 'use' a cane as a hall decoration—but that is not the ordinary meaning of 'using' the one or the other. The Court does not appear to grasp the distinction between how a word *can* be used and how it *ordinarily* is used. It would, indeed, be 'both reasonable and normal to say that petitioner "used" his MAC-10 in his drug trafficking offense by trading it for cocaine.' ... It would also be reasonable and normal to say that he 'used' it to scratch his head. When one wishes to describe the action of employing the instrument of a firearm for such unusual purposes, 'use' is assuredly a verb one could select. But that

says nothing about whether the *ordinary* meaning of the phrase 'uses a firearm' embraces such extraordinary employments. It is unquestionably not reasonable and normal, I think, to say simply 'do not use firearms' when one means to prohibit selling or scratching with them.

일종의 도구성의 예를 사용한다는 것은, 통상적으로, 그것에 의도되어 있는 용도나 목적을 위해서 그것을 사용한다는 것을 의미한다. 누군가가 '당신은 지팡이를 사용합니까?'라고 질문할 때에, 그 사람은 은으로 세공된 손잡이가 달린 당신 조부님 소유의 도보용 막대기를 당신이 복도에 진열해두고 있는지의 여부를 질문하고 있는 것이 아니다. 그는 당신이 지팡이를 가지고 '걷는지'의 여부를 알고 싶은 것이다. 유사한 방식으로, '화기를 사용하는 것'에 대해 이야기를 하는 것은 그것이 가지고 있는 변별되는 용도나 목적을 위해서, 즉, 무기로서 그 화기를 사용하는 것에 대해 이야기를 하는 것이다. 확연하게도, '사람은 화기를 수많은 방식으로 사용할 수 있다'...그리고 여기에는, 누군가가 복도 장식물로서 지팡이를 '사용'할 수 있는 것처럼, 교환 물품으로서의 경우도 포함된다. 하지만, 그러한 용도는 그 예나 저 예를 '사용'한다는 [우리가 아는] 일상적인 의미가 아니다. (미) 대법원측은 한 단어가 사용 '될 수 있는' 방식과 그 단어가 '일상적으로' 사용 '되는' 방식 사이에 존재하는 변별성을 도착한 것으로 보이지 않는다. 그 '청원신청자가 코카인을 얻기 위해서 자신의 MAC-10을 매매함으로써 자신의 마약 밀매 범죄 과정에 그 MAC-10을 "사용하였다"'라고 말하는 것은, 정말로, '적절하고 일반적'인 예일 것이다. ...그가 그 총을 자신의 머리를 긁기 위해서 '사용하였다'고 말하는 것 또한 적절하고 일반적인 예일 것이다. 그와 같은 성격의 비일반적인 용도나 목적을 위해서 일종의 화기라는 그 도구를 채택한 그러한 행위에 대해 누군가가 기술하기를 희망할 때에, '사용하다'(use)는, 분명히, 누군가 선택할 수 있음직한 동사 중 하나이다. 하지만, '(일종의) 화기를 사용한다'(uses a firearm)라는 구가 가지고 있는 '일상적' 의미가 그와 같이 특별하게 채택된 일련의 용법을 포괄하는지의 여부에 대해서는 그러한 동사 사용이 그 어떠한 것도 말해주지 않는다. 내 생각에는, 혹자가 화기들을 판매하거나 화기들을 가지고 무언가를 긁거나 하는 행위를 금지시키는 것을 뜻할 때에, 그 사람이 단순하게 '화기류를 사용하지 마시오'(do not use firearms)라고 말하는 것은 두말할 여지도 없이 적절하지도 않고 일반적이지도 않다.

대법원측의 해석에 대해서 보면, 만약 어떤 잠재적인 마약 구매자가 현장에 도착했다는 것을 한 마약 밀매자가 그의 동료에게 신호로 표시하기 위해서 소음기가 장착된 총으로 자신의 머리를 긁는다면, 30년의 형량 선고는, 가정하건대, 적용이 가능하게 될 것이다.

그 모든 논쟁은, 쉽게 눈에 띄듯이, 'use a firearm'((일종의) 화기를 사용하다)이라는 구가 법령의 맥락 내에서 특정한 '암묵적 내용', 즉, '(일종의) 무기로서'라는 내용이 수반된 상태로 이해가 되어야 하는지의 여부를 중심으로 돌아가고 있다. 내 생각을 말하자면, 단일 단어 또는 구가 사용될 수 있는 방식과 그러한 개별 단어 또는 구가 일상적으로 사용되는 방식 사이에 존재하는 차이점을 대법원측에서 평가(appreciate)하지 않고 있다고 스칼리아 대법관이 비판을 제기했을 때에, 그 대법관이 무언가를 알고 있었다는 의구심을 나는 개인적으로 가지고 있다. 하지만, 선행되었던 이론적 논의의 관점에서는, 나라면 그것을 다음과 같이 환언할 것이다. 즉, 개별 구가 어떤 특정한 '암묵적 내용'과 함께 사용될 수 있음을 대법원측이 인식(recognize)하였는지의 여부에 대한 질문으로 바꾸어서 제기할 것이다. 비록 그 구가 그러한 특정 '암묵적 내용'과 항상 같이 사용되는 것이 아닐지라도 말이다. 법령 해석에 대한 이론 분야에서는 여러 흥미로운 독해 방안들을 다양한 산책로마냥 여기 우리 앞에 펼쳐놓는다. 그것들은 소수의 철학자들이 이제 탐구를 시작하고 있는 그러한 영역이다.

　당신이 지금 어떤 발화된 문장을 해석하고 있다고 가정해보라. 대부분 잠재의식 차원에서 이루어지는, 극단적으로 복잡하고 정교한 일련의 과정 속에서, 당신은 자신의 정신 속에 있는 어휘부 내에서 그 문장이 가지고 있는 모든 단어들에 접속하고 그 각각의 단어가 가지는 개별적 의미를 찾아낸다. 그리고 그 문장이 포함하고 있을지도 모르는 중의적 단어의 경우에, 당신은 단어 예가 가지고 있는 의도된 뜻(intended sense)을 파악해내는 작업을 한다. 그리고 당신은 그 문장 내에서 지표사의 예들이 가지고 있는 각각의 지시(reference)관계를 파악해내는 작업을 수행한다. 그리고 당신은 그 문장의 통사 구조를 파악하고 (만약에 존재할 수도 있는) 어떠한 구조적 중의성의 예가 있다면 그것을 해결해낸다. 그리고 당신은 합성적 의미론의 과정에서 그러한 일련의 단어가 가지는 구체적인 내용의 예들을 결합시킨다. (이것은 내용을 대상으로 그와 같은 합성적 의미론을 운용시키는 위치에 당신이 있다는 점을 가정하고 있다. 물론, 당신은 '특성'을 처리해야 할지도 모른다. 이것은 훨씬 더 복잡한 일이 될 것이다.) 만약 '암묵적 내용'이 여러 '내현적 지표사'를 사용하는 방법을 통해 중개되지 않은 상태라면 (그리고, 이에 따라, 상기한 두 번째 단계에 의해 다루어지게 되는 경우라면), 당신은 이러한 관련 작업의 일부도 추가시킨다. 마침내, 주어진 해당 시점에서 발화된 바와 같이, 당신은 그 문장의 '내용'을 여태껏 파악하여 찾아내게 되었다. 이 모든 것은 피곤하고 진이 빠지는 일처럼 들린다. (비록 대부분의 발화 시점 및 경우에서 우리는, 물론, 그것을 아무런 애도 쓰지 않는 방식으로 해내지만 말이다.) 그래서 당신이 만약 그 발화에 대한 해석을 할

만큼 해서 이제 다 했다고 스스로 생각한다면, 당신의 그러한 입장은 용인될 것이다. 하지만, 정말 그렇게 생각한다면(즉, 해석을 끝냈다고 생각한다면), 당신은 틀린 것이 될 것이다.

    당신이 몇몇 친구들과 같이 있고, 그들과 어느 저녁시간을 어떻게 보낼 것인지에 대해 논의하고 있다고 가정해보라. 그 친구 무리 중에서—매리(Mary)라고 가칭하게 될—한 명이 다음과 같이 (21)의 예문을 말한다고 가정하자. 여기서는 (27)번의 예문으로 반복해서 사용하도록 하겠다.

    (27) I haven't eaten.
        (나는 (음식을) 여태껏 먹지 않았다.)

당신은 자신의 정신 내부에 있는 어휘부 속에서 모든 관련 단어를 찾아보고, 'I'의 지칭관계를 식별하며, 합성적 의미론 작업을 실행한 후에, '암묵적 내용'을 찾아서 채워 넣는다. 따라서 당신은 'Mary has not eaten dinner on the evening in question'(논의의 대상이 되고 있는 그 저녁시간에 매리가 아직 저녁을 먹지 않았다)이라는 그와 같은 명제에 도달하게 된다. 하지만, 만약 매리가 레스토랑에 가고 싶어한다는 점을 그녀가 넌지시 힌트로 암시하고 있었다는 것 또한 당신이 알아차리지 못했다면, 매리가 어떤 내용에 대한 소통을 시도하고 있었는지를 당신은 파악하지 못한 상태에 빠져있었을 것이다.

    이와 같은 실제 정황 속에서는, 당신이 매리의 힌트를 알아 차리게 될 개연성이 압도적으로 높다. 당신은 이것을 어떻게 해내는 것일까? 다시 말해서, 당신은 왜 그냥 매리가 자신의 칼로리 섭취량에 대한 진전 사항을 보고해주고 있는 것으로 간주하지 않는 것일까? 다시 한번 말하지만, 그 답은 해당 '발화 맥락'과 함께 존재한다. 그 무리의 사람들이 무엇을 할지에 대한 논의를 하고 있는 중이었기 때문에, 매리가 그 화제와 전혀 상관이 없으며, 더군다나, 독립적으로 흥미로운 주제에 대한 것도 아니고 그 어떤 긴급한 성격도 가지지 않는 어떤 발화를 불쑥 내던지는 것은 매키 스스로가 이상하고 반사회적으로 보이는 일이 되었을 것이다. (물론, 화재가 있었다는 가정 하에서는. "불이야!"라고 소리치는 행동으로 대리가 주어진 화제에서 벗어나게 되었더라도 당신을 그것을 이해할 것이다.) 당신이 그렇게 하지 않아야 할 특정 이유가 있지 않는 다음에야, 당신은 진행 중인 그 토론 자체에 매리가 기여하고 있다고 간주하는 것이다. 그것은 그녀의 발화가 그 토론에 관련성을 가지게 되는 어떤 특정한 방식을 물색한다는 조건을 필요로 한다. 그리고 그러한 방식의 예를 찾아내는 것이 그다지 어렵지 않다.

철학자들과 언어학자들은 다음과 같이 말한다. 즉, 매리가 동행한 그 무리의 사람들이 레스토랑에 가야 한다는 것을 매리가 '함축하였으며'(implicated), 그 해당 명제는 매리 자신의 발화가 가지는 '함축'(implicature)의 한 예였다고 말이다. 이러한 용어들은 영국의 철학자 허버트 폴 그라이스(Herbert Paul Grice)(1913-1988)가 직접 고안하였다. 그는 함축의 과정에 대해서 다음과 같은 영향력 있는 의견을 제시하였다. 그라이스에 따르면, 대화(conversation)는 이성적이고 목적성 있는(purposive) 활동이라고 한다. 심지어 가장 명백한 방식으로 비격식적인 발화 교환조차도 어떤 특정한 목적(purpose) 또는 방향을 가지고 있다. 심지어 만약 그것이 어색한 침묵 상황을 피하기 위한 의도였을 뿐이라고 할지라도 말이다. 물론, 토론, 개별지도 수업, 인터뷰 등과 같이 보다 구조화된 구어 상의 교환(verbal exchange)의 예들에서도 동일한 요지가 적용된다. 이러한 목적성의 요지가 주어진 상태에서 그라이스는 하나의 원리를 고안(formulate)하였는데, 그는 이 원리가 구어상의 교환의 예들에 모두 적용된다고 간주하였다. 그 원리는 다음과 같이 만들어졌다. '당신의 대화상의 기여도를 실제 요구되어지는 바와 같은 방식으로 만들어라. 특히, 대화가 발생하는 단계에서, 당신이 참여 중인 발화 교환의 실례가 가지고 있는 (수용된) 목적 또는 방향이 실제로 요구하는 바에 따라 대화에 기여하도록 하라.' 그라이스는 이 원리에 '협력원리'(The Cooperative Principle)라는 명칭을 붙였다.

협력원리는 다음과 같이 네 개의 보다 상세한 격률(maxim)로 세분화된다.

A. 양의 격률(The Maxim of Quantity)
   i. 당신이 기여하는 것이 실제 요구되는 것만큼 정보성을 띠도록 만들어라.
   ii. 당신이 기여하는 것이 실제 요구되는 것보다 더 많은 정보성을 띠도록 만들지 말아라.

B. 질의 격률(The Maxim of Quality):
   당신이 기여하는 것이 실제로 참인 상태가 되도록 만들기 위해 노력하여라.
   i. 당신이 거짓(false)상태에 있다고 믿는 것은 말하지 말아라.
   ii. 당신이 가지고 있는 적절한 근거가 부족한 것에 대해 말하지 말아라.

C. 관계의 격률(The Maxim of Relation)
   관련성있는 상태를 유지하여라.

D. 양태의 격률(The Maxim of Manner): 명료하게 하여라(perspicuous).
   i. 모호성(obscurity)을 피하여라.
   ii. 중의성(ambiguity)을 피하여라.
   iii. 간결하게 하여라(불필요한 장황함(prolixity)을 피하여라).
   iv. 순서정연하게 하여라.

그라이스가 기술하기로는, 이러한 원리에 기초하여 우리는 이제 우리가 어떻게 함축의 예를 연산적으로 산출해내는지를 설명할 수 있다고 한다. 그 기본 생각은 다음과 같다. 즉, 만약에 어떻게든 가능하다면, 우리가 그렇게 하지 않는 것처럼 보일 때조차, 우리가 격률을 준수하고 있다는 그 가정을 유지시키는 방식으로 사람들이 우리를 해석할 것이라는 점이다. 사실, 우리가 격률을 위반하는 것처럼 보이는 것은 어떤 함축이 의도되어있는 상태라는 것을 말해주는 일종의 실마리인 경우가 빈번하다.

예를 들어, (27)에 나오는 매리의 발화는 처음에는 관계의 격률을 위반하는 것처럼 보인다. 하지만, 사람들이 그러한 결론을 피하는 방법을 하나 모색할 것이고, 내가 앞서 설명한 바와 같이, 우리는 다음과 같은 설명을 불현듯 떠올리는 것이 용이하다고 느낄 것이다. 즉, 매리가 실제로 주장하는 바는, 그날 저녁의 여흥을 즐기는 데에 있어서 음식이 주도적인 역할을 해야 한다는 것이며, 그러한 주장이 매리의 발화에 대한 설명이라고 생각하는 것은 그리 어렵지 않을 것이다.

여기 관계의 격률과 관련된 또 다른 예가 있다. 이 예는 그라이스가 스스로 만든 실례들 중의 하나이다.

(28) — Smith doesn't seem to have a girlfriend these days.
　　　　(스미스는 요즘 여자 친구가 없는 것 같아.)
　　　— He has been paying a lot of visits to New York lately.
　　　　(그는 근래에 뉴욕을 많이 방문하고 있어.)

두 번째 발화가 첫 번째 발화에 대해 관련성이 있는 상태라고 해석하기 위해서는, 첫 번째 화자가 다음과 같이 상정해야만 한다. 즉, 스미스는 뉴욕에 여자 친구가 있다는 것을 시사하도록 되어있는 어떤 증거를 두 번째 화자가 인용하고 있다는 가정이 필요하다. 그리고 이러한 해석은 손쉽게 만들어서 사용할 수 있는 예에 속한다.

양의 격률로 주제를 전환해서, 당신이 다음과 같은 상황에 있다고 상상해보라. 예를 들어, 철학 전공의 강의 교수(lecturer)를 1명 새로 선별하는 임무를 맡은 대학 위원회에 당신이 위원으로서 소속되어 있다. 그리고 스미스씨의 박사과정 지도교수로부터 전달받은 추천서 속에 명시된 다음과 같은 내용을 당신이 지금 읽고 있다고 상상해보라.

(29) Dear Sir or Madam, Mr. Smith's command of English is excellent, and his attendance at seminars has been regular. Yours sincerely, Eva Lou Ator

(담당자님께, 스미스씨의 영어 구사능력은 우수합니다. 그리고 그는 정기적으로 세미나에 참석하였습니다. 안녕히 계십시오. 이바 루 에이터([역자 주]evaluator: 평가자))

내가 추측하건대, 비록 스미스에 대해서 나쁘게 말한 것은 하나도 없음에도 불구하고, 당신이 스미스를 채용하려는 열의는 급격하게 하락할 것이다. 이 편지의 저자는 명백하게도 양의 격률을 어기고(flout) 있는데, 특히, 충분한 양의 정보가 제공되지 않았다는 점에서 그러하다. 예를 들어, 스미스의 박사학위 논문이 얼마나 우수한지 또는, 대체적으로, 스미스가 철학 연구에 얼마나 뛰어난지 등에 대해서는 어떤 정보도 주어지지 않았다. 하지만, 그라이스에 따르면, 그 추천서의 독자는 다음과 같이 사고할 것이다. 그 지도교수는 협력적인 자세를 취하고 있다. 만약 그 교수가 협력적이지 않다면, 도대체 왜 추천서를 써주겠는가? 지도교수는 스미스가 철학 연구를 얼마나 잘 하는지에 대한 지식을 가지고 있음이 분명한데, 그 이유는 그녀가 스미스의 지도교수이기 때문이다. 그런즉, 그 교수는 자신의 의견을 적어두는 것을 꺼려하고 있음이 틀림없다. 호의적인 의견을 적어두지 않을 이유가 전혀 없기 때문에, 그런고로 지도교수의 의견은 호의적이지 않음이 분명하다. 그래서 그의 지도교수는 스미스가 철학에 소질이 없음을 함축해두었다. 그리고 그라이스의 격률 중에서 하나를 위반하는 과정에서, 그 지도교수는 자신이 지면상에 웬만하면 옮겨놓지 않을 특정 정보를 실제로 소통해낸 것이다.

질의 격률에 대한 명백한 위반의 예에 기반한 함축의 한 예로서, 그라이스는 아이러니(irony)에 대한 조그마하고 멋진 이론을 하나 만들어냈다. 스미스와 존스가 친숙한 사이였는데, 존스가 사악한 배반 행위를 함으로써 스미스를 배반했다고 가정해보라. 스미스는 존스에 대해서 다음과 같이 흔쾌히 말할지도 모른다.

(30) He's a fine friend!
    (그는 훌륭한 친구야!)

청자들이 이 두 사람의 역사에 대해 알고 있다고 가정하면, 이러한 그의 언사는 쉽사리 아이러니한 것으로 지각될 것이다. 어떻게 그렇게 되는 것일까? 그라이스는 다음과 같이 말한다. (30)의 문장을 발화하면서, 스미스는 명확하게 거짓인 상태에 있는 특정 정보를 말하고자 의도(purport)하고 있다. 존스가 훌륭한 친구라는 것을 스미스가 정말로 의미하는 것은 불가능하다는 것을 청자들은 알고 있다. 그런즉, 그의 발화가 어떠한 요지라도 가지고 있으려면, 그는 그 외의 다른 명제를 전달하려고 시도하고 있음이 틀림없다. 그리고 가정하건대, 그 다른 명제는 스미스가 발화한 그 문장의 '내용'인 바로 그 명제와 관계가 있음이 틀림없는데, 그 이유는 그 외에는 어떠한 사용 가능한 실마리도 주어져 있지 않기 때문이다. 여기서 가장 명백한 선택안은 스미스가 자신이 발화한 문장의 '내용'에 대한 부정(negation)의 메시지를 전달하기 위해서 시도하고 있다는 것이다.

우연하게도, '전달하다'(convey)라는 용어는 함축에 대한 문헌상에서 빈번하게 사용되고 있다. 사실, 이와 관련하여 한 쌍의 전문용어가 존재한다. 그것은 '말해진 것'(what is said)과 '전달된 것'(what is conveyed)이다. 전문적인 의미에서는, 한 문장의 발화 실례에 의해 '말해진 것'은 (앞서 기술된 바와 같이) 특정한 언어 사용의 경우에서 해당 문장이 가지는 그 '내용'이다. 그리고 한 문장의 발화 실례에 의해 '전달된 것'은 그 실제 발화에 의해 소통된 것이다. 이 '전달된 것'은 (아이러니의 경우에서 나타난 바와 같이, 비록 그렇게 해야 할 필요성이 없음에도 불구하고) 그 '내용'을 포함할 수도 있다. 하지만, 이것은, 즉, '전달된 것'은 확연코 함축된 명제를 (그 어떤 실례이든 간에) 포함할 것이다.

마지막으로, 양태의 격률에 기반한 함축의 한 예를 살펴보도록 하자. 어떤 콘서트에 대한 평을 작성한 평론가가 (31a)의 예문을 썼다고 가정해보라.

(31) a. Miss X produced a series of sounds that corresponded closely with the score of 'Home Sweet Home'.
(X양은 'Home Sweet Home'의 음악과 가깝게 일치하는 음의 연쇄를 생산하였다.)

b. Miss X sang 'Home Sweet Home'.
(X양은 'Home Sweet Home'을 불렀다.)

(31b)를 쓸 수도 있었을 시점에 (31a)를 쓴 그 평론가는 일단 보았을 때 (prima facie) 양태의 격률에 대한 자명한 위반의 경우이다. 특히, 불필요한 장황함을 피할 것을 명하는 그 하위 격률(sub-maxim)에 대한 위

반의 예이다. 그 비평가가 무엇 때문에 그와 같은 일을 하려고 했을까? 그라이스는 다음과 같이 말한다. '추정하건대, X양의 공연과 'singing'(노래 부르기)이라는 단어가 통상적으로 적용되는 여타 공연의 예들 사이에 충격적인 수준의 차이가 있음을 암시하기 위해서일 것이다. 가장 확실히 추정되는 내용(supposition)은 X양의 공연이 끔찍한 수준의 결함으로 인해 그 수준이 악화되었다는 것이다.'

함축이 가지고 있는 변별적이고 때때로 유용한 특징 중 하나는 어떠한 모순(contradiction)을 야기하지 않는 상태를 유지하면서 함축을 '취소시키는'(canceled) 것이 가능하다는 사실이다. 어떤 함축의 예를 취소시키는 것은 그 함축이 유지된다는 것을 부정(deny)한다는 뜻이다. 예를 들어, (28)의 경우에서, 'I don't mean to suggest that he has a girlfriend in New York'(그는 뉴욕에 여자 친구가 있다는 것을 내가 시사하려고 의도하지 않는다)이라고 두 번째 화자가 덧붙여 말할 수도 있을 것이다. 그런즉, 화자의 발화 예들이 가지는 '내용'이 되는 그러한 일련의 명제를 대상으로 할 때보다 화자 자신이 함축하고 있는 일련의 명제를 대상으로 할 때에, 보다 덜 변경 불가능한 방식으로 (즉, 취소불능성이 약해서 훨씬 덜 결정적인 방식으로) 화자가 자신의 의사를 밝히거나 지키게 되는 그러한 종류의 뜻이 존재하는 것이다. ([역자 주] 'less irrevocably'는 함축된 명제의 취소 가능성이 더 큰 경우를 뜻함.) 이러한 사실은 큰 무리 없이 자연스럽게 모든 종류의 불투명하고 미심쩍은 발화 교환 예들에 있어서 함축이 적절한 매체 또는 수단으로 기능할 수 있도록 만들어 준다. 함축의 다양한 예들은 또한 '내용'과 구별 되는 함축 고유의 변별성의 측면에서도 유용성을 가진다. 예를 들어, 만약 혹자가 자신의 대화상대(interlocutor)를 말로 속여서 자신의 발화가 가지는 그 '내용'에만 대답하도록 만들 수 있다면, 잠재적으로 악영향을 끼치는 함축의 예가 어떠한 도전도 받지 않은 상태로 그냥 흘러 지나갈 수 있을지도 모른다.

후자와 같은 전략에 대한 좋은 예는 2006년 6월 20일 BBC 텔레비전 프로그램인 『뉴스나이트』(Newsnight)에서 목격하게 되었다. 사회자인 제레미 팩스먼(Jeremy Paxman)이 (명약관화하게도, 팩스먼이 비판적 입장에서 불만을 가지고 있던) 미국의 정치평론가 앤 컬터(Ann Coulter)와 인터뷰를 하면서 그녀의 새 책에 대해 이야기할 때에 다음의 예가 등장한다.

> (32) Paxman: Your publishers gave us Chapter 1, Ann Coulter. I've read it. Does it get any better?
>
> Coulter: Apparently a lot of people think so.
>
> 팩스먼: 앤 컬터씨, 당신의 출판사에서 우리 측에 제 1장을 전달해 주었습니다. 제가 그 장을 읽었습니다. 그 책은 이보다 조금이라도 더 나아지는지요?
>
> 컬터: 확연하게도 많은 사람들이 그렇게 생각합니다.

제 1장 이후에는 그 책이 수준이나 내용면에서 향상되는지의 여부를 물음으로써, 팩스먼은 그 장의 수준이나 질이 낮음을 함축하였다. (가장 타당성이 높은 방식으로는, 이러한 함축이 관계의 격률에 기반하고 있는 것으로서 파악될 수 있다. 다시 말하자면, 만약 첫 번째 장이 그냥 훌륭했다면 왜 그 책이 조금이라도 나아질 것인지의 여부를 구태여 묻는단 말인가?) 그러자 컬터는 방송 매체 분야에 대한 오랜 노하우를 가지고 있고 변호사로도 충분히 단련이 되었음에도 불구하고, 그러한 함축에 대해 도전의 태도를 취하지 않았다. 비록 컬터의 얼굴 표정을 볼 때에 팩스먼이 비겁한 속임수를 쓰고 있음을 컬터 자신이 눈치챘다는 것

이 뚜렷했음에도 불구하고 말이다. 이 실례는 (앞서 제시되었던) 피고인이 자신의 부인을 구타하는 것을 여태껏 중지해왔는지의 여부에 대해 물었던 그 변호사의 질문을 어느 정도 연상시킨다. 즉, 대답에서 예또는 아니오 중에 어떤 답을 하든지 간에 유죄를 시인하는 것에 상응하는 것이며, 그럼에도 그 질문은 여전히 예 또는 아니오 중의 한 대답을 요구하고 있는 것이다. 컬터의 관점에서 보았을 때에, 만약 그녀 자신이 다음 예와 유사한 특정 내용을 담아서 대답을 했었더라면, 결과는 좀 더 만족스러웠을 것이다.

(33) Actually, a lot of people have told me that Chapter 1 is really rather good. But, to answer your question, I think that Chapter so-and-so, in which I do such-and-such, is even better than Chapter 1.

> 실제로는, 많은 수의 사람들이 제 1장은 사실 다소 좋은 편이라고 저에게 말했습니다. 하지만, 당신의 질문에 답하자면, 나는 내가 이러이러한 것을 해둔 저러저러한 장이 제 1장보다는 훨씬 낫다고 생각합니다.

하지만, 그러한 사실이 있고 난 후에, 그와 같은 여러 가지 분석안을 자신의 안락의자에서 편안함을 느끼면서 고안해내는 것은 또 다른 차원의 문제이다. 아주 짧은 찰나의 순간이라는 주어진 시공간 내에서 그와 같은 답변을 만들어내는 것은, 특히 텔레비전 방송용 카메라들 앞에서라면, 좀 더 어려운 일이다.

이제 편리한 방식으로 취소 가능한 함축의 예를 살펴보기 위해서, 힐러리 클린턴(Hillary Clinton)의 정치 연설의 예로 우리의 주의를 돌려보자. 해당 행사는 2008년 1월 6일에 개최되었으며 개최 장소는 뉴햄프셔주의 포츠머스(Portsmouth, New Hampshire)시였다. 전(前) 미 대통령 영부인을 역임한 힐러리 클린턴은 당시 그 해의 대통령 선거를 위한 준비 기간에 민주당의 예비선거 행사(primary)의 일환으로 마련된 한 토론회에서 연설을 하고 있었다. 그녀는 북아일랜드의 평화 협상 과정에서 나타난 자신의 개인적 역할을 주제로 하여 다음과 같은 의견을 개진하였다.

> (34) And I was very privileged to work on behalf of the peace process in Northern Ireland. I actually went to Northern Ireland more than my husband did. Because I was working to help change attitudes among people. Because, you know, leaders alone rarely can make peace. They have to bring people along who will believe that peace is in their interest. And I remember a meeting that I pulled together in Belfast in the town hall there, bringing together for the first time Catholics and Protestants from both traditions, having them sit in a room where they have never been before with each other. Because they don't go to school together, they don't live together and it was only in large measure because I really asked them to come that they were there, and I wasn't sure it was going to be very successful.
>
> And finally a Catholic woman on one side of the table said, you know, every time my husband leaves for work in the morning, I worry that he won't come home at night. And then a Protestant woman on the other side

said every time my son leaves to go out at night, I worry that he won't come home again, and suddenly instead of seeing each other as caricatures and stereotypes, they saw each other as human beings, and the slow, hard work of peacemaking could move forward.

그리고 제가 북아일랜드의 평화 협상 과정을 위해서 일을 하게 된 것은 아주 큰 특권과도 같은 경험이었습니다. 저는 실제로 제 남편보다 더 많이 북아일랜드를 방문했습니다. 왜냐하면 저는 대중 속에서 많은 이들의 태도를 변화시킬 수 있도록 돕기 위해서 일하고 있었기 때문입니다. 그 이유는, 여러분도 아시다시피, 지도자가 단독으로 평화를 구현시킨다는 것은 거의 불가능한 일이기 때문입니다. 지도자는 평화가 사람들 자신들에게 이득이 된다는 것을 믿어 줄 그런 사람들을 같이 이끌고 가야 합니다. 그리고 저는 벨파스트시 시청에서 제가 이끌어 내었던 회의를 기억합니다. 저는 카톨릭교 신자분들과 개신교 신자분들이 그분들만의 전통의 틀에서 나와서 최초로 한 자리에 모이도록 하고, 그분들이 한 번도 동석을 해본 적이 없는 시청 회의실 공간에서 같이 착석하도록 만들었습니다. 그분들은 다니는 교육기관이 같지 않기 때문에 함께 어울려 살지도 않습니다. 그런데도 그분들이 그 회의 장소에 모였을 당시에 그것은 대규모였는데, 왜냐하면 제가 그분들에게 와 주십사하고, 즉, 그 자리에 꼭 참석해 주시기를 실제로 부탁했기 때문입니다. 그리고 그것이 아주 성공적으로 되리라는 것에 대해서, 저 스스로의 입장에서는 확신이 없었습니다.

그리고는 마침내, 그 회의실의 테이블 한 쪽에 앉아있던 한 카톨릭교 여성 신자분이 다음과 같이 말했습니다. 여러분 그저 아세요, 제 남편이 아침에 출근을 할 때마다 저는 그이가 밤에 집에 오지 않을까봐 걱정이 됩니다. 그러자 반대쪽에 앉아있던 한 개신교 여성 신자분이 말했습니다. 저는 제 아들이 밤에 외출을 할 때마다 혹시라도 우리 애가 집으로 돌아오지 않을까봐 걱정이 됩니다. 그리고는 갑자기 그분들은 상대방을 미디어나 여론에 등장하는 캐리커처들이나 선입견 속의 전형적 인물들로 보는 대신에, 서로 서로를 인간이라는 존재로 보았습니다. 그러자 평화협상이라는 더디고 어려운 일이 진척될 수 있었습니다.

(나는 (내가 채택한 정보의 원천인) CNN이 마련하여 제공한 녹취본에서 사용된 구두점들을 그대로 유지해두었다.) 만약 내가 열린 마음으로 이 연설문을 읽으려고 노력한다면, 완전한 침체상태에 있던 평화협상 과정을 그 회의가 소생시켰다는 뚜렷한 인상이 나에게 남게 될 것이다. 예를 들어, 다음 문장을 참고해 보라. 'they saw each other as human beings, and the slow, hard work of peacemaking could move forward'(그분들은 [...] 서로 서로를 인간이라는 존재로 보았습니다. 그러자 평화협상이라는 더디고 어려운 일이 진척될 수 있었습니다.) 다시 말해서, 북아일랜드의 평화협상 과정이 성공하는 데에는 힐러리 클린턴의 역할이 막대하였다는 인상이 사람들에게 남게 되는 것이다. 하지만, '말해진 것'이라는 용어와 직접 연관되어 있는 단어인 '말하다'(say)의 전문용어 차원의 뜻에서는, 그녀가 실제로 이러한 것을 말하지 않았다는 사실에 주목하라. 위의 글에서 그 중요한 부분을 다시 읽어보라. '그분들은 [...] 서로 서로를 인간이라는 존재로 보았습니다. 그러자 평화협상이라는 더디고 어려운 일이 진척될 수 있었습니다.' 'they'(그분들)라는 단어가 앞에서 기술되고 있는 그 회의의 참가자들을 지칭한다고 이제 가정해보도록 하자. 그러면, 이 글은 두 가지의 일이 발생했다고 말할 뿐이다. 첫째로는, 그 회의의 참가자들이 서로 서로를 인간이라는 존재로 보았다는 것, 그리고 두 번째로는, 평화협상이라는 더디고, 어려운 일이 진척될 수 있었다는 것, 이 두 가지뿐이다. 1회에 그친 비교적 작은 규모의 그 회의에서 참가자들이 서로 서로를 인간이라는 존

재로 보았기 "때문에" 평화협상이라는 그 더디고 어려운 일이 진척될 수 있었다고 이 연설문은 절대 말하지 않는다. 하지만, 그 연설(문)의 청중들이 아주 쉽게 도출해낼 수도 있는 결론은 바로 그 후자의 해석이다. 그러면, 클린턴은 자신이 주최한 회의 덕분에 평화 협상 과정이 소생되었다고 함축한 것이 된다. 다시 말하면, 이것은 관련성 함축(relevance implicature)의 한 예인 것으로 보인다. 만약 평화협상 과정이 진척되는 데에 클린턴의 책임이 없었다면, 명백하게도 그녀 자신의 대외 정책상의 성과 결과들에 대해 홍보하려는 시도인 것으로 보이는 발언상에서 무슨 이유로 평화협상 과정이 진척된 것에 대해 클린턴 자신이 이야기를 하고 있었겠는가? 그리고 그녀 자신이 책임이 있었다고 그녀는 함축만을 하였기 때문에, 어떤 사람이든 그 내용에 대해 질문을 하게 되는 상황이 있을 때에 클린턴은 교묘하게 피해갈 수 있는 충분한 여지를 스스로에게 남겨두었다. 즉, 그녀는 자신이 단독으로 책임이 있었다, 그 외의 많은 사람들이 도왔다, 등등의 말을 절대 발언하지 않았다.

사실, 이 연설문은 내가 지금까지 지적한 내용보다 훨씬 더 복잡하다. 함축뿐만이 아니라, 이 글은 '암묵적 내용' 및 '지표성'에 의해 초래된 중의성의 다양한 예들에 대해서 다소 멋진 예증을 제공해주기도 한다. '암묵적 내용'을 먼저 다루자면, 그 발췌문의 마지막 부분에서 'peacemaking'(평화협상)이라는 단어가 의미하는 바가 정확하게 무엇이라고 당신은 생각하는가? 내가 받은 첫 인상은 그리고 내가 짐작컨대 대부분의 사람들이 받은 첫 인상은 클린턴이 평화협상 과정을 하나의 전체적인 것으로서 지칭하고 있다는 점인데, 여기에는 기념비적인 사건인 1998년의 성 금요일 협상(Good Friday Agreement)을 결과적으로 이끌어낸 여러 정치적 협상의 예들이 포함되어있다. 어쨌거나, 인용된 연설문의 서두에서 클린턴은 '북아일랜드의 평화 협상 과정'을 언급해두었다. 하지만, 만약 누구든지 그녀가 속임수를 썼다고 비난한다면, 클린턴 입장에서는 '평화협상'이라는 단어를 사용했을 때에 그녀 자신은 '자신이 주최한 회의에서 그 테이블 주위로 모여 앉은 그 사람들 간의 평화협상'을 의미했다고 주장하는 것이 가능할 수도 있다. 그리고 그것은 상당히 상이한 명제를 야기시킬 것이다. 그리고 최종적으로, '지표성'으로 관심을 돌려서 살펴 볼 때에, '그분들은 서로 서로를 인간이라는 존재로 보았다'라는 문장에서 '그분들'(they)의 지시물로서 우리는 누구를 채택해야 할 것인가? 클린턴이 그녀가 주최한 한 번의 회의로 성취할 수도 있었던 것의 측면에서 볼 때에, 가장 타당성이 높은 해답은 그 테이블 주위에 모였던 그 사람들이다. 그리고 이 결과는 내가 앞부분에서 이미 가정하였던 것이다. 하지만, 수사법에 사로잡힌 혹자의 입장에서는 '그분들'(they)이 북아일랜드의 개신교 및 카톨릭교 인구 전체를 지칭했다고 가정하는 것이 뚜렷하게도 가능한 일일 것이다. 클린턴이 그 연설문의 좀 더 앞 부분에서 개신교 및 카톨릭교 신자 인구 전체를 지칭하기 위해서 '그분들'(they)을 두 번 사용했기 때문에 이것은 더더욱 그러하다. 그 부분을 여기에 반복 인용하겠다.

> (35) Because they don't go to school together, they don't live together and it was only in large measure because I really asked them to come that they were there...
> 그분들은 다니는 교육기관이 같지 않기 때문에 함께 어울려 살지도 않습니다. 그런데도 그분들이 그 회의 장소에 모였을 당시에 그것은 대규모였는데, 왜냐하면 제가 그분들에게 와 주십사하고, 즉, 그 자리에 꼭 참석해 주시기를 실제로 부탁했기 때문입니다.

'그분들은 다니는 교육기관이 같지 않기 때문에 함께 어울려 살지도 않습니다'라는 부분에서, '그분들'(they)은, 보기에, 그 전체 인구를 지칭한다. '그분들은 서로 서로를 인간이라는 존재로 보았습니다'라는 문장에서 '그분들'(they)이라는 단어에 대한 이러한 해석은 '평화협상'에 대한 다음과 같은 해석을 멋지게 보완해줄 것이다. 즉, '평화협상'이라는 그 단어가 북아일랜드 평화협상 과정 전체를 지칭하는 것으로 해석되는 방안과 상호보완 관계를 맺게 되는 것이다.

'말해진 것'과 '전달된 것'에 맥락이 끼치는 그 일련의 영향력과 효과는 어마어마하다. 그리고 맥락이 가지는 영향력과 효과는 종종 그러한 것들에 주의하지 않는 이들에게 보이지 않는 덫을 놓아둔다.

8
의미와 사고

우리가 말하는 (개별)언어는 우리가 사고하는 방식에 영향을 주는가? (개별)언어는 특정 사고의 예들을 우리가 생각 속에 떠올리는 것조차 불가능한 일로 만들어버리기도 하는가? 또는 가차 없는 방식으로 또 다른 특정 사고의 예들 쪽으로 우리를 이끌어 가기도 하는가?

    이러한 관점은, 때때로 아주 강경한 형식을 취하는 방식으로, 어느 정도의 통용성(currency)을 가지고 있는 것으로 보인다. 이러한 통용성은, 부분적으로는, 학계의 이론적 유행을 좀 더 적극적으로 따르는 다수의 철학자들과 문학 이론가들이 승인을 해주는 방식을 통해서 생성된다. 예를 들어, 루드비히 비트겐슈타인(Ludwig Wittgenstein)(1889-1951)은 '나의 언어가 가지는 한계는 나의 세계가 가지는 한계를 뜻한다'라는 의견을 피력하였다. 이러한 관점이 가지는 영향력은 또한 조지 오웰(George Orwell)의 『1984』(*Nineteen Eighty-Four*)라는 소설이 주요 원인으로서 한 몫을 했다고 말할 수도 있다. 그 소설 속에서는, '당'(the Party)이 고용한 전체주의 성격의 문헌학자(philologist)들은 신어(Newspeak)를 고안해내었다. 신어는, '영·사'(영국사회주의, Ingsoc, English Socialism)의 정통적 신념(orthodoxy)에서 벗어나는 그 어떠한 생각조차 그 화자들이 말로 표현하지 못하게 막고 심지어는 머릿속에 떠올릴 수조차 없게 만들어버리는 기능을 가졌다고 가정되는 일종의 (인공)언어이다. 오웰이 자신의 소설 부록편에 명시해놓은 그 언어에 대한 내용을 여기에 소개한다.

> The purpose of Newspeak was not only to provide a medium of expression for the world-view and mental habits proper to the devotees of Ingsoc, but to make all other modes of thought impossible. It was intended that when Newspeak had been adopted once and for all and Oldspeak forgotten, a heretical thought—that is, a thought diverging from the principles of Ingsoc—should be literally unthinkable, at least so far as thought is dependent on words.
>
> 신어의 용도 및 목적은 단지 영국사회주의의 열성적 추종자들이 가지고 있는 특유의 세계관과 정신적 습관을 표현하기 위한 하나의 매체를 제공하기 위한 것만이 아니라, 그 외의 모든 가능한 사고방식(mode of thought)을 불가능하게 만들기 위한 것도 포함되었다. 그것이 의도한 목적은, 신어가 일단 그리고 영원히 채용되고 구어(Oldspeak)가 완전히 망각되었을 때, 이단적인 사고는(즉, 영국사회주의의 원리에서 분리되어 일탈하는 사고는) 말 그대로, 아예 상상조차 불가능하게 되어버리는 것이었다. 적어도, 사고가 단어에 의존하는 한에서는 말이다.
>
> ([역자 주] 시중에는 **proper**를 '적합한/적절한'의 뜻으로 번역해둔 경우도 있음. 여기서는 집단 및 구성원들의 '고유한' 사고라는 의미를 강조하기 위해서 '특유의'로 번역하였음.)

언어가 사고의 형태를 만들 수 있는 능력이 있다는 점에 대한 놀라울 정도의 확신을 표현하고 있는 이러한 견해는 비록 강경한 입장을 고수하는 예임에도 불구하고, '적어도, 사고가 단어에 (즉, 언어에) 의존하는 한에서는'이라는 그러한 빠져나갈 구멍을 가지고 있다는 점에 주목할 만한 가치가 있다. 오웰은 사고가 단어에 전적으로 의존하고 있지 않은 경우에도 가능성의 문을 완전히 닫지는 않고 있다.

우리의 언어가 언중을 무능력하게 만들 수 있다는 잠재적 효과는 오웰과 연관지어져 있을 뿐단 아니라, 특히, 에드워드 사피어(Edward Sapir, 1884-1939)와 벤저민 리 워프(Benjamin Lee Whorf, 1897-1941)라는 두 언어학자의 이름을 주로 연상시킨다. 사피어는 원래 독일에서 출생하였으나 미국으로 이주를 하였고, 이후에 예일대학교에서 인류학을 가르쳤다. 그리고 미국 태생인 워프는 직업상으로는 보험회사의 화재 조사관이었지만 다른 한편으로는 재능이 있는 언어학자였고 또한 사피어의 제자 중 한 경이었다. 비록 실제로 이 두 사람이 그 용어 자체를 고안한 것은 아니지만, 사피어와 워프는 오늘날 우리가 '사피어-워프 가설'(The Sapir-Whorf hypothesis)이라고 부르는 한 특정 개념과 연관되어있다. 그런데 이 가설은 정확하게 그 내용이 무엇이었을까? 사피어와 워프가 이 주제에 대해 쓴 여러 논저들은 선명하지만 모호한 경향이 있는데, 이러한 점은 워프가 한 말 중에서 가져온 다음 인용문에 잘 묘사되어 있다.

> We dissect nature along lines laid down by our native languages. The categories and types that we isolate from the world of phenomena we do not find there because they stare every observer in the face; on the contrary, the world is presented in a kaleidoscopic flux of impressions which has to be organized by our minds—and this means largely by the linguistic systems in our minds. We cut nature up, organize it into concepts, and ascribe significances as we do, largely because we are parties to an agreement to organize it in this way—an agreement that

holds throughout our speech community and is codified in the patterns of our language. The agreement is, of course, an implicit and unstated one, *but its terms are absolutely obligatory*; we cannot talk at all except by subscribing to the organization and classification of data which the agreement decrees.

우리는 우리가 태생적으로 가지게 되는 각각의 개별언어가 깔아놓은 여러 노선들을 따라 자연을 해부한다. 현상의 세계로부터 차별화하여 우리가 구분과 분리의 방식으로 구축시켜놓은 범주(category)와 유형(type)의 다양한 예들은 실제로 현실이라는 현상적 세계 그곳에서는 찾을 수가 없는데, 그 이유는 그러한 범주와 유형의 예들이 모든 개별 관찰자의 얼굴과 눈을 정면으로 맞보고 있기 때문이다. 그와 반대로, 세계는 다양한 만화경(kaleidoscope)과도 같은 인상(impressions)의 예들이 마치 범람과 같은 상태 속에서 제공된 것이다. 그리고 이러한 다양한 인상의 범람 상태는 우리 각각의 마음에 의해 조직화되어야 한다. 이것은 다시 말해서 우리 각각의 마음속에 존재하는 일련의 언어 관련 체계들에 의해 대체적으로 조직화가 이루어진다는 것을 의미한다. 우리가 실제로 수행하는 바와 같이, 사람들은 자연을 잘게 쪼개고 그것들을 여러 개념들로 나누어 조직화하며 여러 종류의 중요성(significance)을 부속시킨다. 그리고 대체적으로 그 이유는 우리가 자연을 이러한 방식으로 조직화하자는 점에 일종의 동의를 표한 각각의 관여 당사자(party)이기 때문이다. 이 동의는 우리의 발화 공동체(speech community) 전체에 걸쳐 유지되고 있는 것으로서, 우리의 (개별)언어가 가지고 있는 여러 양식(pattern) 속에 (또는, 양식의 구체적 예들을 따라) 부호화되어 있다. 물론, 그 동의사항은 내재된 상태이고 암묵적 성격을 띤다. '하지만, 그 관련 조건은 절대적으로 의무적인 성격을 가진다'. 그리고 그러한 동의가 명령(decree)하는 자료 조직화 양상과 분류법에 찬성하는 방식을 제외하면, 우리는 말을 하는 것 자체가 아예 불가능하다.

이 글은 전부가 아주 거창하고 어마무시하다. 우리가 수행할 수 있는 유일한 개념적 변별작업의 계들은 우리가 가지고 있는 (개별)언어로 부호화된(encoded) 상태에 있는 그러한 개념적 변별의 예들뿐이라는 것이 그 저변에 있는 기본 생각인 것으로 보인다. 더불어, 그 이유는 세계로부터 우리가 받아들이는 감각기반 자료(sense data) 자체에다가 일련의 개념적 변별의 예들을 부과시키는 그 주인공이 바로 우리의 (개별)언어이기 때문이라는 것이 위의 글이 가지고 있는 기본적인 사고인 것으로 보인다. 하지만 좀 더 가까이 들여다 보게 되면, 그 글에서 주장되고 있는 바가 정확하게 무엇인지에 대한 우리의 생각이 불확실해진다. 우리가 읽은 부분에 따르면, 우리는 인상의 홍수에 끊임없이 시달리면서 살고 있는데, 그러한 만화경 속과 같은 인상의 범람은 우리 각자의 마음속에 있는 일련의 언어관련 체계들에 의해 '대체적으로'(largely) 조직화된다고 한다. 또한, 우리가 실제로 수행하는 바와 같이, 우리는 자연을 잘게 쪼개며, '대체적으로' 그 이유는 그러한 일련의 노선들을 따라 언어적인 방식으로 유지되는 일종의 동의안에 대해서 우리 각자가 관여 당사자이기 때문이라는 내용도 읽었다. 이러한 '대체적으로'라는 단어 예들이 가지는 정확한 도달 범위는 명시화되어있지 않다. 이러한 손실 방지 목적의 애매한 표현(hedge)은 이 주제에 대한 사피어의 글에서도 유사한 양상으로 나타난다는 것을 발견할 수 있다.

    하지만 어떤 관점에 있어서, 그것을 사람들이 표현하기 꺼려하는 정도만을 기반으로 해서 관점을 평가해서는 안 된다. 나는 여기서 사피어-워프 가설의 세 가지 버전을 제시하도록 하겠다. 아주 강력한 버전의 한 예도 포함되어 있는데, 이 버전은 사피어와 워프가 직접 저술한 각종 논저에 기초하고 있을 뿐만 아니라 오늘날의 전문 문헌에서 관련 주제를 다룬 학술자료에도 기반하고 있다.

(1) a. 사피어-워프 가설의 강력한 버전
    우리가 실행할 수 있는 개념적 변별 작업의 유일한 예들은 우리의 언어로 부호화되어있는 것들뿐이다. 그리고 이러한 상태에 대한 이유는 우리의 언어가 우리의 감각기반 자료에 그러한 일련의 변별의 예들을 부과하기 때문이다. (그리고 이 방식 외에는, 이와 같은 변별 작업의 예들을 생성하기 위한 어떠한 여타 원천도 우리는 가지고 있지 않다.)

   b. 사피어-워프 가설의 제약적 버전
    특정 화제와 관련하여, 우리가 실행할 수 있는 개념적 변별 작업의 유일한 예들은 우리의 언어로 부호화되어있는 것들뿐인 그러한 상태가 존재하며, 그 상태에 복속되는 특정한 화제의 예들이 존재한다. 그리고 이러한 상태에 대한 이유는 우리의 언어가 이러한 개념적 변별의 예들을 관련된 감각기반 자료에 부과하기 때문이다. (그리고 이와 같은 개념적 변별의 예들을 생성하기 위한 어떠한 여타 원천도 우리는 가지고 있지 않다.)

   c. 사피어-워프 가설의 희석된 버전
    특정 화제와 관련하여, 우리가 화제의 예들에 대해서 습관적으로 또는 전형적으로 사고하는 방식 자체가 우리가 말하는 그 구체적인 언어에 의해 영향을 받는 그러한 상태가 존재하며, 그 상태에 복속되는 특정한 화제의 예들이 존재한다.

사피어-워프 가설의 강력한 버전은 앞서 인용하였던 워프의 글에 기초하였으며, 거기서 '대체적으로'라는 부사를 삭제한 것이다. 제약적 버전에서는, 우리의 언어를 사용해서 실행된 것이 아닌 개념적 변별 작업의 예들을 우리가 따로 생성할 수 없다는 그 기본 생각은 고수하지만, 단지 특정 화제의 예들과 관련해서만 그러한 생각이 유지될 수도 있다는 입장을 허용한다. 그리고 희석된 버전은, 먼저 제시되었던 두 개의 버전이 가지는 핵심 생각을 포기하고, 우리의 언어가 제공해주지 않는 개념적 변별작업의 예들을, 어쨌든, 우리가 생성해낼 수 있을지도 모른다는 입장을 허용한다. 하지만 이 세 번째 버전은, 그럼에도 불구하고, 우리의 언어는 특정한 화제들에 대해 습관적 또는 전형적으로 사고하는 방식 자체에 영향을 줌으로써, 우리의 언어가 우리의 사고에 다소 덜 극단적인 수준의 영향력을 실제로 행사한다는 입장을 고수하고 있다. 만약 이 마지막 가설이 정말 옳다면, 그와 같은 상태에 복속되는 특정 화제의 예들이 몇 개나 존재하는지, 그리고, 그러한 방식에 따라 우리는 어느 정도까지 영향을 받는지 등의 후속 질문들을 당연히 우리 스스로 제기하고 싶을 것이다.

그러면, 사피어-워프 가설의 강력한 버전은 다음과 같이 말할 것이다. 우리가 실행할 수 있는 개념적 변별 작업의 유일한 예들은 우리의 언어로 부호화된 것들뿐이라고 말이다. 이 가설이 거짓(false)에 해당된다는 것은 인지과학자들 사이에서 보편적으로 동의가 된 사실이다. 한 예를 든다면, 간단한 내적 성찰을 해볼 때에, 사람들은 특정 사물에 대해 그것을 나타내는 실제 단어를 자기 스스로 가지고 있지 않은 경우에도 그러한 특정 사물에 대한 개념을 자신들이 실제 가지고 있다고 스스로 말할 수 있는 경우가 빈번하다. 미국의 심리학자 그렉 머피(Greg Murphy)의 경우, 이와 관련된 입장을 다음과 같이 말한다. 그는 자신이 맡은 몇몇 강의에서 학생들에게 정기적으로 질문을 하는데, 그 질문은 목재로 된 방바닥과 미국식 높은 침대 사이의 빈 공간에 쌓여있는 먼지 덩어리를 나타내는 어떤 명칭을 학생들 각자가 가지고 있는지의 여부에 대한 것이라고 한다. ('먼지 토끼들'(dust bunnies) 그리고 '먼지 괴물들'(dust monsters)이라는 명칭이 인기가 있음이 드러난 가운데, 그가 일반적으로 발견한 바에 따르면) 각각의 강의에서 전체 수강생의 절반 정도가 어떤 명칭을 가지고 있고, 반면에, 나머지 절반은 어떠한 명칭도 가지고 있지 않다고 한다. 하지만, 이러한 종류의 사물에 대한 명칭을 가지고 있지 않은 학생들은 머피 교수가 무엇에 대해 말하고 있는지를 잘 인식하고 있었고, 따라서 대응하는 단어가 부재한 상태에서도, 추측하건대, [먼지 토끼](DUST BUNNY)라는 개념의 예들을 각각 가지고 있는 듯하다. 이와 관련하여 말하자면, 이전에 표현된 적이 없는 의미의 예들을 가지고 있는 상태에서, 새로운 단어의 예들이 정기적으로 고안된다. (내가 이 글을 쓰고 있는 순간에도, 소위 '핵티비스트'(hacktivist)들이 야기시킬 수도 있는 인터넷 서비스상의 피해발생 가능성에 대한 우려가 존재한다. 여기서 '핵티비스트'란 컴퓨터 해킹을 사용하는 방법으로 사회운동(social activism)에 참여하는 사람들인 것으로 보인다.) 만약 우리의 사고가 우리의 언어에 의해 깎이고 다듬어진 몇몇 통로 속에서만 운용될 수 있도록 제약되어 있다면, 사람들이 어떻게 이러한 방법으로 새로운 개념의 예들을 고안해낼 수 있는 것인지는 불가사의한 일이다.

강력한 버전에 대해 반대하는 이러한 이유들이 마치 충분하지 않기라도 하듯이, 오늘날 현실에는 또 다른 반례가 존재한다. 그것은 습득된 (개별)언어가 하나도 없는 개인들이 개념적 변별 작업의 예들을 스스로 실행하였다는 것이 밝혀진 실제 사례로서, 이는 (언어와 별개로) 개념 발달이 가능하다는 점에 대한 훌륭한 실증적 근거가 된다. 예를 들면, 미국 표준수어(American Sign Language, ASL) 통역사이자 교사인 수전 쉘러(Susan Schaller)는 자신의 사례연구를 정리한 책에서 일데폰소(Ildefonso)라는 이름을 가진 한 인물을 알게 된 사연을 소개하였는데, 그는 언어 습득이 부재한 상태에서도 개념 발달 및 변별이 가능함을 보여주었다고 쉘러는 기술하고 있다. 좀 더 자세히 말하자면, 일데폰소는 선천적으로 농인(deaf)이며 (발화형태, 수어형태 여부를 막론하고) 그 어떤 언어도 전혀 습득하지 못한 상태였고, 당시 미국 로스앤젤레스시에 거주하고 있던 27세의 멕시코출신 이주자였다. 하지만 그럼에도 불구하고 그는, 명백하게도, 개념적 변별 작업의 예들을 실행할 수 있었다. 하나의 예를 들면, 그는 수많은 농업관련 업무에서 성공적으로 일을 해낸 이력을 가지고 있었다. 그 이후, 쉘러가 인내력을 가지고 수많은 시도를 한 결과, 일데폰소는 마침내 미국 표준수어를 유창하게 사용할 수 있게 되었다. 그리고 내가 마지막으로 소개할 반례는 유아의 수 개념 인식 연구에 기반한 것이다. 심리학자 캐런 윈(Karen Wynn)은 1992년에 출판된 한 실험 연구에서 적게는 (수와 관련된 용어를 습득하는 단계 훨씬 이전인) 5개월의 연령에 있는 유아들이 기초적인 셈하기를 할 수 있음을 시연하였다. 이 실험에서 윈은 유아들이 지루함을 느껴서 시선을 다른 곳으로 돌릴 때까지 미키마우스 인형 한 개를 그들에게 보여주었다. 그 다음에는 가림막을 올리고 실험보조 중 1명이 그 가림막 뒤로 손을 뻗어 인형이 있던 자리에 또 다른 인형을 놓아두었다. 그 가림막을 내렸을 때에, 만약 (그 유아들이 앞서 보지 않았던 것인) 두 개의 인형이 있을 경우, 아동들은 몇 초 동안 그것들을 쳐다본 후에 다시 지루해하였다. 즉, 실험참가 유아들은 명백하게도 가림막 뒤에 두 개의 인형이 있을 것이라고 예상하였던 것이다. 하지만, 만약 (그들이 방금 전에 보고 있었던 것인) 단 한 개의 인형만이 놓여있다면, 아동들은 그것에 매료되었다. 그 이유인즉, 그것은 분명하게도 그들의 예상과는 반대가 되는 방향으로 가버린 상황이었던 것이다.

그렇다면, 인간은 그들이 말하게 되는 그 어떤 개별언어로도 부호화되지 않은 상태에 있는 개념적 변별 작업의 예들을 스스로 실행할 수 있다는 것을 믿을 수 있는 좋은 이유가 존재하는 것이다.

사피어-워프 가설의 제약적 버전의 경우는 어떠한가? 이 관점에 따르면, 우리가 특정 화제의 예들과 관련된 개념적 변별작업을 수행할 수 있는 유일한 예들은 우리의 개별언어로 부호화된 것들뿐인 그러한 상태가 존재하며, 그 상태에 복속되는 특정 화제의 예들이 존재한다는 점을 상기해보라. 그리고 앞서 이야기한 경우와 같이, 이러한 상태는 우리의 언어가 개념적 변별의 예들을 관련된 감각기반 자료에 부과시킴으로써 발생하게 된다는 점도 떠올려보라. 이 이론도, 아주 오랜 기간 동안, 거짓 상태인 것으로 간주되었다. 하지만 이것에 대한 논쟁은 영국의 심리언어학자 피터 고든(Peter Gordon)이 실시한 숫자 인식(recognition)에 대한 연구에 의해 최근에 다시 불이 붙었다. 『사이언스』(Science)지에 2004년에 게재된 한 논문에서, 고든은 브라질의 아마존강 유역 저지대의 마이시(Maici)강 줄기를 따라 거주하고 있으며 피라항(또는 피라하)(Pirahã)이라고 불리는 수렵 및 채집생활 중심의 오지 부족을 방문하였다고 보고하였다. 약 250여 명 남짓의 인구수를 가지는 피라항 부족은 그들의 고유 언어를 사용하는 데에 있어서 거의 완전히 단일 언어 사용 화자(monolingual)들이며, 브라질 사회로의 동화(assimilation)를 지금까지 거부해오고 있다. 그 외의 여러 흥미로운 속성 중에서도, 피라항 언어의 특이한 속성은 수와 관련된 용어가 거의 없다시피 하거나 또는 전무하다는 점이다. 숫자와 가장 닮은 것으로 보이는 피라항 단어들은 (내림조(falling pitch)를 가지고 있는) 'hói', (올림조(rising pitch)를 가지고 있는) 'hoí', 그리고 'baagiso/ aibaagi'가 있다. 이러한 세 가지 단어가 (여타 개별언어의 예들에서는 이미 문서화되어져 있는) 일종의 '일-이-다수' 체계를 형성하는 것으로 간주하는 것이 처음에는 구미가 당기는 작업일 것이다. 즉, 'hói'가 한 개의 대상을 가리키기 위해서 자주 사용되고, 'hoí'는 두 개의 대상을 가리키기 위해서, 그리고 'baagiso' 또는 'aibaagi'는 그것보다 더 많은 대상을 가리키기 위해서 사용된다고 간주해버리는 것이다. 하지만 고든이 관찰한 바에 따르면, '(동일한 맥락 내에서 사용되었을 때에) "둘"을 나타내기 위한 단어는 항상 "하나"를 나타내기 위한 단어보다 더 많은 양을 표시했지만, 반면에, "하나"를 나타내기 위한 단어는 "둘 또는 셋, 혹은 때때로 그보다 더 많은 무엇"과 같은, 단지 작은 양을 표시하기 위해서 종종 사용되었다'고 보고되었다. 마이클 프랭크(Michael Frank), 대니얼 에버렛(Daniel Everett), 이블리나 페도렌코(Evelina Fedorenko), 에드워드 깁슨(Edward Gibson)에 의해 공동 수행된 그 이후의 한 연구에서는 'hói'가 1에서 6까지의 다양한 양을 나타내기 위해서 사용되었고, 'hoí'는 2에서 10까지의 다양한 양을 나타내기 위해서 사용되었으며, 3에서 10까지의 다양한 양을 나타내기 위해서는 'baagiso'나 'aibaagi'가 사용되었다는 것이 발견되었다. (그들은 10 이상의 양을 표현하려는 시도를 하지 않았다.) 이 연구의 저자들은 'hói'가 '하나'(one) 혹은 심지어 '대략적으로 하나'(roughly one)를 뜻하기보다는 '적은'(few)과 같은 무언가를 의미한다고 제안하였다.

그렇다면, 피라항인들은 다양한 숫자를 나타내기 위한 일련의 단어 예들을 가지고 있지 않은 것으로 보인다. 그들은 확연코 2보다 더 큰 숫자의 예들을 나타내기 위한 단어 예들을 가지고 있지 않다. 고든은 자신의 연구에서, 피라항인들이 2보다 더 큰 숫자의 예들을 나타내기 위한 단어 예들을 가지고 있지 않은 상황에서 만약 그들이 그럼에도 불구하고 그와 같은 범위에 속하는 여러 숫자들 간에 변별 작업을 수행할 수 있는지의 여부를 밝혀내고자 하였다. 그 여부를 알아내기 위해서 고든은 여러 번의 실험을 실행하였다.

한 수행 과제에서, 고든은 적은 수의 물고기 그림들이 그 뚜껑에 그려져 있는 한 개의 상자 속에 사탕을 몇 개 넣어두었다. 예를 들면, 그 뚜껑에는 물고기 3마리가 표시되어 있을지도 모른다. 그 다음에 그는 자신의 등 뒤에 그 상자를 두고는 2개의 상자를 다시 앞으로 꺼내었다. 즉, 원래의 상자와 함께, 똑같이 생긴 또 다른 상자를 같이 보여주는 방식이었다. 한 가지 예외사항은 또 다른 상자 뚜껑에는 기준이 되는 수보다 1개가 더 많거나 더 적은 수만큼의 물고기 그림이 그려져있었다는 점이다. 고든은 자신의 정보제공자(informant)들에게 사탕이 들어가 있는 상자를 선별해 줄 것을 부탁하였다. 수행 과제에서 물고기 3마리와 물고기 4마리 간의 차이점을 구별해내는 경우가 연관되었을 때에는 실행률이 단지 50퍼센트 미만이었다. 즉, 대략 우연의 수준에 지나지 않았다. 또 다른 새로운 수행 과제에서는, 정보제공자들에게 작은 양의 견과류 한 뭉치를 약 8초 정도 쳐다봐 줄 것을 부탁하였다. 고든은 그 다음에 그 정보제공자들이 그 내부를 볼 수 없는 불투명한 색의 깡통 안에 그 견과류들을 쏟아 넣었다. 그리고 그는 한 번에 1개씩 그것들을 꺼냈는데, 각각의 견과류 조각들을 꺼내고 난 후에는 그 깡통 속에 혹시 남아있는 견과류 조각들이 있는지의 여부를 정보제공자들에게 질문하였다. 이전에 그 깡통 속에 견과류 2개가 들어있었을 때에, 피라항인들은 전체 시도에서 약 90퍼센트의 경우에 그 깡통이 언제 빈 통이 되었는지를 정확하게 식별해내었다. 그리고 견과류 3개가 들어있었을 때에는, 전체 횟수에서 약 65퍼센트의 경우에 그와 같이 식별해내었다. 그리고 견과류 4개가 들어있었을 때에는, 그 수가 약 60퍼센트 정도 되었다. 그리고 견과류 5개가 들어있었을 때에는, 약 35퍼센트가 되었고, 6개가 들어있었을 때에는 약 10퍼센트가 되었다.

그래서 고든이 도달한 결론은 부정적이었다. 피라항인들의 경우, 3개와 4개 사이에서, 그리고 4개와 5개 사이에서 (그리고 그 외 다수의 경우에서) 차이 구별과제의 수행 성공률을 비교해보았을 때에 신뢰도가 나타나는 수준으로 성공률이 나타나지는 못했다. 그는 '이러한 연구들의 결과는 피라항인들의 빈약한 셈하기 체계로 인해서, 수 집합의 크기(set size)가 2개 또는 3개를 초과하는 항목들을 연관시킬 때에는, 각각의 정확한 양을 셈(enumerate)하는 능력에 제한이 생긴다는 점을 보여준다'고 결론내렸다.

표면상으로는, 이것은 고전적인 워프식 결론이며 사피어-워프 가설의 제약적 버전을 강력하게 지지하는 예이다. 특정 화제와 관련해서, 우리가 실행할 수 있는 개념적 변별 작업의 유일한 예들은 우리의 (개별)언어로 부호화된 것들뿐인 그러한 상태가 존재하며 또한 그러한 상태에 복속되는 특정 화제의 예들이 존재한다고 간주할 때에, 여기서 '수'는 그러한 상태에 해당되는 화제의 한 예가 될 것이다. 그리고 '적은'(few)과 '많은'(many)을 나타내기 위해서 사용되는 몇몇 단어들을 제외하고는, 피라항인들이 수와 관련하여 그들의 언어로 부호화되어 있는 어떠한 개념적 변별의 예도 가지고 있지 않기 때문에, 그들은 '적은'과 '많은'이라는 두 개의 개념적 노선들을 따라 만들어 놓은 변별의 예들을 제외하고는 수에 대한 어떠한 개념적 변별의 예도 생성할 수 없다는 것이다.

하지만, 이러한 경우에 인과적 활동(causation)의 방향에 대해 우리가 어떻게 확신을 할 수 있는지를 질문하는 것은 가치가 있는 일이다. 사피어-워프 가설에 대해 내가 제공해둔 강력한 버전과 제약적 버전에서 표현되었던 바와 같이, 우리의 언어가 우리의 사고에 변별의 예들로 구성된 일종의 (개념) 집합을 부과시킨다는 것이 워프의 생각이었음을 기억해보라. 하지만, 만약 우리의 사고가 그 외의 다른 이유에 의해서 제약이 된다면 어떻게 할 것인가? 만약 우리가 어떤 특정한 개념을 파악할 수 없는 (또는 파악하지 않게 되는) 또 다른 이유가 존재한다면, 우리의 언어가 그 개념을 나타내기 위한 어떠한 단어도 가지고 있지 않을 것이라고 가정하는 것은 당연한 일이다. 도대체 왜 우리가 그것에 대해 아무런 생각이 없는 뭔가를 나타내기 위해서 굳이 어떤 단어를 마련하려고 한단 말인가? 그런즉, 회의적 입장에서 새로운 대안적 가설이 나올 수 있는 가능성의 문은 열려있는 것처럼 보인다. 예를 들어, '피라항인들은 여러 개의 숫자에 대해서 생각할 수 없고 (또는 생각해보는 것을 꺼려하고), 따라서, 그것이 그들의 언어가 여러 숫자를 나타내기 위한 어떠한 단어도 가지고 있지 않는 바로 그 이유이다'라고 가정할 수도 있는 것이다. 인과성의 연쇄는 사고의 차원으로부터 언어의 차원을 향해 작동하며, 다시 말해, 그 반대 방향으로는 인과성이 발현하지 않는다고 보는 것이다.

이것은 확연코 피라항 언어와 문화에 대한 외부 세계의 가장 우수한 전문가인 미국의 언어학자 대니얼 에버렛(Daniel Everett)이 채택한 노선과 일치한다. 에버렛 자신의 일화는 한 마디로 놀라운 이야기이다. 에버렛과 그의 아내 케런(Keren)은 1977년에 기독교 선교사 자격으로 피라항 부족을 처음 찾아갔으며 약 20년이 넘는 기간 동안에 수차례에 걸쳐서 정기적으로 방문을 하였다. 이 부족민들에게 기독교의 복음을 전도하려는 그전의 많은 시도들은 한편으로는 피라항 언어의 높은 난이

도로 인해서 그리고 또 다른 한편으로는 외부 문화와 문물에 대한 부족민들의 관심 부족으로 인해서 모두 좌초되었었다. 피라항 언어를 배우고 '신의 말씀'에 대해 소통하기 위해서, 에버렛과 그의 가족은 뱀과 말라리아 그리고 때때로 살인을 저지르는 마을 사람들과 사투를 벌여야 했다. 결국에 대니얼 에버렛은 마가/마르코 복음서(Gospel of Mark)를 피라항어로 옮긴 번역문을 만들어냈고 그 번역문을 녹음한 것을 여러 개의 수동 카세트 플레이어에 넣어서 부족민들에게 나누어주었다. 그런데, 그 모든 것은 무용지물이었다. 사실을 말하자면 다음과 같다. 에버렛이 흥미진진한 그의 저서 『잠들면 안 돼, 거기 뱀이 있어』(*Don't Sleep, There Are Snakes*)에서 관련된 의견을 피력하였듯이, 고대(old-time) 종교와 관련된 여러 이야기들에 대해 피라항인들이 나타낸 실용주의적이고 회의적인 태도는 마침내 에버렛 본인의 개종에 큰 역할을 하는 결과를 낳았다. 부연하면, 1980년대 말에 이르러서 에버렛은 무신론자가 되었다.

피라항인들이 보인 셈하기 능력의 부재 현상에 대해, 에버렛은 다음과 같은 입장을 보인다. 에버렛의 주장에 따르면, 피라항 문화는 소위 '경험의 즉각성 원리'(immediacy of experience principle)라고 하는 일종의 제약이 지배(govern) 원리로 작용하고 있는 상태에 있다고 한다. 이에 대한 관련 설명은 다음과 같다.

(2) Declarative Pirahã utterances contain only assertions directly related to the moment of speech, either experienced by the speaker or as witnessed by someone alive during the lifetime of the speaker.

피라항어에서 평서문 형식 발화의 예들은 오직 실제 발화 순간에 직접적으로 관련되어 있는 단언문(assertion)만을 포함하고 있다. 여기서 발화 순간은 화자 자신이 실제로 경험한 순간이거나 또는 화자의 일생 동안에 생존 상태에 있는 또 다른 개인이 목격한 순간을 가리킨다.

확실히 이 원리는, 만약 실제로 통용이 된다면, 에버렛에 의해 주목을 받게 된 피라항 언어와 문화의 또 다른 흥미로운 자질(feature)들에 대해서도 설명을 해주는 것으로 보일 것이다. 예를 들어, 피라항인들은 창조 신화를 그 어떠한 것도 가지고 있지 않으며, 한 세대 또는 두 세대보다 더 오래된 시간 전에 발생하였던 역사상의 사건들에 대해서는 그 어떠한 목격담도 가지고 있지 않다는 것이 실제 사실로 밝혀졌다. 하지만, 이 원리가 피라항어에는 다양한 숫자가 부재한다는 점이나 피라항인들은 셈하기 능력이 부재한다는 점에 대해 도대체 어떤 방법으로 설명을 해준다는 것인지는 보다 덜 명확하다. 에버렛에 따르면, 그 연결고리는 다음과 같은 점인 것으로 추정된다. 즉, 셈하기가 '원칙적으로, 즉각적인 경험의 차원을 넘어서는 영역에서 그 범위를 구축하는 추상적인 일반화의 예들을 함의한다'는 점이다. 내 생각에는, 이러한 설명 방법이 제대로 작동하려면 보다 많은 내용이 보태져야 한다고 본다. 원칙적으로는, 물론 셈하기가 즉각적인 경험의 차원을 넘어서는 영역에서 그 범위를 구축하는 추상적인 일반화의 예들을 연관시킬 수 있다. (예. '모든 플라톤식의 '형태'(Form)는 달의 암면 쪽에 있는 12개의 고대 거석에 의해 각각 예시화된다'.) 하지만 셈하기가 꼭 그렇게 이루어져야 할 필요는 없다. '도와주세요. 내 왼쪽 다리가 지금 세 마리의 흑표범에게 뜯어 먹히고 있어요!'라는 진솔한 발화의 예는, 그 화자가 실제로 경험하고 있는 바와 같이, 그 발화 순간에 다소 직접적인 방식으로 관련되어

있는 것이다. 그런즉, '경험의 즉각성 원리'는 이러한 성격의 예문을 생성하는 것을 금지시키지 않아야 한다. 그리고 다양한 숫자 및 즉각적 경험을 담고 있는 무한정적으로 많은 문장들 중에서 그 어떤 문장이라도, '경험의 즉각성 원리'가 그 생성 자체를 금지시키지는 않아야 한다.

사람들은 그 어떤 단어에 대해서도 똑같이 능숙한 방식으로 논증을 할 수 있을 것이다. 다시 말해서, 즉각적인 경험의 차원을 넘어서는 영역에서 그 작용 범위를 가지는 추상적 일반화의 실례 속에서는 그 어떤 단어도 사용될 수 있는 가능성이 있기 때문에, 그런고로 피라항어에서는 그 어떤 단어도 생성이 허용되지 않아야 한다고 혹자는 주장할 수 있을 것이다. 하지만 피라항어의 경우에, 총체적으로 단어들이 결여되어 있는 상태인 것은 아니다

보다 더 큰 타당성을 보이는 한 대안적 가설은 앤드루 네빈스(Andrew Nevins), 데이빗 피제츠키(David Pesetsky), 실린 로드리게스(Cilene Rodrigues)라는 일군의 언어학자들에 의해 발전되어왔다. 이 언어학자들은 수렵 및 채집기반의 생존방식과 제약적인 수 체계 사이에 일종의 상관관계가 존재한다는 점을 지적하였다. 이 점은 일리가 있는데, 그 이유는 그와 같은 특징을 가지는 사회는 보다 큰 규모의 수 체계를 다양하게 발달하도록 촉구하는 자극제 역할을 하게 될 일종의 상업 또는 복합적 성격의 행정을 소유하고 있지 않기 때문이다. 그런즉, 피라항어는 어떠한 다양한 수도 가지고 있지 않는데, 이 대안적 가설에 따르면, 그 이유는 그들의 문화를 고려해볼 때에 피라항인들이 수와 관련된 여러 가지 개념을 가질 어떠한 필요성도 가지고 있지 않기 때문이다. 다시, 인과성의 방향은 고든에 의해 (실질적 근거 없이) 주장되었던 방향에서 역전된다. 수 개념의 예들을 소유하지 않은 상태인 피라항인들을, 당연하게도, 고든의 여러 실험에서 그들이 보여준 수행결과에 대

해 인과적인 방범으로 설명을 제공해주게 될 것이다.

  이러한 대안적 가설은 인과성의 방향이 고든이 제기하였던 바와 동일하게 작용할 수 있는 가능성을 실제로는 제외시키지 않는다는 점에 주목해야 한다. 우리에게는 단순히 두 개의 대안이 남아있을 뿐인 것이다. 하지만 그 대안적 가설에서는 그러한 제외시키기를 추천하는 것으로 사료될 수도 있는 일종의 자연스러움이 존재한다. 그런즉, 사피어-워프 가설의 제약적 버전은, 최소한 고든의 연구의 견지에서 해석된 바와 같이, 증명이 되지 않은 것으로 간주되어야 한다.

  사피어-워프 가설의 희석된 버전의 경우는 어떠한가? 우리가 습관적으로 또는 전형적으로 특정 화제의 예들에 대해서 생각하는 방식이 우리가 말하는 그 개별언어에 의해서 영향을 받게 되는 상태가 존재하며 그러한 상태에 복속되는 특정 화제의 예들이 존재한다고 이 버전은 기술하고 있음을 상기해보라. 비록 이러한 방식으로 우리가 영향을 받게 되는 정도가 아주 크지 않을 수도 있음이 강조되어야 함에도 불구하고, 이것은 맞는 내용인 듯하다. 사피어-워프 가설의 희석된 버전을 지지하는 가장 좋은 실증적 근거 중 일부는 러시아 출신의 심리학자 레라 보로디츠키(Lera Boroditsky)와 동료들이 실행한 연구에서 도출되었다.

  내가 지금 검토할 보로디츠키의 여러 실험은 문법적 성(grammatical gender)을 다루고 있다. 명사를 남성(masculine)과 여성(feminine)으로 세분화하는 여러 개별언어 (그리고 중성(neuter)을 명사의 성에 추가시키는 개별언어)의 경우, 생물학적으로 남성(biologically male)인 것들을 명명하는 명사 예들에 문법적 남성성을 귀속시키고 생물학적으로 여성(biologically female)인 것들을 표상(stand for)하는 명사 예들에 문법적 여성성을 귀속시키는 일이 빈번하다. (물론, 때때로 예외가 관찰되기도 한다.) 그 외의 명사 예들은 표면적으로 볼 때에 무작위적인 방식으로 나누어진다. 그리고 이것은 'The Awful German Language'(끔찍한 언어, 독일어)라는 제목으로 작성한 그의 훌륭한 수필에서 미국의 작가 마크 트웨인(Mark Twain)이 스스로 관찰한 결과를 기술해둔 내용과도 동일한 방식이다.

> [A] tree is male, its buds are female, its leaves are neuter; horses are sexless, dogs are male, cats are female—tomcats included, of course;[...] a person's nose, lips, shoulders, breast, hands, hips, and toes are of the female sex; and his hair, ears, eyes, chin, legs, knees, heart, and conscience haven't any sex at all. The inventor of the language probably got what he knew about a conscience from hearsay.

> 나무는 남성이고, 싹은 여성이며, 잎은 중성이다. 그리고 말은 무성이고, 개는 남성이며, 고양이는—물론 말괄량이를 포함하여—여성이다. [...] 사람의 코, 입술, 어깨, 가슴, 손, 엉덩이, 그리고 발가락은 여성의 속성을 가진다. 그리고 사람의 머리카락, 귀, 눈, 턱, 다리, 무릎, 심장, 그리고 양심은 어떠한 성도 가지지 않는다. 그 개별언어를 발명한 이는 아마도 풍문을 통해서 양심이란 것에 대해 자신이 알고 있는 것을 얻게 되었을 것이다.

보로디츠키가 궁금해한 부분은 생물학적으로 남성이나 여성이 아닌 사물들을 지칭하는(designate) 명사 예들이 가지고 있는 문법적 남성이나 여성이라는 성이 실제 논의의 대상이 되는 사물들에 대해 사람들이 어떻게 생각하고 있는지에, 즉 언중의 사고방식에 파급효과를 가지는지의 여부에 대한 것이었다. 입증되지는 않았으나 일화에 기반한 근거에 따르면, 이러한 경우에 일종의 파급효과가 존재할 수도 있다는 점이 시사되었다. 여기에 안드레이 매킨(Andreï Makine)의 소설 『나의 러시아 여름에 대한 꿈』(Dreams of My Russian Summers)을 일부 발췌하여 소개한다. 이 발췌본은 제프리 스트라한(Geoffrey Strachan)이 영어로 번역한 내용을 따른 것이다. 여기서 주인공은 러시아인이며, 샤를로뜨(Charlotte)라는 이름을 가진 그의 할머니는 프랑스인이다.

> As a child I had absorbed all the sounds of Charlotte's language. I swam in them, without wondering why that glint in the grass, that colored, scented, living brilliance, sometimes existed in the masculine and had a crunchy, fragile, crystalline identity, imposed, it seemed, by one of its names, *tsvetok*; and was sometimes enveloped in a velvety, felt-like, and feminine aura, becoming *une fleur*.

> 어린이였던 나는 샤를로뜨 할머니의 언어가 생성하는 모든 소리를 흡수하였다. 나는 그 소리들 속에서 헤엄을 쳤다. 풀 속에 있는 그 반짝임, 다시 말해, 그 색상이 있고 향기가 나며 살아있는 영롱함이 왜 때때로 남성의 상태로 존재하는지, 그리고, 그것에 대한 여러 명칭 중 하나인 'tsvetok'(쯔베또크)에 의해 부과된 것으로 보이는 바스락거리고, 연약하며, 수정처럼 깨끗한 상태의 정체성을 왜 가지고 있는 것인지에 대해서, 그리고 왜 때때론 벨벳이나 펠트 같은 느낌이 드는 여성적인 분위기 속에 싸여있고, 그래서 한 송이의 'une fleur'(윈느 플뢰르)가 되는 것인지에 대해서 전혀 의문이 들지 않은 상태에서 말이다.

'꽃'을 나타내는 러시아어 단어 'tsvetok'는 문법적으로 남성이고, 반면에 그에 대응하는 프랑스어 단어인 'fleur'는 문법적으로 여성이다.

    이와 같은 종류의 경험을 느끼는 이들은 단지 할머니에게 프랑스어를 배우고 있는 감수성이 뛰어난 젊은 소설가들뿐인 것일까? 아니면, 이러한 종류의 영향력 또는 파급효과는 좀 더 일반적일까? 레라 보로디츠키, 로렌 슈미트(Lauren Schmidt), 웹 필립스(Webb Phillips)는 2003년에 출판된 한 연구에서, 그 답을 찾기 위해서 두 개의 실험을 수행하였다. 첫 번째로, 그들은 문법적 성이 기억에 끼치는 파급효과를 조사하였다. 이 실험자들은 문법적 성을 가지고 있는 개별언어들 중에서 독일어와 스페인어라는 2개의 언어를 사용하였다. 여기서 다수의 일반적인 '대상-명칭'(object-name)의 경우에, 독일어가 하나의 성을 가지면 스페인어는 그와 다른 성을 가지는 상태에 주목하여 이러한 2개의 언어 선택이 이루어졌다. 이는 'flower'와 같은 예를 다룰 때에 프랑스어와 러시아어에서 나타나는 현상과 같은 경우이다. 예를 들어, 'apple'을 나타내는 단어는 독일어에서 남성('der Apfel')이고, 스페인어에서 여성('la manzana')이다.

실험자들은 무성성(inanimate)의 대상을 명명하는 영어 단어 24개를 수집하였는데, 스페인어와 독일어에서 대응하는 명사는 성이 비일관적으로 나타나는 경우만을 추렸다. 이 실험에서 피험자는 스페인어와 독일어의 원어민 화자들로 구성되었다. 두 집단 모두 영어 사용능력이 우수하였고, 따라서 실험은 영어를 사용해서 실행되었다. 실험자들은 각각의 피험자들에게 각각의 대상을 나타내기 위해 고안한 개인 명칭(즉, 인물 이름)을 가르쳤다. 예를 들면, 사과는 패트릭(Patrick) 또는 패트리샤(Patricia)라고 칭해질 수도 있는 것이다. 어떤 한 개의 주어진 대상에 대해서, 독일어 화자들 중 일부에게는 그것을 나타내기 위해서 남성 이름을 한 개 알려주고 또 다른 일부에게는 여성 이름을 한 개 알려주었다. 그리고 스페인어 화자들에게도 같은 방식으로 이름을 알려주었다. 그래서 스페인어 화자들 중 일부는 사과를 나타내기 위해서 패트릭과 같은 남성 이름을 한 개 기억해야 하고, 반면에 또 다른 스페인어 화자들은 여성 이름을 한 개 기억해야 했다. 그리고 같은 방식으로, 독일어

의미와 사고 | 283

화자들에게도 동일한 과제를 주었다.

실험자들은 그 다음에 피험자들이 특정 대상에 부여된 개인 명칭을 얼마나 잘 기억하는지를 테스트하였다. 결과에 따르면, 실험과정에서 주어진 어떤 대상을 나타내기 위한 하나의 명칭이 가지는 문법적 성이 화자의 모국어에서 그 (종류의) 대상물을 나타내는 특정 단어가 가지는 문법적 성과 동일할 때에, 개별 화자로서의 피험자들은 명칭 기억 실험에서 더 좋은 수행 결과를 보였다. 그 명칭을 화자의 모국어에 존재하는 해당 단어와 비교하여 문법적 성의 측면에서 비일관성이 나타날 때에, 피험자들은 그렇지 않은 경우에서보다 단어기억 과제에서 더 저조한 결과를 보였다. 예를 들어, 독일어 화자들은 사과를 나타내기 위해 '패트릭'과 같은 남성 명칭이 주어졌을 때에 ('패트리샤'와 같은 여성 명칭이 주어졌을 때보다) 명칭 기억 수행력이 더 뛰어났다. 역으로, 스페인 화자들은 사과를 나타내기 위한 명칭이 (남성 명칭인 경우보다) 여성 명칭인 경우에 명칭 기억 수행력이 더 뛰어났다.

이와 같은 결과는 왜 일어나게 되는 것일까? 보로디츠키와 동료들은 이에 대해 다음과 같은 의견을 제시하였다. 즉, 문법적 성을 가지고 있는 하나의 개별언어를 학습하는 아동들이 명사의 남성형 성과 여성형 성이 현실에서 관련된 대상이 가지고 있는 어떤 실제적인 속성을 반영하지 않는다고 가정해야 할 어떠한 이유도 가지고 있지 않다는 것이다. 특히, 생물학적인 남성형의 예가 문법적 남성과 배열을 이루고 또한 생물학적인 여성형의 예가 문법적 여성과 배열을 이루는 것을 보게 될 때에 문법적 성은 (생물학적 성과 같은) 대상 자체의 속성을 반영한다고 가정하게 될 수도 있다는 것이다. 그런즉, 아마도, 상이한 명사들이 가지는 다양한 문법적 성을 일일이 기억하기 위해 노력하는 과정에서, 아동들은 문법적 남성 명사에 의해 명명되는 대상의 예들이 가지는 전형적으로 남성적인 특질에 주목하기 시작하고, 동시에, 문법적 여성 명사에 의해 명명되는 대상의 예들이 가지는 전형적으로 여성적인 특질에 주목하기 시작하는 것일 수도 있다. 그 결과로, (심리학자들과 촘스키주의 언어학자들의 관점을 따를 때 그 자체가) 단어의 의미라고 간주되는 그러한 개념적 표상물의 여러 예들은 실제로 영향을 받은 상태가 된다. 즉, 말하자면, 여러 대상은, 마치 남성적 속성 또는 여성적 속성을 소유하고 있는 것으로 묘사된다. 그리고 오늘날의 동시대 심리학에 따르면, (단어 의미에 연관되어 있는 개념적 표상물의 예들로부터 어떠한 방식으로든 분리된 상태에 있는) 일반적 용도의 개념적 표상물의 예들로 이루어진 집합이라는 것은 결코 존재하지 않는다. 단어 '사과'(apple)의 의미가 되는 [사과](APPLE)라는 개념은 그저 여러 종류의 사과 예들에 대해 우리가 가지고 있는 하나의 개념일 뿐이며, 우리의 시야 내에는 그 어떠한 예비물품(back-up)이나 대안물의 예들이 존재하지 않는다. 그런즉, 문법적 성을 가지고 있는 한 개별언어를 학습하는 것은 당신이 가지고 있는 여러 개념에 영향을 줄 수 있다. 그리고 자신들이 가지고 있는 다양한 개념의 예들이 이러한 조건 속에 있는 상태에서, 앞서 언급한 스페인어 및 독일어를 구사하는 피험자들이 실제 실험에서 보여준 바와 같이 행동을 했다는 점은 크게 놀랄 일이 아니다. 즉, 그 피험자들은 명칭이 나타내고자 하는 여러 것들의 개념적 표상과 문법적 성의 차원에서 불일치 관계에 있는 명칭을 기억하는 작업이 더 어렵다고 느낀 것이다.

    구체적인 용어로 풀어 말하면, 무생성을 지니는 대상을 사람들이 어떻게 문법적으로 남성 또는 여성인 것으로 묘사하게 될 수 있는지에 대해 혹시라도 당신이 궁금해 할 경우를 위해, 여기에 한 실례를 제공하겠다. 보로디츠키와 동료들이 제안한 바에 따르면, 토스터(toaster)기의 경우, 사람들의 마음속에서는 그 물체의 딱딱하고 금속성을 띠며 과학기술과 관련되었다는 이러한 몇 가지 양상에 초점을 두고 토스터기가 묘사될 수도 있을 것이다. 그리고 이 사람들에게 토스터기에 대응하는 단어는 문법적으로 남성일 것이다. 하지만, 문법적으로 여성인 단어의 경우에는, 토스터기가 가지는 집안 살림 및 영양공급과 관련된 몇몇 속성에 초점을 두고 그 토스터기가 묘사될 수도 있을 것이다.

지금쯤이면, 실험자들의 제안점이 너무도 큰 무게의 책임감을 단 한 번의 기억 수행 과제가 다 짊어지도록 만들려는 것으로 들리기 시작할 수도 있다. 따라서 보로디츠키와 동료들은 각각의 스페인어 및 독일어 화자가 다양한 대상들에 어떠한 일련의 특징을 연관시키는지를 알아보기 위해서 좀 더 직접적인 방식으로 정밀 조사를 하고자 시도하였다. 선행된 실험에서 가져온 24개의 대상으로 구성된 목록을 사용하여, 이 연구자들은 스페인어 화자 및 독일어 화자 집단의 개별 피험자 각각에게 그 목록에 명시된 개별 대상을 기술하기 위해서 사용 가능한 단어 중에 피험자 자신들의 마음속에 가장 먼저 떠오르는 형용사 3개를 적어 줄 것을 부탁하였다. 모든 결과가 취합된 후에, 한 무리의 영어화자들에게 취합된 형용사들의 개별 예가 일종의 남성적 특질 또는 여성적 특질을 묘사하는지의 여부를 기준으로 취한 상태에서 모든 해당 형용사 예들을 등급별로 나누어 줄 것을 부탁하였다. 그 결과에 따르면, 피험자들은 자신들의 언어에서 문법적으로 남성인 명사에게는 '훨씬 더 남성적'이라는 등급을 받은 형용사를 산출하였고, 그들의 언어에서 문법적으로 여성인 명사에게는 '훨씬 더 여성적'이라는 등급을 받은 형용사를 산출하였다.

일부 예들은 극단적으로 충격적이었다. 'key'를 나타내는 단어는 독일어의 경우에 남성('der Schlüssel')이고 스페인어의 경우에 여성('la llave')이다. 독일어 화자들은 '딱딱한'(hard), '무거운'(heavy), '들쭉날쭉한'(jagged), '금속의'(metal), '톱날모양의'(serrated), '유용한'(useful) 등과 같은 형용사들을 사용하였다. 스페인어 화자들은 '금으로 된'(golden), '세밀한'(intricate), '작은'(little), '사랑스러운'(lovely), '반짝이는'(shiny), '자그마한'(tiny) 등과 같은 형용사들을 사용하였다. '다리'(bridge)를 나타내는 단어는 독일어로 여성('die Brücke')이고 스페인어로는 남성('el puente')이다. 독일어 화자들은 '아름다운'(beautiful), '우아한'(elegant), '연약한'(fragile), '평화로운'(peaceful), '예쁜'(pretty), '날씬한'(slender)과 같은 형용사를 사용하였다. (그리고 이 시점에서 당신은 중저음의 남성적인 음성을 상상해보고 싶어 할 수도 있는데) 스페인어 화자들의 경우에는 '큰'(big), '위험한'(dangerous), '길다란'(long), '강한'(strong), '견고한'(sturdy), '우뚝 솟은'(towering) 등과 같은 형용사들을 사용하였다. 그리고 이것은 대단히 극적인 결과였다.

그럼에도 불구하고, 상상컨대, 혹자는, 피타항어의 경우에서처럼, 인과 작용의 방향이 정반대로 작용하고 있다고 (근거 없이) 주장함으로써 이러한 일련의 결과가 가지고 있는 워프식 동력(Whorfian force)에 반대되는 논증을 펼칠 수도 있다. 아마도, 독일어권 문화와 스페인어권 문화에 대해 이전에는 밝혀지지 않았던 여러 특정 자질에 의해, 그 문화에 관련된 사람들이 다리(bridge)를, 각각 개별적으로, 문법적으로 여성적인 특징 그리고 문법적으로 남성적인 특징을 소유하고 있는 대상인 것으로 간주하도록 유도되었을 수도 있다. 그리고 이러한 각각의 문화권에서 사용되는 개별언어는 단순히 이것을 반영하고 있는 것일 수도 있다. 이러한 문화적인 자질의 구체적인 예들이 실제로 무엇일런지는 완전히 불투명하다. 그런데, 이와 같은 의혹을 잠재우기 위해서, 보로디츠키와 동료들은 문법적 성의 차원에서 변별성을 가지는 개별언어

의미와 사고 | 287

를 한 개 발명해내고 그것을 사람들에게 학습시켜보기로 결정하였다. 이러한 특정 개별언어에 연관되어있는 문화는 실제로 존재하지 않았기 때문에, 관찰하게 되는 그 어떠한 결과적 효과에 대해서도 문화가 책임이 있는 것으로 주장될 수 없었다.

보로디츠키, 슈미트와 필립스는 원어민 영어 화자들에게 검부지(Gumbuzi)라고 이름 지어진 허구의 개별언어에 대한 일련의 관련 요소를 가르쳤다. 그 피험자들에게는 검부지어의 명사가 '우사티브'(oosative)류와 '수파티브'(soupative)류라고 부르는 두 개의 부류로 나누어진다고 말해주었다. 'the'를 나타내는 단어는 'oos' 또는 'sou'라는 두 개의 단어가 있었고, 이들 중에서 어떤 단어가 어떤 명사와 함께 사용되는지에 대해서는 암기를 해야 했다. (이것은, 정확히, 문법적 성 체계를 가지고 있는 여러 특정 개별언어들이 행동하는 방식이라고 해석될 수 있다. 즉, 'the'를 나타내는 독일어 'der' 대 'die'가 보이는 행동양상, 그리고 스페인어의 'el' 대 'la'가 보이는 행동양상을 비교해보라.) 비록 각각의 해당 명사가 소속되어있다고 말해진 그 부류가 피험자들 간에는 차이가 있도록 설정하였지만, 생물학적으로 남성인 사람들과 여성인 사람들을 표시하는 일련의 명사 예들은 항상 동일 유형끼리 어울려 무리를 이루었다. 그런고로, 한 피험자는 여성 아동(girl)과 여성 성인(woman)은 'oosative'부류이고 남성 성인(man)과 남성 아동(boy)은 'soupative'부류라고 학습하게 될 수도 있고, 그 반면에 또 다른 피험자는 그와 반대되는 내용을 학습하게 될 수도 있었다. 자연언어상의 다양한 문법적 성 체계의 경우에서 그런 것처럼, 이와 같은 여러 범주는 그 외의 다른 대상들의 경우로도 확장되었는데, 그 결과, 어떤 피험자는 프라이팬, 포크, 연필, 발레리나, 소녀와 같은 예들은 'soupative'부류이고, 반면에 항아리(또는 냄비), 숟가락, 펜, 거인, 소년과 같은 예들은

'oosative'부류라고 학습하지 될 수도 있는 상황이었다. 다시금, 또 다른 피험자들은 그와 반대되는 내용을 학습하게 될지도 모르는 조건이었다. 컴퓨터 화면 상에 명칭 표시가 되어 있는 그림(예를 들어, 성별이 남성인 한 명의 거인이 명확하게 나타나 있는 거인 그림)을 보여주는 방식을 통해서 참가 피험자들은 변별의 차원에서 지침을 받았다. 그리고 각 예의 경우에 그것이 'oosative'부류인지 드는 'soupative'부류인지의 여부를 각 피험자가 정확하게 구별할 수 있을 때까지 총 20개의 항목에 대한 테스트를 계속 시행하였다.

피험자들이 그러한 변별성 관련 정보에 대한 학습을 완료하였을 때에, 동일한 일련의 그림 예들을 명칭 표시가 삭제된 상태로 보여주었고, 스페인어 및 독일어 화자들을 대상으로 실행하였던 그 두 번째 실험에서와 마찬가지로, 각 그림에 대해 기술할 수 있는 형용사 예들이 떠오르는 대로 제시해 줄 것을 부탁하였다. 이전의 경우에서처럼, 수집된 형용사 예들은 그 단어들이 전형적인 방식으로 남성적 특징 또는 여성적 특징을 지칭(designate)하고 있는지의 여부를 기준으로 취한 상태에서 한 독립된 집단에 의해 등급 판정을 받았다.

예상되었던 바와 같이, 피험자들은 사전에 학습하였던 문법적 성 체계의 구체적 버전에서 생물학적 여성형의 예들과 같이 조를 이루었던 무생성 대상의 예들에 대해 기술하는 데에 있어서, 생물학적 남성형의 예들과 같이 조를 이루었던 대상의 예들을 나타내기 위해 사용되었던 용어보다는 문법적 여성성이 훨씬 더 전형적으로 드러나는 용어를 사용하여 표현하였다. 다시 한번, 이러한 차이점 중의 일부는 상당히 놀라운 것이었다. 수행 과제에서 바이올린에 문법적으로 여성이 부여되었을 때, 그 대상은 '예술적인'(artsy), '아름다운'(beautiful), '창의적인'(creative), '곡선적인'(curvy), '섬세한'(delicate), '우아한'(elegant), '흥미로운'(interesting), '예쁜'(pretty), '나무로 된'(wooden) 등의 상태로 기술되었다. 바이올린이 생물학적인 남성형의 예들과 같이 조를 이루었을 때에는, 그것은 '새처럼 지저귀는'(chirping), '어려운'(difficult), '인상적인'(impressive), '시끄러운'(noisy), '과용된'(overused), '찌르는 듯한'(piercing), '반짝이는'(shiny), '날씬한'(slender), '풍만한'(voluptuous), '나무로 된'(wooden) 등의 상태로 기술되었다. 명백하게도, 누군가의 관심은 '날씬한'과 '풍만한'을 산출하는 과정에서 그 부분에서 방황을 하였지만, 그것은 누구든지 실험을 하게 될 때에 인간 개개인을 사용하기 때문에 지불해야 할 비용이다.

그래서 일종의 문법적 성 체계가 어떤 실험을 위해서 특별히 창안된 것일 때조차, 시야 안에 동반된 문화가 전혀 없는 상태에서도, 관련된 명칭의 예들이 문법적 성의 다양한 예들에 부여된 상태에 있는 그러한 대상들이 있는 경우에 사람들이 그것들에 대해 생각하는 방식 자체는 문법적 성의 체계에 의해 영향을 받는다.

그 외의 여러 다른 연구에서, 보로디츠키는 유사한 파급효과의 예들이 존재한다는 것을 시연해왔는데, 그것들은 언어의 여타 다양한 부분들에서 유래한다. 예를 들어, 2001년에 출판된 한 논저에서 보로디츠키는 표준 중국어(Mandarin) 화자들과 영어 화자들이 시간에 대해 여러 상이한 관념(conception) 양상을 가지고 있음을 시연하였다. 주장하건대, 그러한 상이한 관념 양상의 예들은 화자들이 사용하는 각각의 개별언어에서 시간에 대해 사용하게 되는 공간 은유(spatial metaphor)의 구체적 예들에서 도출된 것이다. 영어에서는, 수평적 은유(horizontal metaphor)의 예들을 사용하는 경향이 있다. 예를 들면, 지난주의 교수단 회의가 안전하게도 우리 '뒤에'(behind) 있는 반면에, 다음 주의 교수단 회의는 우리 '앞에'(ahead of) 불길한 모습으로 아른거리고 있다는 등의 방식이 나타난다. 표준 중국어에서는, 비록 시간에 대한 수평적 은유의 예가 일반적이지만, 수직적 은유(vertical metaphor)의 예 또한 통상적으로 사용된다. 예를 들자면, 앞서 있었던 사건들은 '위'(shàng/ up)에 있고, 그 반면에, 나중에 있는 사건들은 '아래'(xià/ down)에 있다고 말하는 등의 방식이 나타난다. 보로디츠키는 표준 중국어와 영어를 모국어로 사용하는 화자들에게 공간적 관계의 예가 나타난 그림 여러 개를 보여주고는 각 그림에 대해 질문을 하였다. 예를 들어, 한 개의 흰색 공 위에 한 개의 검은색 공이 있는 그림 한 개가 있을 수도 있는데, 피험자들은 그 흰색 공이 그 검은색 공의 아래에 있는지의 여부를 말해주어야 한다는 요청을 받았다. 그리고 유사한 방식으로 수평적인 공간 관계의 예를 나타내는 여러 가지 그림의 경우에도 실험을 진행하였다. 그리고 나서 피험자들에게 시간에 대한 질문을 하였는데, 예를 들면, '3월은 4월보다 좀 더 빨리 옵니까?'와 같은 질문을 제시하였다. 피실험자들이 대답을 하는데 소요된 시간의 길이는 컴퓨터를 사용해서 측정하였다. 이 두 집단의 사람들은 아주 상이한 방식으로 응답을 하였다. 영어 화자들에게 선행적으로 수평적 공간 관계의 예에 대한 질문이 한 개 주어졌을 때, 그 영어 화자들은 후행하는 시간관련 질문들에 보다 빠르게 응답하였다. 반면에, 표준 중국어 화자들은 수직적 공간 관계의 예에 대한 질문 한 개를 방금 전에 듣고 대답을 한 상태였을 때에 후행하는 시간 관련 질문에 답하는 시간이 훨씬 빨랐다. 보로디츠키는 점화의 측면에서 이러한 차이점에 대해 설명하였다. 점화의 측면은, 또 다른 말로, 특정한 정신적 표상물의 활성화(activation)의 측면이며, 이것은 제 3장에서 필캐런의 실험에 대해 기술한 내용 중에서 당신이 기억하고 있을 수도 있는 용어 중 하나이다. 부연하면 다음과 같다. 수평적 공간관계 또는 수직적 공간관계의 예에 대한 질문을 한 개 제시했을 때에 그에 대한 답을 산출하는 작업은 해당 피험자들이 그와 관련된 용어로 생각하기 위해서 보다 준비된 상태로 있도록 만들었다. 이것이 피험자들이 시간에 대해 생각하는 능력 자체에 어떤 파급효과를 가졌다는 사실은 시간에 대한 사람들의 정신적 표상물의 구체적 예들이 공간에 대한 정신적 표상의 구체적 예들과 동일하거나 유사하다는 것을 보여준다. 그리고 이것은 시간을 표현하기 위해서 공간 은유의 예를 사용한다는 점이 제시하고 있는 바와도 일맥상통한다. 그리고 수직적인 공간 관계의 구체적 예들에 의해 표준 중국어 화자들이 점화되었고, 수평적인 공간관계의 구체적 예들에 의해 영어 화자들이 점화되었다는 사실은 이 두 집단의 피험자들이 시간을 상이한 방식으로 표상하고 있다는 점을 보여준다. 왜 피험자들은 이렇게 하게 되는 것일까? 한 집단의 사람들은 시간을 표현하기 위해서 수직적 공간 은유의 구체적 예들을 통상적으로 사용하는 하나의 특정 개별언어로 말을 하면서 지금까지 성장해왔다. 그리고 또 다른 집단의 사람들은 시간을 표현하기 위해서 수평적 공간 은유의 구체적 예들만을 경험하고 사용한 채로 지금까지 성장해왔다. 흥미롭게도, 시간에 대해 수직적인 방식으로 (예를 들어, '월요일은 화요일 위에 있다'(Monday is above Tuesday)와 같은 유형의 문장을 사용하여) 말하도록 훈련을 받은 한 집단의 원어민 영어 화자들은 훈련 후에 즉시 수행 과제를 실행하였을 때에 표준 중국어 화자들을 대상으로 한 실험 결과와 아주 유사한 결과를 산출하였다.

그렇다면, 우리가 말하는 그 개별언어는 도대체 어느 정도까지 우리가 사고하는 방식에 영향을 주는 것일까? 사피어-워프 가설의 강력한 버전은 명백하게도 거짓임이 판명 난 상태이다. 사피어-워프 가설의 제약적 버전은 증명이 되지 않았다. 사피어-워프 가설의 여러 버전 중에서, 굳이 해당 버전을 선택하게 만드는 특수한 무언가가 있음을 구체적으로 보여준 유일한 버전은 희석된 버전이다.

그리고 여기서, 비록 보로디츠키의 여러 실험에서 도출된 결과가 그 나름의 성과를 낼 수 있는 한도 내에서는 매력적이고 인상적이지만, 우리가 일반적으로 이야기하고 있는 바는 실험을 하는 방식으로 면밀하게 조사되지 않으면 우리가 알아채지 못할 정도로 지극히 작은 차이점을 보이는 경우들임을 명심하는 것이 중요하다. 퍼트릭이라는 명칭이 부여된 사과의 예들이 등장하는 기억 수행 과제를 예로 들어보라. 피험자들이 자신들의 모국어를 따라서 해당 대상의 문법적 성과 (성별 차원에서) 일관성을 보이는 명칭을 한 개 기억하게 되었을 때에는 그 피험자들의 성공률이 86퍼센트였다. 그리고 명칭을 자신들의 모국어에 나타나는 해당 대상의 문법적 성과 비교하여 비일관성이 나타날 때에는, 그 명칭 기억 과제에서 피험자들의 성공률이 78퍼센트였다. 이러한 차이는 통계적으로 유의미(significant)하였지만, 정확히 말해서, 정신 능력(mental capacity)의 급격한 손실을 시사하는 정도는 아니다. 표준 중국어 화자들과 영어 화자들의 시간에 대한 표상물 예들이 가지는 구체적인 양상에 대한 실험에서, 실제로 나타난 차이의 수치상의 정도 수준은 밀리세컨드 단위의 문제였다. 예를 들어, 표준 중국어 화자들이 수직적 양상에 대해 점화된 후에 시간관련 질문에 답하는 데에는 평균 2.347초가 소요되었다. 그리고 수평적 양상에 대해 점화된 후에 시간관련 질문에 답하는 데에는 평균 2.503초가 소요되었다. 여기서 그 수치상의 차이는 156밀리세컨드(즉, 0.156초)일 뿐이다. 다시 말하지만, 이것은 그 실험의 맥락 속에서는 통계적으로 유의미하였지만, 실제 삶 속에서는 누구라도 한 번이라도 알아챌 정도로 그렇게 대단한 것은 아니다.

열쇠와 다리를 나타내기 위해서 스페인어 및 독일어 화자들이 제공하였던 여러 형용사의 예들을 모아놓은 각기 다른 명단은 아마도 우리가 지금껏 조사해온 것 중에 최고로 극적인 결과를 형성할 것이다. 하지만 여기에서도, 이러한 발견이 가지고 있는 여러 한계점을 숙지하는 것이 중요하다. 최대한의 정보를 감안한다고 해도, 그 연구 결과가 보여주는 것은 이 두 집단의 사람들이 다리(및 기타 사물)에 대해 습관적으로 생각하는 그들만의 방식이 자신들의 모국어에 의해 영향을 받는다는 점이다. 하지만, 그렇다고 해서, 예를 들어, 다리가 길고, 튼튼하고, 굳건하며, 우뚝 솟은 상태일 수 있음을 평가할 수 있는 능력 자체를 독일어 화자들은 가지고 있지 않다고 그 누구도 주장하지 않을 것이다. 그리고 이러한 맥락 속에서 인지과학자 스티븐 핀커(Steven Pinker)가 언급해온 바와 같이, '다리의 문법적 성이 여성이라고 독일어 화자가 생각한다는 이유만으로, 그가 다리에게 데이트 신청을 할 것이라는 의미를 가지지는 않는다'.

그러면, 현존하는 근거에 따르면, 단지 밀리세컨드 단위로만 측정 가능하며 지각(perceive)이 거의 불가능한 '인지 편향'(cognitive bias)의 예들 및 반추하자마자 즉각적으로 사라져버리는 미묘한 '고정관념'(stereotype)의 예들에 관련해서만, 우리가 말하는 그 개별언어는 우리가 사고하는 방식 그 자체에 영향을 준다는 시사점이 남는다.

9
결론

공식적으로 입장을 밝히자면, 그리고 선행하는 모든 장의 내용에 기대어서 말하자면, 본 저자가 개인적으로 믿고 있는 '의미'에 대한 내용은 다음과 같다. 의미의 예들은 개념의 예들이다. 의미의 구체적인 예들은 사람들의 머릿속에서 존재하며, 구체적인 단어 예들의 일부로서 존재한다. 우리는 세계 속에 있는 여러 가지의 것들을 지칭하거나 혹은 우리의 세계를 특징짓는 것이 아닌 (또는, 단지 한 세계만이 존재한다고 볼 때, 그 어떤 세계라도 특징짓는 것이 아닌) 기이한 반사실적 이야기를 지어내기 위한 목적으로, 여러 다양한 단어 예들과 그 각각의 의미 예들을 사용한다. 당신이 가지고 있는 단어 '의자'(chair)에 대해 당신이 가지고 있는 그 의미와 내가 가지고 있는 단어 '의자'에 대해 내가 가지고 있는 그 의미는 제각각 변별성을 가지는 대상들이다. 비록 그 두 개의 의미 예들이 질적인 차원에서 서로 아주 유사할 수 있는 개연성이 높음에도 불구하고 말이다. 하지만, 각각의 의미 예들은 질적으로 동일할 가능성이 낮은데, 이것이 뜻하는 바는 당신은 어떤 것을 가리켜 의자라고 부르겠지만 나는 그렇게 부르지 않을 (또는 그 반대의 경우가 될) 여러 가지 대상들이 존재할 수도 있다는 점이다. 각각의 의미 예들은 또한 시간이 지남에 따라 우리의 내부에서 변화하게 될 개연성도 가지는데, 심지어 우리가 성인으로서의 성장 단계에 (또는 우리가 앞으로 평생에 걸쳐 획득하게 될 최대의 성숙도에) 도달하고 난 후에도 변화는 일어날 수 있다. 이러한 정보 중 그 어느 것도 일상의 언어 용법의 측면에서는 그다지 큰 중요성을 띠지 않는데, 그 이유는 우리가 단어 '의자'(chair)를 사용하는 것이 적절하다는 점에 우리가 동의를 하게 될 경우의 예들이 차지하는 그 전체 범위가 아주 넓기 때문이며, 그로 인해, 사람들 간에 있을 수 있는 그 어떤 차이점도 단지 기묘한 공상과학 소설의 시나리오나 심리학적 실험 또는 그 두 가지 모두의 방법을 통해서만이 그나마 식별 가능성을 가지게 될 수 있을 것이기 때문이다. 하지만 실용적 차원에서는 여러 반향(repercussion)의 예들이 존재한다. 예를 들어, 만약 한 지역 법령이 '공원 내 차량 금지'(no vehicles in the park)라고 명시하고 있고, 당신이 공원에서 자전거를 탄다는 명목으로 체포된다면, 판사 및 배심원단이 '자전거는 차량의 한 예다'라고 생각하는지의 여부는 아주 중대한 사안이 된다. 여러 다양한 의미 예들은 우리 뇌(head)의 일부이기 때문에, 여러 의미 예들이 보이는 행동 유형상의 특정 양상들이 여러 수학적 모형들에 의해 상당히 잘 기술될 수 있다는 점은 놀라운 소식이 아닌 것처럼 들린다. 그리고 이것은 물리적인 세계에 대해 기술하기 위해서 실행되었던 여타 수많은 학술적 시도에서 수학이 활용되어 온 것과 동일한 방식으로 기술상의 높은 적용 가능성을 보인다. 하지만 여러 수학적 모형들 속에 등장하면서 우리의 머릿속에서는 존재할 수 없는 것처럼 들리는 이러한 모든 것들(예를 들어, '가능 세계'와 같은 것들)이 축자적인 의미에 따라 실제로 존재한다고 곧이곧대로 믿어서는 안 된다. 또한 이러한 성격의 특정 (수학기반) 노선들을 따라 우리가 이룬 소수의 성공 사례에 경도되어서 그쪽으로 휩쓸려가도 안 된다. 우리 스스로 겸허하게 대하거나 느껴야하는 수많은 것들이 아직 우리에게 있는 것이다.

이러한 다양한 입장들이 (만약 참인 상태인 정당화된 믿음처럼 들리는 것이 아니라면) 적어도 정당화된 믿음처럼 들릴 수 있도록 본 저자가 이 책에서 충분한 내용을 서술해두었기를 바라는 바이다. 하지만, 비록 나의 개인적 의견을 의도적으로 은폐하기 위해서 지금껏 일관된 노력을 기울여온 것은 아님에도 불구하고, 일련의 특정한 관점의 예들을 대표하여 독자들을 전도하는 것이 나의 목표는 아니었다. 나는 오히려, 의미에 대한 연구 분야 자체에 곳곳이 흐르고 있는 지적인 열기와 같은 무언가를 보여주고자 노력해왔다. 이러한 지성의 열기는—의미 연구 분야를 특징짓는—광범위하게 퍼져있는 논쟁사항에서 발생하기도 하고, 이와 같은 지적 노력이 인간으로서의 우리 스스로에 대한 이해를 획득하는 데에 근본적인 역할을 한다는 인식에서도 생겨난다. 이러한 지적인 열기의 또 다른 원천은 그 주제 범위인데, 의미에 대한 연구가 다루거나 또는 중요하게 연관시키는 갖가지 주제가 보여주는 범위는 놀랍도록 폭이 넓다. 즉, '누군가'가 어떤 의미론적 질문에 관심을 가질 수 있으며, 더불어, 그 질문의 해결책이나 답안이 그 사람을 언어 철학, 형이상학, 언어학, 심리학, 또는 신경과학(neuroscience)과 같은 어떤 특정 영역 안으로 이끌고 들어가게 될지의 여부에 대해서는 그 자신조차도 알지 못하는 상태에 머무를 수도 있는 것이다. 그리고 이러한 논제는 두 개 이상의 분과학문을 관련시킬 가능성이 상당히 높고, 확정적인 방식으로 해결이 되는 국면으로 귀결되지 않을 가능성이 아주 높다.

정보 원천 및 추가 참고자료

다음의 주석란에서는 본 저자가 지금까지 논지 전개를 위해서 의존하였던 정보의 주요 원천을 제공하고, 의미론 및 여러 관련 분야에 대한 연구를 이제 시작하려는 독자들을 위해서 각각의 원천 정보가 어느 정도의 접근성을 보일지를 표시해보도록 하겠다.

제 1장

플라톤의 『메논』(*Meno*)에서, '참인 상태에 있는 정당화된 믿음'과 같은 (종류의) 어떤 것으로서 '지식'(knowledge)에 대해 정의한 부분은 98a절에 나온다. 이 책의 본문 내에서 언급된 반회의론적인 책략적 수행(anti-sceptical manoeuvre)을 포함하여, '진리'(truth)에 대한 활기차고 접근성이 좋은 개론 수준의 글은 사이먼 블랙번(Simon Blackburn)의 저서인 『진리: 헷갈려 하는 독자를 위한 지침서』(*Truth: A Guide for the Perplexed*)(Allen Lane 출판사, 2005)에서 찾아볼 수 있다. 포스트모더니즘과 관련해서는, 소컬 속임수 사건(the Sokal hoax)이 사람들에게 그들이 알 필요가 있는 모든 측면을 가르쳐 주었을 것이다. '소컬 속임수'와 관련해서는, 앨런 소컬(Alan Sokal)의 명쾌하고 중요한 저서 『속임수를 넘어서: 과학, 철학, 그리고 문화』(*Beyond the Hoax: Science, Philosophy and Culture*)(Oxford 대학 출판부, 2008)를, 특히, 1장에서

7장까지를 읽어보도록 하라. ('모조 철학'(counterfeit philosophy)과 관련해서) 좀 더 간결한 평가를 읽어보기 위해서는, 앤서니 케니(Anthony Kenny)의 훌륭하고 가독성이 아주 높은 저서인 『새롭게 본 서구 철학의 역사, 제 4권, 현대 세계의 철학』(*A New History of Western Philosophy, volume 4, Philosophy in the Modern World*)(Oxford 대학 출판부, 2007) 중에서 90-96페이지를 읽어보는 것이 당신의 구미를 당길 수도 있다. 에드먼드 게티어(Edmund Gettier)의 유명한 논문은 『어낼러시스』(*Analysis*)라고 하는 철학 학술지에 게재되었으며, 그 내용은 1963년에 발간된 제 23권의 121-123페이지 부분에서 확인할 수 있다. 현재 이 책을 읽어본 독자에게는 이 논문이 거의 전체적으로 접근성을 보일 것이다.

노엄 촘스키(Noam Chomsky)가 '물'(water), '사물'(thing), 그리고 그 외 여러 흥미로운 단어 예들에 대해 논의를 한 내용은 『언어 및 마음 연구의 새 지평들』(*New Horizons in the Study of Language and Mind*)(Cambridge 대학 출판부, 2000)이라는 제목의 그의 저서에서, 특히, 제 5장의 내용 중에서 찾아볼 수 있다. 이 도서는 내용 전체가 언어와 마음의 본질에 대한 아주 흥미진진한 고찰로 이루어져 있다. 비록 강독을 진행하면서 도처에서 어려움이 나타날지도 모르지만, 현재 이 책을 읽어본 독자에게는 그 도서 대부분의 내용이 (특히 제 1장이) 접근성을 보일 것이다.

로버트 폰드(Robert Pond)의 금속에 대한 강의인 '재미있는 금속 연구'(Fun in Metals)는 『존스 홉킨스 매거진』(*Johns Hopkins Magazine*)의 1987년 4월호판, 60-68페이지 부분에 게재되었다. 하지만 나의 경우에는, 그 내용을 그레고리 머피(Gregory Murphy)의 저서 『개념에 대한 빅 북』(*The Big Book of Concepts*)(MIT 출판부, 2002) 내용 중 제 2

장에서 접하였다. 머피의 저서 속에서는, 내가 상세 묘사를 하기 위해서 (폰드의 강의내용을 빌려서) 사용했던 그 주요 요지와 아주 유사한 성격의 요지를 밝히기 위한 목적으로 폰드의 강의내용이 인용되고 있다. 『개념에 대한 빅 북』은 개념의 본질에 대한 심리학적 연구를 주요 주제로 다루고 있는 명쾌하고 마음을 사로잡는 개론적 성격의 교재다. 나는 다음 장과 연계해서 이 내용을 다시 언급할 것이다.

'금'(gold)에 대한 논의는 솔 크립키(Saul Kripke)의 고전적 저서인 『명명하기와 필연성』(*Naming and Necessity*)(Harvard 대학 출판부, 1980)의 제 3강에 나오는 해당 논의 내용에 가급적 충실히 기반하고 있다. 크립키의 이 저서는 비록 분석철학(analytic philosophy) 분야의 논저로서는 존경스러울 정도로 명쾌하고 활기찬 스타일의 글이지만, 그 내용을 이해하기 위해서는 상당히 많은 철학적 훈련이 요구되는 상급자 단계의 학술자료다. 철학적 사고와 관련된 실험을 하기 위해서 사악한 악마(evil demon)라는 주제를 사용하는 방법은, 적어도, 데카르트(Descartes)의 저서 『성찰』(*Meditations*)의 경우로까지 거슬러 올라간다.

이 책의 본문 내에서 사용된 '소수'(prime)의 정의는 리하르트 쿠란트(Richard Courant), 허버트 로빈스(Herbert Robbins), 이안 스튜어트(Ian Stewart)의 공동 저서 『수학이란 무엇인가? 생각과 방법에 대한 기초적 접근법』(*What is Mathematics? An Elementary Approach to Ideas and Methods*)(Oxford 대학 출판부, 제 2판, 1996)에서 22페이지에 제시되어있는 정의의 내용에 주로 기반하고 있다.

제 2장

러셀(Russell)은 명제에 대한 자신의 이론을 그의 저서 『수학의 원리』 (*The Principles of Mathematics*)(Cambridge 대학 출판부, 1903)의 제4장에 상세히 정리해두었다. 다시 말하지만, 이 책은 초보자를 위한 것이 아니다.

추상적 대상(abstract object)에 대한 나의 논의는 인터넷상의 『스탠포드 철학 백과사전』(*Stanford Encyclopedia of Philosophy*)에 실린 기디언 로젠(Gideon Rosen)의 글인 '추상적 대상'(Abstract Objects)이라는 논문에 영향을 받았는데, 특히, 그 내용 중에서도 경탄할 정도로 잘 정리해둔 그 요약문을 주로 참고하였다. 그 주소는 다음과 같다 (http://plato.stanford.edu/entries/abstract-objects/). 현재 이 책을 지금까지 읽어본 독자에게는 이 논문이 대체적으로 접근성을 보일 것이다. 일반적으로 『스탠포드 철학 백과사전』은 신뢰도가 대단히 높고 우수한 정보 원천이다. 만약 현재 다루고 있는 장에서 꺼내놓았던 철학 분야의 여러 화제들 중의 일부에 대해 당신이 더 알고 싶다면, 곤살로 로드리게스-페레이라(Gonzalo Rodriguez-Pereyra)가 쓴 '명목주의'(Nominalism), 마크 발라게르(Mark Balaguer)가 쓴 '형이상학에서의 플라톤주의'(Platonism in Metaphysics)와 크리스 스워이어(Chris Swoyer)가 쓴 '속성'(Properties) 관련 논문들을 『스탠포드 철학 백과사전』에서 찾아볼 것을 조언해주고 싶다.

산타클로스의 존재에 대한 추측 중심의 여러 주장(allegation)에 대해서 읽고 싶다면, 1998년에 『누스』(*Nous*)지의 제 32권 277-399페이지 부분에 실린 네이선 새먼(Nathan Salmon)의 논문 '비존재'(Nonexistence)를 참조하라. 그리고 스콧 솜즈(Scott Soames)의 저서 『강직성을 초월하여: 명명과 필연성에 대한 미완의 의미론적 과제』(*Beyond Rigidity: The Unfinished Semantic Agenda of Naming and Necessity*)(Oxford 대학 출판부, 2002)에서 93-95페이지 부분을 참고하라. 이 두 논저는 전문적인 철학자를 주요 독자층으로 겨냥하고 쓰여졌다.

아리스토텔레스와 관련된 인용 정보는 『해석론』(*De Interpretatione*)의 16a3-4 부분에서 가져온 것이다. (본 저자의 영어 번역본 사용.) 장 뷔리당(John Buridan)의 저서를 인용한 발췌문은 『변증법 개요』(*Summulae de Dialectica*)의 4.1.2 부분에서 가져온 것으로서, 줄러 클리마(Gyula Klima)의 영어 번역본인 『장 뷔리당: 변증법 개요』(*John Buridan: Summulae de Dialectica*)(Yale 대학 출판부, 2001)에서 인용하였다. 로크(Locke)의 명언(dictum)은 『인간 지성론: 인간의 이해에 관한 소고』(*An Essay Concerning Human Understanding*)의 제 3권의 내용 중, 제 2장 제 2절 부분에서 가져왔다. 좀 더 뒷부분에서 인용하였던 밀(Mill)의 답변은 『논리학 체계』(*A System of Logic*)의 제 2장에서 가져온 것이다. 이와 같은 로크와 밀의 논저는 상당히 접근성이 좋은 편이다. 특별히 로크의 경우에는, 당신이 17세기 영어를 다룰 수 있다는 가정에 따른 것이다.

전반적으로 언어에 대한 촘스키의 여러 관점은 다양한 곳에서 개진되고 정리되었다. 앞에서 인용했던 『언어 및 마음 연구의 새 지평들』에 더하여, 촘스키의 또 다른 저서 『언어 지식: 그 본질, 기원 및 사용』(*Knowledge of Language: Its Nature, Origin, and Use*)(Praeger 출판사, 1986)이 좋은 시작점이 될 것이다. 특히, 지금 이 책을 읽어본 독자에게는 제 1장과 제 2장이 상당히 접근성이 높을 듯하다. 바위와 손에 대해 인용한 정보는 『언어 및 마음 연구의 새 지평들』의 150페이지에서 가져온 것이다. 『지브스와 봉건정신』(*Jeeves and the Feudal Spirit*) 이라는 작품과 관련된 예시와 유사한 여러 실례를 『언어 및 마음 연구의 새 지평들』의 180-181페이지 부분에서 찾아볼 수 있다. 또한, 촘스키의 저서 『최소주의 프로그램』(*The Minimalist Program*)(MIT 출판부, 1995)의 236페이지도 참고 가능하다. 어떠한 정황 속에서도, 이 분야의 초보자라면 『최소주의 프로그램』을 읽으려는 시도는 하지 않아야 할 것이다.

원형(prototype) 관련 관점에 대해 내가 직접 기술한 버전은 실제로는 제임스 햄프턴(James Hampton)에 의해 주장된 것으로서, '의미적 기억에서의 다형태적 개념'(Polymorphous Concepts in Semantic Memory)이라는 제목으로 1979년에 『구어 학습과 발화 행동』(*Journal of Verbal Learning and Verbal Behavior*)지 제 18권 441-461페이지 부분에 게재되었다. 이러한 관점은 『인지 심리학』(*Cognitive Psychology*)지의 제 7권 573-605페이지 부분에 실린 일리노어 로쉬(Eleanor Rosch)와 캐롤린 B. 멀비스(Carolyn B. Mervis)의 공동 논문인 '가족 유사성: 범주의 내적 구조에 대한 제 연구'(Family Resemblance: Studies in the Internal Structure of Categories)의 내용에 기초하고 있다. 이 두 개의 학술 논문은 다소 전문적인 성격을 띠고 있다. 접근성이 있는 개요를 읽고 싶다면, 앞에서 인용했던 그레고리 머피의 저서 『개념에 대한 빅 북』에서 찾아볼 수 있다. 특히, 제 1장에서 제 3장까지의 내용과 제 12장을 참고할 수 있다. '애완용 물고기'(pet fish)에 관한 문제를 포더(Fodor)가 처리한 방식에 대해서는, 1998년에 출판된 포더의 저서인 『개념: 인지과학이 틀린 부분들』(*Concepts: Where Cognitive Science Went Wrong*)(Clarendon 출판부, 1998)에서 102-107페이지 부분을 참고하라. 이 논저는 강독의 진행 과정에서

도처에 어려움이 있지만, 현재 이 책을 읽은 독자에게는 그 내용의 대부분이 접근성을 보일 것이다. 개념에 대한 여러 이론 및 그 각각의 문제점을 대상으로 실행한 훌륭하고 전반적으로 접근성을 띠는 조사 연구의 예는 스티븐 로렌스(Stephen Laurence)와 에릭 마르골리스(Eric Margolis)가 공동 집필한 '개념과 인지과학'(Concepts and Cognitive Science)에서 찾아볼 수 있다. 이 논저는 동일한 저자(단, 역순으로, 마르골리스와 로렌스)의 공동 편집 논집(anthology)인 『개념: 핵심 독본』(*Concepts: Core Readings*)(MIT 출판부, 1999)의 제 1장에 실렸다.

프레게는 '사고: 논리적 연구'(Der Gedanke: Eine Logische Untersuchung)라는 제목의 논문에서 내재주의 의미 이론(internalist theory of meaning)과 성공적인 의사소통(communication)이 비호환성(incompatibility)을 가진다는 주장을 제기하였다. 이 논문은 그의 논저 『독일 이상주의 철학에의 기고』(*Beiträge zur Philosophie des Deutschen Idealismus*)의 제 2권(1918-1919)에서 58-77페이지 부분에 실렸다. 이에 대한 영역본의 한 예로는, 앤서니 M. 퀸턴(Anthony M. Quinton)과 마르셀 퀸턴(Marcelle Quinton)이 공역한 '사고: 논리적 탐구'(The Thought: A Logical Inquiry)가 있다. 이 영역본은 정기간행물인 『마인드』(*Mind*)지의 제 65권에 1956년에 게재되었으며, 그 내용은 289-311페이지 부분에서 찾아볼 수 있다. 지금까지 이 책을 읽어본 독자에게는 이 영역본이 전반적으로 접근성을 보일 것이다.

나는 윌리엄 라이컨(William Lycan)의 『언어 철학: 동시대적 개론』(*Philosophy of Language: A Contemporary Introduction*)(Routledge, 제 2판, 2008)의 87페이지 부분에서 그 '무미건조한'(jejune)과 관련된 예를 가져왔다. 이 저서는 활기차고 온전하며(sound) 또한 접근성을 가지고 있는, 일반적으로 우수한 교재로서, 지금 이 책과는 상당히 다른 관점을 종종 취하고 있어서 유용한 교정용 방책이 될 수 있을 것이다.

맥클로스키(McCloskey)와 글럭스버그(Glucksberg)가 공동집필한 논문은 '자연 범주: 명확히 정의된 집합인가, 모호한 집합인가?'(Natural Categories: Well-defined or Fuzzy Sets?)라는 제목인데, 1978년에 『기억과 인지』(Memory & Cognition)지의 제 6권 467-472페이지 부분에 게재되었다. 이 논문은 전문 심리학자들을 주요 독자층으로 두고 작성되었다.

제 3장

상류 계층(upper class)을 뜻하는 'U'와 그것에 대비되는 '비-U'라는 용어는 영국의 언어학자 앨런 로스(Alan Ross)(1907-1980)가 저술한 논문 '오늘날의 영어에 나타난 언어적 계층-지표(Linguistic Class-indicators in Present-day English)를 통해서 소개되었다. 이 논문은 1954년에 『신문헌학 보고』(Neuphilologische Mitteilungen)라는 학술지의 제 55권 내용 중 113-149페이지 부분에 실렸다. 이 용어들은 뒤이어 낸시 미트포드(Nancy Mitford)에 의해 많은 사람들에게 알려졌다. 상세 내용을 보기 위해서는 미트포드의 저서 『노블레스 오블리쥬: 영국 귀족계층의 식별 가능한 특징에 대한 연구』(Noblesse Oblige: An Inquiry into the Identifiable Characteristics of the English Aristocracy)(Hamish Hamilton 출판사, 1956)를 참고하라.

'대머리의'(bald)라는 영어 단어 및 여러 유사 용어가 가지는 모호성(vagueness)은 명백하게도 (기원전 4세기) 밀레토스(Miletus) 출신의 철학자 에우불리데스(Eubulides of Miletus)에 의해 최초로 주목을 받았다. (그리스어 'sorites'로 알려져 있는) '쌓아올리는 사람'(heaper) 비유를 사용한 '더미 역설'(heap paradox)의 경우와 마찬가지로, 대머리성(baldness)은 그가 제시한 여러 예들 중 하나였다. 더미 역설과 관련된 질문은 다음과 같다: 만약 당신이 밀(또는 쌀) 한 더미(heap)를 가지고 있고 그 중에서 낟알 1개를 제거한다면, 그 밀(또는 쌀) 더미는 여전히 한 더미인가? 그리고 만약 당신이 또 다른 낟알 1개를 제거한다면? 그리고 또 다른 1개를 제거한다면? 2개의 밀알(또는 쌀알)은 한 더미를 만들어내는가? 이러한 화제에 대해서 역사성 및 이론성을 갖춘 토론을 한 예가 하나 있는데, 그 논의는 훌륭하고 전체적으로 접근성을 띠고 있다. 그 예는 옥스퍼드대학교의 철학자 티모시 윌리엄슨(Timothy Williamson)이 집필하여 1994년에 출판한 그의 논저 『모호성』(*Vagueness*)(Routledge 출판사, 1994)에서 찾아볼 수 있다.

필캐넌(Pylkkänen), 이나스(Llinás), 머피(Murphy)가 공동 집필한 논문은 '다의성의 표상물: 뇌자도의 근거'(The Representation of Polysemy: MEG Evidence)라는 제목으로 2006년에 『인지 신경과학』(*Journal of Cognitive Neuroscience*) 제 18권의 1-13페이지 부분에 실렸다. M350 측정법과 어휘적 활성화 사이의 연관성(link)은 리나 필캐넌(Liina Pylkkänen), 앤드루 스트링펠로우(Andrew Stringfellow), 알렉 마란츠(Alec Marantz)의 공동 연구에 의해 확립되었다. '어휘적 활성화의 타이밍에 대한 신경전자기상의 근거: 음소배열적 확률에 대한 민감성 및 인접 밀도에 대한 비민감성을 보이는 뇌자도 요소'(Neuromagnetic Evidence for the Timing of Lexical Activation: An MEG Component Sensitive to Phonotactic Probability but Not to Neighborhood Density)라는 제목의 그들의 논문은 2002년에 『뇌와 언어』(*Brain and Language*) 제 81권의 666-678페이지 부분에 실렸다. 이러한 다소 전문적인 성격을 띠는 학술지 게재 논문은 엄격하게 신경

과학자들을 주요 독자층으로 겨냥하고 있다.

제 4장

스티븐 쉬퍼(Stephen Schiffer)는 금성(Venus)에서의 생명의 존재에 대한 논의 및 기타 관련 주제에 대한 논의를 그의 저서인 『우리가 의미하는 것들』(*The Things We Mean*)(Oxford 대학 출판부, 2003) 내용 중 12-14페이지 부분에서 개진하였다. 촘스키가 제시한 불타버려서 거리 반대편으로 옮긴 'bank'의 예는 그의 저서 『언어 및 마음 연구의 새 지평들』 중 180페이지에 나와있다. 쉬퍼의 논쟁 (및 유사 논쟁)에 대한 비판적 의견의 한 예는 옥스퍼드대학교의 철학자 키안 도어(Cian Dorr)가 집필한 '추상적 대상은 없다'(There Are No Abstract Objects)라는 논문에서 찾아볼 수 있다. 그리고 이 논문은 시어도어 사이더(Theodore Sider), 존 호손(John Hawthorne), 딘 지머맨(Dean Zimmerman)이 공동 편집한 『형이상학 분야의 동시대적 논쟁들』(*Contemporary Debates in Metaphysics*)(Blackwell 출판사, 2008)이라는 저서의 32-63페이지 부분에서 찾아볼 수 있다. 이러한 비판적 의견은 취지의 차원에서 본 저자와 유사한 입장에 있다. 쉬퍼의 논의와 관련성이 있는 내용을 담고 있는 이 논문의 첫 번째 절에서는, 지금까지 이 책을 읽어본 독자라면 접근성이 있음을 느낄 것이다. 그 지점 이후부터는 논문의 내용이 점차적으로 난이도가 더 올라간다

'가능 세계'(possible world)라는 주제에 있어서, 던스 스코투스(Duns Scotus)식 버전에 대한 나의 해설은 앤서니 케니(Anthony Kenny)의 저서 『새로 보는 서구 철학의 역사, 제 2권: 중세 철학』(*A New History of Western Philosophy, volume 2: Medieval Philosophy*)(Oxford 대학

출판부, 2005)에서 202페이지 그리고 244-245페이지 부분에 실린 내용을 다소 각색한 것이다. 라이프니츠(Leibniz)는 자신의 저서 『형이상학 서설』(*Discourse on Metaphysics*)(1685)과 『신정론(에 대한 수필들)』(*Essays in Theodicy*)(1710)에서 모든 가능 세계의 예들 중 최선의 것에 대한 자신의 생각을 전개해두었다. 케니의 서양철학사 시리즈 중 제 3권 『현대 철학의 발흥』(*The Rise of Modern Philosophy*)(Oxford 대학 출판부, 2006)에서 72-74페이지 부분과 313-314페이지 부분에 걸쳐 케니가 기술한 내용은 라이프니츠의 역사에 대한 것이며, 내가 지금 이 책에 써 둔 설명 부분에 영향을 주었다. 그리고 인터넷상의 『스탠포드 철학 백과사전』에서 '고트프리트 빌헬름 라이프니츠'(Gottfried Wilhelm Leibniz)(브랜든 룩(Brandon Look) 집필), '라이프니츠의 양상 형이상학'(Leibniz's Modal Metaphysics)(동일 저자 집필) 그리고 '악의 문제에 대한 라이프니츠의 관점'(Leibniz on the Problem of Evil)(마이클 머리(Michael Murray) 집필) 등과 같은 관련 논문들 또한 내가 쓴 설명의 내용에 영향을 주었다. 아르노(Arnauld)에게 보내었던 라이프니츠의 편지에서 발췌한 글은 H. T. 메이슨(Mason)이 편집 및 번역을 담당한 『라이프니츠-아르노 서간집』(*The Leibniz-Arnauld Correspondence*)(Manchester 대학 출판부, 1967)의 49페이지 부분에서 찾아볼 수 있다.

데이빗 루이스(David Lewis)는 가능 세계에 대한 그의 이론을 자신의 저서인 『세계의 복수성에 대하여』(*On the Plurality of Worlds*)(Blackwell 출판사, 1986)에 상세히 정리해두었다. 나는 부분전체론(mereology)적 측면에서의 최대의 총합에 대한 인용 정보를 루이스의 저서 73페이지에서 가져왔다. 그리고 '회의적 시선'(incredulous stares)에 대한 내용은 동일한 도서의 133페이지 부분에서 나온다. 이 저서의 내용은 철학분야의 학술연구관련 단행본으로서는 특이하다 싶을 정도로 명쾌하다. 그리고 당신이 지금 손에 들고 있는 이 책을 읽어본 독자라면, 아마도 상기한 루이스의 저서를 스스로 다룰 수 있을 것이다. 비록 강독의 진행 과정에서 도처에 어려움이 있겠지만 말이다. 양상실재론(modal realism)의 학설에 대한 우수하면서도 접근성이 있는 요약문의 예는 위에서 인용했던 『형이상학 분야의 동시대적 논쟁들』(Contemporary Debates in Metaphysics) 내용 중에서 필립 브리커(Phillip Bricker)가 집필한 '구체적 가능 세계'(Concrete Possible Worlds)라는 논문, 즉, 111-134페이지 부분에 들어 있다. 동일한 저서에서 뒤이어 나오는, 즉, 135-151페이지 부분에 실린 글인 '대용적 가능 세계'(Ersatz Possible Worlds)라는 제목의 논문은 조셉 멜리아(Joseph Melia)가 집필한 것이다. 그의 논문은 사용 가능한 대용(적)(ersatz) 세계의 다양한 변이성(variety)에 대한 우수한 조사 결과를 제공하지만, 초급자 수준의 독자의 입장에서는 난이도가 약간 더 높을 것이다.

진리(truth)와 의미에 대한 데이비슨(Davidson)의 중요한 논문은 '진리와 의미'(Truth and Meaning)라는 제목으로 1967년 『상떼즈』(Synthese)지의 제 17권 304-323페이지 부분에 실렸다. 루이스(Lewis)는 진리조건이 가능 세계라는 주장에 대한 하나의 간략한 버전을 자신의 논문 '일반 의미론'(General Semantics)에 상세히 정리해 두었다. 이 논문은 1970년 『상떼즈』지의 제 22권 18-67페이지 부분에 실렸다. 스털네이커(Stalnaker)는 자신의 논문 '화용론'(Pragmatics)을 통해 동일한 작업에 착수하였고 이 논문은 1970년 『상떼즈』지의 제 22권 272-289페이지 부분에 게재되었다. 이 논저들은 다소 전문적인 성격을 띤다.

상황(situation)에 대한 바와이즈(Barwise)와 페리(Perry)의 주요 논저는 『상황과 태도』(*Situations and Attitudes*)(제 2판, CSLI 출판부, 1999; 원본의 경우, MIT 출판부, 1983)이다. 바와이즈와 페리는 문장이 발화된 그 상황과 문장 의미가 상호작용해야만 한다고 상당히 옳은 방향으로 주장했기 때문에, 그리고 이것은 지표사(indexical)가 정확한 것을 지칭하도록 만들기 위해서(예를 들면, 현재의 화자를 '나'(I)라는 단어가 선별해내도록 만들기 위해서)이므로, 엄밀히 말하자면 바와이즈와 페리는 문장 의미의 예들이 상황의 예들로 구성된 일련의 집합들이라고 말한 것은 아니다. 이 부분은 문제를 복잡하게 만든다. 하지만, 그들의 주장은 내가 지금 이 책 본문에서 기술하고 있는 내용에 근접한다. 그들의 저서에서 19페이지를 참고하라. 하지만, 그 책은 상당히 촘촘하고 전문학술적이며, 엄격하게도, 철학자들과 이론 중심 언어학자들을 주요 독자층으로 겨냥하고 있다. 『스탠포드 철학 백과사전』에 실려 있는 앙헬리카 크라처(Angelika Kratzer)의 논문 '자연언어 의미론에서의 상황'(Situations in Natural Language Semantics)은 유용하고 현대적인 정보 자원의 예로 손꼽힌다. 하지만, 다시 말하지만, 이 논문도 초보자들을 위한 것은 아니다.

'불가능 상황'(impossible situation) 개념의 사용이 권장 가능하다고 역설한 바와이즈와 페리의 의견은 그들의 저서 『상황과 개별요소』(*Situations and Individuals*) 내용 중 96페이지 부분에서 언급되었다.

유진 위그너(Eugene Wigner)의 논문인 '자연과학 분야에서 수학의 불합리적인 정도의 효율성'(The Unreasonable Effectiveness of Mathematics in the Natural Sciences)은 1960년에 발간된 『순수 및 응용 수학에 대한 소통』(*Communications on Pure and Applied Mathematics*)지의 제 13권 1호 1-14페이지 부분에 실렸다.

월리엄 라두소(William Ladusaw)는 부정극성어(NPI) 허가(licensing)에 대한 자신의 대표적인 이론을 그의 논문 '부정극성어 분석 시 "영향력" 개념에 관한 연구'(On the Notion "Affective" in the Analysis of Negative Polarity Items)에서 상세히 정리하였다. 여기서 'affective' 개념은 '하향함의'와 관련성을 가진다. 그의 논문은 1980년에 발간된 『언어(학) 연구』(Journal of Linguistic Research)지 제 1권 1-16페이지 부분에 게재되었다. 전문적인 성격의 이 논문은 이론 중심 언어학자들을 주요 독자층으로 두고 쓰여진 것이다.

마음의 모듈성(modularity) 개념을 위한 고전적인 참고도서로는 제리 포더(Jerry Fodor)의 저서 『마음의 모듈성』(The Modularity of Mind)(MIT 출판부, 1983)이 있다. 이 저서 또한 다소 전문적인 성격을 띤다.

제 5장

'아내 구타'라는 그 실례가 가지고 있는 역사를 알아보기 위해서 내가 참고한 정보 원천은 학구적인 성격의 한 주석(footnote)이며, 그것은 로렌스 혼(Laurence Horn)의 논문 '화용론 이론'(Pragmatic Theory)의 119페이지에 나온다. 그리고 이 논문은 프레더릭 뉴마이어(Frederick Newmeyer)가 편집한 『언어학 이론: 주요 기반들』(Linguistic Theory: Foundations)(Cambridge 대학 출판부, 1988)에서 113-145페이지 부분에 실려있다. 아내가 등장하는 버전이 언제 도입 되었는지에 대해서는 내가 개인적으로 아는 바가 없다. 내가 지금까지 찾은 것 중에서 문서 형태로 된 가장 오래된 정보 원천은 1961년으로 거슬러 올라간다. 추가 보충본으로 나온 『아리스토텔레스학회 프로시딩』(*Proceedings of the Aristotelian Society*)의 제 35권에서 121-152페이지 부분에 게재된 허버트 그라이스(Herbert Grice)의 논문 '인간 지각에 대한 인과적 이론'(The Causal Theory of Perception)에서 127페이지를 참고하라. (이 논문에서는, 우연하게도, 그 실제 예문이 '스미스가 자신의 아내를 구타하는 것을 여태껏 중지해왔다'(Smith has left off beating his wife)라고 나와 있다.) 하지만, 뒤이어 나온 논의 부분에서 그라이스는 그것을 벌써 '재고품처럼 상투적인 사례'(stock case)로 지칭하고 있다.

알렌 스펙터(Arlen Specter)와 정관사에 대한 글은 2010년 5월 22일-28일 기준으로 발행된 『이코노미스트』(*The Economist*)지의 제 395권 8683호에서 54페이지 부분에 실린 '알렌 스펙터의 궤멸'(The Crushing of Arlen Specter)이라는 제목의 기사이다. 정관사 'the'에 대한 프레게(Frege)의 논평은 1892년에 발간된『철학과 철학비평』(*Zeitschrift für Philosophie und Philosophische Kritik*)지의 제 100권 25-50페이지 부분에 게재된 '의의와 지시에 대하여'(Über Sinn und Bedeutung/ On Sense and Reference)라는 그의 중요한 논문에서 찾아볼 수 있다. (이 논문은 종종 '의의와 지시에 대하여'(On Sense and Reference)라는 제목으로 영역되어 선집(anthology) 형태로 출판되어져 왔다.) 이 주제에 대한 러셀(Russell)의 영향력 있는 논문은 '지시에 대하여'(On Denoting)라는 제목으로 1905년에 『마인드』(*Mind*)지의 제 14권 479-493페이지 부분에 실렸다. 그리고 동일한 주제에 대한 스트로슨(Strawson)의 논문은 1950년에 『마인드』지 제 59권의 320-344페이지 부분에 '지시에 대하여'(On Referring)라는 제목으로 게재되었다. 레이저손(Lasersohn)의 논문은 『의미론 저널』(*Journal of Semantics*)지 제 10권의 112-122페이지 부분에 '존재 전제와 배경 지식'(Existence Presuppositions and Background Knowledge)이라는 제목으로 실렸다. 그리고 폰 핀텔(von Fintel)의 논문은 '당신은 이것을 믿겠는가? 프랑스 국왕이 귀환했다니! (전제와 진리값에 대한 직관력)'(Would You Believe It? The King of France Is Back! (Presuppositions and Truth-value Intuitions))이라는 제목으로 알려져 있으며, 마르가 라이머(Marga Reimer)와 앤 브제이든호트(Anne Bezuidenhout)가 공동 편집한 『기술과 그 너머』(*Descriptions and Beyond*)(Oxford 대학 출판부, 2004)의 315-341페이지 부분에 실려 있다. 이러한 몇몇 논문 중에서 (물론 『이코노미스트』지의 경우를 제외하고는) 그 어느 것도 의미론 분야의 초보자들에게는 딱히 접근성을 보이지 않을 것이다. 한정기술구(definite description)의 다양한 예들을 좀 더 이해하기 쉬운 방식으로 처리한 것의 한 예를 보기 위해서는 스티븐 니일(Stephen Neale)이 집필한 현대 시대의 고전 도서인 『기술』(*Descriptions*)(MIT 출판부, 1990)의 강독을 시도해보는 것이 독자들 입장에서 마음에 들지도 모른다. 이 책은 영향력을 갖춘 혁신적 아이디어를 다수 제시하는 동시에 많은 양의 온전한(sound) 배경 정보를 생동력 있는 방식으로 제공해준다. (하지만, 니일은 러셀의 관점에 대해 나보다는 훨씬 더 동조의 입장을 취하고 있다.)

그 테이블 위의 그 상자 손에 있는 그 블록에 대해 기술한 여러 예문들은 케네스 처치(Kenneth Church)와 라메쉬 파틸(Ramesh Patil)이 공동집필한 '통사적 중의성에 대처하기 또는 그 테이블 위의 그 상자 속에 그 블록을 넣는 방법'(Coping with Syntactic Ambiguity or How to Put the Block in the Box on the Table)이라는 제목의 논문에서 가져왔다. 이 논문은 1932년에 『미국 전산언어학 저널』(*American Journal of Computational Linguistics*) 제 8권 3-4호의 139-149페이지 부분에 게재되었다. 이 논문의 내용은 언어학과 이론 중심 컴퓨터과학 두 분야에 대해 친숙하다고 느낄 정도의 사전 지식을 가지고 있음을 전제하고 있다.

양화사구(quantifier phrase)에 대해 소개한 부분은 (루이스 캐럴(Lewis Carroll)을 포함해서 모두) 어니스트 르포어(Ernest Lepore)가 샘 커밍(Sam Cumming)과 함께 정리한 처리 방법에 영향을 받았다. 이를 위해 인용한 그들의 논저는 『의미와 논증. 언어를 통한 논리학 입문서』(*Meaning and Argument. An Introduction to Logic through Language*)(Wiley-Blackwell 출판사, 2009, 제 2판)라는 제목의 도서로, 내용 중에 130-137페이지 부분에 제공되어있는 정보를 참고하였다. 이 도서는 광범위한 범위의 자연언어 현상이 가지는 의미뿐만 아니라 그러한 언어 현상을 형식화(formalization)하는 작업에도 상당한 주의를 집중시키고 있는 훌륭한 논리학 교재이다. 지금 이 책을 읽고 있는 독자 중에서 여러 사물 및 현상이 가지는 보다 형식적인 측면에 관심이 있는 독자층에게 이 책은 다음 기착지 역할을 아주 잘 해줄 수도 있을 것이다.

'정확하게 그 소년들의 절반이 어떤 소녀에게 입맞춤했다'(Exactly half the boys kissed some girl)라는 이 예문은 관련 분야에서 상당히 잘 알려져 있다. 그것은 본디 에디 라위스(Eddy Ruys)의 박사학위 논문인 『비한정적 표현의 작용 영역』(*The Scope of Indefinites*)(Utrecht 위트레흐트 대학교)의 11페이지의 내용에서 유래하였다. 이 예문에 대한 나의 논의뿐만 아니라 '모든 남자가 제각각 어떤 여자를 사랑한다'(Every man loves some woman)라는 예문에 대한 나의 논의까지 포함해서 관련 논의 모두가 상기한 학위논문의 제 1장으로부터 상당히 큰 영향을 받았다.

'논리 형태'(Logical Forms)라는 개념은 촘스키의 논저인 '문법 규칙에 대한 조건'(Conditions on Rules of Grammar)에서 가져온 것이다. 이 논문은 1976년에 『언어(적) 분석』(Linguistic Analysis)지의 제2권 303-351페이지 부분에 게재되었다. 지금 이 책에서 기술된 바와 같이, '양화사 인상'(Quantifier Raising)이라는 규칙은 로버트 메이(Robert May)가 1977년에 발간한 MIT 박사학위 논문 『양화 문법』(The Grammar of Quantification) 내에서 발전시킨 것이다. 이 두 개의 논문을 통해 유익한 경험을 하기 위해서는, 이러한 논저를 읽기에 앞서 통사이론에 대한 충분한 지식 습득이 선행적으로 요구된다.

지금 이 책의 제 5장 이 부분에서 기술된 바커(Barker)와 샨(Shan)의 이론은 그들이 공동 저술한 논문인 '당나귀 조응은 조용 영역 내부에서 결속한다'(Donkey Anaphora Is In-scope Binding)'에 등장한다. 이 논문은 2008년에 『의미론과 화용론』(Semantics and Pragmatics) 제 1권 제 1호의 1-46페이지 부분에 게재되었다(doi: 10.3765/sp.1.1). 이 논문의 성격은 다소 전문적이다.

케이스먼트(Casement) 재판 건에 대한 나의 설명은 관련 의사록(proceeding)인 『1 국왕(Rex) 대 로저 데이빗 케이스먼트 경 소송사건, 1916』(Rex v. Sir Roger David Casement 1916)의 공식 필사본(transcription)에서 인용한 것이다. 재판 기록은 『국왕(Rex) 대 케이스먼트 소송사건 [1917] 1 K.B. 98』(Rex v. Casement [1917] 1 K.B. 98)에서도 찾아볼 수 있다. 앞서 말한 필사본 버전에 기재된 페이지 정보에 의하면, 반역법(Treason Act)과 관련된 부분에 대한 피고측 변호인의 (즉, 항변상의) 해석은 121-122페이지 부분에서, 그리고, 검찰/검사 측(prosecution)의 해석은 137페이지에서 찾아볼 수 있다. 법령상에서 관련된 절(section)은 반역법(Treason Act), 1351, 25 Edw. 3, c. 2이다.

제 6장

프레게(Frege)는 의미적 합성성(semantic compositionality)은 함수 적용(functional application)이라는 자신의 학설(doctrine)을 '함수와 개념'(영문: Function and Concept; 원제: Funktion und Begriff, 1891)이라는 논문에서 상세하게 설명하였다. 영역본은 맥스 블랙(Max Black)과 피터 기치(Peter Geach)가 공동 편집한 저서인 『고틀로프 프레게의 철학 전집 번역』(*Translations from the Philosophical Writings of Gottlob Frege*)(Blackwell 출판사, 1960)의 21-41페이지 부분에 실려 있다.

합성적 의미론(compositional semantics)에 대한 개론서의 우수한 예로는 이렌 하임(Irene Heim)과 앙헬리카 크라처(Angelika Kratzer)가 공동 집필한 『생성문법에서의 의미론』(*Semantics in Generative Grammar*)(Blackwell 출판사, 1998)이 있다. 그 도서의 내용은 내가 이 책의 관련 논의 부분에 기술해둔 것보다 더 많은 통사론 관련 이론을 가정하고 있다. 하지만, 그 부분 외에는, 현재 이 도서를 읽어본 독자의 이해력 범위 내에 있지 않는 또 다른 무언가를 가정하고 있지는 않다.

제 7장

지표사(indexical)에 대한 데이빗 캐플런(David Kaplan)의 고전적 논문은 '지시사'(Demonstratives)라는 제목으로 알려져있다. 이 논문은 1977년에 완성되어서 그 이후 몇 년 동안 원고 형식으로 유포되었다.

이 논저는 그러한 포맷에서도 아주 큰 영향력을 발휘하였기 때문에 공식적으로 출판할 필요성이 거의 없는 것처럼 보일 정도였다. 그 원고본은 마침내 1989년에 공식적인 출판을 맞이하였는데, 그 주제에 대한 논의를 위해 전적으로 구상된 단행본의 형태로 발간되었다. 조셉 앨모그(Joseph Almog), 존 페리(John Perry), 하워드 웨트슈타인(Howard Wettstein)이 공동 편집하여 『캐플런으로부터 나온 논제들』(*Themes from Kaplan*)(Oxford 대학 출판부, 1989)이라는 제목으로 출판된 이 책은 481-563페이지 부분에 그 논문을 싣고 있다. 다소 매력적이게도, 이 출판용 버전은 아직도 조금은 투박한 면이 있는 유포 버전의 특이사항 중 많은 것을 그대로 가지고 있다. 특이사항은 '[이 부분은 아직 작성되지 않았다. 뒤이어 나올 내용은 앞으로 전개될 내용에 대한 대략적 개요이다]' 그리고 '[나의 지금 의향은 이 부분 전체를 초안 완성본에서 완전히 빼는 것이다]' 등과 같이 대괄호 안에 써둔 진행사항 메모도 포함하고 있다. 출판된 버전에는 또한 '지시사에 대한 나의 이론은 반박불가능하고 대체적으로 논란의 여지가 없다고 나는 확신한다'라는 고전적 명대사(489페이지 참고)도 포함되어 있다. 그리고 뒤이어서 각주 안에는 '내가 단언하는 모든 것이 내 이론의 일부분인 것은 아니다'(Not everything I assert is part of my theory)라는 재치있는 양화사 예문(qualification)을 포함시켜놓았다. 엉뚱하고 기발한 유머 감각을 발휘한 이러한 예에도 불구하고, 원고 전체는 상당히 전문적이며 따라서 초보자 입장에서는 강독을 진행해 나가기가 힘들 것이다.

결속 변항 대명사(bound variable pronoun)의 의미론에 대해 내가 다소 비격식적으로 설명을 한 부분은 알프레드 타르스키(Alfred Tarski)의 고전적 논문인 '형식화된 언어에서의 진리 개념'(The Concept of Truth in Formalized Languages)에서 소개된 결속 변항의 처리 방식에 기원을 두고 있으며, 그 골자가 아주 멀리까지 전달되어져 온 것이다. 타르스키의 논문은 J. H. 우저(Woodger)에 의해 번역된 그의 저서인 『논리학, 의미론, 그리고 메타수학』(*Logic, Semantics, and Metamathematics*)(Oxford 대학 출판부, 1983, 제 2판)에서 152-278페이지 부분에 실렸다. 그 논문은 1933년에 폴란드어로 처음 발간되었다. 그 내용은 다소 전문적인 성격을 띤다.

당나귀 조응(donkey anaphora)이라는 문제는 명백하게도 중세시대의 여러 논리학자들에 의해서 최초로 논의되었다. 예를 들어, 14세기 초에 집필을 한 월터 벌리(Walter Burleigh)는 '당나귀를 소유하고 있는 모든 사람은 각자 그것을 본다'(라틴어 원문: Omnis homo habens asinum videt illum; 영역: Every man who has a donkey sees it)라는 예문을 당시 자신의 논저에서 고려하였다. 이 문장은 『논리학 기술의 순수성: 논고의 확장본』(라틴어 원제: De Puritate Artis Logicae: Tractatus Longior; 영어 제목: *On the Purity of Art of Logic: The Longer Treatise*)이라는 그의 저서 내용 중 128-132단락 부분에 등장하였다. 구타에 대한 부분이 소개된 것은, 영국의 철학자 피터 기치가 자신의 저서『지시와 일반성』(*Reference and Generality*)(Cornell 대학 출판부, 1962)의 117페이지에서 기존의 예문을 '당나귀를 소유하고 있는 어떤 사람이라도 그것을 구타한다'(Any man who owns a donkey beats it)로 바꾸어놓았을 때에 생긴 일이다. 이 예문은, 원래의 예문 그 자체만큼은 아니어도, 여전히 아주 오래된 것이다. 이러한 종류의 여러 예문들이 현대 철학자들과 언어학자들에게 소개된 데에는 기치의 책임이 있었던 것이다. 내가 짧게 정리한 당나귀 조응의 이러한 역사는 대부분이 피터 쇠른(Pieter Seuren)의 저서『언어의 논리학』(*The Logic of Language*)(Oxford 대학 출판부, 2010) 내용 중 300페이지 부분에서 도움을 받았다.

'기술적 지표사'(descriptive indexical)는 미국의 언어학자 제프리 넌버그(Geoffrey Nunberg)에 의해 발견되었다. 1993년에 『언어학과 철학』(Linguistics and Philosophy)지의 제 16권 1-43페이지 부분에 실린 그의 논문 '지표성과 직시소'(Indexicality and Deixis)를 참고하라. 넌버그가 만든 것으로 알려져 있는 '이탈리아인인 교황'에 대한 그 실례는 실제로는 프랑소아 레까나띠(François Recanati)의 논문 '직시소와 조응'(Deixis and Anaphora)에서 유래되었다. 레까나띠의 논문은 졸탄 차보(Zoltan Szabó)가 편집한 『의미론 대 화용론』(Semantics versus Pragmatics)(Oxford 대학 출판부, 2005)의 286-316페이지 부분에 실려 있다. 이러한 전문적인 성격의 여러 논저들은 전문적인 언어학자들과 철학자들을 주요 독자층으로 두고 집필되었다.

J. K. 롤링(Rowling)의 작품에서 가져온 인용 정보는 『해리 포터와 죽음의 성물』(Harry Potter and the Deathly Hallows)(Bloomsbury 출판사, 2007)에서 279페이지 내용을 참고한 것이다. 내가 아는 한, 대명사가 이러한 방식으로 양화사구 의미를 취할 수 있게 된다는 관찰 내용은 현재 언급한 시점 이전에는 출판된 기록이 전무하다.

강의 및 학기가 시작되기 전의 그 토요일에 대한 예문은 방금 참조하였던 넌버그의 논문 중 29페이지 내용에서 가져온 것이다.

'비가 오고 있다'(It's raining)라는 예문에 대해서는 지금까지 상당히 많은 글이 저술되어왔다. 내가 아는 한, 그 예문의 기원은 존 페리의 논문 '표상물 없는 사고'(Thought without Representation)이며, 이 논문은 1986년에 발간된 『아리스토텔레스학회』지의 『아리스토텔레스학회 보충 프로시딩』(Supplementary Proceedings of the Aristotelian Society) 제 60권의 263-283페이지 부분에 실렸다. '모든 사람이 제각각 아팠다'(Everyone was sick)라는 예문은 앞에서 제 5장과 연계하여 인용하였던 스티븐 니일의 저서 『기술』의 94-95 페이지 부분에서 가져왔다. 그리고 '나는 (음식을) 여태껏 먹지 않았다'(I haven't eaten)라는 예문은 원래 켄트 바흐(Kent Bach)의 논문 '대화 함축'(Conversational Implicature)'의 내용 중 135-136페이지 부분에서 논의된 것이다. 이 논문은 1994년에 『마음과 언어』(*Mind & Language*)의 제 9권 124-162페이지 부분에 실렸다. 화제상황(topic situation)에 대한 이론은 (앞에서 제 4장과 연계하여 인용했던) 바와이즈와 페리의 논저 『상황과 태도』 내용 중에 161페이지에서 가져온 것이다. 본 도서 본문에서 제시되었던 주요 노선들을 따라서 이러한 화제상황 이론에 대해 반대 입장을 표명한 영향력 있는 견해는 닥 베스터스탈(Dag Westerståhl)과 스콧 솜즈(Scott Soames)에 의해 제안되었다. 베스터스탈의 논문 '한정사와 맥락 집합'(Determiners and Context Sets)이 대표적인 예로, 이 논문은 요한 판 벤템(Johan van Benthem)과 알리스 테어 멀른(Alice ter Meulen)이 공동 편집한 『자연언어에서의 일반화된 양화사』(*Generalized Quantifiers in Natural Language*)(Foris 출판사, 1985)의 내용 중 45-71페이지 부분에 실렸다. 그리고 솜즈의 논문 '불완전한 한정적 기술'(Incomplete Definite Descriptions)에서도 반대 의견이 제시되었는데, 이 논문은 1986년에 발간된 『노트르담 형식논리학 저널』(*Notre Dame Journal of Formal Logic*)지의 제 27권 349-375페이지 부분에 실렸다. 참고로, 수면을 취하는 자들과 연구 보조원에 대한 그 예는 솜즈의 논문에서 가져온 것이다. 이 부분에서 기술되었던 그러한 종류의 통사적 현상 및 영역에서 존재하는 내현적 지표사(covert indexical)의 개념은, 적어도, 카이 폰 핀텔(Kai von Fintel)의 박사학위 논문인 『양화사 영역에 대한 제약』

(*Restrictions on Quantifier Domains*)(University of Massachusetts at Amherst, 1994)으로까지 거슬러 올라간다. 상기한 바와 마찬가지로, 니일의 저서를 가능한 예외의 경우로 둔다고 하더라도, 이러한 자료 중에 어느 것도 초보자인 독자들에게 딱히 접근성을 보이는 것은 없다.

제이슨 스탠리(Jason Stanley)의 저서 『맥락 속의 언어』(*Language in Context*)(Oxford 대학 출판부, 2007)에 실린 논문 중에서 몇 개 또는 전부를 읽어본다면 스탠리의 입장에 대해 좀 더 명확한 평가를 할 수 있을 것이다. 스펄버(Sperber)와 윌슨(Wilson)의 고전적인 논저는 『관련성: 소통과 인지』(*Relevance: Communication and Cognition*)(Blackwell 출판사, 1986)라는 제목의 책이다. 비록 강독 중에는 도처에서 이해상의 어려움이 있겠지만, 지금 읽고 있는 이 책을 다 읽은 독자에게는 이 두 권의 도서가 상당히 높은 접근성을 보일 것이다.

이제 『스미스 대 미합중국 (91-8674), 508 U.S. 223 (1993)』 (*Smith v. United States* (91-8674), 508 U.S. 223 (1993))의 경우로 넘어가서 이야기를 이어가도록 하겠다. 이 사례는 앤터닌 스칼리아(Antonin Scalia)의 저서 『해석의 문제: 연방 법원과 법』(*A Matter of Interpretation: Federal Courts and the Law*)(Princeton 대학 출판부, 1998)의 23-24페이지 부분에서 간략히 논의되었다. 이 도서는 법적 해석에 대한 한 법관의 철학을 소개하고 있으며 흥미롭고 높은 접근성을 가진 지침서이다. 철학자들이 암묵적 내용(implicit content)과 법적 해석이라는 쟁점에 대해 연구를 착수하기 시작하고 있다고 내가 말했을 때에, 나는 스티븐 니일을 주로 염두에 두고 말한 것이다. 불행하게도, 이 주제에 대한 그의 논저는 대부분이 출판되지 않은 상태다. 그렇지만, 마이클 오롤크(Michael O'Rourke)와 코리 워싱턴(Corey Washington)이 공동 편집한 『의미론의 상황화: 존 페리의 철학에 대한 논문 선집』(*Situating Semantics: Essays on the Philosophy of John Perry*)(MIT 출판부, 2007) 내용 중에 251-393페이지 부분에 실린 니일의 논문 '장소에 대하여'(On Location) 도입부에 위의 이러한 사례에 대한 간략한 논의가 제시되었다. 내용의 대부분이 '비가 오고 있다'(It's raining)에 대한 것으로 이루어져 있는 이 논문은 당신의 손에 있는 이 책을 읽어본 독자라면 어느 정도 접근성이 있다고 느낄 것이다. 하지만, 때때로 강독의 과정에서 어려움이 나타날 수 있다.

함축(implicature)에 대한 그라이스의 고전적 설명으로는 그의 대표적 논문 '논리와 대화'(Logic and Conversation)가 있다. 이 논문은 P. 콜(Cole)과 J. 모건(Morgan)이 공동 편집한 『통사론과 의미론, 제 3권: 화행)』(*Syntax and Semantics, 3: Speech Acts*)(Academic Press, 1975)의 내용 중에 41-58페이지 부분에 실려있다. 논문 제목이 시사하고 있듯이, 이 논문의 특정 부분은 논리 연산자(logical operator) 예들이 가지는 각각의 의미를 다룬다. 하지만, 논문의 대부분은 지금까지 이 책을 읽어둔 독자에게 그 이상의 논리학적 지식을 소유하고 있지 않은 상태에서도 상당히 높은 접근성을 보일 것이다.

이 장에서 인용하였던 힐러리 클린턴(Hillary Clinton)의 연설문에 대한 녹취 필사본의 전문은 다음의 링크에서 찾아볼 수 있다: http://transcripts.cnn.com/TRANSCRIPTS/0801/06/cnr.01.html.

제 8장

비트겐슈타인 관련 인용 정보는 그의 논저 『논리철학 논고』(*Tractatus Logico-Philosophicus*)를 C. K. 오그덴(Ogden)이 번역한 영문 버전(Routledge & Kegan Paul 출판사, 1922) 내용 중에서 명제 5.6 부분

을 참고하였다.

워프(Whorf)의 논저에서 가져온 인용 정보는 존 B. 캐럴(John B. Carroll)이 편집한 『언어, 사고, 그리고 현실: 벤자민 리 워프 선집』(*Language, Thought and Reality: Selected Writings of Benjamin Lee Whorf*)(MIT 출판부, 1956)의 213페이지 내용 중에서 찾아볼 수 있다. 워프의 관점과 관련하여, 충분히 흥미롭게도, 사피어(Sapir)는 그 주제에 대한 (자기방책용의) 애매한 발언(hedge) 중 하나에서, 정확하게 동일한 부사를 사용하였다. 발언의 원문은 다음과 같다: 'We see and hear and otherwise experience 'very largely' as we do because the language habits of our community predispose certain choices of interpretation'(우리는 '아주 대체적으로' 우리가 하는 방식처럼 보고 듣고, 그리고, 그 외에 다른 경험을 한다. 그 이유는 우리의 공동체가 가지는 여러 언어 습관들이 해석상에서 특정 선택사항을 미리 경향화시키기 때문이다). 이것은 내가 해당 부사표현에 강조 부분을 더한 것으로, 그 원문은 1929년에 발간된 "언어』(*Language*)지의 제 5권 제 4호에서 207-214페이지 부분에 실린 사피어의 논문 '과학의 일원으로서의 언어학의 지위'(The Status of Linguistics as a Science) 내용 중에서 210페이지에 나온다. 이 주제에 대한 사피어와 워프의 여러 논저는 접근성이 상당히 높다.

그렉 머피(Greg Murphy)는 자신의 논저 『개념에 대한 빅 북』의 389-390페이지 부분에서 먼지 토끼(dust bunny)에 더해 기술하였다. 이 책은 제 1장과 연계하여 앞에서 인용되었던 것이다.

일데폰소(Ildefonso)라는 이름의 청년에게 언어를 가져다 주었다는 수전 쉘러(Susan Schaller)의 이야기는 명쾌하고 접근성이 갖춰진 그녀의 저서 『단어/언어가 없는 인간』(*A Man Without Words*)(Summit

Books 출판사, 1991)에서 찾아볼 수 있다. 캐런 윈(Karen Wynn)의 실험 내용은 1992년에 『네이처』(Nature)지의 제 358권 내용 중 749-750페이지 부분에 실린 그녀의 논문 '인간 유아의 더하기와 빼기'(Addition and Subtraction in Human Infants)를 통해서 출판되었다. 이 논문은 약간 전문적인 성격을 띠지만, 현재 이 책을 읽어본 독자에게는 대부분 접근성을 보일 것이다. 나는 『언어본능』(The Language Instinct)(William Morrow 출판사, 1994)이라는 제목의 스티븐 핀커(Steven Pinker)의 저서에서 제 3장에 나오는 사피어-워프 가설에 대한 논의 내용을 읽게 됨으로써 수전 셸러와 캐런 윈의 연구 출판물에 대해 알게 되었다. 또한, 핀커의 책을 읽는 중에, 나는 또한 신어(Newspeak)의 관련성에 대해서도 상기해보게 되었다. 대단히 흥미롭고 설득력이 있는 이 책을 당신이 아직 읽어보지 않았을 경우에는 (상당히 그럴 가능성이 낮은 경우이겠지만 만약에 아직 경험해보지 않았다면) 이 책을 조만간 읽어볼 것을 당신에게 추천하는 바이다.

피라항(Pirahã) 부족과 언어에 관한 문헌자료는 이미 상당히 방대하며, 수 체계 외에도 다양한 주제와 연관되어있다. 그 외의 여러 중요한 내용 중에서 흥미로운 뉴스거리는 회귀성(recursion)에 대한 에버렛의 주장인데, 대니얼 에버렛(Daniel Everett)은 피라항 부족의 언어가 회귀성을 가지고 있지 않다는 주장을 제기해왔다. 여기서 회귀성은 피라항어 외의 모든 알려진 인간 언어의 사용자들이 (종속절(subordinate clause)의 예와 같이) 어떤 다른 문장 내부에 새로운 문장을 내포(embed)시킬 수 있도록 만드는 통사적 장치를 가리킨다. 그 방대함과 다양한 주제에도 불구하고, 피라항어와 관련된 문헌 자료는 대체적으로 흥미진진하며 수많은 전문학술적 출판물보다 훨씬 접근성이 좋다. 내가 평가해보건대, 강독의 진행 과정에서 때때로 어려움이 나타날 수도 있음에도 불구하고, 뒤이어 소개되는 논저는 현재 이 도서를 읽어본 독자에게는 대체적으로 접근성을 보일 것으로 판단된다. 이와 관련하여, 피터 고든(Peter Gordon)의 논문은 2004년에 발간된 『사이언스』(Science)지의 제 306권 496-499페이지 부분에 실린 '단어부재 상태의 수적 인지: 아마조니아 출처의 근거'(Numerical Cognition without Words: Evidence from Amazonia)이다. 마이클 프랭크(Michael Frank), 대니얼 에버렛(Daniel Everett), 이블리나 페도렌코(Evelina Fedorenko), 에드워드 깁슨(Edward Gibson)이 공동 수행한 연구 결과는 '인지적 기술로서의 수: 피라항 부족의 언어와 인지에서 나온 근거'(Number as a Cognitive Technology: Evidence from Pirahã Language and Cognition)라는 제목으로 『인지』(Cognition)지의 제 108권 819-824페이지 부분에 게재되었다. 인과 작용(causation)의 방향에 대한 여러 의구심은 대니얼 카사샌토(Daniel Casasanto)가 2005년에 편지 형식으로 『사이언스』지에 기고하여 제 307권 1721-1722페이지 부분에 실린 논문인 '거짓 경고자 워프'(Crying Whorf)에 의해서 처음으로 문서상으로 표출되었다. (참고로, 이 논문에 뒤이어 고든의 답글이 게재되어 있다.) 대니얼 에버렛의 저서 『잠들면 안 돼, 거기 뱀이 있어』(Don't Sleep, There Are Snakes)(Profile Books 출판사, 2008)는 특히 독자의 마음을 끄는 내용에 접근성까지 갖추었다. (하지만, 본 도서의 주요 본문 상에 내가 언급한 바와 같이, 에버렛이 하고자 하는 말 중에 특정 부분에 대해서 나는 개인적으로 동의하지 않는다.) 경험의 즉각성 원리(The Immediacy of Experience Principle)를 포함해서, 피라항 부족의 언어와 문화에 대해 집중적으로 저술한 에버렛의 주된 학술 논저 중 하나는 2005년에 『동시대 인류학』(Current Anthropology)지 제 46권 제 4호의 621-634페이지 부분에 게재된 '피라항어의 문법과 인지에 나타난 문화적 제약: 인간언어의 설계상의 특징에 대한 새로운 시각'(Cultural Constraints on Grammar and Cognition in Pirahã: Another Look at the Design Features of Human Language)이라는 제목의 논문이다. 그리고 그 논문 뒤에는 몇 명의 다른 학자들이 집필한 논평과 에버렛 자신의 답글이 뒤따라 실려 있다. 고든이 제시한 여러 주장의 측면에서는 도움이 될 만한 그 나름의 관련성을 보이고 있음에도 불구하고, 네빈스(Nevins), 페제츠키(Pesetsky), 그리고 로드리게스(Rodrigues)가 인용하였던 그 논저는 주로 에버렛의 연구를 비판한다는 단일 목표에 에너지를 쏟고 있다. 부연하면, 이 논문은 2009년에 『언어』지의 제 85권 제 2호 355-404페이지 부분에 '피라항 예외성: 재평가'(Pirahã Exceptionality: A Reassessment)라는 제목으로 게재되었다. 에버렛은 『언어』지 제 85권 제 2호의 405-442페이지 부분에 '피라항 문화와 문법: 비판적 입장에 대한 대답'(Pirahã Culture and Grammar: A Response to Some Criticisms)이라는 제목의 논문을 실음으로써 이들에게 답변하였다. 본 도서의 본문 내용 중에서 경험의 즉각성 원리가 어떻게 공식화(formulation)되는지에 대해 제시해 둔 부분은 상기한 논문에서 가져온 것이다. 공동 저자인 네빈스, 페제츠키, 로드리게스는 2009년에 '근거와 논증: 에버렛(2009)에 대한 대답'(Evidence and Argumentation: A Reply to Everett (2009))이라는 논문을 『언어』지에 게재함으로써 에버렛(2009)에 다시 응답하였다. 이 논문은 『언어』지의 제 85권 제 3호 671-681페이지 부분에 실렸다.

내가 안드레이 매킨(Andreï Makine)의 저작을 인용한 부분은 2010년 10월 26일에 롱나우재단(Long Now Foundation) 관계자들 앞에서 진행된 레라 보로디츠키(Lera Boroditsky)의 강의 내용에서 도움을 받았다. 자세한 강의 내용은 다음 링크를 통해서 인터넷에서 확인 가능하다(http://fora.tv/2010/10/26/Lera_Boroditsky_How_Language_Shapes_Thought). 보로디츠키, 슈미트(Schmidt), 필립스(Phillips)가 공동 집필한 논저는 '성, 통사론, 그리고 의미론'(Sex, Syntax, and Semantics)이라는 제목의 논문이다. 이 논문은 데드리 겐트너(Dedre Gentner)와 수전 골딘-메도우(Susan Goldin-Meadow)가 공동 편집한 『마음속의 언어: 언어와 사고에 대한 연구의 진보』 *(Language in Mind: Advances in the Study of Language and Thought)* (MIT 출판부, 2003) 내용 중 61-79페이지 부분에 실려있다. 표준 중국어와 영어에 대한 보로디츠키의 논저는 2001년에 『인지심리학』지의 제 43권 1-22페이지 부분에 게재된 '언어가 사고를 형성하는가? 표준 중국어와 영어 화자의 시간 관념 연구'(Does Language Shape Thought? Mandarin and English Speakers' Conceptions of Time)라는 제목의 논문이다. 이러한 출판물 중에서 첫 번째 논문은 상당히 접근성이 있다. 두 번째 논문은 오히려 전문적인 성격을 더 많이 띤다. 스티븐 핀커의 논저에서 가져온 인용 정보는 원래 『보스턴 글로브』(*Boston Globe*)지에 2003년 11월 18일에 실린 '언어와 사고의 세계를 탐험하는 보로디츠키'(She Explores the World of Language and Thought)라는 제목의 기사에서 가져온 것이다. 그 내용은 다음 링크를 통해 인터넷상에서 사용 가능하다: http://www-psych.stanford.edu/~lera/press/globe2003.html.

■ 찾아보기

■ 영/한

A

abstract object 추상적 대상 35, 301
Ambiguity 중의성 313
Aristotle 아리스토텔레스 40
Arnauld, Antoine 아르노, 앙트완 91, 308
atomism 원자론 23

B

Barker, Chris 바커, 크리스 170, 315
Barwise, Jon 바와이즈, 존 96, 310
Boroditsky, Lera 보로디츠키, 레라 280, 326
bound variable anaphora 결속 변항 조응 217
Buffy the Vampire Slayer 『뱀파이어 사냥꾼 버피』 223
Buridan, John 뷔리당, 장 40, 302

C

Carroll, Lewis 캐럴, 루이스 153, 314, 323
Casement, Roger 케이스먼트, 로저 173, 315

categorization criterion 범주화 기준 51
character 특성 209
Chomsky, Noam 촘스키, 노엄 14, 299
cleft 분열문 124-125
cognitive revolution 인지적 혁명 14
compositionality 합성성 52, 79, 196, 316
concept 개념 27, 35, 40, 47, 81, 93, 95, 235, 265, 290
concrete object 구체적 대상 35
conditional 조건문 161
constituent 구성요소 33, 50, 139
context of utterance 발화 맥락 207
contingency 우발성 87
Cooperative Principle 협력원리 248

D

Davidson, Donald 데이비슨, 도널드 52, 93, 309
definite description 한정기술구 128, 150, 217, 313
Democritus 데모크리투스 21
demonstrative 지시사 150
descriptive indexical 기술적 지표사 219, 319
difference 차이성 42

direct reference 직접 지시/지칭 223
donkey anaphora 당나귀 조응 217, 318
downward entailing 하향함의 105, 110
Duns Scotus, John 둔스 스코투스, 존 87, 307

E ———————————————

ellipsis 생략 82, 137
entailment 함의 105
epistemological argument 인식론적 논증 38
epistemology 인식론 14
ersatz 대용(적) 92, 309
Everett, Daniel 에버렛, 대니얼 273, 276, 324-326
extension 외연 8, 64, 105

F ———————————————

factive verb 사실성 동사 124
Fedorenko, Evelina 페도렌코, 에블리나 273, 325
Fodor, Jerry 포더, 제리 52, 303, 311
Frank, Michael 프랭크, 마이클 273, 325
Frege, Gottlob 프레게, 고틀로프 54, 312, 316
function 함수 186, 189-190, 196, 316

functional application 함수 적용 186, 196, 316

G ———————————————

gender 성 123, 230
generality 일반성 65
general term 일반 용어 30
generative linguistics 생성언어학 14
German 독일어 69, 281
Germanic 게르만어파 69
Gettier, Edmund 게티어, 에드먼드 12, 14, 299
Gettier Problem 게티어 문제 14
Gibson, Edward 깁슨, 에드워드 273, 325
Glucksberg, Sam 글럭스버그, 샘 57, 305
Gordon, Peter 고든, 피터 272, 325
Grice, Herbert Paul 그라이스, 허버트 폴 247, 312

H ———————————————

homonymy 동음이의성 67
homophony 동음성 68
Horn, Laurence 혼 로렌스 123, 311

I ———————————————

identity 동일성 42, 56, 58, 282
implicature 함축 247, 259, 322
implicit content 암묵적 내용 230,

321
indexical 지표사 92, 207, 219, 225, 231, 310, 316, 319, 320
intension 내포 8, 61
internalist theory of meaning 내재주의 의미 이론 25, 304

K

Kaplan, David 캐플런, 데이빗 209, 316, 317

L

Ladusaw, William 라두소, 윌리엄 105, 311
language faculty 언어 능력 41, 43
Lasersohn, Peter 레이저손, 피터 132, 312
latency (of M350) 잠재기 (M350 측정법) 71
Leibniz, Gottfried Wilhelm 라이프니츠, 고트프리트 빌헬름 88, 308
Leucippus 레우키푸스 21
Lewis, David 루이스, 데이빗 91, 153, 308-309, 314
lexical activation 어휘적 활성화 71
lexical entry 어휘 내항 67
lexicon 어휘부 41
linguistic ersatzism 언어적 대용주의/대용론 92
Llinás, Rodolfo 이나스, 로돌포 70, 306

Locke, John 로크, 존 40, 302
Logic 논리학 44, 163, 302, 304, 314, 318, 320, 322
Logical Form 논리 형태 163, 314

M

M350 엠삼백오십(M350) 측정법 71-73, 75-76, 306
magnetoencephalography 뇌자기도 검사 70
Mandarin 표준 중국어 290, 327
Maxim of Manner 양태의 격률 248
Maxim of Quality 질의 격률 248
Maxim of Quantity 양의 격률 248
Maxim of Relation 관계의 격률 248
May, Robert 메이, 로버트 16, 94, 164, 299, 315
McCloskey, Michael 맥클로스키, 마이클 57, 305
Mill, John Stuart 밀, 존 스튜어트 44, 302
modal realism 양상실재론 91, 309
Modularity of Mind 정신/마음의 모듈성 311
moments of nature 자연상의 순간 88
moments of time 시간상의 순간 87
Murphy, Gregory 머피, 그레고리 70, 269, 299, 306, 323

N

necessity 필연성 87, 95
negation 부정문/부정형 102, 251
negative polarity item(NPI) 부정극성어 102
Nevins, Andrew 네빈스, 앤드루 279, 326

O

Ockham's Razor 오컴의 면도날 33
Ockham, William 오컴, 윌리엄 33
ontology 존재론 84
ordered pair 순서쌍 31
Orwell, George 오웰, 조지 263

P

particular 특수소 30
Perry, John 페리, 존 96, 310, 317, 322
Pesetsky, David 페제츠키, 데이빗 279, 326
Phillips, Webb 필립스, 웹 283, 327
phonological inhibition 음운적 억제 73
Pinker, Steven 핀커, 스티븐 294, 324
Pirahã 피라항 (언어/부족) 272, 277, 324-326
Plato 플라톤 1, 301
Platonism 플라톤주의 37-38, 301
Polysemy 다의성 306

Pond, Robert 폰드, 로버트 16, 299
possible situation 가능 상황 96, 310
possible world 가능 세계 86-87, 92, 94, 307
postmodernism 포스트모더니즘 12
pragmatic enrichment 화용적 강화 237
pragmatics 화용론 237
Presupposition 전제 312-313
Problem of Evil 악의 문제 308
pronoun 대명사 317
proper name 고유명사 26
proposition 명제 11-12, 31, 85, 234
Proto-Germanic 게르만 조어 69
prototype theory 원형이론 50
pseudo-cleft 의사분열문 125
Putnam, Hilary 퍼트넘, 힐러리 45
Pylkkänen, Liina 필캐넌, 리나 70, 306

Q

quantifier domain restriction 양화사 영역 제약 126
quantifier phrase 양화사구 150, 314
quantifier raising 양화사 인상 164

R

realism 실재주의/실재론 91, 309
Reference 지시/지칭 312, 318

referential theory 지시적 이론 25
referential theory of meaning 지시적 의미 이론 25
Relevance Theory 관련성 이론 237
repetition priming 반복 점화 75
Rodrigues, Cilene 로드리게스, 실린 279, 326
Rosch, Eleanor 로쉬, 일리노어 50, 303
Russell, Bertrand 러셀, 버트런드 31, 85, 301, 312
Russellian proposition 러셀식 명제 31, 85

S

Sapir, Edward 사피어, 에드워드 265, 323
Sapir-Whorf hypothesis 사피어-워프 가설 265
Scalia, Antonin 스칼리아, 앤터닌 242, 321
Schaller, Susan 쉘러, 수전 271, 323
Schiffer, Stephen 쉬퍼, 스티븐 81, 307
Schmidt, Lauren 슈미트, 로렌 283, 327
semantic priming 의미적 점화 73, 75
set theory 집합 이론 31
Shan, Chung-chieh 샨, 충치에 (선중걸) 170, 315

similarity 유사성 42
singular term 단수 용어 150
situation 상황 96, 100, 228, 310, 320
Socrates 소크라테스 1
Sperber, Dan 스펄버, 댄 235, 321
Stalnaker, Robert 스털네이커, 로버트 94, 309
Strawson, Peter 스트로슨, 피터 128, 312
synonymy 동의성 59
syntax 통사론 79, 136

T

Thomson, Joseph 톰슨, 조셉 21
topic situation 화제 상황 228, 320
trace 흔적 165
truth condition 진리조건 93
typicality effect 전형성 효과 48

U

universal 보편소 30, 216

V

vagueness 모호성 59, 305
Voltaire 볼테르 90
von Fintel, Kai 폰 핀텔, 카이 132, 313, 320

W

what is conveyed 전달된 것 252

what is said 말해진 것 252
Whorf, Benjamin Lee 워프, 벤자민 리 265, 287, 323, 325
Wigner, Eugene 위그너, 유진 86, 310
Wilson, Deidre 윌슨, 디어드리 235, 321
Wittgenstein, Ludwig 비트겐슈타인, 루드비히 263
Wynn, Karen 윈, 캐런 271, 323

▪ 한/영

ㄱ

가능 상황 possible situation 96, 98, 156, 310
가능 세계 possible world 86-98, 101, 103, 105-106, 110-111, 115, 117, 119, 156, 185-186, 190, 198-199, 201, 207-208, 224, 296, 307-309
개념 concept 8, 15, 25, 27-31, 37, 40, 42, 44-45, 47-51, 53, 59, 80, 86-87, 92-93, 95-96, 105-107, 140, 157, 234-238, 265-272, 275-276, 279, 285, 295, 299-300, 303-304, 310-311, 314, 316-317, 320, 323
게르만어파 Germanic 69-70
게르만 조어 Proto-Germanic 69
게티어 문제 Gettier problem 14
게티어, 에드먼드 Gettier, Edmund 12-14, 299
결속 변항 조응 bound variable anaphora 217-218
고든, 피터 Gordon, Peter 272-275, 279-280, 325-326
고유명사 proper name 26, 28, 34, 39, 45, 47
관계의 격률 Maxim of Relation 248-249, 254
관련성 이론 Relevance Theory 237
구성요소 constituent 33, 50, 139, 140-146, 180, 194, 196, 208, 232-233
구체적 대상 concrete object 35, 39, 55-56, 67, 84
그라이스, 허버트 폴 Grice, Herbert Paul 247-251, 253, 312, 322
글럭스버그, 샘 Glucksberg, Sam 57, 305
기술적 지표사 descriptive indexical 219, 223, 225, 319
깁슨, 에드워드 Gibson, Edward 273, 325

ㄴ

내재주의 의미 이론 internalist theory of meaning 25, 27, 47, 79, 202, 304

내포 intension 8, 61, 324
네빈스, 앤드루 Nevins, Andrew 279, 326
논리학 logic 13, 54, 107, 153, 158, 168, 170, 185, 213, 302, 314, 318, 320, 322
논리 형태 Logical Form 163-168, 185, 314
뇌자기도 검사 magneto encephalography 70-71

ㄷ

다의성 polysemy 67-68, 70-76, 135, 150, 306
단수 용어 singular term 150-152
당나귀 조응 donkey anaphora 217-218, 220, 225, 315, 318
대명사 pronoun 120, 150, 205-206, 212-225, 317, 319
대용(적) ersatz 309
던스 스코투스, 존 Duns Scotus, John 87, 307
데모크리투스 Democritus 21, 23
데이비슨, 도널드 Davidson, Donald 52, 93, 309
독일어 German 70, 281, 283-289, 293, 294
동음성 homophony 68
동음이의성 homonymy 67-68, 70, 72, 74, 135
동일성 identity 42, 56, 58-60

ㄹ

라두소, 윌리엄 Ladusaw, William 105, 113-115, 117, 311
라이프니츠, 고트프리트 빌헬름 Leibniz, Gottfried Wilhelm 88-91, 308
러셀, 버트런드 Russell, Bertrand 31-32, 80, 85, 92, 100, 120-121, 128-134, 185, 190, 192-199, 207-209, 212, 301, 312-313
러셀식 명제 Russellian proposition 31-32, 80, 85, 92, 100, 120-121, 185, 190, 192-197, 207, 208-209, 212
레우키푸스 Leucippus 21
레이저손, 피터 Lasersohn, Peter 132, 134, 312
로드리게스, 실린 Rodrigues, Cilene 279, 301, 326
로쉬, 일리노어 Rosch, Eleanor 50, 303
로크, 존 Locke, John 8, 40, 302
루이스, 데이빗 Lewis, David 91-92, 94, 151, 153, 308-309, 314

ㅁ

말해진 것 what is said 252, 258, 261
맥클로스키, 마이클 McCloskey, Michael 57, 305

머피, 그레고리 Murphy, Gregory 70, 269-270, 299-300, 303, 306, 323
메이, 로버트 May, Robert 131, 164, 308, 315
명제 proposition 11-13, 31-32, 80, 82-85, 92, 100, 120-123, 156-157, 185, 188-199, 207-209, 211-213, 225-229, 231, 234-237, 239, 246-247, 251-253, 260, 301, 322
모호성 vagueness 59, 61, 63-65, 67, 248, 305, 306
밀, 존 스튜어트 Mill, John Stuart 44, 302

ㅂ

바와이즈, 존 Barwise, Jon 96, 99, 310, 320
바커, 크리스 Barker, Chris 170-172, 185, 315
반복 점화 repetition priming 75-76
발화 맥락 context of utterance 207, 209-211, 219, 225, 227, 232, 234, 237, 246
『뱀파이어 사냥꾼 버피』 Buffy the Vampire Slayer 223
범주화 기준 categorization criterion 51
보로디츠키, 레라 Boroditsky, Lera 280-282, 284-291, 293, 326-327
보편소에 대한 명목주의 nominalism about universal 39
보편소 universal 30, 33, 37, 39, 55-56, 77
볼테르 Voltaire 90
부정극성어 negative polarity item(NPI) 102-105, 110, 113, 115-117, 311
부정문/부정형 negation 102, 122, 123
분열문 cleft 124-125
뷔리당, 장 Buridan, John 40, 302
비트겐슈타인, 루드비히 Wittgenstein, Ludwig 263, 322

ㅅ

사실성 동사 factive verb 124
사피어, 에드워드 Sapir, Edward 265, 267-269, 272, 275-276, 280, 292, 323, 324
사피어-워프 가설 Sapir-Whorf hypothesis 265-269, 272, 275-276, 280, 292, 324
상황 situation 3-4, 8, 13, 15-16, 18, 20, 22, 28, 38, 45, 47, 58-59, 62, 75, 81, 83, 88-89, 96-101, 105, 112, 115, 121, 127-129, 155-160, 162-163, 186, 202, 209, 210, 212, 214, 216, 221-222, 228-230, 233, 238-

239, 247, 250, 259, 272, 274, 289, 310, 320-321
생략 ellipsis 82, 137-139, 142
생성언어학 generative linguistics 14
샨, 충치에 (선중걸) Shan, Chung-chieh 170-172, 185, 315
성 gender 123, 280
소크라테스 Socrates 1
순서쌍 ordered pair 31-32, 81, 100, 187, 195, 212
셸러, 수전 Schaller, Susan 271, 323-324
쉬퍼, 스티븐 Schiffer, Stephen 81-82, 84-85, 307
슈미트, 로렌 Schmidt, Lauren 283, 288, 327
스칼리아, 앤터닌 Scalia, Antonin 242, 244, 321
스털네이커, 로버트 Stalnaker, Robert 94, 309
스트로슨, 피터 Strawson, Peter 128-132, 134, 312
스펄버, 댄 Sperber, Dan 235-237, 321
스페인어 Spanish 25, 283, 285, 286-289, 293
시간상의 순간 moment of time 87
실재론 realism 91, 309

ㅇ

아르노, 앙트완 Arnauld, Antoine 91, 308
아리스토텔레스 Aristotle 40, 302, 311, 319
악의 문제 problem of evil 88-89, 308
암묵적 내용 implicit content 230, 233-239, 244-246, 259, 321
양상실재론 modal realism 309
양의 격률 Maxim of Quantity 248, 250
양태의 격률 Maxim of Manner 248, 252
양화사구 quantifier phrase 150-153, 158, 161, 165, 167-168, 213-217, 221-222, 314, 319
양화사 영역 제약 quantifier domain restriction 126-127
양화사 인상 quantifier raising 164-167, 172-173, 315
어휘 내항 lexical entry 67-68, 70, 74
어휘부 lexicon 41-42, 52, 64, 67, 69-73, 131, 245, 246
어휘적 활성화 lexical activation 71, 306
언어 능력 language faculty 17, 20, 41, 43, 68
언어적 대용주의/대용론 linguistic

ersatzism 92
에버렛, 대니얼 Everett, Daniel 273, 276-278, 324-326
엠삼백오십(M350) 측정법 M350 71-76, 306
오웰, 조지 Orwell, George 263-265
오컴, 윌리엄 Ockham, William 33, 38, 77, 157
오컴의 면도칼 Ockham's Razor 33, 38, 77, 157
외연 extension 8, 15, 81, 86, 105
우발성 contingency 87
워프, 벤자민 리 Whorf, Benjamin Lee 265,-269, 272, 275-276, 280, 287, 292, 323-325
원자론 atomism 21, 23
원형이론 prototype theory 50-53, 80
위그너, 유진 Wigner, Eugene 86, 202, 310
윈, 캐런 Wynn, Karen 271, 282, 323-324
윌슨, 디어드리 Wilson, Deidre 235-237, 321
유사성 similarity 30, 42, 55, 73, 159, 231, 303
음운론 phonology 61
음운적 억제 phonological inhibition 73-75
의미적 점화 semantic priming 73-75
의사분열문 pseudo-cleft 125
이나스, 로돌포 Llinás, Rodolfo 70,

306
인식론적 논증 epistemological argument 38
인식론 epistemology 14, 22, 38, 85
인지적 혁명 cognitive revolution 14-15
일반성 generality 65, 318
일반 용어 general term 30, 34

ㅈ

자연상의 순간 moment of nature 88
자유 의지 free will 89
잠재기 (M350 측정법) latency (of M350) 71-76
전달된 것 what is conveyed 252, 261
전제 presupposition 47, 74, 119, 122-125, 128-134, 312-314
전형성 효과 typicality effects 48, 5-53
정신/마음의 모듈성 modularity of mind 114
조건문 conditional 161
존재론 ontology 33, 84, 92, 209
중의성 ambiguity 11, 59-67, 119, 134-136, 144-145, 150, 153, 155-158, 161, 167-168, 173, 178-180, 185, 219, 245, 248, 259, 313
지시사 demonstrative 150, 205, 222, 225, 316, 317
지시적 의미 이론 referential theory of

meaning   25-26, 28, 31-32, 34, 37, 39, 44-45, 47, 55-56, 79-80, 202
지시적 이론 referential theory   27, 34, 37, 47, 55, 58
지시/지칭 reference   223
지표사 indexical   92, 207, 210-212, 219, 222-227, 231-235, 238, 245, 310, 316, 319-320
직접 지시/지칭 direct reference   223
진리조건 truth condition   93, 101, 309
질의 격률 Maxim of Quality   248, 251
집합 이론 set theory   107

ㅊ

차이성 difference   42-43, 81
촘스키, 노엄 Chomsky, Noam   14-15, 40-47, 67, 74, 114, 163, 233, 235, 285, 299, 302-303, 307, 314
추상적 대상에 대한 명목주의 nominalism about abstract object   37
추상적 대상 abstract object   35-39, 46, 55, 67, 69, 80-86, 185, 202, 301, 307

ㅋ

캐럴, 루이스 Caroll, Lewis   151-153, 314, 323
캐플런, 데이빗 Kaplan, David   209-212-223, 225, 316-317
케이스먼트, 로저 Casement, Roger   173-175, 180, 315

ㅌ

톰슨, 조셉 Thomson, Joseph   21, 23
통사론 syntax   61, 79, 82, 114, 136, 173, 194, 196, 233, 235-238, 316, 322, 327
특성 character   3, 66, 209-211, 245
특수소 particular   30

ㅍ

퍼트넘, 힐러리 Putnam, Hilary   45
페도렌코, 이블리나 Fedorenko, Evelina   273, 325
페리, 존 Perry, John   96, 100, 310, 317, 319-321
페제츠키, 데이빗 Pesetsky, David   279, 326
포더, 제리 Fodor, Jerry   52, 114, 303, 311
포스트모더니즘 postmodernism   12, 298
폰드, 로버트 Pond, Robert   16, 299-300
폰 핀텔, 카이 von Fintel, Kai   132-

313, 320
표준 중국어 Mandarin 290-293, 327
프랭크, 마이클 Frank, Michael 273, 325
프레게, 고틀로프 Frege, Gottlob 54, 128-132, 134, 186, 188, 304, 312, 316
플라톤주의 Platonism 37-38, 301
플라톤 Plato 1, 11, 29-30, 33, 37-38, 278, 298, 301
피라항 (언어/부족) Pirahã 272-279, 287, 324-326
핀커, 스티븐 Pinker, Steven 294, 324, 327
필립스, 웹 Phillips, Web 283, 288, 327
필연성 necessity 87, 95, 220, 300, 302
필캐넌, 리나 Pylkkänen, Liina 70-72, 76, 291, 306

ㅎ

하향함의 downward entailment 105-116, 311
한정기술구 definite description 50, 217-219, 221, 313
함수 적용 functional application 186-187, 196, 316
함수 function 107-108, 110, 186-197, 200, 202, 210-211, 316
함의 entailment 60, 105-123, 127, 155, 157-158 161, 278, 311
함축 implicature 54, 60-61, 247, 249-255, 259, 320, 322
합성성 compositionality 52-53, 79-80, 143, 157, 184-185, 193, 196, 199, 201-202, 211, 234-235, 316
협력원리 Cooperative Principle 248
혼, 로렌스 Horn, Laurence 8, 22, 37-38, 73, 123, 173, 177, 311
화용론 pragmatics 237, 309, 311, 315, 319
화용적 강화 pragmatic enrichment 237-238
화제 상황 topic situation 228-230
흔적 trace 165-166, 233

의미란 무엇인가: 의미론 지침서

1판 1쇄 발행 2020년 7월 15일

원   제 | Meaning: A Slim Guide to Semantics
지 은 이 | 폴 엘번(Paul Elbourne)
옮 긴 이 | 권연진 임동휘
펴 낸 이 | 김진수
펴 낸 곳 | 한국문화사
등   록 | 제 1994-9호
주   소 | 서울특별시 성동구 광나루로 130 서울숲 IT캐슬 1310호
전   화 | 02-464-7708
팩   스 | 02-499-0846
이 메 일 | hkm7708@hanmail.net
홈페이지 | http://hph.co.kr

ISBN 978-89-6817-906-8 93700

- 이 책의 내용은 저작권법에 따라 보호받고 있습니다.
- 잘못된 책은 구매처에서 바꾸어 드립니다.
- 책값은 뒤표지에 있습니다.